धन ज्ञान

धन ज्ञान

पुष्पा कुमारी बिन्हा

Sarvatra
An imprint of Manjul Publishing House

Sarvatra
An imprint of Manjul Publishing House

◆ द्वितीय तल, उषा प्रीत कॉम्प्लेक्स,
42 मालवीय नगर, भोपाल-462 003
◆ सी-16, सेक्टर 3, नोएडा, उत्तर प्रदेश, 201301
वेबसाइट : www.manjulindia.com

यह संस्करण 2025 में पहली बार प्रकाशित

धन ज्ञान

ISBN 978-93-7317-783-0

पुष्पा कुमारी बिन्हा इस पुस्तक की
लेखिका होने की नैतिक ज़िम्मेदारी वहन करती हैं

मुद्रण व जिल्दसाज़ी : रेप्रो इंडिया लिमिटेड

आभार ज्ञापन

इस पुस्तक के लेखन के लिए मैं अपने परिवार के सभी सदस्यों की आभारी हूँ, जिनके सहयोग ने इस कार्य को साकार किया। साथ ही, उन प्रत्येक व्यक्तियों तथा उस वातावरण के प्रति भी आभार व्यक्त करती हूँ, जिन्होंने धन और ज्ञान अर्जन में कुछ अतिरिक्त योगदान दिया, तथा व्यक्ति के जीवन में उत्पन्न होने वाले आर्थिक संकटों और उनके समाधानों में धन की भूमिका के अवलोकन में सहायता की।

समर्पित

यह पुस्तक उस कर्मठ व्यक्ति को समर्पित है, जो अपने प्रयासों से गरीबी से अमीरी की दिशा में अनवरत गतिशील है। "धन ज्ञान" व्यक्ति को गरीबपुर से अमीरपुर की ओर ले जाने में एक सुनिश्चित और मज़बूत कदम है। अतः प्रत्येक वह व्यक्ति, जो अपनी आर्थिक स्थिति को बेहतर बनाना चाहता है – चाहे वह अत्यंत निर्धन हो या सामान्य स्थिति में – यदि वह निरंतर आर्थिक उन्नति की दिशा में जुड़ाव रखता है, तो यह पुस्तक उसके समग्र उत्थान में सहायक सिद्ध हो सकती है।

यह पुस्तक क्या बतलाती है

इसमें धन, संपत्ति तथा आय प्रवाह से जुड़ी बातों को समेटा गया है। वास्तव में यह बताता है कि धन, संपत्ति और आय प्रवाह का क्या महत्व है, और यह व्यक्ति की आय, व्यय, बचत के साथ-साथ मानवीय व्यवहार और संबंधों की प्रगाढ़ता को कैसे प्रभावित करता है। यह पुस्तक आज की परिस्थितियों की तुलना पूर्व की स्थितियों से करती है और तुलनात्मक रूप से बेहतर पहलुओं को इंगित करती है। साथ ही, यह पूर्ववर्ती आय-व्यय, बचत एवं निवेश के विविध आयामों को भी एक स्थान पर प्रस्तुत करने का प्रयास करती है। यह पुस्तक केवल यह नहीं दर्शाती कि व्यक्ति शून्य या निम्न आय स्तर से आगे बढ़ने के लिए कौन-कौन से मार्ग अपनाता है, बल्कि यह व्यक्ति के जीवन को आर्थिक, सामाजिक और मानसिक रूप से समृद्ध बनाने में भी सहायक है। यह व्यक्ति की आर्थिक समृद्धि के साथ-साथ उस परिप्रेक्ष्य को भी स्पष्ट करती है जहाँ वह धन, संपत्ति और आय के साथ-साथ सुख, शांति, उन्नति और समृद्धि के महत्व को समझकर उसे अपने व्यवहार में ला सकता है।

इसमें व्यक्ति को आय, व्यय और संपत्ति से संबंधित गतिविधियों से इस प्रकार जोड़ा गया है कि वह आय के स्रोतों पर बेहतर कार्य कर सके। साथ ही, यह पुस्तक व्यय और संपत्ति को जीवन व्यवहार और सिद्धांतों से जोड़ते हुए समृद्धि की ओर ले जाती है। इस पुस्तक में यह बताया गया है कि धन का अर्जन, बचत और निवेश क्यों ज़रूरी हैं, और यह कैसे किया जा सकता है। साथ ही, वित्तीय अनुशासन और धन के लिए आवश्यक अच्छी आदतों की भी चर्चा की गई है। आज के समय में धन, संपत्ति और आय प्रवाह का महत्व निरंतर बढ़ता जा रहा है। लोग अब भौतिकता को अधिक महत्व देने लगे हैं।

वे आत्मगौरव की भावना के चलते दीन-हीन दिखना पसंद नहीं करते। 'धन ज्ञान' में व्यक्ति यह समझ सकता है कि अपनी सोच और निवेश की परिधि में रहकर वह अमीर बनने की दिशा में कौन-सा कार्य कर सकता है, कैसे कर सकता है, और क्यों आय का बेहतर अर्जन आवश्यक है – इसका विस्तृत विवरण प्रस्तुत किया गया है।

व्यक्ति, अन्य लोगों के समान आय स्तर पर होते हुए भी, अपनी वित्तीय समझ तथा धन-संपत्ति और रुपये-पैसे की समझ के माध्यम से बचत और निवेश की दिशा में सामंजस्य स्थापित कर, वास्तविक संपत्ति, धन और आय स्रोतों की ओर प्रगति कर सकता है। 'धन ज्ञान' अपने आप में आय अर्जन, व्यय, बचत-निवेश तथा उसके पूर्ण परिणामों के माध्यम से अधिक धन-संपत्ति और आय प्रवाह को बढ़ाने का मार्ग प्रशस्त करती है।

'धन ज्ञान' व्यक्ति में रुपया-पैसा, धन-संपत्ति और आय प्रवाह के लिए समझ विकसित करती है। साथ ही, यह समझ इस पर भी निर्भर करती है कि वह व्यक्ति गरीबी से अमीरी और आय संबंधी व्यवहार को किस हद तक अपनाता है। निर्धन व्यक्ति हमेशा निर्धन नहीं रहता। दूसरे शब्दों में, जो व्यक्ति आज धनी है, वह कभी न कभी निर्धन अवश्य रहा होगा। यह पुस्तक यह स्पष्ट करती है कि धन, संपत्ति और आय स्रोतों में निरंतर वृद्धि के लिए व्यक्ति को जागरूकता के साथ-साथ नवप्रवर्तन और निरंतरता पूर्ण कार्य पद्धति को अपनाना आवश्यक है। आय स्रोतों की समझ और ज्ञान में वृद्धि के लिए कर्मठता, उत्साह, धैर्य और एक जुनूनी प्रवृत्ति की भी आवश्यकता होती है।

धन के प्रति व्यक्ति के व्यवहार और समझ का इसमें विविध रूपों में वर्णन किया गया है। व्यक्ति गरीबी से अमीरी की ओर केवल आय अर्जन के माध्यम से ही नहीं बढ़ता, बल्कि यह उसकी सोच, व्यवहार, तथा जीवन की विविध व्यवस्थाओं में बचत और निवेश करने की क्षमता पर भी निर्भर करता है। 'धन ज्ञान' में यह बताया गया है कि व्यक्ति अपनी पूंजी का कहां-कहां और कैसे उपयोग करता है, जिससे वह जीवन में आर्थिक रूप से एक मज़बूत स्थिति में रह सके।

अनुक्रम

धन ज्ञान

1

धन और कर्म की निरंतर यात्रा

बहुत से लोग ऐसे होते हैं, जो जागरूकता की अनुभूति के बाद निरंतर कुछ न कुछ बेहतर करते रहने की प्रवृत्ति अपने भीतर बनाए रखते हैं, और वे देर-सबेर अपने कार्य में अच्छे स्तर की पूर्णता प्राप्त कर ही लेते हैं। हम ऐसे कई उदाहरणों से दो-चार होते हैं, जहाँ लोग निरंतर और अथक प्रयासों से, भले ही धीरे-धीरे, बूँद-बूँद करके सफलता का घड़ा भर देते हैं

यह तथ्य धन-संग्रहण में भी देखने को मिलता है कि लोग अपनी छोटी-छोटी बचत को जोड़कर, छोटे-छोटे कार्यों से आगे बढ़ते हैं और धीरे-धीरे यह प्रक्रिया उन्हें उनकी उम्मीदों के अनुरूप कुछ अच्छा दिला देती है–इतना अच्छा कि वह उसकी प्राप्ति पर एक बेहतर जीवन का अधिकारी बन जाते हैं। जब कोई व्यक्ति अत्यंत कम आय या गरीबी के स्तर पर होता है, तब उसकी लगन, लक्ष्य के प्रति निरंतरता और कर्मठता उसे एक खास मुकाम–अमीरी के स्तर–तक पहुँचा देती है, या यूँ कहें कि पहुँचा कर ही रहती है।

धन का विज्ञान

निकृष्ट परिस्थिति में भी यदि कोई व्यक्ति कम से कम 1% बचत की ओर कदम बढ़ाए, तो यह धीरे-धीरे बढ़ते हुए 10-20% तक पहुँच सकता है। यदि कोई व्यक्ति, जो कभी भी बचत या निवेश नहीं कर पाता, पहले 1% से शुरुआत करे, तो दिन, सप्ताह और महीनों के क्रम में–एक-दो वर्षों में–वह स्वयं में बड़ा परिवर्तन अनुभव करता है। अक्सर निम्न-मध्यम वर्गीय परिवारों

में प्रति माह बचत पर ध्यान नहीं दिया जाता, जबकि वहाँ यह एक अत्यंत प्रभावशाली साधन बन सकता है।

उदाहरण के लिए, एक व्यक्ति 'S' की बात करें–वह ठीक-ठाक आय अर्जित कर लेता है, लेकिन जिम्मेदारियों के कारण बचत को असंभव मानता है। वह इसे एक कठिन कार्य समझता है और आकस्मिक खर्चों के लिए प्रायः अपने मित्रों या कार्यस्थल से धन प्राप्त करता है।

एक दिन उसका मित्र उससे कहता है, "तुम्हारे पास हमेशा कुछ न कुछ कम ही रहता है।" दरअसल, उस व्यक्ति ने कभी भी बचत को महत्व नहीं दिया, इसलिए कोई फंड बन ही नहीं पाया। और न ही उसे यह समझ थी कि बचत का कितना महत्व होता है। ऐसी स्थिति में आकस्मिक परिस्थितियों के लिए कोई सुरक्षित फंड नहीं बन पाता, और आर्थिक संकट की जटिलताएँ सदैव उसके आसपास बनी रहती हैं।

आय अर्जित करने का दौर और संघर्ष

(क) छोटा-छोटा कार्य तात्कालिक ज़रूरतों को पूरा करता है।

(ख) लक्ष्य हमेशा बड़ा रखो। यदि बड़ा लक्ष्य पूर्णतः न भी मिले, तो भी उसके आसपास की उपलब्धि मिल सकती है। और यह भी संभव है कि उस लक्ष्य को प्राप्त करने के बजाय उससे भी आगे निकल जाओ।

(ग) स्वयं में खोजो कि तुम्हारी क्षमताएँ किन क्षेत्रों में हैं, और इन क्षमताओं पर क्रमवार ध्यान दो।

(घ) किसी भी तथ्य या स्थिति के विकल्प होते हैं। उन विकल्पों की सूची तैयार रखो।

(ङ) अपने कार्य में सर्वोत्तम दो। जिस कार्य को अपने लिए चुनो, उसमें अपना श्रेष्ठतम भाव लगाओ।

(च) छोटे कार्य के साथ बड़ा लक्ष्य अवश्य रखो, वरना तुम कहीं नहीं पहुँच पाओगे। व्यक्ति जब घर से बाहर निकलता है, तो किसी कार्य या उद्देश्य के लिए निकलता है। यदि वह ऐसा नहीं कर रहा, तो निस्संदेह

वह या तो कुछ और सोच रहा होता है, या फिर कुछ भी नहीं सोच रहा होता।

(छ) आय अर्जन के साथ-साथ आवश्यक और अनावश्यक कार्यों का समावेश होता है। दोनों का सही ढंग से आबंटन करो।

धन तो हवा में है

एक व्यक्ति कहता है कि उसके दादाजी कहा करते थे–जब वह 8–10 वर्ष का रहा होगा–"पैसा तो हवा में तैर रहा है, पकड़ लो!" आज वह उस वाक्य का वास्तविक अर्थ समझ पा रहा है। आज से 30 वर्ष पहले व्यक्ति के क्रिया-कलापों के विकल्प बहुत अलग और सीमित हुआ करते थे। तथापि, जो व्यक्ति अपने परिवार के उत्थान के लिए धन के महत्व को समझता था, वह उसी परिस्थिति में रहते हुए एक या एक से अधिक आय अर्जन की गतिविधियों में जुटा रहता था।

मध्यवर्गीय तथा निम्न-मध्यवर्गीय परिवारों में आर्थिक उत्थान का सबसे सशक्त माध्यम शिक्षा प्राप्त कर नौकरी करना ही माना जाता रहा है। गरीब परिवारों में भी शिक्षा के माध्यम से प्राप्त नौकरी ही उत्थान का मुख्य केंद्र-बिंदु रही है।

जिन परिवारों में व्यापार का अनुभव नहीं होता, उनके लिए व्यापारिक परंपराओं का बुनियादी ज्ञान न होने के कारण एकदम से उस धारा में शामिल होना कठिन होता है। फिर भी, समय के प्रवाह में बदलाव के साथ एक उद्यमी प्रवृत्ति कहीं न कहीं, कभी न कभी दिखाई देती रही है।

वास्तव में, क्या धन हवा में है?

ज़रा देखो – कैसे पकड़ा जा सकता है। असंख्य कार्य हैं और हर कार्य से धन अर्जन संभव है। व्यक्ति का कार्य के साथ जुड़ाव ही उसकी आय का आधार बनता है। प्रत्येक व्यक्ति, जो स्वयं को किसी एक या एक से अधिक कार्यों से जोड़ता है, वह अपनी कार्य संलग्नता के आधार पर थोड़ा या बहुत अधिक धन अर्जित करता है। और जब व्यक्ति इस धन अर्जन प्रवृत्ति को

स्वयं में विकसित करता है, तो कार्य की विविध दिशाओं में उसके मार्ग स्पष्ट होते जाते हैं।

व्यक्ति को अपनी आर्थिक स्थिति बेहतर करने के लिए निरंतर प्रयास करते रहना चाहिए। एक न एक दिन उसकी कार्य प्रवृत्ति की दिशा सटीक हो ही जाती है। अक्सर आपने देखा या सुना होगा कि जब कोई व्यक्ति प्रारंभिक स्तर से शुरुआत करता है, तो उसका ध्यान मुख्यतः सीखने की भावना पर होता है, न कि केवल धन पर। अर्थात, वह धन को प्राथमिक नहीं, बल्कि द्वितीयक स्तर पर रखता है।

ज्ञान प्राप्ति और सीखने के दौर में धन अर्जन का लक्ष्य सामान्यतः द्वितीयक ही होता है। यदि व्यक्ति के पास धन होता है, तो यह उसे मानसिक संतुलन प्रदान करता है। लेकिन यदि आपको धन की अत्यधिक आवश्यकता हो और आप बहुत संघर्ष कर रहे हों, तो यह मन और मस्तिष्क में असंतुलन का भाव उत्पन्न करता है। इसका अनुभव आप स्वयं कर सकते हैं–जिस दिन आपके पर्स या जेब में एक भी रुपया न हो, उस दिन आप कैसा अनुभव करते हैं? और जिस दिन आपके पर्स या जेब में पर्याप्त धन होता है, उस दिन आपका आत्मविश्वास और मानसिक संतुलन कुछ अलग ही होता है। जिस दिन आप खाली जेब के साथ बाहर निकलते हैं, और जिस दिन भरी जेब के साथ, उन दोनों दिनों के अनुभवों में आप अंतर को स्वयं अनुभव कर सकते हैं। **जेब खाली तो मन भारी, और जेब भारी तो मन हल्का होता है।**

व्यक्ति, धन की उपलब्धता और अनुपलब्धता के बीच संतुलन और असंतुलन की स्थिति में रहता है। धन एक स्तर तक जीवन को आसान और सहज बनाता है, जबकि एक निश्चित स्तर से नीचे की आर्थिक स्थिति जीवन को कष्टदायक बना देती है। धन का एक न्यूनतम स्तर जीवन को सरल, सहज और सामान्य बनाए रखता है।

धन : मानव, दानव, दास और देवता – एक में रुप अनेक

धन के कारण मानव स्वयं से परिचय पाता है। कभी वह स्वयं से कहता है–"क्या वज़न है धन का!" कभी यही धन मानव में देवता जैसा भाव

उत्पन्न करता है, तो कभी उसे दास-सदृश कार्य करते देखा जाता है; और कभी-कभी यह दानव जैसा भी प्रतीत होता है। धन के कारण व्यक्ति स्वयं को कभी बौना अनुभव करता है, तो कभी विराट स्वरूप में देखने लगता है। धन के लिए मानव किस-किस प्रकार के रूप धारण कर सकता है! वह तमाम सुविधाओं का उपभोग कर सकता है–परंतु इन्हीं उपलब्धियों के लिए सही प्रबंधन अत्यंत आवश्यक होता है।

यदि धन का सही प्रबंधन नहीं किया गया, तो विपरीत दिशा में किया गया प्रबंधन व्यक्ति को उसके लक्ष्य तक नहीं पहुँचा सकता। संपूर्ण व्यवस्था यूँ कहें कि धन के चारों ओर ही गोल-गोल घूम रही है। अर्थशास्त्र का सीमांत उपयोगिता ह्रास का नियम (Law of Diminishing Marginal Utility) एक अतिरिक्त धन की इकाई के लिए क्रियाशील नहीं होता। **अर्थात, जितना धन होता है, उतनी ही धन की आवश्यकता और बढ़ती जाती है।** इस नियम के अनुसार, किसी वस्तु की एक अतिरिक्त इकाई, उस वस्तु की उपयोगिता–अर्थात संतुष्टि देने की क्षमता–को पूर्ण रूप से प्रदान नहीं कर पाती।

व्यक्ति के पास जितना अधिक धन होता है, उतना ही और अधिक धन के लिए उसकी लालसा या इच्छा भी बढ़ती जाती है।

धन प्रवाह

जीवन को व्यवस्थित ढंग से जीने के लिए व्यक्ति के पास कैश फ्लो (नकदी प्रवाह) होना अनिवार्य है। आज एक औसत व्यक्ति, दस वर्ष पहले की तुलना में, बेहतर सुविधाओं के साथ जीवन जी रहा है। दस वर्ष पहले, नौकरीपेशा लोगों में केवल प्रथम स्तर (उच्च पदों) के लोग ही व्यक्तिगत कार खरीदकर उसे अपनी आवश्यकता के लिए उपयोग में लाते थे। परंतु इन दस वर्षों में काफी बदलाव आया है। आज चतुर्थ स्तर के कार्य करने वाले लोग भी अपने परिवार को सुविधाजनक स्थिति देने के लिए कार का आवश्यकता के रूप में प्रयोग कर रहे हैं।

एक व्यक्ति जो एक अच्छे पद से सेवानिवृत्त हुआ था, सेवानिवृत्ति के दो दिन बाद हाथ में “To-Let” का बोर्ड पकड़े हुए कार्यालय में किसी

काम से आया। उसे देखकर उसके अधीनस्थ रहे लोगों को यह दृश्य बिल्कुल अच्छा नहीं लगा। उनका मानना था कि “To-Let” का बोर्ड हाथ में पकड़ने के बजाय पेपर या सोशल मीडिया के माध्यम से सूचना दी जा सकती थी। बातचीत में किसी ने बताया कि वे अब अपने पैतृक आवास लौटना चाहते हैं और इस फ्लैट को किराए पर देना चाहते हैं। यह उदाहरण दर्शाता है कि व्यक्ति चाहे कितनी भी अचल संपत्ति का स्वामी क्यों न हो, नकद प्रवाह (cash flow) की कमी नहीं होनी चाहिए।

अब एक प्रश्न उठता है – 100 रुपये का नोट वास्तव में कितना मूल्य प्रदान करता है? आप कहेंगे – “100 रुपये का ही!” लेकिन यह पूरी तरह सही नहीं है। यह 100 रुपये का नोट जितने अधिक लोगों के हाथों से गुजरता है, वह उतने ही बड़े मूल्य का कार्य करता है। जैसे:

100 रुपये का नोट (संख्या: 1)

यदि यह 100 लोगों के हाथों से गुजरे,

तो इसका प्रभाव = 100 x 100 = ₹10,000 का आर्थिक प्रवाह।

इसी तरह, यह प्रक्रिया अर्थव्यवस्था में प्रवाह को दर्शाती है – अर्थात यह नोट कितने लोगों के बीच क्रय-विक्रय, लेन-देन, और सेवाओं में उपयोग होता है।

धन की बचत

एक-एक तिनके से घोंसला बनता है, एक-एक रुपया जोड़कर सौ, पाँच सौ, हजार और लाखों की राशि बनती है।

अर्थात, जैसे किसी इमारत को बनाने में एक-एक ईंट लगती है और धीरे-धीरे पूरा ढाँचा तैयार होता है, वैसे ही धन और ज्ञान के क्षेत्र में बचत के लिए एक-एक रुपये का महत्व उतना ही होता है, जितना इमारत में एक-एक ईंट या पत्थर का। आपने देखा और सुना होगा कि जीवन में कितने ही लोग प्रारंभिक अवस्था में एक-एक रुपया जोड़कर चलते हैं, और आगे चलकर वही छोटी सी शुरुआत एक मज़बूत नींव बनती है जो बड़ा प्रभाव दिखाती है।

इस प्रकार व्यक्ति गरीबी से अमीरी के सफर पर निकल पड़ता है। यदि कोई व्यक्ति बहुत कम संसाधनों से शुरुआत कर बचत–निवेश की प्रवृत्ति, सही धन प्रबंधन, और कार्य के प्रति निष्ठा बनाए रखता है, तो वह एक सुविधाविहीन जीवन से सुविधायुक्त जीवन की ओर बढ़ते हुए, कम या अधिक मात्रा में उपलब्धियाँ अवश्य प्राप्त करता है। आज भी कई परिवार, जो छोटे स्तर के कार्य कर आय अर्जित करते हैं, यदि उस आय का उपयोग, उपभोग, निवेश तथा बचत में करते हैं, तो निस्संदेह वे बेहतरी की दिशा में प्रयासरत हैं। इसका आर्थिक परिणाम देर-सबेर अवश्य सामने आता है।

आज के कई निम्न-मध्यवर्गीय परिवारों में आर्थिक गतिविधियों के साथ-साथ अध्ययन की प्रवृत्ति भी देखी जाती है, जो मिल-जुलकर आर्थिक वृद्धि तथा आर्थिक विकास का कारण बनती है।

आज भी कई बार जब 70–75 वर्ष की आयु के लोगों से वार्तालाप होता है, तो यह बात स्पष्ट होती है कि वे मन और मस्तिष्क से अब भी वही ऊर्जा और सक्रियता अनुभव करते हैं, जो उन्होंने युवावस्था में की थी। हालाँकि शारीरिक रूप से उम्र में प्रौढ़ता आ चुकी होती है, फिर भी वे मानसिक रूप से सक्रिय रहते हैं–क्योंकि: उन्हें शारीरिक व्याधियाँ न के बराबर होती हैं और परिवार पर आर्थिक या अन्य प्रकार का कोई विशेष दबाव नहीं होता। इससे यह तथ्य सामने आता है कि यदि व्यक्ति सक्रिय बना रहे, तो उम्र का प्रभाव नगण्य हो जाता है, और स्वास्थ्य समस्याएँ भी न्यूनतम रहती हैं।

व्यक्ति अक्सर स्वयं को 60 वर्ष की उम्र में स्वयं को बुजुर्ग मानने लगता है, क्योंकि व्यवस्था में यही प्रचलित मान्यता है। कभी-कभी व्यक्ति 30, 40 या 50 की उम्र में भी स्वयं को बुजुर्ग मान लेता है–यह उसकी निजी धारणा हो सकती है, जो किसी व्यक्तिगत कारण, सामाजिक प्रभाव या पारिवारिक वातावरण के कारण बनी हो। कुछ समाजों और परिवारों में 30 की उम्र को ही “बड़ी उम्र” मान लिया जाता है, जबकि कहीं व्यक्ति 60 वर्ष से पहले तक भी स्वयं को बुजुर्ग नहीं मानता। यह सब मन का खेल (Mind Game) है।

इसीलिए एक 90 वर्षीय व्यक्ति एक युवा से कहता है, “मैं तो मन और मस्तिष्क से अब भी यंग मैन हूँ।” वह 90 वर्षीय व्यक्ति अपनी दैनिक

क्रियाओं को स्वयं करता है। उदाहरण के लिए, वह अपनी उपयोगी वस्तुओं को व्यवस्थित तरीके से रखता है ताकि ज़रूरत पड़ने पर उन्हें आसानी से ढूंढ़ सके। कभी-कभी वह अपने बेटे या पोते–पोती से कहता है, "वो चीज़ ज़रा वहाँ से दे देना" और वास्तव में वह वस्तु वहाँ मिल भी जाती है–क्योंकि उसकी व्यवस्था में स्पष्टता होती है। यदि हम ध्यानपूर्वक देखें, तो पाएँगे कि कई लोग 60–70 वर्ष की उम्र में भी 20–30 वर्ष के युवाओं जैसी सक्रियता से कार्य कर रहे होते हैं। यह विचार करने योग्य बात है कि ऐसी सक्रियता के पीछे कौन से कारक प्रभावी होते हैं – और यह दूसरों के लिए एक प्रेरणा स्रोत भी बन सकता है।

दूसरी ओर, एक सामान्य व्यक्ति तब तक अपने माता–पिता पर आश्रित रहता है जब तक वह कमाने योग्य नहीं बन जाता। यूँ कह सकते हैं कि अध्ययन काल में मुख्यतः केवल अध्ययन ही किया जाता है, न कि आय अर्जन। हालाँकि ऐसे लोगों में भी महान संभावनाएँ और उत्कृष्टता विद्यमान हो सकती है। व्यक्ति किस उम्र में आय अर्जन शुरू करता है, यह उसकी परिस्थिति, मानसिकता और व्यक्तित्व पर निर्भर करता है।

कुछ शिक्षित महिलाएँ आपस में चर्चा कर रही थीं। वे सभी वरिष्ठ नागरिक थीं। उनमें से एक कह रही थी कि वास्तव में बच्चे और माता-पिता उम्रभर किसी न किसी रूप में एक-दूसरे पर आर्थिक या सामाजिक रूप से आश्रित रहते हैं।

एक दूसरी महिला ने कहा, "इनको देखो, इनके बच्चे आत्मनिर्भर हैं और इनका खुद का भी आय स्रोत है, फिर भी क्या ये पूरी तरह से स्वतंत्र हैं? नहीं न! कहीं न कहीं सब एक-दूसरे से जुड़े हुए ही होते हैं।" हमारे देश की संस्कृति में भावनात्मक सुरक्षा के साथ-साथ पारिवारिक जुड़ाव भी महत्वपूर्ण भूमिका निभाता है।

महिला 'Y' ने बताया कि उनके परिवार में तीन लोग हैं–वह स्वयं, उनके पति (दोनों वरिष्ठ नागरिक) और उनकी 84 वर्षीय माँ। दोनों पति-पत्नी आज भी आय अर्जित कर रहे हैं। उनके बच्चे देश के बड़े शहरों और विदेश में रहते हैं। वह अपने विदेश यात्रा के अनुभव साझा करते हुए कहती हैं, "वहाँ की जीवनशैली कुछ अलग ही है।"

तभी उसी समूह में बैठी महिला 'X' कहती हैं, "कोई भी व्यक्ति जब सेवानिवृत्त होता है, तो वह अपने पड़ोसियों और आसपास के लोगों से ज़्यादा घुल-मिल जाता है। नहीं तो अलग-थलग कैसे रह पाएगा?"

वह आगे कहती हैं कि कार्यालय की व्यस्तता के दौरान व्यक्ति का समय एक निश्चित प्रणाली में व्यतीत होता है, परंतु सेवानिवृत्ति के बाद उस समय का नए तरीके से उपयोग करना पड़ता है। तब कुछ बदलावों की आवश्यकता महसूस होती है। व्यक्ति की आयु में आए इस परिवर्तन के समय, उसे अलग-थलग पड़ने से रोकने वाली परिस्थितियों पर विचार करना होता है।

कोई कामकाजी व्यक्ति जो अभी परिपक्वता की ओर बढ़ रहा होता है, वह अपने सेवानिवृत्त वरिष्ठ का सम्मान तो करता है, परंतु उनसे मित्रवत व्यवहार करना प्रारंभ में असामान्य लगता है। वास्तव में, व्यक्ति अपने जीवन में उन्हीं लोगों से सामंजस्य बना पाता है जो पहले से उसके सामाजिक दायरे में महत्वपूर्ण स्थान रखते हैं, या फिर वे लोग जिनसे वह धीरे-धीरे परिचित होता गया हो।

इसे एक उदाहरण से समझा जा सकता है–

एक वरिष्ठ व्यक्ति 'A' ने सेवानिवृत्ति के बाद सुबह-शाम टहलते हुए अपने जैसे उम्र के चार लोगों से मित्रता कर ली। वे चारों थे: A, B, C और D।

A : एक उच्च पद से सेवानिवृत्त हुए थे।

B : मध्यम पद से सेवानिवृत्त हुए।

C और D : दोनों अपेक्षाकृत निम्न पदों से सेवानिवृत्त हुए।

यह समूह अब परस्पर संवाद, टहलना और अनुभव साझा करना जैसी गतिविधियों में एक साथ समय बिताता है। यह सामाजिकता ही उन्हें सक्रिय और मानसिक रूप से स्वस्थ बनाए रखती है। वे चारों–A, B, C और D–बड़ी बेसब्री से एक-दूसरे का इंतज़ार करते थे। अगर कोई देर से आता या नहीं आ पाता, तो वे फोन करके उसकी वजह पूछते। सुबह-शाम का समय तय था। A के परिवार में उसके दो बेटे थे, जिनका अपना-अपना पारिवारिक

जीवन था। वे अपने-अपने कार्यों और पढ़ाई में व्यस्त रहते थे। A की दोनों बहुएँ भी नौकरी करती थीं। A को उसका कुक समय पर खाना-पीना दे देता था और बाकी कार्यों के लिए नौकर मौजूद थे, किंतु बातचीत के लिए समय नहीं होता था। इसलिए A की दिनचर्या में सुबह-शाम टहलने जाना एक स्थायी और संतोषजनक हिस्सा बन गया था।

दूसरी ओर, एक अलग स्थिति देखी जा सकती थी। एक ग्रुप कामकाजी महिलाओं का था, जिनकी उम्र लगभग 30 वर्ष या उससे अधिक थी। यह ग्रुप, एक अन्य ग्रुप 'S' की बातों में रुचि लेता था, जिसमें सभी सदस्य 60 वर्ष से अधिक आयु के वरिष्ठ नागरिक थे। धीरे-धीरे दोनों ग्रुप – 'G' (कामकाजी महिलाएँ) और 'S' (वरिष्ठ नागरिक) – एक-दूसरे से बातचीत और विचार विमर्श करने लगे। ग्रुप 'S' की महिलाओं का कहना था कि उनके बच्चे आज भले ही कार्य करके आय अर्जित कर रहे हैं, तथापि मानसिक, सामाजिक और आर्थिक रूप से वे अभी भी अपने माता-पिता पर आश्रित हैं।

एक अध्ययन में आठ परिवारों को शामिल किया गया, जिनके माता-पिता दोनों कामकाजी थे। इन परिवारों में यह देखा गया कि बच्चे और माता-पिता भावनात्मक, आर्थिक और सामाजिक रूप से अलग नहीं हैं, बल्कि परस्पर जुड़े हुए हैं। हालाँकि कहीं-कहीं पर स्थितियाँ भिन्न भी पाई जाती हैं, पर अधिकांश उदाहरणों में आपसी सहयोग और भावनात्मक संबंध स्पष्ट रूप से दिखाई देते हैं।

कुछ परिवारों में आर्थिक निर्णय लेने का दायित्व महिला निभाती है, तो कहीं पुरुष व्यक्तिगत रूप से अधिक जागरूक और प्रभावशाली भूमिका निभाता है। परिवार के आर्थिक निर्णयों को वह व्यक्ति अधिक प्रभावित करता है जो धन का बेहतर प्रबंधन कर सकता है। यदि वह शिक्षित भी हो, तो यह कार्य और अधिक सुचारु रूप से किया जा सकता है। यह प्रणाली वर्तमान और भविष्य–दोनों के लिए लाभकारी सिद्ध होती है। बहुत से मध्यवर्गीय परिवारों में कुछ महिलाएँ अपने उत्कृष्ट धन प्रबंधन के द्वारा न केवल गृहस्थी को कुशलता से चलाती हैं, बल्कि बच्चों की शिक्षा, मकान की व्यवस्था आदि में भी ऐसी दक्षता दिखाती हैं कि उनके पति तक आश्चर्यचकित रह जाते हैं कि क्या यह सब बचत और निवेश के माध्यम से संभव हो पाया?

इस बात को स्पष्ट करने के लिए एक प्रसंग प्रस्तुत है–

मीना नाम की एक महिला थी। उसके पति हर महीने वेतन से कटने के बाद जो राशि हाथ में आती, उसमें से कुछ पैसे घर के दैनिक खर्च के लिए मीना को दे देते थे। वास्तव में मीना के पति घरेलू ज़रूरतों में अधिक समय या ध्यान देना नहीं चाहते थे। कभी-कभी उन्हें लगता था कि कहीं धन का गलत उपयोग तो नहीं हो रहा, जैसे कोई वस्तु बाज़ार मूल्य से अधिक में तो नहीं लाई जा रही। जब कभी महीने के बीच में पति को पैसों की ज़रूरत पड़ती और वे मीना से पूछते, तो वह कहती, “मेरे पास पैसे नहीं हैं।”

असल में, जैसे ही पैसे हाथ में आते, मीना पहले आवश्यक राशन और अन्य घरेलू जरूरतों को पूरा करती, और फिर शेष राशि को बैंक में जमा कर देती या कुछ न कुछ निवेश करती। वह पहले बचत करती, फिर शेष राशि से पूरे महीने का खर्च संतुलित करती थी। हाँ, कभी-कभी आकस्मिक खर्चों की स्थिति में परेशानी भी होती थी, परंतु वह संयम बनाए रखती। एक समय की बात है–मीना के पति एक नया घर बनवा रहे थे। ऋण लेकर नींव तो पड़ गई थी, लेकिन आगे का ऋण मिलना मुश्किल हो गया। कई दिनों तक स्थिति का अवलोकन करने के बाद मीना ने कहा,

“आप काम शुरू कीजिए, आगे का खर्चा आपको मिल जाएगा।” पति चौंक गए – “तुम्हारे पास इतना पैसा कहाँ से आया?” मीना ने मुस्कराते हुए बड़ी सरलता से उत्तर दिया, “इतने वर्षों में गृहस्थी के खर्चों से थोड़ा-थोड़ा बचाकर बैंक में जमा किया है।” मीना के पति मन-ही-मन अपनी पत्नी की समझदारी और दूरदर्शिता पर गर्व अनुभव करने लगे।

इस तरह आपको असंख्य गृहणियाँ मिल जाएँगी जो अपनी छोटी-छोटी बचतों से अपने परिवार में बड़ा प्रभाव डालती हैं। कुछ गृहणियाँ – चाहे वे दादी हों या माँ – उनके उदाहरण का प्रयोग उस परिवार में अन्य लोग वर्षों तक करते हैं, ताकि उनसे प्रेरणा ली जा सके। वे महिलाएँ उस समय, सीमित संसाधनों और कम शिक्षा के बावजूद, अपने प्रयासों से ऐसा प्रभाव उत्पन्न करती हैं जो आगे की पीढ़ियों तक जाता है।

एक बार एक गृहिणी अपने बच्चों को समझा रही थी, "कुछ लोग कम आय में भी अपनी आर्थिक ज़रूरतों को किसी हद तक पूरा करने में सक्षम क्यों होते हैं?" वह आगे कहती है, "कुछ व्यक्ति अपनी आय के लिए एक से अधिक स्रोतों से कार्य करते हैं।" जैसे एक गृहिणी जो अपनी सीमित आय में घर चलाने के साथ-साथ बचत के लिए भी विविध उपाय करती है, और इसके अतिरिक्त अपने किसी हुनर (जैसे सिलाई, अचार बनाना, ट्यूशन आदि) से भी कुछ अर्जित करती है। यह व्यवहार न केवल उस गृहिणी के लिए, बल्कि दूसरों के लिए भी एक सीख बन जाता है।

अर्थशास्त्र में यह कहा गया है कि बचत को निवेश में बदलते समय कभी भी केवल एक ही स्थान पर निवेश नहीं करना चाहिए। व्यक्ति की आय का स्तर चाहे जो हो, पूरा निवेश किसी एक ही स्रोत में करना समझदारी नहीं मानी जाती। यदि कोई व्यक्ति अपने निवेश को 5–6 अलग-अलग जगहों पर करता है, और यदि एक जगह हानि भी हो जाए, तो भी अन्य 3–4 स्थानों के निवेश उसे संतुलन में रख सकते हैं। इस प्रकार, वह व्यक्ति सिर्फ एक असफल निवेश के कारण पूरी तरह असफल नहीं होगा।

इस बात को एक छोटी-सी कहानी से समझते हैं–

एक दूधवाला, जो हर सुबह फुर्ती से दूध बाँटता है। वह अपने कार्य में कुशल है, लेकिन उसका यह व्यवसाय बहुत लाभदायक नहीं है। वह कहता है, "अगर मेरी कोई दुकान होती तो शायद थोड़ा निश्चित लाभ तो होता ही!"

फिर भी वह कहता है कि उसने इस कार्य को अब तक "न लाभ, न हानि" की स्थिति में बनाए रखा है। यह स्थिति अर्थशास्त्र में "ब्रेक-ईवन प्वाइंट" कहलाती है – अर्थात जहाँ न तो लाभ होता है, न ही हानि।

इस व्यवसाय में ऐसा इसलिए होता है क्योंकि पशुपालन एक जैविक प्रक्रिया है, जिसमें हर मौसम में पशु के स्वास्थ्य, चारे, देखभाल आदि का विशेष ध्यान रखना पड़ता है। यदि लापरवाही हो जाए, तो पशुओं के बीमार होने पर बड़ी हानि उठानी पड़ सकती है। फिर भी इस पशुपालन से कई अप्रत्यक्ष लाभ मिलते हैं, जैसे जैविक खाद, उपले जो जलावन के काम आते हैं, और खेत से प्राप्त अवशेष (घास, पुआल आदि) जो पशुओं के चारे में

काम आते हैं। इस प्रकार खेती और पशुपालन की प्रक्रिया एक-दूसरे से जुड़ी हुई है। इन दोनों कार्यों का संयुक्त रूप से प्रबंधन व्यक्ति को "न लाभ, न हानि" की स्थिति में रखते हुए जीवन निर्वाह योग्य बना देता है।

एक स्टडी सेंटर में एक कामकाजी बेटी अपने 74 वर्षीय पिता को लेकर आई थी। वे व्यक्ति अपने सत्रीय कार्य (असाइनमेंट) जमा करने आए थे। लंबी बातचीत के दौरान यह पता चला कि वे पहले सेना में कर्नल थे। अब रिटायरमेंट के बाद उन्होंने सोचा, "बैठे-बैठे कुछ किया जाए।" इसी सोच के साथ वे राजनीति विज्ञान में स्नातकोत्तर की पढ़ाई में लग गए।

इस वार्तालाप में सबसे मूल्यवान वाक्य जो सामने आया, वह था–

"पैसे या धन ने व्यक्ति के जीवन का मूल्य समाप्त कर दिया है। लोग बस काम और धन के पीछे भाग रहे हैं, खप रहे हैं।" उन्होंने कहा, "आज के विद्यार्थी वैसे नहीं रह गए जैसे पहले हुआ करते थे। भौतिकता जीवन पर हावी हो गई है। लोग केवल भौतिक उपलब्धियों पर ही केंद्रित होते जा रहे हैं। सुख, शांति और समृद्धि की अवधारणा को किसी और चीज़ ने स्थानांतरित कर दिया है। आज अधिकांश लोग धन और भौतिक वस्तुओं को ही सफलता का मानदंड मानते हैं।"

एक बार एक सेवक ने अपने मालिक से मासूमियत से पूछा– "मालिक, अमीर कैसे बना जाता है?"

मालिक ने सहजता से मुस्कराते हुए उत्तर दिया :

- काम को मन लगाकर करना चाहिए–चाहे कार्य की प्रकृति कोई भी हो। कार्य में निष्ठा और मेहनत ज़रूरी है।
- पढ़ाई भी ज़रूर करनी चाहिए।
- ऐसे कार्यों को चुनना चाहिए जो आपको आपके लक्ष्य–अमीर बनने–की दिशा में ले जाएँ।
- कार्य में सेवा भावना, लगन और प्रतिबद्धता होनी चाहिए। मन में छल-कपट नहीं रखना चाहिए।
- अपने मालिक, संगठन या परिवार के प्रति ईमानदार रहना चाहिए।

- समय को व्यर्थ नहीं गंवाना चाहिए।
- स्वयं में निरंतर सुधार करते रहना चाहिए।
- जो भी कार्य करें, उसे पूरे मन से करें। हर कार्य आपकी लगन, प्रतिबद्धता और परिश्रम की परीक्षा लेता है–यह बात याद रखो।
- चाहे पढ़ाई हो या कार्य, उसे अधूरे मन या आधे-अधूरे तरीके से न करें। यह आदत त्यागनी होगी।

  वर्तमान में जो कार्य हमारे सामने है, उसे नज़रअंदाज़ नहीं किया जा सकता। अतः सबसे पहले वही कार्य करें जो इस समय सामने है। जैसे– यदि तुम झाड़ू लगा रहे हो, तो मन लगाकर और ध्यानपूर्वक लगाओ। यदि तुम खाना बना रहे हो, तो मन लगाकर बनाओ। जो संसाधन उपलब्ध हैं, उन्हीं से स्वादिष्ट और बेहतर भोजन बनाया जा सकता है।
- यदि संसाधन सीमित हैं, तो बुद्धि का प्रयोग करो–कैसे सीमित साधनों में भी सर्वोत्तम तैयार किया जा सकता है, यह सोचो। समय, संसाधनों और वस्तुओं की बर्बादी मत करो। यदि तुम मालिश कर रहे हो, तो मन लगाकर करो–भले ही केवल 15 मिनट के लिए करो। अपने कपड़े स्वयं धोओ और एक समय में अच्छी तरह साफ करो। साथ ही, अपने दैनिक कार्यों की एक सूची मन में रखो।
- ऐसे कार्य जिन्हें तुम्हें बिना बताए ही करना होता है, उन्हें अपने स्वामी या वरिष्ठ के आदेश की प्रतीक्षा किए बिना कर डालो।
- अपने नियत कार्यों को समय पर पूरा करने की आदत विकसित करो।
- यदि तुम एक साथ कई कार्यों का दायित्व लेते हो, तो भी निरंतर प्रयास करते रहो–समर्पण से। कार्य के प्रति सकारात्मक भावना और लगन व्यक्ति को बेहतर बनाते हैं।
- मन-मस्तिष्क में हमेशा लक्ष्य होना चाहिए। यह लक्ष्य छोटे से बड़ा भी हो सकता है। हमें यह पता होना चाहिए कि – आज का लक्ष्य क्या है? इस सप्ताह, महीने, वर्ष या वर्षों का लक्ष्य क्या हो सकता है? लक्ष्य हमें दिशा दिखाते हैं–हमें क्या करना है, कहाँ पहुँचना है और कैसे पहुँचना है।

- अपने कार्य को उत्साह, धैर्य, समर्पण और खुशी के साथ करना चाहिए– उसे बोझिल न बनाओ। यदि मन प्रसन्न हो तो रास्ते की कठिनाइयाँ भी सहायक बन जाती हैं।
- जिस कार्य को हाथ में लो, उसे साफ मन और पूर्ण मनोयोग से करो– निष्कपट, बिना किसी छल-कपट के। अपने कार्य में अपनी सर्वोत्तम क्षमता लगा दो। सर्वोत्तम देने के बाद भी एक बार यह ज़रूर देखो कि कहीं कुछ छूट तो नहीं गया?
- आगे बढ़ने के लिए कुछ चीज़ों, तथ्यों या नकारात्मकताओं का त्याग करना आवश्यक होता है। करियर में उन्नति कुछ त्याग माँगती है।
- समय के अनुसार जागरूक रहो। प्राथमिकताएँ तय करो कि बेहतर बनने के लिए संसाधनों का आवंटन कैसे करना है और निर्णयों की प्रक्रिया कैसे विकसित करनी है। जब यह स्पष्ट होगा, तो सही पथ भी मिलता जाएगा।

धन के निवेश, पूंजी निर्माण की पद्धति और उसकी सहजता पर एक समूह में चर्चा हो रही थी। 'A' ने 'B' से पूछा–

"तुम्हारे पास निवेश के रूप में मेडिकल इंश्योरेंस, टर्म प्लान, पी.पी.एफ. है, और एक फ्लैट भी है, जो कि निवेश की ही श्रेणी में आता है।" तब 'B' ने उत्तर दिया–"सही निवेश का सबसे उत्तम माध्यम म्यूचुअल फंड है। यदि किसी ने पिछले 15 वर्षों में 10 लाख रुपये म्यूचुअल फंड में निवेश किए होते, तो वर्तमान परिदृश्य के अनुसार वह राशि 45–48 लाख रुपये तक हो सकती थी। यह म्यूचुअल फंड के संभावित रिटर्न को दर्शाता है।"

'A' ने पूछा– "म्यूचुअल फंड में निवेश कहाँ और कैसे किया जा सकता है?"

'B' ने उत्तर दिया–"अभी तो यह आपके आसपास के विकल्पों में बड़ी आसानी से उपलब्ध है। पाँच साल पहले यह इतना सरल नहीं था।"

इस चर्चा को 'C' नामक व्यक्ति भी सुन रहा था। वह चुपचाप बैठा था और 'A' तथा 'B' की बातें ध्यान से सुनकर उनसे सीखने की कोशिश कर रहा

था, क्योंकि ये दोनों स्वयं को भले ही अच्छा निवेशक मानते हों, लेकिन वे भी मानते हैं कि यदि पहले और अधिक जागरूक होते, तो और बेहतर निवेश कर सकते थे।

खैर, 'जब जागो तभी सवेरा'।

आज बाजार में निवेश के कई अच्छे माध्यम हैं, और म्यूचुअल फंड एक ऐसा विकल्प है, जो अपेक्षाकृत सरल और सुविधाजनक है। पहले यह उतना आसान नहीं था। वास्तव में, जब लोग निवेश करते हैं, तो वह बाजार को गति देता है। बाजार की प्रगति से पूरी अर्थव्यवस्था को लाभ होता है, और यह लाभ धीरे-धीरे एक-एक व्यक्ति तक पहुँचता है।

वर्तमान में पारंपरिक पद्धतियों के साथ-साथ आधुनिक निवेश विकल्प भी बेहतर साबित हो सकते हैं, बशर्ते व्यक्ति उनका सही ढंग से उपयोग करना सीखे।

कोई भी समझदार निवेशक केवल एक ही क्षेत्र में एकतरफा निवेश पर विश्वास नहीं करता। यह बात विशेष रूप से मध्यम वर्ग पर लागू होती है, जो अपनी ज़रूरत और क्षमता के अनुरूप, पारंपरिक तथा सुरक्षित माने जाने वाले निवेश विकल्पों को प्राथमिकता देता है। बहुत से लोग ऐसे भी हैं जो एक साथ कई काम कर लेते हैं।

जैसे–एक श्रमिक पेड़ की लकड़ी काट सकता है, उसे व्यवस्थित ढंग से रख सकता है, ज़रूरत पड़ने पर बालू–सीमेंट मिलाकर जुड़ाई का काम भी कर सकता है। वह अन्य कई ऐसे कार्य कर सकता है, जो उसे पहले से ज्ञात हैं और जिन्हें वह लंबे समय से करता आ रहा है। फिर भी, आज भी ऐसे श्रमिक की स्थिति "हैंड टू माउथ" यानी जिस दिन कमाया, उसी दिन खाया जैसी बनी रहती है।

आपने बहुत बार सुना होगा कि व्यक्ति को मल्टीटास्किंग में सक्षम होना चाहिए–यही उन्नति का मार्ग है।

लेकिन इस तरह के श्रमिक को देखकर समझ आता है कि भले ही उसमें कार्य-कुशलता हो, फिर भी वह एक औसत जीवन ही जी रहा है।

किसी व्यक्ति में उसके कार्य-कुशलता अर्थात कौशल के बाद भी उतना उत्कृष्ट जीवन, जितना कि वास्तव में एक बेहतर अवस्था की सुविधाओं को प्राप्त कर लेना चाहिए, क्यों नहीं हो पाता? या फिर इतना तो अर्जित कर रहा होता है कि जीवन निर्वाह संभव हो जाता है। दूसरी ओर, यदि इस स्थिति में व्यक्ति अपनी उस कुशलता-पूर्वक कार्य-पद्धतियों के साथ किसी एक दिशा में अपना सर्वोत्तम देता है, तो वह और बेहतर गति की ओर अपने जीवन को बढ़ा रहा होता है।

कमाया, लेकिन खाया नहीं; कमाया, फिर भी भूखा सोया' जैसी स्थिति से आगे बढ़ने के लिए, व्यक्ति को विभिन्न कार्यों को जानने और करने के साथ-साथ किसी एक ऐसी दिशा की पहचान करनी होती है, जिसमें वह अपने कौशल या शिक्षा-दीक्षा के माध्यम से स्वयं को निखार सके। यदि वह उस दिशा में दूरदर्शिता के साथ प्रयास करता है, तो धीरे-धीरे ही सही, लेकिन औसत जीवन से बेहतर आर्थिक स्थिति की ओर अग्रसर होता है।

बहुत से लोग हमारे आस-पास ही होते हैं, जो जीवन की गतिविधियों से जुड़ी कारगर भूमिकाएं निभा रहे होते हैं और वर्षों से अपने उस कार्य को कर रहे होते हैं। वे अपने कार्य में विशिष्टीकरण प्राप्त होते हैं, तथापि आज भी निम्न आर्थिक-सामाजिक स्थिति में जीवन व्यतीत कर रहे होते हैं–जैसे मजदूर, पेपरवाले, ग्वाले, कामवाली, माली, ड्राइवर, खाना बनाने वाले कुक, सब्जीवाले, फलवाले, रिक्शावाले या अपनी छोटी-सी दुकान में प्रतिदिन का खर्चा निकालने या उससे भी कम आय पर कार्यरत लोग।

ऐसे लोगों में से कुछ वर्षों में वहाँ से आगे निकल जाते हैं, तो कुछ वहीं पर रह जाते हैं और बेहतरी की बहुत कम संभावनाएं रह जाती हैं। यह ध्यान देने योग्य है कि निम्न आर्थिक स्थिति से भी बहुत बेहतर हो सकता है, और वह प्रवृत्ति पहले से ही विद्यमान होती है। बस 'समझ' ही वह मुख्य तत्व होता है, जो कुछ को आगे बढ़ा देता है। समझ-बूझ की शक्ति का प्रयोग आर्थिक बेहतरी के लिए बहुत-से लोग कर रहे होते हैं। इस तरह यह स्पष्ट हो जाता है कि जिस कार्य में आपकी कुशलता हो, उसे अपने जीवन की दशा तथा दिशा में बेहतरी के लिए कैसे प्रयोग करना है–यह विचार के योग्य है, अन्यथा उसका प्रभाव वहाँ तक नहीं जा पाएगा, जहाँ तक आपको पहुँचना चाहिए।

आपने देखा ही होगा, कुछ लोग अनेक तरह की गतिविधियों में संलग्न होते हैं–जैसे नौकरी, व्यापार और शिक्षा के अतिरिक्त व्यक्तिगत जीवन की गतिविधियाँ, जिसमें पारिवारिक दायित्व और अपने परिवार का भरण-पोषण, शिक्षा-दीक्षा सम्मिलित हैं। व्यक्ति के जीवन में उस वातावरण का गहरा प्रभाव पड़ता है, जिसमें उसका पालन-पोषण हुआ होता है। कुछ व्यक्ति धन कमाने के लिए बहुत-सी चीजों को ताक पर रख देते हैं। आगे चलकर यह जीवन में संतोषप्रद स्थिति उत्पन्न नहीं करता। वास्तव में, धन का महत्व जीवन को बनाता और बचाता है। यदि इसके विपरीत स्थिति हो, तो ऐसा धन सुख-शांति और संवृद्धि नहीं दे सकता।

धन का प्रभाव

धन की छोटी राशि भी अपना प्रभाव छोड़ती है। कहीं एक-एक रुपया जोड़कर कुछ ऐसा प्रभाव उत्पन्न होता है जो व्यक्तिगत के साथ-साथ सामूहिक प्रभाव भी कुछ हद तक उत्पन्न कर देता है। छोटे स्तर पर बहुत-सी महिलाओं में बचत और निवेश की प्रवृत्ति पाई जाती है। इसे एक उदाहरण से समझा जा सकता है–कुछ महिलाओं ने स्वयं सहायता समूह बना लिया था, जिसमें मात्र 100–200 रुपये प्रति माह जमा किए जाते थे। इस समूह में 50 सदस्य थे, यदि 50 * 200 = ₹10,000 प्रतिमाह। एक वर्ष की कुल राशि = ₹1,20,000।

समूह में जो सबसे ज़्यादा जागरूक और पढ़ी-लिखी महिला थी, वह रजिस्टर मेंटेन करती थी तथा प्रत्येक बैठक की राशि को समूह के नाम से बैंक में जमा करती थी। आवश्यकता पड़ने पर, कोई सदस्य ₹10,000 से ₹20,000 की सीमा में ऋण प्राप्त कर सकती थी। यह छोटी राशि भी समूह की सदस्याओं को राहत प्रदान करती थी। सदस्यगण इस राशि का प्रयोग अपने परिवार की किसी भी आवश्यक जरूरत के लिए सम्मानपूर्वक करती थीं, और इसे प्राप्त करने की पात्रता रखती थीं।

आगे चलकर उनका पूर्ववर्ती जमा तथा निरंतर जमा की गई राशि एक बड़ा उत्पादक प्रभाव उत्पन्न करती थी–जैसे कोई महिला कोई छोटा-मोटा

व्यापार शुरू करने के लिए अपनी ही जमा राशि को समूह से पूंजी के रूप में प्राप्त कर लेती, वह भी केवल 1–2 प्रतिशत ब्याज पर। और जो ब्याज कुल जमा पर बैंक या अन्य माध्यमों से प्राप्त होता था, वह वर्ष के अंत में सभी सदस्यों के बीच बाँट दिया जाता था।

इस तरह, छोटे-मोटे व्यवसाय में लगने वाली पूंजी भले ही कम हो, परंतु इस राशि को प्राप्त करना इतना सरल कहीं और से नहीं होता। व्यक्ति की संचयी प्रवृत्ति और मितव्ययिता के साथ ही जीवन के प्रति आशावादिता, उसे आर्थिक उन्नति की ओर अग्रसर करती है। यूँ कहें कि यह उलझनों से भरे मार्ग को सुलझाती है और व्यक्ति अपने दृष्टिकोण से आर्थिक संकट को धीरे-धीरे ठीक करता जाता है।

धन का प्रबंधन

आय कम हो या ज़्यादा, मनी मैनेजमेंट एक अलग विषय वस्तु है। यूँ कहें कि अच्छा मनी मैनेजमेंट करना सबके वश की बात नहीं है। एक व्यक्ति कहता है कि उसका तो कोई खर्चा नहीं, तथापि वास्तविकता यह है कि वह 'शून्य बैलेंस' (Zero Balance) का व्यक्ति है – न कोई बचत, न निवेश। अब प्रश्न उठता है कि ऐसा कैसे हो सकता है?

बिलकुल हो सकता है – जब व्यक्ति एक रुपया भी बचत न करे, सम्पूर्ण आय को तितर-बितर कर उपयोग में लगा दे, और तब भी कहे कि उसका तो कोई खर्चा ही नहीं। कोई लोन नहीं है, अतः कोई उत्तरदायित्व भी नहीं।

जब कोई व्यक्ति स्थायी सम्पत्ति में निवेश करता है, तभी वह बचत, निवेश, ऋण तथा खर्च के बारे में गंभीरता से विचार करता है। या फिर संभव है कि उसकी निवेश और बचत को लेकर कोई अलग योजना हो – कि पहले वह आधार मज़बूत करे और फिर एक अलग ढंग से बचत, निवेश, आय और सम्पत्ति का निर्माण करे।

अधिकतर समस्याओं का समाधान पैसे के माध्यम से संभव हो पाता है; अर्थात, आय या धन की पर्याप्तता जीवन को आसान बनाती है। कई प्रकार

की अव्यवस्था और उलझनों को धन या आय – अर्थात पैसे – द्वारा पुनः समायोजित और व्यवस्थित किया जा सकता है। धन की अत्यधिक कमी, जीवन की कठिनाइयों को दूर करने और जटिलताओं से उबरने के लिए आवश्यक सामर्थ्य में बाधा उत्पन्न करती है। पैसे के माध्यम से घर-परिवार में सुख, शांति और खुशहाली की दिशा में निरंतर प्रगति संभव है। किंतु इसकी कमी कभी-कभी व्यक्ति के मनोबल को उस ऊँचाई तक नहीं पहुँचने देती, जहाँ तक पहुँचना वास्तव में आवश्यक होता है।

आप स्वयं इसका अनुभव कर सकते हैं – जिस दिन आपकी जेब में पैसे न हों और आप यूँ ही घर से निकल पड़ें, उस दिन कैसा अनुभव होगा उसकी तुलना उस दिन से करें जब आपकी जेब में पैसे हों। अंतर स्पष्ट होगा। यदि आपकी आर्थिक स्थिति कमजोर है, तो जिन लोगों के बीच आपका संवाद या मेलजोल होता है, वे प्रायः आपको पैसे के आधार पर कम आँक सकते हैं और यदा-कदा हतोत्साहित भी कर सकते हैं। और यदि आप उनकी तुलना में अधिक सम्पन्न हैं, तो आपको "पैसे वाला" दिखाई देना चाहिए – क्योंकि आप जो वास्तव में है उससे कम दिखना कई बार संकट में डाल सकता है। पैसे के कारण आपको कदम-कदम पर खुद को प्रमाणित करना पड़ सकता है – भले ही जिसके समक्ष स्वयं को प्रमाणित कर रहे हों वह हर दृष्टि से, धन, मान या सम्मान के स्तर पर, आपसे निम्नतर ही क्यों न हो।

पैसे के आधार पर नज़दीकी रिश्तेदार भी अवसरवादी हो सकते हैं। वे ऐसे वाक्य कह सकते हैं जो आपका मनोबल गिराने के लिए पर्याप्त हों। ऐसे में आप अपनी स्थिति स्पष्ट करने और धन या आय अर्जित करने के लिए जी-जान से मेहनत करने के लिए प्रेरित हो सकते हैं। जिंदगी ऐसी ही होती है – और आपको, अगर अपने लिए नहीं, तो कम से कम अपने परिवार को सुख-सुविधाएँ देने के लिए पैसे की आवश्यकता अवश्य होगी। तो क्यों न कुछ ऐसा किया जाए जो आपके और आपके परिवार के भविष्य की बेहतरी की दिशा में सकारात्मक प्रगति लाए?

आपको कुछ न कुछ करने की आवश्यकता महसूस होनी चाहिए – और फिर उस पर अमल भी करना होगा।

यह अमल की प्रक्रिया आपकी दिनचर्या और समय-सारणी का अभिन्न हिस्सा बननी चाहिए। व्यक्ति जिस भी कार्य को पूर्ण करना चाहता है, उसके लिए निरंतर लगाव और जुड़ाव की प्रक्रिया आवश्यक होती है। यदि आप बचत और निवेश की दिशा में देखते हैं, तो यह भी वैसी ही निरंतरता और संकल्प की मांग करता है। व्यक्ति अपने करियर के निर्माण के साथ-साथ गाड़ी, घर, फ्लैट, सोना आदि पर खर्च करता है। इसके अतिरिक्त, कुछ आवश्यक और कुछ गैर-आवश्यक खर्च भी होते हैं, जैसे :

- चिकित्सा सुविधाएँ, जीवन बीमा, जीवन निर्वाह से संबंधित खर्च
- मनोरंजन, घूमना-फिरना, सामाजिक मेल-जोल, दान-पुण्य पर थोड़ा खर्च या सहयोग
- शिक्षा और सीखने पर खर्च
- रख-रखाव संबंधी खर्च – जैसे, यदि आपका स्वयं का घर है, तो रंग-रोगन या मरम्मत पर खर्च
- गाड़ी है तो उसकी सर्विसिंग या शोरूम विज़िट पर संभावित खर्च

अत्यंत अल्प आय वाले लोगों के लिए बैंक में खाता खुलवाना या उसका होना एक बहुत बड़ी बात होती है।

घर पर पैसे जमा करने की तुलना में बैंक में पैसा रखना – चाहे वह सिर्फ बचत खाता ही क्यों न हो – मामूली बात नहीं होती। निम्न आय वर्ग के लोग जब 100-200, 200-500 या 500-1000 की राशि जमा करते-करते दस-बीस हज़ार तक पहुँच जाते हैं, तो यह उनके लिए आत्म-बल और आत्म-गौरव का प्रतीक बन जाता है। यह राशि भले ही किसी बड़ी संपत्ति के रूप में न हो, लेकिन उनके लिए एक पूंजी के समान होती है। इसी तरह छोटी-छोटी रकम जोड़कर बनी पूंजी उनकी भलाई और भविष्य सुधारने में मददगार साबित होती है। बचत खाते में जमा राशि पर 2–3% ब्याज भले ही मामूली हो, फिर भी यह कुछ न कुछ जोड़ता रहता है और धीरे-धीरे एक आर्थिक आधार तैयार करता है। यही बचत खाता उनका एक प्रकार का सपोर्ट सिस्टम बन जाता है।

इसके बाद व्यक्ति एफ़डी (एफ.डी – फिक्स्ड डिपॉज़िट) और आरडी (आर.डी – आवर्ती जमा योजना) की ओर बढ़ता है। ऐसे लोग जब अगली पीढ़ी में आते हैं, तो वे वित्तीय अनुशासन के प्रति अधिक सजग हो जाते हैं और विभिन्न वित्तीय प्रणालियों को समझने व अपनाने लगते हैं। कम आय में जीवन का प्रबंधन करते-करते वे कई वित्तीय पहलुओं को सीखने लगते हैं और यदि उन्हें आय के नए स्रोत मिलें और सही मार्गदर्शन मिले, तो वे निश्चित ही बेहतर भविष्य की ओर बढ़ सकते हैं।

आप समझ ही गए होंगे – मीलों लंबा रास्ता भी एक-एक कदम से ही तय होता है।

उदाहरण (मॉल की घटना) :

एक बार एक परिवार किसी बड़े मॉल में खरीदारी के लिए गया। बहुत देर तक घूमने और कपड़ों का चुनाव करने के बाद परिवार के दो सदस्य – एक महिला और उसकी बच्ची – बिल भुगतान के लिए काउंटर पर जाते हैं। एक दूसरी महिला, जो उनके साथ थी, थोड़ी दूरी पर खड़ी होकर इंतजार करने लगती है। कुछ समय बाद, वह महिला देखती है कि एक सेल्समैन बार-बार उसके आस-पास मंडरा रहा है, जैसे उसे किसी और नजर से देख रहा हो।

उसे जल्दी ही इस बात का एहसास हो जाता है। वह व्यक्ति की प्रवृत्ति को भांपकर, कुछ दूरी पर खाली स्थान पर जाकर रुक जाती है और बच्ची को आवाज देती है, "अगर पेमेंट हो गया हो तो आ जाओ, चलो, देर हो रही है।"

थोड़ी ही देर में वे मॉल से निकल जाते हैं और रास्ता तय करके घर पहुँचते हैं। हालाँकि घर पहुँचने के बाद वह महिला इस घटना को लेकर थोड़ी असहज महसूस करती है और अपने पति से उस सेल्समैन के व्यवहार की चर्चा करती है। पति उसे समझाते हैं, "जब तक कोई कुछ कहे नहीं, तब तक हम कुछ कह भी नहीं सकते। वह शायद अपनी ड्यूटी कर रहा हो।" लेकिन उस महिला के मन में विचार आता है – क्या मैं आज के अपने पहनावे में किसी गरीब जैसी लग रही थी? क्या मैं शक के लायक दिख रही थी? क्या उसका चेहरा और छवि ऐसा कोई संदेश दे रहा था – वह थोड़ी देर के लिए परेशान रहती है और बाद में अपने कार्यों में व्यस्त हो जाती है। वह महिला

अपने आप से एक वादा करती है कि आगे से अपने पहनावे को बेहतर बनाएगी, ताकि उसकी छवि वही प्रतिबिंबित करे जो वह वास्तव में है। वह कोई ऐसा व्यक्तित्व नहीं है जिसे कोई भी कुछ भी समझ ले।

"जो दिखता है, वो बिकता है" – और "व्यक्ति की परख कपड़ों से की जाती है" – आज का यह समय हम सभी पर हावी हो गया है, है न? आप क्या पहनते हैं, यह सबको दिखता है। भले ही आपके पास कुछ विशेष न हो, लेकिन आपका कपड़ा, गेटअप, साज-सज्जा और पहनावा ऐसा होना चाहिए कि वह एक सज्जन पुरुष या महिला का व्यक्तित्व दर्शाए। क्या समझे? यदि आप अमीर हैं, तो अमीर दिखना चाहिए, और यदि अमीर नहीं हैं, तब भी गरीब नहीं लगना चाहिए। आप भले ही आर्थिक रूप से संपन्न न हों, लेकिन आपके हाव-भाव, आत्मविश्वास और व्यक्तित्व में परिपक्वता झलकनी चाहिए। यदि कोई व्यक्ति किसी संस्था या स्थान पर कार्यरत है, तो वहाँ उसका मान-सम्मान, पद और प्रतिष्ठा उसकी पहचान तय करते हैं। किन्तु जब वह मेला, शॉपिंग मॉल, बाजार या किसी अनजान स्थान अथवा रास्ते पर होता है, तो वहाँ उसका जो व्यवहार होता है – वह मुख्यतः उसके पहनावे और प्रस्तुत छवि के अनुसार प्रतिक्रिया स्वरूप प्राप्त होता है। यह आवश्यक नहीं कि किसी का पहनावा या ड्रेसिंग सेंस उसके वास्तविक व्यक्तित्व का सटीक प्रतिबिंब हो। बहुत से लोग "सिंपल लिविंग, हाई थिंकिंग" यानी सादगीपूर्ण जीवन और उच्च विचारों में विश्वास रखते हैं।

यह संसार विविधताओं से भरा है – भाँति-भाँति के लोग, भिन्न-भिन्न सोच और अनुभव। जीवन में हर पल, हर दिन नए अनुभव मिलते हैं – कुछ अच्छे, कुछ बुरे – यही जीवन है। व्यक्ति को हर दृष्टि से – विशेषतः धन या आय अर्जन के पहलू में – निरंतर प्रयासरत रहना चाहिए और बेहतरी की ओर बढ़ते रहना चाहिए। जीवन की राह में, चाहे वह आमदनी अर्जित करने का ही मार्ग क्यों न हो, थोड़ी बहुत बाधाएँ या विचलन आते ही हैं। कभी-कभी मन और मस्तिष्क ठिठक जाते हैं, अशांत हो जाते हैं – लेकिन हमें स्वयं को समझते हुए, आत्मचिंतन करते हुए, अपने अगले सफर की ओर बढ़ते रहना चाहिए।

दादी-नानी कहा करती थीं, "सोना सुख का गहना है" और जब आर्थिक संकट में कोई रास्ता या समाधान समझ न आए, तब सोना ही असली धन होता है। भारत दुनिया का सबसे अधिक सोने का उपभोग करने वाला देश है। हमारे देश में सोना प्रत्येक सामाजिक-आर्थिक स्तर – उच्च वर्ग, मध्यम वर्ग और निम्न मध्यम वर्ग – में अत्यधिक महत्व रखता है। अक्सर देखा जाता है कि महिलाएं और कन्याएं अपनी बचत से छोटे-छोटे सोने के गहने खरीदने में विश्वास करती हैं। महिलाएं ताउम्र सोने के गहने पहनना और रखना पसंद करती हैं – चाहे कम मात्रा में ही क्यों न हो।

हालाँकि, आजकल बहुत सी नवयुवतियाँ सोना खरीदना पसंद नहीं करतीं, क्योंकि इसे संभालकर रखना और पहनना एक ज़िम्मेदारी बन जाती है – इसमें समय और ध्यान दोनों लगते हैं। कुछ युवा कन्याओं के लिए उनके माता-पिता सॉवरेन गोल्ड बॉन्ड (SGB) का चयन करते हैं। SGB न केवल सोने की आभूषण-भावना को पूरा करता है, बल्कि इसे एक सुरक्षित निवेश के रूप में भी देखा जा सकता है। कई संस्थाएँ सोना को गिरवी रखकर लोन प्रदान करती हैं, जो आपातकाल की स्थिति में एक वैकल्पिक आय स्रोत के रूप में सहायक होता है। किसी व्यक्ति से उधार लेने की बजाय यदि आपके पास सोना है, तो यह आपकी आर्थिक स्थिति को मज़बूती प्रदान करता है।

जब सोना किसी वित्तीय संस्था में बतौर सुरक्षा गिरवी रखा जाता है, तो आमतौर पर अधिक तरलता उपलब्ध हो जाती है और ये ऋण व्यवहारिक भी होते हैं। मध्यम वर्गीय परिवारों में थोड़े-थोड़े सोने की खरीद की प्रवृत्ति हमेशा से रही है। अक्सर ये गहने उपयोग में आते हैं या अलमारी में सुरक्षित रखे रहते हैं। बचत के निवेश के रूप में सोना हमेशा से एक विश्वसनीय विकल्प रहा है, भले ही उसकी मात्रा बहुत कम क्यों न हो। यदि किसी परिवार को अचानक 2–5 लाख रुपये की ज़रूरत पड़ जाए, तो इतना सोना उनके लिए एक उपयोगी और तरल संपत्ति साबित हो सकता है।

एक बार एक व्यक्ति का काम बंद हो गया और मासिक खर्चों में कठिनाई आने लगी। उसने अपनी पत्नी से कहा, "शादी में जो सोने की अंगूठियाँ मिली थीं, उनमें से कुछ बेच देता हूँ। एक-दो महीने का खर्च निकल

जाएगा।" वह कुछ अंगूठियाँ लेकर नजदीकी सोनार के पास गया। लेकिन सोनार ने पुराने सोने का बहुत कम मूल्य बताया। चूँकि उस व्यक्ति के पास पुरानी रसीद थी, उसे पता था कि ये अंगूठियाँ किस दाम पर खरीदी गई थीं। मेकिंग चार्ज, GST आदि में जो पैसा खर्च हुआ था, वह तो पहले ही चला गया था – यानी उपभोक्ता को नुकसान ही था। इसलिए उसने अंगूठियाँ नहीं बेचीं और किसी तरह वह कठिन समय निकाल लिया। आज वह सोचता है कि सॉवरेन गोल्ड बॉन्ड (SGB) एक बेहतर विकल्प होता। SGB में तरलता भी है और सुरक्षा भी – यह उपभोक्ता के लिए एक समझदारी भरा निवेश है।

वर्ष 2009 की शुरुआत में सोने का भाव लगभग ₹1140 प्रति ग्राम था, जबकि नवम्बर 2023 में यह बढ़कर लगभग ₹5600 प्रति ग्राम हो गया।

यदि किसी व्यक्ति ने 10 ग्राम सोना खरीदा हो :

वर्ष	ग्राम	प्रति ग्राम मूल्य	कुल मूल्य (सोना का)	टैक्स व मेकिंग चार्ज	वास्तविक कुल खर्च
2009	10	₹1140	₹11400	₹4600	₹16000
नवम्बर 2023	10	₹5600	₹56000	₹14000	₹70000

तुलना:

वर्ष	प्रति ग्राम मूल्य	वृद्धि (14 वर्षों में)
2009 (जनवरी)	₹1140	
2023 (नवम्बर)	₹5600	लगभग 5 गुना

नोट : इस प्रकार, वर्ष 2009 से 2023 के बीच सोने की प्रति ग्राम कीमत में लगभग पाँच गुना वृद्धि हुई है, जो इसे एक अच्छा निवेश माध्यम सिद्ध करती

है। सोना केवल गहना नहीं, बल्कि धन का प्रतीक भी है। थोड़ा-थोड़ा संग्रह भी आर्थिक मज़बूती प्रदान करता है।

आय धन व सम्पत्ति : व्यक्ति की आवश्यकता

आय, धन और संपत्ति – व्यक्ति की आवश्यकता हैं। इनके अर्जन के लिए व्यक्ति को निरंतर और उत्तरोत्तर प्रयास करते रहना चाहिए, ताकि उसका परिवार खुशहाली की ओर बढ़ सके। आय, धन और संपत्ति में सकारात्मक वृद्धि, जुड़ी हुई जिम्मेदारियों के साथ-साथ सुख-सुविधा भी बढ़ाती है और व्यक्ति के मन में संतोष एवं शांति लाती है।

यदि व्यक्ति आय, धन और संपत्ति के मामले में कमजोर होता है, तो वह स्वयं को असहाय महसूस करता है। वह अक्सर किसी न किसी उलझन में घिरा रहता है और कभी-कभी अनावश्यक मानसिक दबाव के साथ जीवन व्यतीत करता है। इसके विपरीत, यदि वह आर्थिक रूप से सशक्त होता है, तो वह स्वयं को कभी भी पिछली असहाय स्थिति में नहीं देखना चाहता। बल्कि, वह आगे बढ़ने, कुछ बेहतर करने और जीवन को एक नए स्तर पर ले जाने के प्रयास में लगा रहता है। आय, धन और संपत्ति का अभाव कभी-कभी व्यक्ति से वे अवसर छीन लेता है जो जीवन को बेहतर बना सकते हैं। यह ठीक उसके विपरीत स्थिति से अलग होता है – जहाँ संसाधन उपलब्ध हों, वहाँ विकल्प भी होते हैं। इसका अर्थ यह है कि जब आय, धन और संपत्ति सीमित हों, तब अनावश्यक दबाव झेलने की बजाय उस विपरीत दिशा में कार्य करना उचित होता है, जो जीवन में सुधार की ओर ले जाए।

उदाहरण के रूप में – एक कम बोलने वाले व्यक्ति पर अक्सर लोग अपनी बातें थोपने लगते हैं। ऐसे में कुछ लोग अपनी श्रेष्ठता की भावना (सुपीरियॉरिटी कॉम्प्लेक्स) को संतुष्ट करते हुए, सामने वाले की शालीनता को उसकी कमजोरी मान लेते हैं और उसे हीनता ग्रंथि (इन्फीरियॉरिटी कॉम्प्लेक्स) में धकेलने का प्रयास करते हैं। कम बोलने वाले व्यक्ति को बार-बार नीचा दिखाना बुद्धिमानी नहीं है। सच्ची बुद्धिमत्ता तो तब है जब व्यक्ति कम बोले, लेकिन उसका काम अधिक बोले।

एक प्रसंग की चर्चा यहाँ करना सार्थक होगा–

एक विवाहित कामकाजी महिला बहुत परेशान थी, क्योंकि वह कहती थी कि जब वह अपनी सासू माँ से बातचीत में शामिल होती है, तो उन्हें लगता है कि वह बहुत बोलती है। और जब वह कुछ नहीं बोलती, तो उन्हें लगता है कि वह चुप क्यों है। बिना बात के बात बना ली जाती है, और हर विषय में नया प्रसंग जोड़ दिया जाता है। वह सोचती थी – "बोलो तो मुसीबत, न बोलो तो भी मुसीबत!" उसका मानना था कि किसी से कुछ न बोलना भी, और कुछ बोलना भी, दोनों ही जंजाल हैं।

यदि कोई व्यक्ति किसी धन-संबंधी कार्य में प्रयत्नशील है और परिणाम तत्काल अनुकूल नहीं आ रहा, तो घबराने की जरूरत नहीं है। बल्कि उसे शांतचित्त रहते हुए सकारात्मक रूप से प्रयास जारी रखना चाहिए। यह बात आय, धन, संपत्ति तथा बचत-निवेश के संदर्भ में भी लागू होती है। यदि कोई व्यक्ति लंबे समय तक आय की कमी के कारण संघर्ष करता रहा हो, तो इसका अर्थ यह नहीं कि वह भविष्य में आर्थिक स्थिति को ठीक नहीं कर सकता। यदि वह कुछ बातों पर ध्यान दे और निरंतर प्रयास करे, तो वह शून्य बचत की स्थिति से भी आगे बढ़ सकता है।

उदाहरण के लिए :

यदि आपकी आय में बचत की संभावना केवल ₹1000 प्रति माह से शुरू हो, तो आय वृद्धि (इनक्रीमेंट) या खर्चों में थोड़ी कटौती करके उस बचत को बढ़ाया जा सकता है। धीरे-धीरे यह राशि ₹1000 से बढ़कर ₹3000, ₹5000, ₹10000, और फिर ₹20000 प्रति माह तक पहुँच सकती है।

इस तरह, 5 वर्षों में एक बड़ा बदलाव संभव है :

5 वर्ष की अनुमानित बचत योजना :

वर्ष	प्रति माह बचत	वार्षिक बचत (₹)	कुल संचित राशि (5 वर्षों में)
प्रथम वर्ष	₹1000	₹12,000	

दूसरा वर्ष	₹3000	₹36,000	
तीसरा वर्ष	₹5000	₹60,000	
चौथा वर्ष	₹10,000	₹1,20,000	
पाँचवाँ वर्ष	₹20,000	₹2,40,000	₹4,68,000 → 7-8 लाख तक (ब्याज/निवेश के आधार पर)

इस तरह, यदि आगे सात लाख रुपये तक की आर्थिक आधारशिला तैयार हो जाती है, तो उसके बल पर व्यक्ति अपनी वित्तीय स्थिति के लिए और भी बेहतर विकल्प तलाश सकता है।

व्यक्ति का "सीखो और कमाओ" दृष्टिकोण, उसकी कार्य-प्रवृत्ति और उन्नति की प्रक्रिया का अहम हिस्सा होना चाहिए। हमें अपने उद्यम और प्रयास को इस सीखो-कमाओ प्रक्रिया में अवश्य शामिल करना चाहिए। व्यक्ति को लर्न एंड अर्न की सजगता हमेशा बनाए रखने की कोशिश करते रहना चाहिए। यही जागरूकता उसे अपने छोटे-बड़े आर्थिक लक्ष्यों को पूरा करने में सक्षम बनाती है। यदि व्यक्ति फिलहाल किसी सक्रिय कार्य में नहीं भी लगा है, तब भी वह अपनी पॉकेट मनी से ₹1000–₹1500 की बचत निःसंदेह कर सकता है – बशर्ते वह बचत और निवेश के बारे में गंभीरता से सोचे, जागरूक हो और शुरुआत करे।

बचत-निवेश की ओर पहला कदम :

1. बचत-निवेश के बारे में सोचें।
2. इस पर गंभीर ध्यान दें।
3. और फिर शुरुआत करें।

कोई भी जागरूक उपभोक्ता या वित्तीय रूप से सचेत व्यक्ति कभी भी एक ही स्थान पर निवेश करना पसंद नहीं करता, क्योंकि ऐसा करना सुरक्षा और विवेक की दृष्टि से उचित नहीं है।

यदि कोई व्यक्ति 35 वर्ष या उससे अधिक आयु का है – या कम भी हो – तब भी बचत और निवेश की शुरुआत के लिए कभी देर नहीं होती। "जब जागो, तभी सवेरा।" यदि सत्य की खोज में समय लग गया, या किसी आर्थिक अनुभव ने आपको आय और धन प्रवाह का महत्व सिखा दिया, तो इस अनुभव को अपनाएं, अपने रोम-रोम में जागरूकता भरें, और आय, बचत और निवेश के प्रति अपनी सभी इंद्रियों को खुला रखें। धन के लिए स्वयं को कभी सम्मोहन या भ्रम की स्थिति में न ले जाएं। अत: आय अर्जन और बचत-निवेश की सही प्रवृत्ति का किसी के जीवन में होना अत्यधिक महत्ता रखता है।

जीवन में पैसा

जीवन में पैसा उतना ही महत्वपूर्ण है। पैसे के बिना बेहतर जीवन की कल्पना भी करना बहुत मुश्किल है।

पारिवारिक ज़िंदगी में जिस तरह से स्नेहमयी देखभाल और आपसी समझ आवश्यक होती है, उसी तरह से खुशहाल जीवन और रिश्तों के लिए पैसा भी उतना ही महत्वपूर्ण है। जीवन प्रबंधन में मनी मैनेजमेंट आवश्यक है, ताकि खुशहाल ज़िंदगी का आनंद लिया जा सके। जीवन में पैसे को लेकर सही योजना और सही तरीका अपनाना ही पारिवारिक जीवन को खुशहाल और शांतिपूर्ण वातावरण प्रदान करता है। हमारा जीवन ऐसा है कि पैसों की ज़रूरत अनिवार्य आवश्यकताओं की पूर्ति के साथ-साथ अन्य ज़रूरतों की पूर्ति का भी सशक्त माध्यम है।

बेहतर मनी मैनेजमेंट के लिए निम्नलिखित उपाय किए जा सकते हैं :

1. बजट बनाना।
2. बजट का अनुसरण करना।
3. बचत तथा निवेश के विकल्पों को उत्तरोत्तर बेहतर बनाना।
4. वित्तीय लक्ष्य को स्पष्ट रखना।

5. वित्तीय लक्ष्य की दिशा-दशा का निरंतर मूल्यांकन करना।
6. आपातकालीन (इमरजेंसी) फंड बनाना।
7. मितव्ययी बनें – अनावश्यक खर्चों से बचें और फिजूलखर्ची न करें।
8. अति आवश्यक खर्च को न टालें।
9. भविष्य के लिए बचत करें।
10. परिवार के आय-व्यय पर सदस्यों के बीच संवाद करें, जिससे आर्थिक समझ विकसित होगी।
11. कुछ दान-पुण्य अवश्य करें। विश्वास रखें कि निस्वार्थ मदद आपकी आर्थिक उन्नति में प्रेरक का कार्य करती है। दान-पुण्य छोटा-बड़ा नहीं होता – यह पूरी तरह आप पर निर्भर करता है कि कितना देकर आपको अच्छा अनुभव प्राप्त होता है। अर्थात, यदि दान करने से आपको खुशी मिलती है, तो आप अमीरी की ओर बढ़ रहे होते हैं। जब आप किसी को कुछ देकर कभी कमतर अनुभव नहीं करते, बल्कि आत्म-संतोष पाते हैं, तो निस्संदेह आप निस्वार्थ कार्य कर रहे होते हैं। अतः सामाजिक सहयोग में भागीदार बनें। दूसरे शब्दों में, व्यक्ति केवल 1% आय का दान करके भी एक संतुलित और आत्मबल से भरपूर अनुभव कर सकता है।
12. आय, बचत और निवेश के नए विकल्पों पर ध्यान दें तथा उस पर अमल करें, ताकि आप जहाँ हैं, वहाँ से आगे चल-प्रगति कर सकें।

2

एक बिल्डर पर आधारित प्रसंग

एक व्यक्ति पब्लिक पार्क में बड़ी तन्मयता से वाद्ययंत्र पर धुन बजा रहा था, जैसे कोई रिकॉर्डिंग चल रही हो। कुछ लोगों का ध्यान उस ओर गया। एक व्यक्ति पास जाकर ध्यान से सुनने लगा। जब वह तन्मयतापूर्वक बजाई गई धुन विराम पर पहुँची, तभी दर्शकों में खड़े एक व्यक्ति ने बड़ी आत्मीयता से उसकी इस कुशलता की प्रशंसा की और कहा, "इतनी मधुर धुन और इतनी सटीक ताल एक दिन में नहीं आ सकती। इसमें निश्चित रूप से आपके वर्षों का परिश्रम है। इतने शांत वातावरण में आपका यह शौक मन को छू गया।"

यह सुनकर उस व्यक्ति को बहुत खुशी हुई, उसकी आँखों में वह खुशी छलक आई। उसने आग्रह किया, "जो आपने अभी कहा, कृपया दोबारा कहें।" और फिर उसने उसे अपने फोन में रिकॉर्ड कर लिया। इसके बाद, जब भी वह व्यक्ति अपने शौक के लिए कोई धुन बजाता, उसे रिकॉर्ड कर उस श्रोता को व्हाट्सएप पर भेजता। वह अपने शौक को लगातार नये-नये तरीकों से बेहतर करता जा रहा था। और शायद, पहले उसके इस शौक का कोई मूल्य नहीं था – पर अब उसके पास एक मित्र था, जिससे वह इसे साझा कर पा रहा था।

वह व्यक्ति, जो अपनी धुन में लीन था, पेशे से एक अमीर बिल्डर था। काम के बोझ में जब व्यक्ति दब जाता है, तो इसी तरह की गतिविधियाँ उसे सुकून देती हैं। उस अमीर व्यक्ति के पास आय और धन की पर्याप्त

मात्रा थी, फिर भी अब उसे किसी और चीज़ में सच्ची सुख-शांति और खुशी खोजने की आवश्यकता महसूस होने लगी थी। यह तथ्य उभरकर आता है कि – खुशी बाँटने से बढ़ती है। खुशी को बाँटने के लिए परिवार, मित्र या समाज होना चाहिए। केवल धन और संपत्ति अपने आप में पूर्णता की गारंटी नहीं देते।

करियर के प्रारंभ में निवेश का सिद्धांत

जब व्यक्ति कार्य का प्रारंभ करता है, अर्थात यह सोचता है कि उसे कुछ ऐसा करना है जो जीवन को बेहतरी की स्थिति में ले जाए, तो उसे स्वयं में निवेश करने की आवश्यकता होती है। यह निवेश इस प्रकार हो सकता है :

1. धन के रूप में।
2. समय के रूप में।
3. संसाधनों के रूप में।
4. पुस्तकों में।
5. स्नेह-वात्सल्य के रूप में।
6. सेवा-भावना के रूप में।
7. निस्वार्थ मदद के रूप में।
8. अध्ययन तथा अध्यात्म में।
9. प्रकृति के प्रति ध्यान तथा उससे सीखने में।
10. और उपरोक्त के अतिरिक्त, स्वयं के लिए समय और संसाधनों का प्रयोग कुशलता बढ़ाने में।
11. कुशलता में वृद्धि हेतु विविधतापूर्ण स्रोतों पर निवेश।
12. अपनी कुशलता वृद्धि की कोशिश निरंतर करते रहना – यह न सोचें कि इसका प्रयोग 10 या 20 वर्ष बाद होगा या नहीं, अथवा वह प्रयोग सटीक होगा या नहीं।

रुपये-पैसे की समझ

आय एवं धन-संपत्ति के निर्माण की प्रक्रिया में व्यक्ति का शिक्षा का स्तर चाहे जो भी हो, आय-व्यय से संबंधित जोड़-घटाव, गुणा-भाग, ब्याज और चक्रवृद्धि ब्याज की धारणा स्पष्ट होनी चाहिए। इसके साथ ही कुछ अन्य बुनियादी (बेसिक) जानकारी की भी आवश्यकता होती है। केवल जानकारी ही नहीं, वित्तीय जागरूकता भी उतनी ही आवश्यक है, अन्यथा व्यक्ति जो भी अर्जित करेगा, वह सब आवश्यक एवं गैर-आवश्यक चीजों पर खर्च कर देगा। आय-व्यय की समझ, या पैसों की समझ, व्यक्ति को बचत और निवेश की ओर कदम बढ़ाने में मदद करती है।

ज्ञान में निवेश

व्यक्ति को हमेशा सतत रूप से ज्ञान में निवेश करना चाहिए। यदि व्यक्ति स्वयं को निरंतर अपडेट व नवीनीकृत करता रहे, ज्ञान अर्जन की जिजीविषा बनाए रखे, तो वह जीवनभर उस ज्ञान से शिक्षा के प्रतिफल के रूप में आय प्रवाह प्राप्त करता है। व्यक्ति का स्वयं में निवेश किसी भी रूप में हो सकता है, और यदि वह किसी एक क्षेत्र के साथ-साथ कई क्षेत्रों के ज्ञान या शिक्षा को प्राप्त करता है, तो वह ज्ञान-वृक्ष का फल जीवनपर्यंत उपभोग करता है।

ज्ञान में बहुत शक्ति होती है, बशर्ते इस ज्ञान का प्रयोग हम कहाँ करते हैं – यह व्यक्ति पर निर्भर करता है। ज्ञान में इतनी क्षमता है कि वह धन के पैरामीटर को बहुत आगे तक ले जा सकता है। तब धन एक छोटी चीज नहीं रह जाती, जब इस ज्ञान की शक्ति का प्रयोग धन अर्जन में किया जाता है। अर्थात, ज्ञान साधक है और धन साध्य। इस तरह साधक (ज्ञान) में वह क्षमता होती है कि वह अपनी क्षमता और कुशलता को दिशा दे सके।

करियर निर्माण के दौर में ज़्यादातर लोग अपनी आय को स्वयं में निवेश करते हैं ताकि आय प्रवाह का स्तर अच्छा हो, और साथ ही स्टॉक में परिसंपत्तियाँ भी बनी रहें। दो व्यक्तियों में से व्यक्ति 'A' कहता है कि वह रियल एस्टेट या ज़मीन में निवेश करना चाहता है, फ्लैट में नहीं, क्योंकि

तुलनात्मक रूप से ज़मीन बेहतर है। तभी व्यक्ति 'B' कहता है कि ज़मीन तो डेड असेट या निर्जीव संपत्ति है। उसके कहने का तात्पर्य यह है कि क्या ज़मीन से आय प्रवाह उत्पन्न किया जा सकता है?

यह तो समझ-समझ का फ़र्क है। किसी भी दृष्टि से, यदि तात्कालिक रूप से उस फ्लैट की आवश्यकता रहने के लिए नहीं है – अर्थात निवेश की दृष्टि से देखें, तो फ्लैट की तुलना में ज़मीन कई गुना अधिक लाभ देने की क्षमता रखती है। ज़मीन पर व्यक्ति रेंटल हाउस बना सकता है, या एक फ्लोर पर स्वयं रहकर अन्य फ्लोर को किराये पर दे सकता है। ऊपर मकान और नीचे दुकान बना सकता है। और यदि यह सब नहीं भी करे, तब भी ज़मीन का मूल्य निरंतर बढ़ता है – जो कि 10 वर्षों में 3–4 गुना से लेकर 10 गुना तक भी हो सकता है, वह भी बिना किसी विशेष निर्माण के।

धन का एक और पहलू

पैसा एक बहुत विचित्र चीज है, जिसकी वजह से व्यक्ति चाहकर भी कई बार अत्यंत आवश्यक कार्यों में भी कंजूसी का व्यवहार दिखाता है। और कभी-कभी, जब वास्तव में वह धन व्यय की स्थिति में नहीं होता है, तब भी केवल धन या पैसे की वजह से वह अपने किसी अपने के लिए वह नहीं कर पाता, जो उसे करना चाहिए था – जिससे कि वह किसी के जीवन में पुनर्जीवन दे पाता। और अब जब वह उस वास्तविक समस्या को जान पाता है, तो पाता है कि वह थी **धन का अभाव**। यदि किसी की जान बचाई जा सकती थी, और वह भी केवल धन के अभाव के कारण न बचाई जा सके – तो फिर धन से बढ़कर कुछ नहीं हो सकता।

दो दोस्तों की चर्चा करते हैं: X और Y।

X बहुत कंजूस था – वह केवल अपने परिवार पर ही खर्च करता था। वहीं Y अपनी आय को विविध रूपों में खर्च करता था – जैसे : परिवार पर, अपने माता-पिता पर, और आने-जाने वालों की मेहमाननवाज़ी में। Y का घर शहर में था, इसलिए गाँव से जो भी लोग आते, वे चाहे काम हो गया हो, फिर भी एक-दो दिन रुक जाते। कभी-कभी रिश्तेदार 10–15 दिन तक भी

ठहर जाते, पर Y उन्हें कुछ कह नहीं पाता। गाँव से आने वाले लोग कभी-कभी अनाज वगैरह भी लाते, लेकिन Y इन चीज़ों पर ज़्यादा ध्यान नहीं देता था, न ही कोई विशेष आवश्यकता महसूस होती थी। कालांतर में Y की मृत्यु हो जाती है। उस समय तक उसके परिवार में कोई भी व्यक्ति आय अर्जित नहीं कर रहा होता। Y की आय एक से अधिक स्रोतों से थी – भले ही वह राशि बहुत अधिक नहीं थी। काफी संघर्ष के बाद, Y द्वारा की गई थोड़ी-बहुत बचत ही उस कठिन समय में परिवार का एकमात्र सहारा बनती है।

जीवन में कई प्रकार की अनिश्चितताएँ होती हैं – प्रतिदिन की, और साथ ही अनेक आवश्यकताएँ भी।

कामकाजी व्यक्ति अपनी आय को कई तरह से, कई जगहों पर खर्च करता है – ठीक उसी प्रकार, उसके आय के स्रोत भी अनेक होने चाहिए। साथ ही, अर्जित आय के बचत और निवेश में विविधता होना इसके निवेश को अधिक सुरक्षित बनाता है और व्यक्ति के लिए एक मज़बूत आधार तैयार करता है :

1. मुख्य स्रोत के अतिरिक्त आय के स्रोतों का निर्माण करें।
2. आय प्रवाह (कैश फ्लो) का उपयोग निवेश में इस प्रकार हो कि वह पुनः आय उत्पन्न करे।
3. रियल एस्टेट में निवेश अवश्य करें, लेकिन कैश फ्लो को ध्यान में रखकर। लोग रियल एस्टेट संपत्ति को आसानी से और जल्दी नहीं बेचते – और यह जल्दी बिकती भी नहीं। अतः ऐसी जगह भी निवेश करें जो पर्याप्त कैश फ्लो दें और समय पर आय प्रवाह उपलब्ध करा सकें, ताकि ज़रूरत के समय उसे उपयोग में लाया जा सके।

आय के कई स्रोत होने चाहिए

एक गुण सफलता के लिए पर्याप्त हो सकता है – अर्थात, जीवन में सफलता के लिए यदि व्यक्ति के पास एक गुण है तो वह भी कम नहीं। लेकिन वित्तीय स्वतंत्रता के मामले में केवल एक विकल्प पर्याप्त नहीं होता। अगर व्यक्ति

वित्तीय स्वतंत्रता को केवल एक पहलू में पूर्ण मान लेता है, तो उसे अनेक आर्थिक कठिनाइयों का सामना करना पड़ सकता है। वित्तीय संकट से बचने के लिए प्रत्येक व्यक्ति के पास आय के एक से अधिक स्रोत होने चाहिए।

व्यक्ति सबसे पहले आय के लिए कोई कार्य करता है, जैसे नौकरी। लेकिन उसके अलावा अन्य स्रोत भी आवश्यक हैं :

1. रोज़गार या नौकरी।
2. किराये (रेंटल) से आय।
3. शेयर मार्केट से आय।
4. पार्ट-टाइम कोई अन्य कार्य, जो मुख्य रोजगार के अतिरिक्त हो।
5. बचत व निवेश से पुनः उत्पन्न होने वाली आय।
6. परिवार के अन्य सदस्य द्वारा भविष्य में अर्जित आय।
7. किसी को दिया गया धन, जिसकी वापसी ब्याज सहित हो।
8. आकस्मिक लाभ या पूर्वजों द्वारा प्रदान की गई संपत्ति।

धन, ज्ञान और मानव धन

धन अर्जन का कोई शास्त्र होना चाहिए। धन की महत्ता यह दर्शाती है कि आज जीवन में इसकी उपयोगिता निरंतर बढ़ती जा रही है। व्यक्ति के जीवन के लक्ष्य और धन के संदर्भ में मूल्यांकन का दायरा निरंतर विस्तृत होता जा रहा है। व्यक्ति चाहे कितना ही चरित्रवान, गुणवान, प्रतिभाशाली और प्रभावशाली क्यों न हो, उसके संदर्भ में यह देखा जाने लगा है कि उसकी धन संबंधी स्थिति क्या है – और इसी आधार पर उसके अस्तित्व का निष्कर्ष निकाला जाने लगा है। आय की स्थिति को समझकर यह अवधारणा और भी स्पष्ट होती है।

मानवता पर धन हावी होता जा रहा है। मानवता पर पूंजीवादी अवधारणा भारी पड़ रही है। वास्तव में धन मात्र एक माध्यम है – जीवन को अच्छे से जीने का एक साधन है। व्यक्ति साध्य है, धन मात्र साधन है।

आज साधन, साध्य या साधक पर हावी होता जा रहा है। धन ज्ञान हमें यह सोचने को विवश करता है कि बड़ा क्या है – धन या मानवता? भौतिकता से परिपूर्ण संसार में मानव या व्यक्ति ही कोरी कल्पना बनता जा रहा है।

धन प्राप्ति हेतु मार्गदर्शन

1. धन प्राप्ति क्यों करनी है – इसका ज्ञान होना चाहिए, अर्थात धन क्यों चाहिए।
2. धन प्राप्ति की तीव्र इच्छा होनी चाहिए।
3. धन की इच्छा को साकार करने के लिए नियत कार्य का चुनाव करें।
4. नियत कार्य में निरंतरता तथा केंद्रित प्रयास की प्रवृत्ति स्वयं में विकसित करें।

कभी-कभी व्यक्ति अत्यधिक आर्थिक दबाव से मानसिक दबाव उत्पन्न करता है। यह दबाव व्यक्ति को उन तरीकों की खोज की ओर प्रेरित करता है जिनसे आर्थिक उन्नति का मार्ग निकल सके। इसमें व्यक्ति का वह कार्य, ध्यान, तथा लगातार कार्य करने की प्रवृत्ति भी शामिल होती है।

इस प्रकार, सामाजिक, आर्थिक और मानसिक दबाव मिलकर एक ऐसी प्रणाली उत्पन्न करते हैं, जो धन उत्पन्न करने अर्थात धन ज्ञान से संबंधित होती है। व्यक्ति की मानसिक उद्दिष्टता, धुन और लगन उत्पन्न करती है, जो विपरीत परिस्थितियों में भटकाव के बजाय उसे और अधिक केंद्रित करती है। कभी-कभी किसी एक तत्व पर अत्यधिक दबाव, अत्यधिक संभावनाओं को जन्म देता है। तभी तो बहुत से लोग जो घोर विपन्नता या गरीबी में पले-बढ़े होते हैं, वे भी जीवन में बहुत बेहतर कर जाते हैं – जबकि उनके पास उस समय कोई विशेष उपलब्धता नहीं होती।

विपरीत स्थितियाँ भी व्यक्ति की सहायता करती हैं उस लक्ष्य तक पहुँचने में – और यह लक्ष्य धन प्राप्ति का भी हो सकता है।

व्यक्ति को यह अच्छे से ज्ञान होना चाहिए कि आय व धन की उपलब्धता और अभाव जीवन में क्या फ़र्क डालते हैं। यह ज्ञान उसे प्रेरित करता है कि

वह अपनी आर्थिक स्थिति को निरंतर बेहतर कैसे कर सकता है। और आगे यह भी समझना होता है कि औसत से आगे बढ़ने के लिए कुछ अतिरिक्त स्तर के कार्य तथा केंद्रित प्रभाव स्वयं उत्पन्न करने की दिशा तय करते रहनी होगी।

एक व्यक्ति अपने सेवक से कहता है कि "शाम का खाना उस पक्षी को दे दो, वह बार-बार आवाज दे रहा है, साथ ही अनावश्यक बल्ब जो चालू है, उसे भी बंद कर दो।" सेवक उस समय फिल्म देखने में व्यस्त था, इसलिए उसने उस कहे गए कार्य को आवश्यक नहीं समझा। अगली सुबह उसका मालिक डाँटते हुए कहता है, "तुम्हारा ध्यान कहाँ रहता है? मैंने बार-बार कहने पर भी तुमसे जो दो काम कहे थे, तुमने कोई नहीं किया।" वास्तव में, व्यक्ति अपना ध्यान वहीं लगाता है, जहाँ वह लगाना जरूरी समझता है।

यदि व्यक्ति आय एवं धन में निरंतर वृद्धि की अपेक्षा स्वयं से रखता है, अर्थात उसे आवश्यक मानता है, तो वह स्पष्ट रूप से उसके लिए आवश्यक कदम उठाएगा – वह भी लगातार। साहित्य में यह वर्णन मिलता है कि जब विधाता ने इस धरती पर मनुष्य सहित समस्त जीव-जंतुओं की व्यवस्था तय की, तब उसने जीवन में प्रवेश की योजना भी निश्चित की। और मनुष्य तो बुद्धिबल से युक्त सर्वोपरि प्राणी है। आज यदि कोई व्यक्ति विपरीत परिस्थिति में है, तो यह स्थिति स्थायी नहीं है। व्यक्ति को अपने उत्थान के लिए तात्कालिक कार्यों के साथ-साथ आर्थिक विकास पर भी ध्यान देना चाहिए। समय तथा श्रम का निवेश एक दिन बेहतर आय प्रवाह उत्पन्न करता है।

व्यक्ति सीमित संसाधनों में भी उपलब्ध संसाधनों का अधिकतम और सर्वोत्तम उपयोग करके तुलनात्मक रूप से बेहतर परिणाम प्राप्त कर सकता है। यह तथ्य उच्च आर्थिक स्थिति के संदर्भ में भी उतना ही उपयुक्त और मान्य है। सीमित संसाधनों में केंद्रित प्रयास न केवल व्यक्ति को अधिक उपयोगी बनाते हैं, बल्कि विशिष्टीकरण की संभावनाओं की ओर भी संकेत करते हैं।

लक्ष्य चाहे कोई भी हो, व्यक्ति को अपने संतुलित प्रयासों में लगनशील होना चाहिए। तभी वह कम से कम अपने लिए एक मानक तो तय कर ही

सकता है। व्यक्ति चाहे कितनी भी विपन्नता या प्रतिकूल आर्थिक स्थिति में क्यों न हो, उसके सामने तात्कालिक एवं दीर्घकालिक उपाय अवश्य होते हैं, जिनसे वह उस स्थिति से ऊपर उठ सकता है।

व्यक्ति को यह परखने की आवश्यकता है कि वह कैसे और कौन से तरीकों का चुनाव कर सकता है। विपरीत आर्थिक परिस्थितियों में व्यक्ति को अनेक विसंगतियों के बीच सामंजस्य बैठाना पड़ता है।

अपनी स्थिति और परिस्थिति को सुधारने के लिए व्यक्ति को प्रतिदिन पाँच से दस मिनट अवश्य सोचना चाहिए, ताकि वह वहाँ से आगे बढ़ सके। यह प्रवृत्ति उसे सतत जागरूक करती है कि उसे क्या करना है? उसके आर्थिक लक्ष्य किस प्रकार के हो सकते हैं? ऐसा माना जाता है कि व्यक्ति को प्रतिदिन कुछ मिनट या एक-आध घंटा अपने साथ, अपने लिए, सकारात्मक कार्यों पर विचार हेतु अवश्य रखना चाहिए – जिसमें आर्थिक चिंतन भी शामिल हो।

मध्यवर्गीय परिवार में भी आगे बढ़ने की काफी संभावना होती है। इसका आधार यह है कि आय अर्जन के प्रारंभिक स्तर पर अधिकांश लोग कम आय पर कार्य करते हैं तथा योग्यता को निखारते और सीखने के लिए तत्पर रहते हैं – वह भी कार्यों में विविधता के साथ। धन के प्रति व्यक्ति-से-व्यक्ति का व्यवहार भी भिन्न होता है। इस संदर्भ में एक अत्यंत गरीब, घूमक्कड़ प्रवृत्ति का मजदूर परिवार – जो कार्य मिलने पर काम करता है, और जब नहीं मिलता, तो जो भी दान में मिल जाए, उसी से समय काट लेता है – उस परिवार को कोई चिंता नहीं होती। उनका भाव होता है – "कल का कल देखा जाएगा, काम मिल गया तो ठीक, नहीं तो पेट तो भर ही जाएगा।"

उनकी बातों में दार्शनिकता होती है। वे कहते हैं: "ऊपरवाला जब किसी को इस धरती पर भेजता है, तो दाना-पानी का उपाय कर देता है – बस नज़र दौड़ाने की ज़रूरत है।" इस तरह का दर्शन व्यक्ति को संघर्ष के दौर में बहुत संबल देता है। हम मानव हैं, हमारे लिए दाता (ईश्वर) ने कोई उपाय करके रखा होता है। बस देखने, परखने तथा समझ-बूझ के साथ जीने की आवश्यकता होती है।

मजदूर भूखे पेट न सोए, इसके लिए काम की आवश्यकता होती है। लेकिन कुशलता होने के बावजूद असंगठित क्षेत्र के लोग अपने स्तर के कार्य के लिए भटकते रहते हैं। कुछ लोगों को, चाहे उनमें कितनी भी कार्यकुशलता क्यों न हो, नियमित रूप से काम नहीं मिल पाता। उन्हें किसी संगठन, साहसी नियोक्ता या मंच की आवश्यकता होती है। साथ ही, व्यक्ति के अपने व्यक्तिगत प्रयास की भी निरंतर आवश्यकता पड़ती है। हर व्यक्ति इतना कुशल नहीं होता कि अपनी कुशलता को आगे बढ़ाते-बढ़ाते एक बेहतर स्तर तक पहुँच सके। कुशल लोगों की कुशलता को महत्व मिलता है – इसमें कोई शंका नहीं।

व्यक्ति जब भी अपने करियर की शुरुआत करता है, किसी कार्य को आय अर्जन का माध्यम बनाना चाहता है, तो उसमें उसे कुशलता प्राप्त करनी होती है। इसके लिए प्रारंभ में :

1. अवैतनिक रूप में कार्य करना पड़ सकता है।
2. पूरी निष्ठा से कार्यरत होना चाहिए, भले ही तात्कालिक प्रतिफल न मिल रहा हो।
3. उस विशेष कार्य में कुछ वर्षों तक निरंतर समय का निवेश करना पड़ता है।
4. उस कार्य विशेष के लिए दूरदृष्टि रखनी पड़ती है।
5. उस कार्य से संबंधित विषयों के प्रति समझ विकसित करनी होती है।
6. जिस कार्य में व्यक्ति संलग्न है, उसकी क्षमता का आकलन करना चाहिए।
7. उस नियमित कार्य के प्रति पूर्ण प्रतिबद्धता होनी चाहिए; उसे मन लगाकर, मनोयोग से पूरा करने का दृष्टिकोण होना चाहिए। जितनी देर तक उस कार्य में लगे रहें, उसे सही से करने की कोशिश करनी होती है।
8. अपना नियत कार्य करते रहें, अपनी दृष्टि लक्ष्य पर रखें और फल के लिए धैर्य बनाए रखें।

किसी भी मानव व्यवस्था में व्यक्ति की स्थिति और परिस्थिति धन-संपत्ति से तय होती है। और धन-संपत्ति की उपलब्धता या अनुपलब्धता व्यक्ति को हाशिये पर ढकेल देती है। मानव-मानव के बीच का संबंध, इंसानियत और मानवता में, धन-संपत्ति के आधार पर प्रतिबिंबित होता है। जीवन-पथ पर व्यक्ति चलते-चलते धन-संपत्ति के आधार पर स्वयं को भी आंकता है– कि वह "धन के आधार पर कहाँ हूँ? कहाँ हो सकता था? और आगे चलकर कहाँ होना चाहिए?" क्योंकि इस भौतिकतावादी व्यवहार में आज धन का प्रभाव प्रत्येक स्थान पर परिलक्षित ही नहीं होता, बल्कि कई सुविधाओं को प्राप्त करने की शक्ति भी व्यक्ति को धन ही देता है। यूँ कहें कि व्यक्ति की सफलता को बहुत हद तक अब धन से ही मापा जाने लगा है।

एक संभ्रांत महिला जब कभी उसका ड्राइवर छुट्टी पर होता, तब वह कैब से कार्यालय जाती। कैब उसके बताए साधारण-से घर वाले क्षेत्र में आकर रुकती थी। वह महिला, कैब वाले के कॉल करने पर, मुख्य सड़क तक आ जाती। वह "सादा जीवन, उच्च विचार" में विश्वास रखती थी, इसलिए बहुत साधारण से कपड़े पहनती थी। कैब में बैठते ही ड्राइवर अपनी इच्छा से गाना बजाता। एक बार उसने कहा कि वह घर तक नहीं जाएगा और उसे स्टॉपेज से दूर सड़क पर ही छोड़ देगा।

वह संभ्रांत महिला काफी देर तक उसके व्यवहार को नज़रअंदाज़ करती रही, फिर कहती है : "कैब की सेवा अब बहुत खराब हो गई है।" तब कैब ड्राइवर कहता है, "मैंने पहले भी आपको घर से कार्यालय तक पहुँचाया है।" महिला उसके मनोभाव को भांपते हुए कहती है, "आपको क्या लग रहा है? जब मेरा ड्राइवर छुट्टी पर होता है, तभी मैं कैब का उपयोग करती हूँ।

यह सुनकर कैब ड्राइवर झेंप जाता है। उसे लग रहा था कि यह महिला कार में कभी बैठी ही नहीं, बस दिखावे में कैब में चलती है। महिला आगे कहती है, "मेरे घर में गाड़ी खड़ी रहती है, मैं खुद नहीं चलाती, इसलिए कभी-कभी कैब का उपयोग करती हूँ।" वह महिला अपने कार्यालय में प्रवेश कर जाती है, लेकिन मन में यह विचार चलता रहता है कि व्यक्ति का व्यवहार कैसा हो गया है। **"सादा जीवन, उच्च विचार"** जैसे मूल्य कहीं खोते जा रहे हैं।

आगे वह महिला यह ध्यान देती है कि वह बहुत दिनों से खुद भी काफी साधारण कपड़ों का प्रयोग करने लगी है, जिसकी वजह से मानव व्यवहार में अंतर आ रहा है। किसी व्यक्ति का मूल्यांकन उसके कपड़ों से किया जाता है। वह यहाँ परिवर्तन की अपेक्षा स्वयं से रखती है। कहने का तात्पर्य यह है : आप किस आर्थिक स्थिति में हैं या किस पद-प्रतिष्ठा में हैं – यह आप नहीं, आपका ड्रेसिंग सेंस बोलता है, है ना?

जीवन में दो ही तरह के मैनेजमेंट होते हैं :

1. लाइफ मैनेजमेंट
2. मनी मैनेजमेंट

लाइफ मैनेजमेंट (जीवन प्रबंधन):

जीवन प्रबंधन का तात्पर्य यह है कि हम कैसा व्यवहार पाते हैं, कैसा व्यवहार करते हैं – या कभी कुछ भी नहीं करते। लेकिन यदि हम तटस्थ भी रहते हैं, तब भी व्यवहार का प्रभाव तटस्थ नहीं होता। जीवन प्रबंधन का तात्पर्य यह भी है कि हम अपने जीवन को व्यतीत करने के लिए स्वयं का प्रबंधन किस प्रकार कर पाते हैं। जीवन क्या है? यह जीवन का प्रबंधन है। सही प्रबंधन – सही जीवन। गलत प्रबंधन – गलत स्थिति, या दुष्कर परिस्थितियों में पड़कर विनाश की ओर ले जाता है। अतः जीवन प्रबंधन, जीवन के लिए महत्वपूर्ण है।

मनी मैनेजमेंट (धन प्रबंधन) :

धन प्रबंधन का संबंध इस बात से है कि धन की प्राप्ति हेतु क्या क्रियाकलाप किए जा रहे हैं, और प्राप्त धन को किस प्रकार बचत व पुनः निवेश में लगाया ज़ा रहा है। जिसके पास धन नहीं होता, संभवतः उसका जीवन प्रबंधन कुछ हद तक प्रभावित हो रहा होता है। ऐसा भी कहा जाता है कि जिनके पास धन नहीं होता, उन्होंने या तो पूर्व में धन का बहुत बुरा प्रबंधन किया होता है, या वर्तमान में धन प्राप्ति के लिए सक्रिय रूप से सही प्रयास नहीं कर रहे होते।

धन उनके पास टिकता है, जो धन की कद्र करते हैं। धन का सम्मान करने वाले ही धन के वास्तविक और सही प्रबंधन के लिए सक्रिय रहते हैं। धन प्राप्त करने के लिए आपको धन को महत्व देना होगा – तभी आप धन को आकर्षित कर पाएंगे। कभी-कभी व्यक्ति बहुत धनी व संपन्न होने के बाद भी, अव्यावहारिक निर्णयों के कारण, जीवन में ऐसे निर्णय ले लेता है जो उसे गर्त में ढकेल देते हैं। तब यह अनुभव होता है कि गलत जीवन प्रबंधन, धन को भी छोटा कर देता है। कोई लक्ष्य ऐसा न हो, जो तुम्हें लक्ष्यविहीन कर दे। कुछ लोग ऐसे होते हैं जो आपको हमेशा दुखी देखना पसंद करते हैं – उन्हें अनदेखा करें। अपने लक्ष्य और कर्म पर ध्यान केंद्रित करें।

व्यक्ति के जीवन में वास्तव में जीवन प्रबंधन और धन प्रबंधन में व्यावहारिकता का संतुलित वजन ही सही दिशा प्रदान करता है।

गुल्लक की वह बचत जो एक-एक रुपये की होती है, या बैंक का बचत खाता, आवर्ती जमा खाता में जमा राशि – जिसका पुनः निवेश कैसे किया जाता है – यह सभी बहुत महत्व रखते हैं। जैसे, एक गृहिणी अपने पति की आय की बचत का वह भाग, जिसे सब्ज़ी, बिजली की बचत या घरेलू सामान को कम कीमत में खरीदने जैसे घरेलू कार्यों से बचाया गया हो, संकट के समय या घर की व्यवस्था (आवास) के लिए 15% या उससे अधिक योगदान देती है – तो यह कोई छोटी बात या उपलब्धि नहीं है।

दूसरी ओर, यदि पति अपनी आय से बच्चों के ट्यूशन का खर्च केवल गैर-ज़रूरी खर्चों में कटौती करके निकालता है, या गृहिणी घरेलू खर्चों को कम कर कुछ बचत कर लेती है – तो यह भी अत्यंत महत्वपूर्ण है। एक 20 वर्षीया युवती बच्चों को ट्यूशन पढ़ाती थी। उसकी आय उसकी हमउम्र सहेलियों की तुलना में कुछ अधिक थी। उसकी एक सहेली ने उससे पूछा कि वह अपनी आय कहाँ निवेश करती है, तो उसने उत्तर दिया : “अपनी पढ़ाई के खर्चों पर – जैसे किताबों पर।”

वह युवती निरंतर तरक्की के लिए स्वयं पर हमेशा खर्च या निवेश करती रहती थी। अर्थात, वह युवती अपनी सीमित आय का अधिकांश भाग पुस्तकें खरीदने, पाठ्य सामग्री के अतिरिक्त अपनी बेहतरी के दृष्टिकोण पर खर्च

करने में लगाती थी – जैसे अपने समय को बचाने के लिए परिवहन पर खर्च करना। जबकि उसकी सहेलियाँ ऐसा नहीं कर पाती थीं, क्योंकि उनके पास कोई व्यक्तिगत आय नहीं थी। वे पैदल चलकर पहुँचती थीं। उनका कहना था कि "साधनों पर निर्भर होना ठीक नहीं है।"

इस वजह से वे घर की ओर इतनी देर तक पैदल चलती थीं कि थक कर नींद की गोद में दो-तीन घंटे यूँ ही पड़ जाती थीं, जबकि आधे घंटे की नींद ही पर्याप्त होती। सामान्यतः टहलना अच्छी आदत है, और चालीस मिनट का टहलना व्यायाम की दृष्टि से पर्याप्त होता है। व्यक्ति को यह ध्यान में रखना चाहिए कि वह अपने समय का उपयोग कैसे करता है, ताकि वह उसके उद्देश्य और लक्ष्य को पूरा कर सके। स्वयं पर निवेश न करना मूर्खतापूर्ण कदम है।

अतः शुरुआत से ही इस दिशा में सोचना चाहिए और इसे व्यवहार में लाना चाहिए। यह प्रवृत्ति व्यक्तित्व और आर्थिक बेहतरी में सहायता करती है।

आज जिस दौर में हम जीवन व्यतीत कर रहे हैं, हमारे पूर्वज – अर्थात मानव सभ्यता को यहाँ तक पहुँचने में – हजारों वर्षों के अथक प्रयास का परिणाम है। हमारे पूर्वजों ने कितने कष्टों तथा दुष्कर स्थितियों-परिस्थितियों में जीवन के पल-पल, दिन, महीने और वर्षों को जिया, तब जाकर हमें इतनी समृद्ध पूर्ण अवस्था और परिपूर्णता का आधार उपलब्धियों के रूप में मिला। यह वर्तमान दौर उनके त्याग, जीवन-प्रयत्न, जी-तोड़ मेहनत, नित्य के संघर्ष और अथक प्रयास का परिणाम है। इसमें केवल पूर्वजों का परिश्रम ही नहीं, बल्कि बहुत बड़ी तपस्या, त्याग, धैर्य और बुद्धिमत्ता की परिणति भी शामिल है। उन्होंने अपने स्तर पर अधिकतम प्रयास किए।

अब हमारी बारी है कि इस समय/दौर में अपना सर्वोत्तम प्रयत्न देने के लिए नित्य प्रयत्नरत रहें – तभी तो मानव सभ्यता के निर्माण में हम भी एक कीमती ईंट रख पाएंगे। उन्होंने जो मशाल हमारे हाथ में दी है, उसे किसी और के हाथ में सौंपने से पहले कम से कम अपनी सामर्थ्य के अनुसार कुछ दूरी तो दौड़ ही लें।

वर्तमान में देश के बड़े शहरों के साथ-साथ छोटे शहरों और गाँवों में भी युवा शक्ति, थोड़ी-थोड़ी कमाई के साथ, आगे की पढ़ाई या उच्च शिक्षा

प्राप्ति की ओर उन्मुख हो रही है। कुछ वर्ष पहले, लगभग 10–15 वर्ष पहले के युवा को काम के साथ पढ़ाई के लिए ज़्यादा प्रोत्साहन नहीं मिलता था। उनके माता-पिता कहते थे : "अभी तुम बस पढ़ाई पर ध्यान दो, हम खर्चों को संभाल लेंगे।" युवा अवस्था – लगभग 18 वर्ष से परिपक्वता की ओर बढ़ते समय – कभी-कभी यह हो सकता है कि युवा शक्ति कुंठित हो जाए। यह भ्रम हो सकता है कि वह जो कार्ययोजना और आगे की पढ़ाई के बीच जो रणनीति अपना रहा है, वह ठीक-ठीक लक्ष्य तक केन्द्रित हो रही है या नहीं – या कम-से-कम उसके आसपास तो है भी या नहीं।

आज के युवा बहुत जागरूकता के साथ आगे बढ़ रहे हैं। वे ऐसी अध्ययन पद्धति तथा सीखने की कला को प्राथमिकता दे रहे हैं, जिसमें उनके व्यक्तित्व में निपुणता को आसानी से चुना जा सके। यूँ कहें कि वे कार्य के साथ-साथ सीखने तथा शिक्षा की ओर भी उन्मुख हो रहे हैं। कुछ युवाओं में सीखने तथा शिक्षा की प्रवृत्ति के साथ-साथ आय अर्जन की प्रक्रिया भी एक साथ जारी है। भारतीय संस्कृति की पौराणिक गुरुकुल परंपराओं में, सीखने और शिक्षा की प्रवृत्ति आपस में गहराई से जुड़ी हुई थी। यही विशेषता आज की आधुनिक जीवनशैली में भी अपनी उपस्थिति का आभास कराती है।

हमारी भारतीय संस्कृति के संयुक्त परिवारों तथा व्यक्तिगत परिवारों में भी कहीं न कहीं इसका अमिट प्रभाव देखा जा सकता है। क्या धन ही प्रथम तथा अंतिम उद्देश्य और लक्ष्य है? यह विचार योग्य प्रश्न है – कि हमारे जीवन का गंतव्य वास्तव में कहाँ तक है? क्या किसी पद-प्रतिष्ठा के साथ धन केवल एक आवरण है, या वह वास्तव में हमारा अंतिम लक्ष्य है?

वृद्धों का एक समूह आपस में वार्तालाप कर रहे थे उनका कहना था कि जीवन में पैसे का बहुत महत्त्व है। पैसा है तो आदमी अपनी स्थिति-परिस्थिति बदल सकता है। धन कमाने के लिए भी धन की आवश्यकता पड़ती है। धन की ज़रूरत जन्म से लेकर मरणोपरांत तक पड़ती है। धन मनुष्य की गतिविधियों से जुड़ा हुआ है। जन्म से जीवन के प्रत्येक संस्कारों में – छठी, जन्मदिन, पढ़ाई-लिखाई, उपहार लेन-देन और जीवन-यापन – सभी में कम या ज़्यादा धन की आवश्यकता होती ही है। व्यक्ति के जीवन में शादी-

विवाह, अस्पताल का खर्च, पढ़ाई-लिखाई, घर या आवास जैसे बड़े खर्चे होते हैं। धन वह सामर्थ्य है जो व्यक्ति के जीवन को आसान बनाता है। धन के माध्यम से व्यक्ति स्वयं में देवता और दानव – दोनों शक्तियों का साक्षात्कार कर सकता है।

धन ज्ञान

यदि किसी व्यक्ति को यह समझ नहीं आता कि उसकी आय क्यों नहीं बचती या कैसे पूरी की पूरी खर्च हो जाती है, तो इसका सीधा-सीधा अर्थ है कि वह आय-व्यय को अपने जीवन में एक महत्वपूर्ण विषय के रूप में महत्व नहीं देता। ऐसे तथाकथित प्रकार के व्यक्तियों के हाथ में रुपये-पैसे टिकते ही नहीं होंगे, क्योंकि उन्हें धन की में एक प्रतिशत भी रुचि या ध्यान नहीं होता है। कुछ व्यक्ति अपनी आय का बहुत ही दयनीय प्रबंधन करते हैं – अर्थात वे आय व धन का एक प्रतिशत भी बचा पाना उपयोगी नहीं मानते। उनका कहना होता है कि उनका खर्च बहुत अधिक है, अर्थात उनकी आय बहुत आवश्यक जगहों पर खर्च हो जाती है – और एक प्रतिशत भी बचाना मुश्किल है। वे मानते हैं कि यदि एक प्रतिशत या उससे कुछ अधिक भी बच जाए, तो उसका आगे चलकर कोई विशेष लाभ नहीं हो सकता – और आय की कमी बनी ही रहेगी। "बूँद-बूँद से घड़ा भरता है" तो कहीं कुआँ, तालाब और सागर भी भर जाते हैं – यह बात व्यक्ति जानता है, पर कुछ लोग इस व्यावहारिक पक्ष को समझ से परे मानते हैं। प्रकृति द्वारा भी बूँद-बूँद से ही संग्रह होता है। तो अपने पास जो कुछ है, उस पर व्यक्ति को विचार अवश्य करना चाहिए।

एक प्रतिशत या कुछ अधिक की बचत भी बड़े निवेश के लिए एक कार्पस (निधि) तैयार कर सकती है।

जब व्यक्ति अपनी आय का एक प्रतिशत भी बचाने की प्रवृत्ति विकसित करता है, तो यह आवश्यक नहीं कि वह प्रतिशत वहीं का वहीं बना रहे – यह धीरे-धीरे ही सही, पर जीवन में गति अवश्य पकड़ता है – यदि उस दिशा में कार्य पद्धति पर ध्यान दिया जाए।

कुछ व्यक्ति वास्तव में बचत-निवेश पर ध्यान नहीं देते, किंतु यह जीवन में लाइफ मैनेजमेंट के साथ-साथ मनी मैनेजमेंट का एक महत्वपूर्ण पहलू है। बचत-निवेश की प्रवृत्ति, जीवन में आशावादी दृष्टिकोण के साथ, ऊर्जावान, क्रियाशील तथा निरंतर कार्य के प्रति जुड़ाव बनाने का एक माध्यम और आधार प्रदान करती है। आय-बचत तथा बेहतर निवेश – व्यक्ति के जीवन में बहुत-सी अच्छी चीजों को जोड़ते हुए – जीवन को संवारते और निखारते हैं।

किसी भी प्रकार की भौतिक आवश्यकता के विनिमय हेतु, अर्थात बदले में, व्यक्ति को आय या रुपये चुकाने ही पड़ते हैं – चाहे वह कपड़े हों, गहने, होटल में भोजन करना हो, घूमना-फिरना हो, या पेट्रोल भरवाना हो – इसके लिए व्यक्ति को अधिक आय-धन की आवश्यकता होती है। शिक्षा और आवास तो अनिवार्य आवश्यकताएं हैं, और धन का व्यय व्यक्ति इन्हीं के अनुरूप कम या अधिक करता है। कोई भी कार्य हो – पढ़ाई हो या धन से संबंधित क्रिया-कलाप – उसका प्रथम पायदान होता है: "शुरू तो करो!" जैसे पढ़ाई की प्रक्रिया A, B, C ... Z और 1, 2, 3 ... 100 से प्रारंभ होती है, वैसे ही धन अर्जन, बचत या निवेश से जुड़े कार्य भी पहले कदम से ही प्रारंभ होते हैं।

जीवन को अच्छे से व्यतीत करने के लिए, धन कई सुविधाओं को आसानी से उपलब्ध कराता है। जहाँ पहले आप किसी वस्तु विशेष की एक इकाई खरीदने के लिए पाई-पाई जोड़ते थे, वहीं समय के साथ जब आय का स्रोत बढ़ता है या धन संग्रह हो जाता है, तो उसी वस्तु की दो-चार इकाइयाँ खरीदना कठिन नहीं रह जाता। पहली इकाई के लिए बहुत सावधानी और देखभाल की भावना होती है, परंतु जब वही वस्तु तीन-चार हो जाती हैं, तो उसकी उपयोगिता तो बनी रहती है, लेकिन वह आसानी से उपलब्ध होने के कारण सामान्य लगने लगती है – जबकि पहले वह वस्तु दुर्लभ और मूल्यवान लगती थी। यदि उस वस्तु का कोई सर्वोत्तम विकल्प बाज़ार में आ जाता है, तो पहले खरीदी गई वस्तु निकृष्ट प्रतीत हो सकती है। इसे कई रूपों में देखा जा सकता है :

क. घर के अतिरिक्त सामान के रूप में

ख. किसी को दे देने योग्य अर्थात दान योग्य वस्तु के रूप में

ग. अत्यंत मोहक – क्योंकि बड़ी जतन से पाई-पाई जोड़कर खरीदी गई थी, अत: व्यक्ति उसे तुच्छ नहीं मानता; उस वस्तु से भावनात्मक जुड़ाव हो जाता है, और वह वर्षों से उसका उपयोग करता रहता है।

जहाँ तक धन की बचत का प्रश्न है – व्यक्ति A की आय पचास हजार रुपये प्रतिमाह है, परंतु बचत कुछ नहीं होती, क्योंकि घर आने-जाने, रहने-खाने में अव्यवस्था के कारण कुछ भी नहीं बचता। वास्तव में वह बचत की सोच ही नहीं रखता। उसे लगता है कि यदि वह कोई भी पॉलिसी या स्कीम में एक निश्चित राशि प्रतिमाह नहीं डालता है और कोई आकस्मिक खर्च आ जाए, तो उसे उधार लेना पड़ेगा – जो कि वह नहीं चाहता। उसे लगता है कि किसी से पैसे का लेन-देन करना ठीक नहीं है। और वह यही सोचते-सोचते पिछले सात-आठ वर्षों से कोई बचत या निवेश शुरू नहीं कर पाया। वह अपने कार्य को नियमित रूप से करता जरूर है, परंतु वित्तीय योजना के अभाव में उसकी सारी आय केवल खर्चों में समाप्त हो जाती है। इस प्रकार, आय होते हुए भी भविष्य की सुरक्षा का कोई आधार नहीं बन पाता।

धन – कल, आज और कल

जीवन में धन :

जीवन से पहले

जीवन के साथ

जीवन के बाद

जीवन प्रारम्भ होते ही, कम या ज्यादा, धन की आवश्यकता पड़ती है और धीरे-धीरे इसकी उपयोगिता बढ़ती ही जाती है। जीवन भर इसके बिना – अर्थात धन के बिना – काम नहीं चलता। कम या ज़्यादा धन जीवन में होना अनिवार्य है। स्वाभाविक प्रक्रिया के अंतर्गत यह हमारे अस्तित्व में सन्निहित

होता है। जन्म से लेकर जीवन पर्यंत धन न केवल हमारे साथ चलता है, बल्कि जन्म से पहले भी हमारे लिए चलना शुरू कर चुका होता है, और जीवन के बाद भी हमसे जुड़ी कुछ गतिविधियों में इसका उपयोग होता रहता है।

जीवन के बाद का अर्थ है – मृत्यु उपरांत होने वाले क्रिया-कलाप। इस सत्य को हम सब भली-भाँति जानते हैं।

यदि कोई बकाया लेन-देन शेष रह जाता है, तो उससे जुड़ी क्रिया-कलाप में भी धन की आवश्यकता और उपयोग बना रहता है। इसे एक प्रसंग के माध्यम से समझ सकते हैं –

एक युवा व्यक्ति की मृत्यु हो गई। उसके पास एक कार, एक बाइक और दो स्कूटी थीं। कार, बाइक और एक स्कूटी का पूरा मूल्य वह अपनी मृत्यु से पूर्व ही चुका चुका था। दूसरी स्कूटी की चोरी हो गई थी, जिसकी रिपोर्ट उसने थाने में दर्ज करवाई थी। अपनी अस्वस्थता को ध्यान में रखते हुए उसने एक हल्की गाड़ी की आवश्यकता समझी और इसलिए एक नई स्कूटी ईएमआई पर खरीदी। उसकी मृत्यु के चार महीने बाद, निजी बैंक ने चेक के माध्यम से शेष ईएमआई का भुगतान कर दिया। लेकिन इसके दो महीने बाद, उसी बैंक की ओर से बार-बार कॉल आने लगे–"वह व्यक्ति कहाँ है?" जब परिवारजन कहते कि "वह अब वह नहीं रहा" और "संपूर्ण ऋण भुगतान हो चुका है", तो बैंककर्मी उन पर अविश्वास करते और उन्हें झूठा समझते।

कई दिनों तक बैंक और परिवारजनों के बीच तनाव चलता रहा। यह वही निजी बैंक था, जिसका प्रचार एक बड़े सेलिब्रिटी द्वारा किया जाता था और जिसे देश के प्रमुख निजी बैंकों में गिना जाता है। परिवार ने बैंक प्रतिनिधियों को समझाया कि आपकी कार्यप्रणाली में समन्वय की कमी है, तभी यह समस्या उत्पन्न हो रही है। उन्होंने स्पष्ट किया कि ऋण का भुगतान नकद में नहीं, बल्कि चेक के माध्यम से हुआ है – आप अपनी प्रणाली में जाकर विवरण की जाँच करें। लेकिन बैंक प्रतिनिधि मानने को तैयार नहीं थे। जब परिवारजन क्षुब्ध होकर बोले, "क्यों न आपको और आपके बैंक को उपभोक्ता फोरम में घसीटा जाए, और शीर्ष से अर्श तक सभी प्रतिनिधियों

को तलब किया जाए?" – तब जाकर बैंककर्मी सचेत हुए और अंततः मामला सुलझाया गया।

उस परिवार के एक सदस्य ने बताया कि जब वे बैंक गए थे, तो वहाँ उस सेलिब्रिटी की आदमकद कागज़ी प्रतिमा देखकर यह अनुभूति हुई : "आम आदमी को ऐसे बैंकों से गुस्सा क्यों न आए, जो मामूली मामलों को भी जटिल बना देते हैं? इन प्रचारकों को क्या पता कि उनके नाम से लोग झाँसे में आ जाते हैं!"

धन ईंधन है गृहस्थी का

व्यक्ति अमीर हो या गरीब, शहर में हो या गाँव में – इतना अवश्य कोशिश करनी चाहिए कि वह अपने जीवन निर्वाह के लिए कम से कम आय का एक स्रोत उत्पन्न कर सके, तो प्रत्येक परिवार की गाड़ी स्वतः चल पड़ेगी।

जीवन में संतुलन के लिए, यदि प्रत्येक कामकाजी व्यक्ति अपनी क्षमता के अनुसार कार्य करता रहे, तो परिवार में भी संतुलन बना रहता है। अत्यंत गरीब परिवारों में, परिवार के सभी सदस्य बहुत जल्दी – लगभग 10–12 वर्ष की आयु के बाद ही – काम करना प्रारंभ कर देते हैं, जिसकी वजह से वे केवल थोड़ी-बहुत पढ़ाई-लिखाई के साथ ही आगे बढ़ पाते हैं। यदि वे ऐसा न करें तो उनकी स्थिति बहुत ही दयनीय हो सकती है। दूसरी ओर, थोड़ा बेहतर या औसत सम्पन्न परिवार में लोग एक ही कमाऊ व्यक्ति पर आश्रित रहते हैं।

जो लोग निरंतर प्रगति की दिशा में प्रयासरत रहते हैं, वे निकट भविष्य में और बेहतर जीवन का आनंद ले सकते हैं।

कभी-कभी यह बात उठती है कि अर्थव्यवस्था बढ़ रही है – ठीक है – किंतु एक विपरीत अवधारणा भी बनती है कि गरीब और गरीब होता जा रहा है और अमीर और अमीर। अब इसमें कितना तथ्य है, यह कैसे पता चले? क्या प्रत्येक व्यक्ति आँकड़ों की परख कर सकता है? हर किसी में इतनी क्षमता नहीं होती कि वह भारी-भरकम आँकड़ों को समझ सके। लेकिन इस अवधारणा की सच्चाई को एक बहुत ही साधारण तरीके से, एक सेकेंड

में मापा जा सकता है। प्रत्येक व्यक्ति खुद को देखे और तय करे – “क्या मैं आज से पाँच-दस वर्ष पहले जिस स्थिति में था, उसी स्थिति में अभी भी हूँ?”

यदि आप वहीं हैं – आर्थिक दृष्टि से (या अन्य दृष्टियों से भी) – जहाँ पहले थे, और आगे नहीं बढ़ पाए हैं, तो निश्चित ही कुछ गड़बड़ है। उसे आर्थिक दृष्टि से सुधारने की दिशा में प्रयास करने की आवश्यकता है। धन के संदर्भ में भी, यदि व्यक्ति स्वयं को निरंतर प्रगति की ओर जाता हुआ पाता है, तभी वह वास्तव में अर्थव्यवस्था की वास्तविक वृद्धि को व्यक्तिगत रूप से अनुभव कर सकता है। यदि कोई परिवार – चाहे वह अत्यंत निर्धन हो या अमीर – पाँच-दस वर्ष पहले की तुलना में आज आर्थिक और सामाजिक दृष्टि से बेहतर स्थिति में है, तो निस्संदेह हम आगे बढ़ रहे हैं।

धन की बचत तथा आय

धन संग्रह अर्थात धन की बचत, आय पर निर्भर करती है। आय से ही बचत तथा निवेश को प्रेरणा मिलती है।

परंतु व्यवहारिक जीवन में आप अनुभव करते हैं कि जिनकी आय प्रत्यक्ष रूप से नहीं होती, वे भी बचत कर लेते हैं।

जैसे गृहणी का आय स्रोत क्या है? जो राशि उसे घर के बजट के लिए हाथ में मिलती है, उसी में से वह भी अपना बचत धन तैयार करती है। अपनी गृहस्थी की गाड़ी को सुचारु रूप से चलाने के लिए, कहीं-कहीं पर कई विकल्पों को अपनाकर वह कम या अधिक बचत कर ही लेती है। यह बचत नकद रूप में, बैंक में या कहीं-कहीं निवेश के रूप में होती है, जैसे – रियल एस्टेट में। गृहस्थी की गाड़ी को सुचारु रूप से गतिशील बनाए रखने के लिए, छोटे-छोटे स्तर का यह पूंजी निर्माण परिवार के सुख-दुख में बहुत ही महत्वपूर्ण भूमिका निभाता है।

गृहणियों द्वारा अपनाई गई बचत की प्रवृत्ति आगे चलकर उन्हें वित्तीय स्वतंत्रता की दिशा में ले जा सकती है।

धन का स्रोत

लोग धन कमाने के लिए विभिन्न प्रकार की गतिविधियों में संलग्न होते हैं। कोई व्यापार करता है, तो कोई नौकरी। वस्तुतः जितने प्रकार के लोग होते हैं, उतने ही प्रकार के कार्य होते हैं, जिनके माध्यम से वे आय और धन की प्राप्ति करते हैं। कुछ लोग ज़मीनी स्तर पर कार्य करते हैं, तो कुछ ऊपरी स्तर पर। हमारे देश में औसत व्यक्ति तब आय प्राप्त करने की दिशा में सक्रिय होता है, जब वह पूर्णतः माता-पिता पर आश्रित नहीं रहता। जबकि कई अन्य देशों में व्यक्ति अपेक्षाकृत कम उम्र में ही आय अर्जित करना शुरू कर देता है – क्योंकि वे आर्थिक और सामाजिक रूप से जल्दी स्वतंत्र हो जाते हैं।

हमारे समाज में व्यक्ति प्रत्यक्ष और अप्रत्यक्ष रूप से आर्थिक तथा सामाजिक रूप से एक-दूसरे से जुड़े होते हैं।

जब कोई व्यक्ति युवावस्था में कदम रखता है, तब उसमें स्वावलंबन की भावना जन्म लेती है या वह माता-पिता के आर्थिक भार को कम करने के लिए (या गरीबी के कारण) जल्दी कार्य करना शुरू कर देता है। वहीं, एक सामान्य व्यक्ति जब तक कमाने योग्य नहीं हो जाता, तब तक अपनी प्रत्येक आवश्यकता के लिए माता-पिता पर निर्भर रहता है। यूँ कह सकते हैं कि अध्ययन काल में केवल अध्ययन किया जाता है, आय अर्जन नहीं।'

काम तो हो ही रहा है

पहले से ही आपका बहुत सारा कार्य हो रहा होता है, और व्यक्ति एक साथ कई कार्यों में अपना सर्वोत्तम बहुत सी जगहों या कार्यों पर दे रहा होता है, और परिणाम अधिकतम और न्यूनतम के बीच में होता है। तब भी कभी-कभी व्यक्ति को लगता है कि उसके काम नहीं हो रहे हैं, और यह सोचकर मन खिन्न कर लेता है। तब आपको सोचने-समझने की आवश्यकता है कि कुछ काम न होने पर विचलित होने की आवश्यकता नहीं है। आपको यह समझदारीपूर्वक स्वीकार करना चाहिए कि आप प्रगति कर रहे हैं।

आपको यह समझदारी विकसित करने की यहाँ आवश्यकता है कि आप बहुत ही बेहतर स्थिति की ओर बढ़ रहे हैं।

बहुत बार व्यक्ति इस बात पर विचार ही नहीं करता – न रुक कर देखता है कि इस वर्ष, महीने या इन दिनों में अधिकांश कार्य सकारात्मक रहे हैं और केवल एक-दो कार्य ही पूर्ण नहीं हो सके हैं। और इसका बोध बहुत बाद में होता है, तब आप आश्चर्य से भर कर कह उठते हैं – "मैंने तो इस बारे में ध्यान ही नहीं दिया!" कभी-कभी ऐसी बातें ही आपके संतुलित रहने का कारण नहीं, बल्कि आधार बनती हैं।

3

आपको क्या चाहिए? आपके जीवन का लक्ष्य क्या है?

आपके अनुसार व्यक्ति की सफलता का मानदंड क्या है? आज लोग भौतिकता के आधार पर, अर्थात व्यक्ति धन-संपत्ति का संग्रहण और उसका कितना प्रदर्शन कर पाता है, इस आधार पर सफलता को मापते हैं। व्यक्ति को क्या चाहिए? क्या धन-वैभव ही व्यक्ति को शांतिपूर्ण और सम्मानपूर्वक जीवन जीने के लिए पर्याप्त है? धन की उपलब्धता की अपनी मर्यादा और गौरव है। किसी व्यक्ति की भूख, रोग, दुःख-व्याधि को टालने में इसका महत्व कम नहीं है। धन सब कुछ नहीं है, परंतु बहुत कुछ होता है – विशेषतः जब कोई समस्या केवल धन द्वारा ही हल की जा सकती है। यह दुनिया गोल है और रुपया भी गोल है, और व्यक्ति एक सीमा तक इसके पीछे गोल-गोल घूम ही रहा है। वास्तव में, व्यक्ति का जीवन केवल धन-वैभव से पूर्ण नहीं होता। सुख-शांति भी उसी परिधि में विद्यमान है। इस तरह, सुख, शांति और समृद्धि एक पथ के साथी हैं। जीवन के पथ में इनका साथ होना ही जीवन में वास्तविक खुशहाली लाता है। एक दूधवाला, एक पेपरवाला, एक गृहस्थ, एक विद्यार्थी, और वे सभी लोग जो कोई न कोई छोटा से छोटा या बड़ा से बड़ा कार्य पूरा करने का ध्येय रखते हैं – सुबह-सवेरे उठ जाते हैं और अपनी दिनचर्या का प्रारंभ करते हैं।

धन या सफलता

जाड़े की ठिठुरती सुबह में आपने ध्यान दिया होगा – पेपरवाला, कामवाली बाई, दूधवाला, या कोई प्रौढ़ व्यक्ति भी काम पर निकला होता है। यदि वह

प्रौढ़ या वृद्ध है, तो इसका एक पहलू यह भी हो सकता है कि युवा अवस्था में सही लक्ष्य न होने या कार्य को उचित दिशा-दशा में मोड़ने की प्रवृत्ति के अभाव में वह आज भी प्रौढ़ावस्था में प्रतिदिन संघर्ष कर रहा है। एक और पहलू यह हो सकता है कि वह अपनी स्थिति-परिस्थिति को बदलने के लिए आज भी जद्दोजहद कर रहा हो। यदि ऐसे संघर्षमय व्यक्ति की संतान इस जीवन-संघर्ष से प्रभावित होकर समझ विकसित कर ले, तो संभव है कि आगे चलकर वह भी साथ मिलकर परिस्थितियों में सकारात्मक परिवर्तन ला सके।

आपने देखा होगा कि कभी-कभी बहुत अच्छे संस्थानों में पढ़ने वाले बच्चे, सरकारी स्कूल-कॉलेज में पढ़ने वाले छात्रों के समकक्ष नहीं होते – ऐसा क्यों होता है? आपने यह भी देखा होगा कि अधिक सुविधाओं में पले-बढ़े बच्चे भी अपेक्षित रूप से बेहतर प्रदर्शन नहीं कर पाते; जबकि संघर्षमय परिस्थितियों से जूझते माता-पिता की संतानें, उनके संघर्ष को समझ जाती हैं और जीवन में आगे बढ़ जाती हैं – वहाँ तक पहुँचती हैं, जहाँ उनके माता-पिता कभी नहीं पहुँच पाए थे। इसके विपरीत, जिन बच्चों के पास आगे बढ़ने के लिए बेहतर संसाधन और आधार होना चाहिए था, वे अपेक्षाकृत कमतर उपलब्धियाँ प्राप्त कर पाते हैं, या फिर उसी स्तर पर रह जाते हैं जहाँ वे पहले थे।

क्या यह आवश्यक है कि जो आधार या प्रारंभ से विद्यमान था, वहाँ से आगे निकला नहीं जा सकता?

या क्या बेहतर की संभावना नहीं होती है? कुछ स्थिति-परिस्थितियाँ ऐसी होती हैं जिनमें व्यक्ति का जीवन औसत और सामान्य के बीच झूलता रहता है।

जीवन आज पहले की तुलना में अच्छी अवस्था में है

आज हम लोग गोल्डन एज (स्वर्णिम काल) में जीवन जी रहे हैं। यह हमारा सौभाग्य है कि हमने न केवल इतना आसान दौर देखा है, बल्कि उसे जीने का अवसर भी प्राप्त किया है। हमारे पूर्वजों का जीवन इतना सरल नहीं था। वे एड़ी-चोटी का जोर लगाकर अपने परिवार के लिए केवल आधारभूत संसाधनों की ही व्यवस्था कर पाते थे। उन्होंने अपने स्तर पर जी-जान से

मेहनत की, तब जाकर आज का व्यक्ति बेहतर दिनों को देख और समझ पाया है।

आज आधुनिक जीवन में प्रत्येक क्षेत्र में आधुनिक तकनीक की उपलब्धता है। एक उदाहरण के तौर पर यातायात के साधनों को ही देख सकते हैं। बहुत दूर न जाकर, केवल 20–30 वर्ष पहले की स्थिति को ही देख लें। लोग कई किलोमीटर साइकिल से या पैदल चल लेते थे क्योंकि कोई तात्कालिक संसाधन ही उपलब्ध नहीं होता था जिससे यात्रा सरल हो सके। पहले कोई भी परिवार बस से ही यात्रा करता था। यदि यात्रा थोड़ी लंबी हो, तो बच्चों को धक्का-मुक्की का सामना करना पड़ता था; भीड़ में कभी-कभी हिलना-डुलना भी कठिन हो जाता था। तब ऐसा लगता था कि कब गंतव्य आए और राहत मिले। और आज, उस समय बस से यात्रा करने वाले भी अपनी खुद की गाड़ी में सहजता से यात्रा कर सकते हैं। है ना, तब और अब में कितना बड़ा अंतर! इस तरह, आज यातायात के संसाधनों में जो सुविधाएँ बढ़ी हैं, उनका उपयोग व्यक्ति अपनी आय के अनुसार कर सकता है।

धन की प्रेरणा का प्रभाव कितना व्यापक

कोई भी कार्य, जो किसी व्यक्ति के लिए महत्व रखता है, उसके पीछे कोई न कोई प्रेरणा अवश्य होती है। किसी व्यक्ति के लिए प्रेरणा और जुनून के प्रमुख स्रोत हो सकते हैं :

1. अंतर्मुखी स्वभाव के कारण उत्पन्न प्रेरणा या आत्मचिंतन द्वारा स्वयं में खोजी गई प्रेरणा।
2. सुख-शांति की प्राप्ति हेतु प्रेरणा, अर्थात मन की शांति के लिए।
3. स्वयं में प्राकृतिक रूप से उत्पन्न प्रेरणा।
4. स्वयं को किसी पद-प्रतिष्ठा तक पहुँचाने हेतु प्रेरणा।
5. विपरीत स्थिति-परिस्थिति से उत्पन्न प्रेरणा।
6. सकारात्मक और नकारात्मक अवधारणाओं से उत्पन्न प्रेरणा।

7. आत्मसम्मान का बोध व मानव होने का गौरव।
8. दुःख, हताशा, निराशा जनित प्रेरणा।
9. धन व समृद्धि की आकांक्षा।
10. संघर्ष।
11. गरीबी।
12. बेरोजगारी।

विद्वानों ने कहा है कि बड़े कार्य के लिए बड़ी प्रेरणा की आवश्यकता पड़ती है। कार्य चाहे बड़ा हो या छोटा, प्रेरणा का स्रोत कहीं से भी प्राप्त किया जा सकता है। यह तो व्यक्ति ही है जो तय करता है कि उसने प्रेरणा कहाँ से पाई।

धन के लिए व्यक्ति तरह-तरह के व्यवहार अपनाता है या असुविधाजनक होने पर भी उन्हे झेलता है।

एक बार की घटना का यहाँ उल्लेख करते हैं–एक यात्री बड़े ऑटो में बैठा था, जिसमें चार-पाँच लोग पहले से बैठे हुए थे। तभी एक स्टॉप पर ऑटो वाला गाड़ी रोकता है। उसका एक मित्र, जो शायद वहाँ खड़ा था, अपनी बेटी की ओर इशारा कर कहता है कि यह रास्ते में पड़ने वाले एक विशेष इंग्लिश स्कूल में पढ़ती है, जो ठीक चौराहे पर है।

ऑटोवाला उस बच्ची को, जो दस-बारह वर्ष की रही होगी, बैठा तो लेता है, लेकिन जब-जब वह सवारी बैठाने के लिए ऑटो रोकता, उस बच्ची से कहता – "थोड़ा इधर हो जाओ", "थोड़ा उधर हो जाओ"। बच्ची कुछ देर ही स्थिर होकर बैठ पा रही थी।

उसी ऑटो में एक कामकाजी युवती बैठी थी। उसे यह सब देखा नहीं जा रहा था। उसने बच्ची को अपने पास थोड़ा खिसकते हुए बैठने को कहा और बोली, "ठीक से बैठ जाओ।"

वह युवती सोच रही थी – कैसा है यह ऑटोवाला! यदि दोस्त के वास्ते दस रुपये वहन नहीं कर सकता था, तो उसे इस बच्ची को बैठाना ही नहीं

चाहिए था। अपने दोस्त से स्पष्ट कह देना चाहिए था। और क्या यह बच्ची इस व्यवहार की चर्चा अपने माता-पिता से नहीं करेगी? वह युवती सोच रही थी – यदि ऑटोवाला अबकी बार उस बच्ची को उठने को कहता है, तो वह कह देगी – "उसे मत उठाइए, मैं दस रुपये दे देती हूँ।" उस युवती का कार्यालय उस बच्ची के स्कूल के ठीक बाद ही पड़ता था। देखा न, एक मामूली रकम का भी कितना प्रभाव पड़ता है!

दूसरी ओर, उस कामकाजी युवती को अपने बचपन का वह समय याद आता है जब वह कक्षा छः में पढ़ती थी। एक सुबह उसकी स्कूल बस छूट गई थी। उसके पापा उसके साथ स्टॉप की ओर जा रहे थे। दूर से ही देखते हैं कि बस निकल गई। तभी पापा के दोस्त अपनी लैम्ब्रेटा स्कूटर पर जा रहे होते हैं। उसके पापा कहते हैं, "मेरी बेटी का स्कूल रास्ते में ही है, तू इसे छोड़ दे।"

वह व्यक्ति उसे अपनी स्कूटर पर बैठाता है और वहाँ से लगभग दस मिनट की यात्रा कर मेन रोड पर पड़ने वाले उस स्कूल तक पहुँचा देता है। तब वह कामकाजी युवती अपने-आप में सोचती थी – कितनी अच्छी मित्रता थी उसके पापा और उनके दोस्त में। इस तरह मित्रता का स्तर बहुत कुछ प्रभाव छोड़ता है – चाहे वह छोटा हो या बड़ा।

धन एक चक्र है

व्यक्ति धन रूपी चक्र के चारों ओर घूमता रहता है। धन से संबंधित दायित्वों का निर्वहन माता-पिता ही करते हैं। ज़्यादातर स्थितियों में, जब तक व्यक्ति आय अर्जित करने योग्य नहीं बन जाता, तब तक उसकी आय शून्य होती है – परंतु उपभोग शून्य नहीं होता। इस समय में वह किसी न किसी के आय पर निर्भर होता है – यह व्यक्ति माता-पिता हो सकते हैं या कोई निकट संबंधी भी।

दूसरी स्थिति में एक तथ्य यह भी है कि निर्धन परिवारों के बच्चों में बहुत कम उम्र से आय अर्जित करने की प्रवृत्ति पाई जाती है, क्योंकि वे अपनी बुनियादी ज़रूरतों के लिए ऐसा करते पाए जाते हैं।

प्रसिद्ध अर्थशास्त्री एंडो मोडिग्लियानी ने अपने अध्ययन में स्पष्ट किया है कि बचपन में व्यक्ति की आय शून्य होती है, परंतु उपभोग शून्य नहीं होता। वह अपनी ज़रूरतें माता-पिता के माध्यम से पूरी करता है। अतः वह माता-पिता से ऋण प्राप्त करता है, और जब युवावस्था में आय प्राप्त करता है, तब वह जन्म से लेकर आय अर्जन तक के ऋण का भुगतान करता है। साथ ही, अपनी संतान के पालन-पोषण में जो खर्च करता है, वह पुनः किसी को ऋण देने जैसा होता है। इस आय अर्जन के काल में व्यक्ति ऋण देने तथा ऋण चुकाने – दोनों कार्य कर रहा होता है।

व्यक्ति भी एक संस्था की भाँति धन का लेन-देन ही कर रहा होता है। वास्तव में, व्यक्ति धन से जुड़ी अनेक गतिविधियों में प्रत्यक्ष और अप्रत्यक्ष रूप से जुड़ा होता है। धन ही सब कुछ नहीं है, किंतु उतने धन की आवश्यकता सभी को होती है जिससे उसकी आवश्यकताएँ पूरी हो सकें। दूसरी ओर, इतना धन सबको चाहिए जिससे दुःख, तकलीफ़ें या संकट को टाल सकें। कभी-कभी धन के अभाव में व्यक्ति का जीवन अत्यंत संकटपूर्ण, विचलित करने वाला और व्यथित हो सकता है, और वह कुछ भी कर पाने में असमर्थ हो जाता है। तब व्यक्ति को यह अनुभूति हो ही जाती है कि यदि धन पर्याप्त होता, तो वह स्वयं पर या अपने निकट व्यक्ति पर आई विपदा से पार पाने में सक्षम होता। यह अनुभव व्यक्ति को यह भी सिखाता है कि धन, परिस्थिति के अनुसार, देवता भी हो सकता है और दानव भी। धन ही वह माध्यम है, जिसके द्वारा व्यक्ति देवता और दानव के बीच मानव की गतिविधियों को समझ और देख सकता है।

जब व्यक्ति पूरा घर भर लेता है, तो जाने का समय आ जाता है। आदमी खाली हाथ आता है और खाली हाथ ही चला जाता है – जैसे सिकंदर, या एक घोंघा। दान उतना ही करें जिससे आपको कष्ट न हो – चाहे वह मात्रा केवल एक प्रतिशत ही क्यों न हो – अवश्य करें। ऐसा कहा जाता है कि यह किसी न किसी रूप में व्यक्ति पर सकारात्मक प्रभाव डालता है। विकास की समग्र भावना देर-सबेर एक से अधिक व्यक्तियों और कई पीढ़ियों को अच्छा लाभ पहुँचा सकती है।

यदि किसी व्यक्ति को देखें – मानव इस संसार में खाली हाथ आता है और जाता भी खाली हाथ ही है।

और इस जीवन में तरह-तरह की क्रिया-कलापों से अर्जित धन यहीं रह जाता है। अद्भुत है मानव का जीवन – चाहे वह झोपड़ी में रहता हो या महल में, वह **घोंघे के खोल** की भाँति ही प्रतीत होता है। अक्सर यह उदाहरण दिया जाता है – सिकंदर विश्व विजेता था, लेकिन अपने साथ क्या लेकर गया? अतः जीवन सिर्फ धन नहीं है। जीवन में धन के अतिरिक्त भी बहुत कुछ है, जिसमें व्यक्ति स्वयं को संलग्न पाता है।

जीवन को सुरक्षित रखने के लिए धन की परम आवश्यकता होती है। और धन ही कभी-कभी किसी की जीवन-रक्षा का मुख्य तत्व हो सकता है – जैसे कोई बड़ी बीमारी हो गई हो और उसे केवल धन से टाला जा सकता हो, और वह व्यक्ति या उसका परिवार जोड़-तोड़ कर धन का जुगाड़ कर रहा हो। यदि किसी व्यक्ति की असमय मृत्यु केवल धन की अपर्याप्तता के कारण हो जाए – तो क्या उस व्यक्ति के निकट संबंधियों ने भौतिकता में नश्वरता का परम ज्ञान और अनुभव प्रत्यक्ष रूप से नहीं देखा होगा? और यदि वर्षों बाद उसी परिवार को पूर्वजों की कोई संपत्ति या कोई लंबित राशि प्राप्त हो जाए – तो क्या वे वास्तव में कोई गहरी खुशी अनुभव करेंगे? निश्चित रूप से नहीं। वे यही सोचेंगे कि यदि यही धन समय पर मिल गया होता, तो उस व्यक्ति का जीवन बचाया जा सकता था। अब यह क्या अनुभूति देगा? कुछ विशेष नहीं – बस एक आम ज़रूरत की वस्तु की तरह, जो जीवन रूपी गाड़ी को चलाने के लिए आवश्यक ईंधन भर है।

धन कितना उपयोगी

ऐसा औसतन कहा जाता है कि एक व्यक्ति अपने जीवनकाल में जो आय अर्जित करता है, उसका केवल तीस प्रतिशत ही उपयोग कर पाता है। भारतीय दर्शन में दान-पुण्य का भी बहुत महत्व है, जो हमारी सभ्यता और संस्कृति में अवश्य रूप से विद्यमान है। तभी तो जो परिवार ज़मीन से जुड़े होते हैं, वे अपनी सभ्यता और संस्कृति के निहितार्थ का मूल्य अपनी जड़ों में समाहित रखते हैं।

यदि हम इस पहेली में न उलझते हुए यह विचार करें कि व्यक्ति जो अर्जित करता है, उसका उपयोग स्वयं तथा उससे जुड़े हुए लोगों द्वारा किया जाता है। इस अर्जित आय की एक सीमा होती है। व्यक्ति की प्रतिदिन की आय औसतन ₹100, ₹1000 या इससे अधिक भी हो सकती है – और कम भी। अब यह समझने का प्रयास करते हैं कि वह कितना खर्च करता है और कितना कल के लिए बचाता है।

कुछ लोग अपनी आय का 1 प्रतिशत भी नहीं बचा पाते, जबकि कुछ 1 से 20 प्रतिशत या उससे अधिक बचा लेते हैं। बचाया हुआ धन संकट में बहुत काम आता है। यदि आपके पास आय और बचत दोनों हैं, तो जीवन व्यतीत करना कष्टकारक नहीं होता। लेकिन यदि इसके विपरीत स्थिति हो, तो आप स्वयं समझ सकते हैं कि क्या होगा।

वास्तव में, आपकी आय का जो भी स्तर हो, एक से पाँच प्रतिशत बचाना कोई बड़ी बात नहीं है – यह बस थोड़ी सी सजगता माँगता है। चाहे आप आम आदमी ही क्यों न हों, एक से पाँच-दस प्रतिशत धन की बचत अवश्य करनी चाहिए। यही बचत आपको उस समय बचा सकती है जब वास्तव में इसकी आवश्यकता आन पड़े। यह जीवन में आर्थिक मज़बूती का आधार भी तैयार करती है। जीवन में आर्थिक दृष्टि से संतोषप्रद स्थिति होना अत्यंत आवश्यक है।

हमारी सभ्यता-संस्कृति में कहा गया है, और यह व्यवहारिक भी है, कि फसल काटने के लिए पहले बीज बोना पड़ता है। दान-पुण्य का अपना एक महत्व है; यह व्यक्ति के अच्छे कर्मों के अंतर्गत आता है। कहा भी गया है कि व्यक्ति खाली हाथ आता है और खाली हाथ ही जाता है। और जब जाता है, तो साथ जाता है उसका पुण्य कर्म और वह अच्छे कर्म जो उसने अपने जीवन में अंगीकार किए होते हैं।

तो क्यों न व्यक्ति अपनी संपत्ति का केवल एक प्रतिशत ही सही, दान करके इसमें कुछ विश्वास दिखाए?

दान – चाहे वह केवल एक प्रतिशत ही क्यों न हो – व्यक्ति को क्या प्रदान करता है? दूसरों के लिए निस्वार्थ सेवा या दान आपको खुशी देता है।

वास्तव में, जो व्यक्ति दूसरों के लिए निस्वार्थ सोचता है और कर्म करता है, उसके लिए भी कुछ तो प्राप्त होता ही है! हाँ, प्रकृति से हम बहुत कुछ ले ही रहे हैं, तो क्यों न उसी प्रकृति की भाँति एक प्रतिशत देकर देखें? यह आपका पुण्य कर्म है, और कहा जाता है कि पुण्य कर्म का फल पीढ़ी-दर-पीढ़ी प्रकृति द्वारा हस्तांतरित किया जाता है।

ध्यानपूर्वक विचार कीजिए – क्या आप अपने पूर्वजों के अच्छे कर्मों की वजह से कुछ लाभ ले रहे हैं या नहीं? यदि आप एक प्रतिशत दान करके भी अपने जीवन स्तर में कोई कमी नहीं पाते हैं, तो अवश्य करें। हाँ, उन्हें यह कठिन लग सकता है जो मानते हैं कि एक प्रतिशत बचत करके भी अपने लिए बहुत कुछ किया जा सकता है। दुनिया में बहुत से लोग ऐसे हैं, जिनके पास बचत के नाम पर कुछ नहीं होता, फिर भी वे एक प्रतिशत या उससे अधिक निस्वार्थ भाव से देकर भी कभी बहुत गरीब नहीं होते। उनकी जीवन-गाड़ी संतुलन में बनी रहती है। वे कहते हैं – **"देने वाले हाथ को भी प्रकृति उसी प्रकार लौटाती है, जैसे खेत में बोया गया बीज फसल के रूप में वापस आता है।"**

जो लोग ऐसी विचारधारा में विश्वास करते हैं, उनके भीतर यह आधार-वाक्य अवश्य होता है –

"साईं इतना दीजिए, जामे कुटुंब समाय।
मैं भी भूखा न रहूँ, साधू न भूखा जाए।"

एक प्रसंग के विवरण में कथा को समझते हुए आगे बढ़ते हैं।

वर्षों पहले एक प्रतिष्ठित व्यक्ति हुआ करते थे। वह अपने कुल में बड़े थे। उन्होंने बहुत संघर्षों का सामना करते हुए, अत्यंत विपरीत परिस्थितियों में पढ़ाई की थी। यह अंग्रेज़ी शासन का समय था और उस व्यक्ति के आठ भाई-बहन थे।

उन्होंने अपने परिवार, अर्थात बेटा-बेटी का ध्यान रखते हुए भी, अप्रत्यक्ष रूप से दूसरों की मदद किया करते थे। यह ही नहीं, वे उन लोगों की

भी सहायता कर देते थे जो उनसे मदद माँगते थे – या यहाँ तक कि उनकी भी जो नहीं भी माँगते थे। जैसे कोई कहता, “हुजूर, मैं बीमार हूँ” तो वे अपनी आय से सहायता दे देते। उस समय भी वे यह नहीं सोचते थे कि इससे घर के खर्च में खींचतान हो सकती है। उनकी इस आदत के कारण उस व्यक्ति की पत्नी (दादी) अपने पोता-पोती से अकसर कहती थीं कि उनके दादाजी का धन प्रबंधन निहायत ही निकृष्ट या घटिया किस्म का था। उनका मानना था कि उन्होंने कभी बचत या निवेश किया ही नहीं।

दादी का कहना था कि दादाजी जो कमाकर लाते थे, वह बहुत अल्प होता था। जिस दिन वेतन मिलता, उस दिन नगद रुपये में एक आना–दो आना तक की गणना होती। कोई अपनी समस्या बताता और दादाजी दया कर उसे में यूँ ही दे देते। तब उनकी दादाजी से लड़ाई हो जाती थी दादी बताती थीं कि घर चलाने के लिए पशुपालन (गाय का दुग्ध व्यवसाय) और खेती का आधार था, जिसे वे स्वयं नियंत्रित करती थीं। वे अपनी गृहस्थी को चलाने के लिए कुछ न कुछ कार्य करती रहती थीं – चाहे वह खाना बनाना हो, खेती करना हो या पशुओं की देखरेख करना हो। इन्हीं सब प्रयासों से वे कुछ न कुछ बचत कर लेती थीं।

दादी ज़्यादा पढ़ी-लिखी नहीं थीं – शायद हाई स्कूल तक पढ़ी हों – और तब महिलाएँ बैंकिंग जैसे कार्य (पैसा जमा करना या निकालना) खुद नहीं करती थीं। लेकिन दादी पैसों की गणना में अति निपुण थीं। वे अपनी गृहस्थी से बचाई गई राशि दादाजी को बैंक में जमा करने के लिए देती थीं। फिर पासबुक देखकर यह सुनिश्चित करती थीं कि वास्तव में वह रकम जमा की गई है या नहीं। आगे चलकर दादी की बचत से एक बड़ा जमीन का टुकड़ा खरीदा गया। दादा-दादी के बेटा-बेटियाँ पढ़-लिखकर व्यवस्थित हो गए, और अब उनका तीसरी-चौथी पीढ़ी तक का वंश आगे बढ़ रहा है।

दादा-दादी के बीच कभी-कभी नोकझोंक हो जाती थी, तब दादा जी कहते थे : “मुझे इससे नाराज़गी तो होती है, लेकिन डाँटना नहीं चाहता, क्योंकि इसने बहुत अच्छे से अपनी गृहस्थी को दिशा और दशा दी है।” दस वर्ष पहले दादी का देहांत हो गया। दादाजी भी उनके निधन के छह महीने

बाद चल बसे। आज तक उस प्लॉट को लेकर उनके बेटों के परिवारों में आम सहमति के अभाव में बँटवारा नहीं हो पाया है। आपसी संबंधों में भी अब पहले जैसी मिठास नहीं रही। ऐसा प्रतीत होता है कि उस संपत्ति का विभाजन अब उनकी तीसरी पीढ़ी में जाकर ही संभव हो पाएगा। अब प्रश्न उठता है – क्या दादाजी की संतान आज, उस प्लॉट से जुड़े अब तक लंबित विवाद के कारण यह सोचती है कि, "इससे अच्छा होता कि कुछ होता ही नहीं, या फिर और अधिक संपत्ति होती?" क्या वे यह भी कह सकते हैं कि, "दादाजी को तब संतुलित और व्यावहारिक सोच रखनी चाहिए थी?"

दादाजी ने जो दान-पुण्य किया, वह चाहे एक प्रतिशत रहा हो या उससे अधिक – वह उनके साथ ही गया। उन्होंने इस धरती पर सुकून की साँसें लीं, संतुलित जीवन जिया और किसी अनजान या जान-पहचान वाले को भी निस्वार्थ देकर खुशी महसूस की। किसी को देकर भी क्या मिलता है? खुशी और संतोष – यही तो था उनका स्वभाव। दादी को मिलने वाले रुपये कभी-कभी कम हो जाते थे, लेकिन यदि संपूर्णता और गहराई से देखा जाए, तो उनके दान में बरकत थी। धन की वास्तविक कमी कभी नहीं हुई।

दान–पुण्य का प्रभाव बहुत विस्तृत और गहन होता है। दान–पुण्य करने वाले व्यक्ति का प्रभाव उसके परिवार और अगली पीढ़ियों पर भी पड़ता है। और यह बात वास्तव में वे लोग मानते हैं, जो धन के वास्तविक मोल को समझते हैं। दान–पुण्य द्वारा प्राप्त होने वाली खुशी, संतुलन और बरकत – ये सब प्रकृति प्रदत्त हैं और अच्छे धन प्रबंधन की दिशा में ले जाते हैं। अर्थात्, दान भी एक प्रकार का स्वचालित निवेश है, जिसका फल निरंतर मिलता है। यह हमारी सभ्यता, संस्कृति और व्यवहार में परिलक्षित होता है।

आजकल व्यक्ति की अहमियत अधिकांशतः धन की उपलब्धि से आँकी जाती है। आप सामान्यतः पाएँगे कि यदि लोग यह मान लें कि आप उनसे धन में कमतर हैं, तो वे आपसे हीनता का व्यवहार करेंगे या आपको दबाकर वार्तालाप करेंगे। और यह बात प्रत्येक व्यक्ति को समझ में आती है – जब उसे हीनता ग्रंथि से ग्रसित किया जाता है। इस प्रकार, जो व्यक्ति ऐसी स्थिति को देखता है, वह समझ जाता है कि यह सही नहीं है। आदमी की

अहमियत कपड़ों से है, यूँ भी कह सकते हैं। धन आवश्यक है, लेकिन इस धन के चक्कर में ज़िंदगी अत्यधिक भागमभाग बन गई है। "और-और" के फेर में व्यक्ति भूलभुलैया में भटकता हुआ स्वयं को खोता चला जा रहा है।

वर्तमान में धन जीवन का परम मित्र है, पर ऐसा मित्र नहीं होना चाहिए जो आपकी पहचान ही भुला दे।

हमें सब समझते हुए जीवन को संतुलित ढंग से जीना चाहिए। धन के विकास के साथ ही बौद्धिक विकास और आध्यात्मिक विकास का भी उतना ही महत्व है। यहाँ पर चाणक्य नीति के अनुसार – दूसरे के धन को मिट्टी के ढेले समान समझो, अर्थात् वह आपके भीतर लालच या ईर्ष्या उत्पन्न न करे। आप भी धन अर्जन करें – क्योंकि जीवन में इसकी आवश्यकता हमेशा रहेगी – परंतु अच्छे कर्मों से।

जो धन आपके पास नहीं है, उसके लिए किसी से तुलना न करें, बल्कि अपने प्रयास को सही दिशा में लगाएँ और स्वयं को कमतर महसूस न करें। आप अपने कर्म की दिशा में निरंतर बढ़ रहे हैं, अनेक अच्छी बातों के साथ। जो अन्य लोग कर रहे हैं, हो सकता है कि हमारे पालन–पोषण का वातावरण और सभ्यता–संस्कृति उसे अनुमति न देती हो – और न ही आपकी अंतरात्मा। भाँति–भाँति के लोग होते हैं, पर आपका परिचय आपके मूल से होता है – व्यक्ति क्या सोचता है? उसका मूल स्वभाव क्या है? धन प्राप्ति के मार्ग के चयन में व्यक्ति अधिकांशतः स्वतंत्र होता है, पर कई मायनों में वह स्वतंत्र नहीं भी होता।

किसी साइट निर्माण स्थल पर मजदूर काम कर रहे थे। वे आपस में बातें भी करते रहते और काम भी आगे बढ़ रहा था। एक दिन युवा मजदूर परिपक्व मजदूरसे कहता है कि उसे भविष्य को लेकर बहुत उलझन और चिंता होती है, और वह बार-बार यही बात दोहराता रहता है। इस पर साथ काम करने वाला वह परिपक्व मजदूर कहता है – "काम करते रहो, कुछ पैसे आते रहेंगे। उलझन और चिंता धीरे-धीरे दूर होती जाएँगी।" इस प्रसंग से यह स्पष्ट होता है कि यह तथ्य प्रत्येक स्तर पर समान रूप से प्रभावी है।व्यक्ति इससे न केवल गरीबी से निजात पा सकता है, बल्कि जीवन के स्तर को बनाए रखने

में भी यह उतना ही सहायक है। और यही बात अमीरी की ओर कदम बढ़ाने के लिए भी उतनी ही क्रियाशील सिद्ध होती है।

"जहाँ धन वहाँ चिंता नहीं" – ऐसा विचार व्यक्ति के मन में यदा-कदा उठने लगता है। धन की कमी ही सभी परेशानियों की जड़ है। यदि पर्याप्त धन हो, तो व्यक्ति अधिकतम सुखी और शांतिपूर्वक जीवन व्यतीत कर सकता है; परंतु यह पूरी तरह से सही नहीं है। जहाँ धन की अधिकता होती है, वहाँ भी उलझनें संभव हो सकती हैं। धन से बहुत-सी समस्याओं का समाधान करना आसान होता है, परंतु धन स्वयं में एकमात्र समाधान नहीं है। वह बहुत कुछ हो सकता है, किंतु सबकुछ नहीं होता। यदि ऐसा होता, तो इस जगत के उन परिवारों में कभी अशांति न होती जहाँ धन पर्याप्त है। कहीं कोई व्यक्ति धन की प्राप्ति के लिए शांति से रह नहीं पाता, तो कहीं कोई और व्यक्ति और अधिक धन के लिए लगातार भागदौड़ कर रहा होता है।

यदि केवल धन से ही सुख-शांति मिलती, तो अमीर व्यक्ति की जीवन पद्धति में सभ्यता, संस्कृति, दर्शन और जीवनशैली के अन्य महत्वपूर्ण तत्वों का कोई स्थान न होता। हम कितने भी आधुनिक क्यों न हो जाएँ, अपनी जड़ों से जुड़े हुए रहते हैं। धन की प्राप्ति के साथ-साथ ज्ञान की प्राप्ति का मार्ग, जो आध्यात्मिक तथा मानसिक विकास के साथ-साथ आर्थिक विकास से भी संबंधित होता है, आवश्यक है। यदि व्यक्ति सुख-शांति से जीवन बिताए, तो निस्संदेह वह बेहतरी की दिशा में कार्य करता है। तथापि, विकट परिस्थितियाँ भी व्यक्ति के लिए प्रेरणा का कार्य करती हैं और उसे स्थिति-परिस्थिति बदलने के लिए बाध्य कर देती हैं।

आपने ध्यान दिया होगा, बहुत से कम पढ़े-लिखे लोग, जो अपने कार्य को पूरी तन्मयता से करते हैं, वे भी अपने कार्य का सर्वोत्तम परिणाम प्रदान करते हैं। वे बेहद मेहनती होते हैं। कहा भी जाता है – मेहनतकश लोगों से ज़्यादा कठिन परिश्रम कौन करता है? भले ही वे भौतिक और शारीरिक रूप से सक्षम होते हैं, फिर भी उनका लक्ष्य हमेशा बड़ा नहीं होता। वे छोटे-छोटे लक्ष्यों को पूरा करते हुए कहीं न कहीं भूल-भुलैया में ही फंसे रह जाते हैं। क्या उन्हें बड़े लक्ष्य रखने का विचार नहीं आता? अधिकतर के साथ यही कारण होता है कि वे अपने जीवन में आमूलचूल परिवर्तन नहीं कर पाते।

उनके पास कोई बड़ी योजना या स्पष्ट प्रारूप नहीं होता, या वे स्वयं को हमेशा एक ही स्थिति में रहने के लिए परिकल्पित करते हैं। यही कारण है कि वे एक पिछड़ेपन और गरीबी की स्थिति में ही जीवन गुजार देते हैं।

क्या यह उनकी पसंद होती है कि वे निम्नतम स्थिति में पड़े रहें? शायद नहीं। बल्कि वे अपनी जीवनशैली को सीमांत स्तर पर रखते हैं – अर्थात् इतना कि केवल निर्वाह हो जाए और मूलभूत आवश्यकताओं में कमी न हो। बहुत से मेहनतकश लोग ताउम्र कार्य करते हैं, जैसे कि वह उनकी युवावस्था हो – मन लगाकर, पूरे जोश के साथ। कौन-सी प्रेरणा उन्हें इस तरह कार्य करने की ऊर्जा देती है?

एक उदाहरण में, एक मकान में एक वरिष्ठ महिला पूरे मनोयोग से कार्य में रत थी – सर्वोत्तम तरीक़े से। मकान की मालकिन ने पूछा – "घर में कौन-कौन है?" उसने बताया कि परिवार के सभी सदस्य हैं। उसकी संतान चाहती है कि वह घर में आराम करे, परंतु उसे युवावस्था से ही बैठने की आदत नहीं है। घर पर रुकने से उसका मन विचलित हो उठता है। वह कहती है – "मुझसे तो अच्छा है कि मैं काम पर जाऊँ।" वह बहुत मधुरभाषी थी, सभी उससे प्रभावित रहते थे। वह 70 वर्ष की उम्र में भी शारीरिक रूप से छरहरी, कर्मठ और उत्साही थी।

एक व्यक्ति अलग-अलग व्यक्तियों से अलग-अलग परिस्थिति में एक-सा व्यवहार नहीं कर सकता। ठीक उसी तरह, सौ रुपये का नोट भी हर व्यक्ति अलग-अलग ज़रूरतों के अनुसार अलग-अलग ढंग से उपयोग करता है। इससे यह स्पष्ट होता है कि यदि छोटे-छोटे प्रयास किसी लक्ष्य की स्पष्टता में निहित हों, तो उनका परिणाम उत्कृष्ट हो सकता है। ऐसे लोग ताउम्र बेहतर आर्थिक स्थिति का सुख और सुविधा प्राप्त कर सकते हैं। आपने देखा होगा कि बहुत से मेहनतकश लोग ज़्यादा पढ़े-लिखे नहीं होते। वे अपने कार्य से संबंधित सामान्य शब्दों का भी उच्चारण ठीक से नहीं कर पाते, फिर भी वे अपने कार्यों का निष्पादन पूरी दक्षता से करते हैं। एक गहन अध्ययन में यह देखा गया कि कुछ समूह ऐसे हैं जो अपने कार्य को अत्यंत कुशलता से करते हैं, भले ही वे वार्तालाप में शुद्ध उच्चारण न कर पाते हों – फिर भी कार्य निष्पादन संतोषजनक होता है।

धन: मानव, दानव या देवता

धन अर्थात आय-सम्पत्ति, संसाधनों को सहजता से उपलब्ध करा सकती है। जब व्यक्ति धन या आय के कारण किसी विशेष स्थिति या परिस्थिति से उबर पाता है, तब वह धन-आय के अनेक स्वरूपों से साक्षात्कार करता है। धन कई प्रकार की अक्षमताओं को पलट सकता है, और व्यक्ति इसके माध्यम से एक मानव के रूप में दूसरे मानव की मदद करने में समर्थ हो सकता है। कभी-कभी जब व्यक्ति किसी जरूरतमंद की मदद करता है, तो स्वयं में भी संतोष और प्रसन्नता का अनुभव करता है कि वह कुछ कर सका। व्यक्ति अपने सीमित दायरे में रहकर भी धन के माध्यम से बहुत कुछ कर सकता है। जब व्यक्ति जीवन पथ पर चलते-चलते यह अनुभव करता है कि यह धन-सम्पत्ति या आय का प्रवाह वास्तव में क्या है, तो वह देखता है कि यह जीवन की अधिकांश समस्याओं का समाधान करने की सामर्थ्य अपने भीतर रखता है। वह लोगों को कहते और सुनते भी पाता है – "जो पैसा बचाता है, पैसा उसे बचाता है", अर्थात जो धन को संचय करता है, वही समय आने पर उसका उपयोग कर पाता है।

व्यक्ति तब यह समझने लगता है कि धन एक ऐसी वस्तु है, जो निर्जीव होते हुए भी **तीन मुख्य स्वरूपों** में विद्यमान रहता है – **मानव, दानव,** और **देवता।** वह मनुष्य में इन तीन अलग-अलग स्वरूपों में दर्शन देता है। ये तीन स्वरूप निम्न प्रकार हैं :

- कोई व्यक्ति जब मनचाहा साधन या धन प्राप्त करता है, तब वह एक मानव के रूप में दूसरे मानव की सहायता करता है।
- वहीं, कहीं धन या आय का कारण ही कष्ट और तनाव का कारण बन जाता है।
- धन-सम्पत्ति का एक पक्ष यह भी है कि वह अच्छे-बुरे कर्मों को प्रकट करती है और करवाती भी है।

धन-सम्पत्ति कभी-कभी व्यक्ति को इतना उलझा देती है कि वह स्वयं को किसी विशालकाय वृक्ष की जड़ों और शाखाओं में फँसा हुआ पाता है। यह

वृक्ष जीवन में ऐसी उलझनों को जन्म देता है जिससे व्यक्ति बाहर निकल नहीं पाता। परिवार में धन की अल्पता या अधिकता, दोनों ही स्थिति में, व्यक्ति को किसी मकड़जाल में फँसे जीव जैसा अनुभव होता है। तब यह प्रश्न उठता है – क्या व्यक्ति गौण है और धन-सम्पत्ति मुख्य? नहीं, वस्तुतः व्यक्ति ही मुख्य है और धन-सम्पत्ति तथा आय प्रवाह द्वितीयक। **इसलिए धन व्यक्ति का अनुसरण करता है, न कि व्यक्ति धन का।** व्यक्ति के उत्थान के साथ-साथ धन भी उसके पीछे-पीछे चलता है और उसके रहन-सहन के स्तर को उत्तरोत्तर बेहतर बनाता है।

रुपए-पैसे अर्थात आय प्रवाह की कमी, व्यक्ति को कई बार सीमाओं में बाँध देती है – अर्थात वह उन सुविधाओं को भी नहीं खरीद पाता जो अत्यंत आवश्यक और जीवन-प्रदायिनी होती हैं। जीवन में संकट कब, कैसे और क्यों आ सकता है, यह हमेशा पूर्वानुमानित नहीं हो सकता। यह जीवन है – और जीवन को सरल, सहज एवं सुख-शांति से व्यतीत करने के लिए, जब आपकी अनिवार्य आवश्यकता जीवन-प्रदायिनी की स्थिति प्राप्त कर लेती है, तब अन्य जरूरतों पर खर्च के लिए भी पर्याप्त आय-धन का होना आवश्यक हो जाता है। अन्यथा, विपरीत स्थिति में न तो वह धन आपके पास होगा, और न ही वह परिस्थिति जिसकी आपने कल्पना की थी।

जीवन को अनुकूलता के साथ जीने के लिए, आय-धन का प्रवाह पर्याप्त मात्रा में होना अनिवार्य है। हम खुद को चाहे जितना सक्षम मानें, कुछ निर्णय ज़िंदगी स्वयं तय करती है – और ऐसे में हम अक्सर खुद को छोटा या असहाय महसूस करने लगते हैं। ऐसे समय में पूर्व में की गई बचत और निवेश काम आते हैं। कभी-कभी जीवन ऐसी स्थिति उत्पन्न कर देता है जहाँ बचत ही एकमात्र सहारा होती है – जब काम ठप हो गया हो या नया काम न मिल रहा हो। इसलिए व्यक्ति को सजग बने रहना चाहिए, और प्रत्येक स्तर पर – चाहे वह कार्य हो, आय हो, बचत या निवेश हो – अपनी इंद्रियों को जागरूक बनाए रखना चाहिए, ताकि निरंतर जीवन में सुख-शांति बनी रहे।

आर्थिक संघर्ष के दौर में, जब व्यक्ति बस किसी एक करियर का चुनाव करके स्थिरता चाहता है, तो वह यह भी कह सकता है – "परिवार में कोई

समझता ही नहीं।" लेकिन यदि आप खुद को समझ जाएँ, तो देर-सबेर इसका लाभ आपको अवश्य मिलेगा। बस सही दिशा में चलते रहें – चलते-चलते समझ बढ़ेगी और आत्मबल मज़बूत होगा। आज के समय में धैर्य और संतोष की आवश्यकता है, अन्यथा व्यक्ति अंधी दौड़ का हिस्सा बन सकता है – जहाँ भौतिकता के अतिरिक्त अन्य महत्वपूर्ण तत्वों का अभाव हो।

व्यक्ति का व्यक्तित्व अत्यंत महत्वपूर्ण है, क्योंकि व्यक्ति ही साधक है। व्यक्ति एक सक्रिय साधन है, जबकि साध्य (उद्देश्य या वस्तु विशेष) निष्क्रिय होती है। व्यक्ति ही वह शक्ति है जो किसी तथ्य में सक्रियता भरता है – उसके बिना साधन निष्क्रिय ही रह जाते हैं। तो महत्वपूर्ण कौन है? व्यक्ति। कोई भी साधन अपने आप में महत्वपूर्ण नहीं होता व्यक्ति के बिना। प्रत्येक व्यक्ति अपने भीतर वह क्षमता और संभावनाएँ समेटे हुए है जिसे "खज़ाना" कहा जा सकता है। यदि व्यक्ति स्वस्थ और सक्रिय जीवन का अधिकारी है, तो धन उसके सामने गौण है – वह स्वयं में ही अरबों का मालिक है।

हर माँ की यह भावना होती है – भले ही वह अत्यधिक धनी या पढ़ी-लिखी न हो – कि उसकी संतान अरबों में एक है। और हमारी माताएँ यह एकदम सही कहती हैं। यदि कोई व्यक्ति अपने बाल्यकाल में, प्रारंभिक अवस्था में, शिक्षा प्राप्त कर रहा हो – चाहे वह पेड़ के नीचे प्री-स्कूल जैसा सामूहिक शिक्षण ही क्यों न हो – और वह आगे भी निरंतर सीखता रहे, तो माध्यम चाहे जो हो, यह आवश्यक नहीं कि वह किसी बेस्ट स्कूल या कॉलेज से पढ़ा हो, तब भी वह व्यक्ति सफलता प्राप्त कर सकता है। पैसा तो द्वितीयक है, वह स्वतः अनुसरण करता है।

व्यक्ति के कार्य की सफलता का मापदंड क्या हो, और इसे कौन तय करे? क्या खेतों में काम करने वाला, जानवर चराने वाला, या ईंधन के लिए सूखी लकड़ियाँ बीनने वाला व्यक्ति यदि शिक्षा और उन्नति की लालसा नहीं छोड़े – तो कौन-सी बाधा है जो उसे रोक सकती है? कुछ व्यक्ति अपने छोटे-मोटे कार्यों को आधार बनाकर निरंतर आगे बढ़ते रहते हैं। वे अपनी एकाग्रता और समर्पण को बनाए रखते हैं – और धीरे-धीरे आर्थिक दृष्टि से

भी बेहतर स्थिति प्राप्त कर लेते हैं। आप निस्संदेह ऐसे कई व्यक्तित्वों से परिचित होंगे जिन्होंने आधारभूत सुविधाओं के अभाव में भी अपनी लालसा, प्रतिबद्धता, आत्मविश्वास और परिश्रम से – पेड़ के नीचे प्रारंभिक शिक्षा प्राप्त करके भी – राष्ट्रीय और अंतरराष्ट्रीय पहचान बनाई। धन-आय तो गौण है, व्यक्ति का व्यक्तित्व और कुशलता ही सबसे अधिक मायने रखती है।

अनुप्रयोग में एक ऐसी लड़की के परिवार को रखा गया, जो प्रारंभ से ही डाँट-फटकार और झिड़कियों के माहौल में बड़ी हो रही थी। वह बोलने में दूसरों को मुद्दे से भटका देती और अपनी गलतियों का सामना निडरता तथा आत्मविश्वास के साथ करती। डाँट-डपट, झूठ बोलने की प्रवृत्ति और उसमें भरी विसंगतियाँ – कब और कैसे उत्पन्न हो जातीं, यह समझना कठिन था। उसे कोई फर्क नहीं पड़ता था कि कोई क्या कह रहा है, वह वही करती जो उसके लिए सुविधाजनक होता – और वह भी अक्सर अरचनात्मक और उल्टा-सीधा होता। प्रथम दृष्टि में कोई भी कह उठता, "तुम इंसान की संतान हो या बंदर की?" चार वर्ष बाद जब उसे दोबारा अनुप्रयोग में देखा गया, तो पाया गया कि उसमें सुधार तो हुआ था, परंतु वह अत्यंत धीमी गति से हो रहा था। वहीं पूर्ववर्ती एक अन्य प्रयोग में यह पाया गया था कि एक और बच्ची अत्यंत गरीब अवश्य थी, परंतु उसके माता-पिता ने प्रारंभ से ही उसमें अच्छे संस्कार और व्यवहार के गुण डालने का प्रयास किया था।

उस बच्ची की विशेषता यह थी कि वह ज़्यादा बोलने के बजाय ज़्यादा सुनती, समझती और जो कहा जाता था, उस पर अच्छे से ध्यान लगाती थी। वह पढ़ाई और कार्य दोनों में ध्यान देती थी। आगे चलकर वह बच्ची एक युवती बनी, और अपने जीवन निर्वाह के लिए आवश्यक शिक्षा प्राप्त की। वह कुछ कार्यों में कुशल हो गई, और उसे जिस कार्यालय में रखा गया था, वहाँ भले ही कार्य छोटा था, परंतु उसने उसमें भी अपनी विशिष्टता का परिचय दिया। और हाँ – जिन लोगों ने उसके कठिन समय में ज़रा-सी भी मदद की थी, उनसे वह उत्साहपूर्वक बातें करती और कृतज्ञता प्रकट करती।

ऐसा व्यक्ति क्यों न जीवन को बेहतर ढंग से जी सके, जो अपनी सुविधाओं का सही उपयोग करना जानता हो और अपने स्तर पर निरंतर सुधार करता हो? किसी भी व्यक्ति के लिए आर्थिक रूप से सफल होने के

लिए एक ही कारण पर्याप्त हो सकता है। बहुत-से लोग ऐसे मिलेंगे जो कम वेतन में भी बखूबी कार्य करते हुए दिखते हैं, इसके पीछे कई संभावित कारण हो सकते हैं :

1. क्योंकि जो लोग कम वेतन पर कार्य कर रहे होते हैं, उन्हें पता होता है कि वर्तमान बाजार में उनकी वैल्यू या कार्यकुशलता के अनुसार उन्हें यही वेतन मिलेगा – और वे "संतोष परम धन" की भावना रखते हैं।
2. वे लोग भविष्य निर्माण में लगे होते हैं, परंतु वर्तमान में जो कार्य उनके पास है, उसे ईमानदारी से करते हैं।
3. बेहतर भविष्य की प्रक्रिया में वे स्वयं को धैर्य और आत्मबल से बाँध कर रखते हैं।
4. उन्हें यह ज्ञात होता है कि इस कार्य के समान या थोड़ा कम या अधिक वेतन वाले काम का मिलना आसान नहीं है।
5. वे अपने पारिवारिक वातावरण के अनुकूल होते हैं।
6. कभी-कभी वे अपनी संभावनाओं को ठीक से परख नहीं पाते।
7. उपलब्ध संसाधनों में अवसर खोजने की प्रवृत्ति अभी तक उनमें जागृत नहीं हुई होती।
8. वे अंशकालीन तथा पूर्णकालिक कार्य की आवश्यकता और प्रकृति को समझते हैं।
9. कुछ नहीं से कुछ अच्छा – इस सिद्धांत पर कार्य करते हैं।

जब आप कुछ खरीदने की सोचते हैं, तो आपको यह पता होना चाहिए कि क्या खरीदना है। जब आप किसी दुकान पर जाते हैं, तो दुकानदार भी यही पूछता है – "क्या चाहिए?" इसलिए आपको पहले से ही पता होना चाहिए कि आपको वास्तव में क्या चाहिए। व्यक्ति अपनी व्यक्तिगत कार्य-कुशलता से किसी भी स्थिति या विपरीत परिस्थिति से ऊपर उठ सकता है – बशर्ते उसमें आत्मिक प्रेरणा हो, जो उसमें ऐसी प्रवृत्ति उत्पन्न कर दे कि वह भले ही धीरे-धीरे सही, परिवर्तन की दिशा में निरंतर मेहनत करता रहे।

व्यक्ति को ऐसे व्यक्तित्वों से प्रेरित होना चाहिए, जो किसी भी प्रकार की बाधा को अपनी सफलता के मार्ग में रुकावट नहीं मानते। वे प्रयास करते रहते हैं। यह तथ्य आर्थिक उन्नति पर भी उतना ही लागू होता है। वर्षों पहले, जब किसी बच्चे की अचानक रात के समय तबीयत बिगड़ जाती थी – भले ही अस्पताल बहुत दूर होता और तब आज जैसी सुविधाएँ भी उपलब्ध नहीं थीं – तब लोग अपने बच्चे को पीठ पर बाँधकर डॉक्टर के पास जान बचाने के लिए दो-चार किलोमीटर दौड़ पड़ते थे।

और आज, हम देखते हैं कि मध्यवर्गीय परिवारों में भी दोपहिया और चारपहिया वाहन आम बात हो गई है। जब सुविधाएँ नहीं होतीं, तो व्यक्ति को जीवन बहुत कठिन लगता है। लेकिन आय बढ़ने से व्यक्ति अपनी सुविधाएँ बढ़ा सकता है। इसलिए व्यक्ति को धन अर्जन करना चाहिए, क्योंकि तभी वह उन आवश्यक वस्तुओं और सेवाओं को खरीद सकता है जो जीवनप्रदायिनी हैं।

सड़क पर गाड़ियाँ आ-जा रही थीं। एक दीन-हीन व्यक्ति अपने सात-आठ वर्षीय बेटे को गोद में लेकर रास्ते के किनारे बैठा था। संभवतः बच्चा तेज़ बुखार से तप रहा था। डेंगू, मलेरिया, टाइफॉइड जैसे रोग फैले हुए थे। बच्चे के माथे पर बुखार उतारने के लिए गीली पट्टी रखी गई थी।

एक व्यक्ति उधर से गुज़रा और उसने देखा कि कुछ लोगों ने उस व्यक्ति को चिल्लर (सिक्के) दिए थे। वह व्यक्ति अपनी जेब से कुछ रुपये निकालते हुए कहता है, "आगे वाली सड़क पर सरकारी अस्पताल है, वहां जाओ।" उससे पहले वह पूछता है, "क्या हुआ इसे?" दान की कोई कीमत नहीं होती, फिर भी उसका उद्देश्य यही होता है कि ज़रूरतमंद की कुछ मदद हो सके। एक ओर जहाँ लोग सामान्य जीवन जी रहे होते हैं, वहीं दूसरी ओर ऐसे हृदयविदारक दृश्य भी देखने को मिलते हैं। इसे कौन सुधार सकता है? व्यक्ति को स्वयं में जागरूकता लानी होगी, तभी वह उपलब्ध संसाधनों का उपयोग कर सकेगा। व्यवस्था में सहायता-सिस्टम मौजूद है, लेकिन उसे प्राप्त करने के लिए व्यक्ति को सक्रिय होना पड़ता है।" यह सक्रियता अलग-अलग रूपों में सामने आ सकती है।

यदि धन और आय अच्छे लोगों के पास आते हैं, तो वे अच्छे कार्यों और उपयुक्त स्थानों पर खर्च होते हैं। रुपया-पैसा स्वयं में उतना ही अच्छा या बुरा है, जितना अच्छा या बुरा उसका उपयोग किया जाए। यह सुख-सुविधा बढ़ाने का माध्यम है। इसलिए व्यक्ति को धन-अर्जन के लिए सही कार्यों का चयन अवश्य करना चाहिए। तभी वह अपने और अपने परिवार को वे सुविधाएँ दे सकता है, जो आय और धन के अभाव में संभव नहीं होतीं।

यदि आप अमीर या धनी बनना चाहते हैं, या बनने की प्रबल इच्छा रखते हैं, तो :

1. आपको कार्य करना होगा।
2. आय-संपत्ति और धन-संपन्नता से संबंधित जानकारी प्राप्त करनी होगी।
3. कार्य के प्रति लगन और धुन उत्पन्न करनी होगी – जैसे "कर्म ही पूजा है"।
4. अपनी पूरी क्षमता लगानी होगी।
5. अमीर बनने के नए तरीकों की जानकारी प्राप्त करनी होगी।
6. निरंतर अध्ययन और खोज करनी होगी – उस राह पर जो आपको आर्थिक रूप से सशक्त बनाए।
7. ज्ञान, अर्जन और परिवर्तन को अपनाना होगा; अर्थ-प्राप्ति की जानकारी को व्यवहार में लाना और उसका मूल्यांकन करते रहना होगा।
8. किसी भी कार्य को कहीं से भी शुरू किया जा सकता है – यदि आप शून्य पर हैं, तो घबराएं नहीं। ₹100–500 से भी शुरुआत की जा सकती है।
9. जागरूक और उत्साही बनें – तभी आप हर रूप से सक्रिय रहेंगे।
10. उन प्राविधियों को सीखें, जो आपको अमीर बनने में मदद करें – अच्छे स्थानों और लोगों से जुड़ें।
11. यदि आप अभी तक आय-अर्जन से अमीर नहीं बन पाए हैं, तो अब फिर से कोशिश करें।

जब जागो तभी सवेरा – अच्छे कार्यों की शुरुआत के लिए कोई उम्र निर्धारित नहीं होती।

धन का संसार

धन न होने पर व्यक्ति स्वयं को अत्यंत दयनीय स्थिति में पा सकता है। एक बार की बात है – एक दवा की दुकान पर एक गरीब महिला अपने साड़ी के छोर पर बंधी गाँठ से कुछ रुपये निकालती है और दुकानदार से कहती है,

"बाबू, इतने में नहीं होगा?" उसका बच्चा बीमार था। वह बार-बार अपने रुपयों को जोड़कर देखती, फिर बड़बड़ाती, "ओह! मेरी किस्मत...।" उसके पास कुछ रुपये कम पड़ रहे थे। दवा वाले दुकानदार ने तरस खाकर उसे दवा दे दी। वास्तव में, जब व्यक्ति अत्यंत दयनीय स्थिति में होता है और उसे धन या रुपयों की आवश्यकता होती है – और वह किसी तरह की व्यवस्था भी नहीं कर पाता – तब वह अपने को कितना लाचार और बेबस महसूस करता है, यह वही जानता है।

एक व्यक्ति बताता है कि वह बहुत कम उम्र से कार्यरत रहा है। उसकी आय अत्यंत कम थी, किंतु उसमें मेहनत की निरंतर प्रवृत्ति सदा रही। वह आगे बताता है कि जब उसे 20 वर्ष पहले अपने जीवन की सर्वाधिक आय – ₹1400 – नकद मिली थी, और उसमें कुछ बीस-बीस के नए के नोट भी थे, तो उस दिन उसने स्वयं को बहुत धनी महसूस किया था। उस दिन मन में यह अनुभूति थी – "इन पैसों से मैं क्या-क्या खरीदूँ!" मन में अत्यधिक खुशी थी। क्योंकि वह ₹1400 उसकी पहली कमाई का अनुभव था – और वह खुशी, आज की 10 से 20 गुना अधिक आय के बावजूद भी, वैसी नहीं होती। आज भले ही वह 15 गुना अधिक कमा रहा हो, लेकिन वह खुशी नहीं मिलती जो उस दिन थी। भले ही उस राशि से उस समय कुछ विशेष खरीदा भी न जा सकता था, तब भी उस दिन की खुशी अद्वितीय थी।

एक ही क्षेत्र के कुछ लोग सेवानिवृत्ति के बाद अपने रुचि के कार्यों को शुरू करते हैं – वे कहते हैं,

"जब पर्याप्त धन और समय का सामंजस्य होगा, तब हम स्कूल खोलेंगे।" एक वरिष्ठ महिला ने सेवानिवृत्ति के बाद दो स्थानों पर प्री-स्कूल खोले हैं और स्वयं को सक्रिय बनाए रखा है। उन्होंने कम संसाधनों के बीच ही शुरुआत कर दी, क्योंकि वे हमेशा से व्यस्त रहना पसंद करती थीं। वहीं, एक अन्य वरिष्ठ व्यक्ति 12वीं तक का शिक्षण संसथान अच्छे से चला रहे हैं। कई लोग सेवानिवृत्ति के बाद स्वयं को पारिवारिक या सामाजिक गतिविधियों में अधिक संलग्न कर लेते हैं – ताकि सक्रियता बनी रहे।

अध्ययन से यह ज्ञात होता है कि जो व्यक्ति सेवानिवृत्ति के बाद भी स्वयं को व्यस्त रखता है, वही व्यक्ति शारीरिक और मानसिक रूप से अधिक स्वस्थ रहता है। कई अच्छे और ज्ञानी लोग भी उम्र के इस पड़ाव पर प्रकृति के समीप रहना पसंद करते हैं – उनके कारण भले ही भिन्न हों, लेकिन शांति और खुशी उन्हें वहीं मिलती है। वे प्रकृति को अधिक महत्व देने लगते हैं। बहुत-से लोग, विशेषकर जमीन से जुड़े किसान, खेती-बाड़ी से कभी अलग नहीं होना चाहते – क्योंकि यह उनके स्वभाव में होता ही नहीं। वास्तव में, आज सेवानिवृत्ति के बाद भी सक्रिय बने रहना स्वस्थ रहने की एक अच्छी प्रवृत्ति के रूप में विकसित हो रहा है।

मन-मस्तिष्क की शक्ति अथाह है। जब कभी कोई समस्या आती है और हम समाधान के लिए प्रयास करते हैं, तो रास्ता निकल ही आता है। जब व्यक्ति समस्या के समाधान पर स्वयं को केंद्रित करता है, तब वह उस विषय पर गहराई से सोचता है और समाधान खोजने लगता है। और फिर, उस समस्या का कोई न कोई उपाय – कम या अधिक मात्रा में – उपलब्ध हो ही जाता है।

एक संघर्षरत परिवार आपस में वार्तालाप करते हुए यह चर्चा करता है कि दूसरे लोग कैसे सफल हो जाते हैं? वे ऐसा कौन-सा कार्य करते हैं या किस पद्धति से कार्य करते हैं कि वे अपने लक्ष्य तक पहुँचते हैं? और वहाँ तक पहुँचकर क्या उपलब्धियाँ प्राप्त करते हैं?

इस विचार का संदर्भ कुछ इस प्रकार होता है :

A. वे ऐसा कौन-सा कार्य करते हैं?

B. कार्य करने की कौन-सी पद्धति होती है जो कारगर सिद्ध होती है?

C. क्या उनका लक्ष्य पहले से निर्धारित होता है या नहीं?

D. उपलब्धियों का आकलन कैसे किया जाता है?

जब कोई व्यक्ति व्यक्तिगत या पारिवारिक इकाई के रूप में सोचता है, तो ये विचार यदा-कदा मन-मस्तिष्क में आ ही जाते हैं। कई बार किसी परिवार के आपसी संवाद में यह स्पष्ट होता है कि जो लोग विकल्प साथ रखते हैं, वे एक साथ कई कार्यों में संलग्न रहते हैं – और उसका परिणाम नकारात्मक नहीं, बल्कि सकारात्मक तथा उन्नति की दिशा में निरंतर होता है।

जैसे – एक दूध बेचने वाले व्यक्ति की कार्य योजना का अध्ययन करें :

उसके पास चार–छह पशु हैं। वह अपनी छोटी-सी ज़मीन पर पशुपालन करता है, और गोबर की खाद का उपयोग खेत में उर्वरक के रूप में करता है। उसके बच्चे पढ़ाई कर रहे हैं। परिवार का मुख्य सदस्य किसी छोटी-मोटी नौकरी में है, जिससे आय का मुख्य स्रोत उपलब्ध होता है और घर के खर्च पूरे हो जाते हैं। सब्जियाँ अपने किचन गार्डन में उपजाई जाती हैं, जो परिवार की आवश्यकताओं को बिना बाजार गए ही पूरा कर देती हैं।

गृहस्थी उसकी संतुलित गति से आगे बढ़ रही होती है – और उसकी पत्नी एक कुशल प्रबंधक की तरह पारिवारिक गतिविधियों को संतुलित तथा गतिशील बनाए रखने का दृष्टिकोण रखती है। यही उसका सर्वोत्तम कार्य है। आपने देखा होगा – दूधवाले, बच्चों की मालिश करने वाली महिलाएँ, और मजदूरी करने वाले लोग उम्र के उस पड़ाव पर भी कार्य कर रहे होते हैं, जहाँ भौतिक रूप से कार्य कर पाना कठिन प्रतीत होता है। फिर भी वे कार्य करते हैं, क्योंकि वे छरहरे और शारीरिक रूप से सक्रिय होते हैं। इसलिए बिना व्यवधान के वह श्रम संभव हो पाता है।

निम्न आय वाले, विशेषकर शारीरिक श्रम करने वाले लोगों में वह कौन-सी प्रेरणा होती है जिससे वे कार्य के प्रति समर्पित रहते हैं? क्या यह उनकी कर्मठ प्रवृत्ति होती है, या फिर विवशता? शायद इसलिए कि बिना कार्य किए

व्यक्ति की उपयोगिता ही क्या रह जाती है? कार्य ही जीवन निर्वाह का साधन बनता है, और वह व्यक्ति को सही मार्ग से जोड़े रखता है।

आपने देखा या सुना होगा कि आर्थिक रूप से अत्यंत पिछड़े लोग भी अपने प्रयासों से कुछ समय बाद बेहतर स्थिति-परिस्थिति में पहुँच जाते हैं। कभी-कभी संघर्षरत माता-पिता के बच्चे भी अपनी निरंतर मेहनत, लगन और प्रतिभा के बल पर न केवल अपने माता-पिता को, बल्कि समाज, राज्य और देश को भी गौरव प्रदान करते हैं।

वास्तव में ऐसी कर्मठता और मेहनत से भरी प्रवृत्ति की प्रेरणा, बच्चों को अपने माता-पिता के जीवन से ही मिलती है।

माता-पिता का संघर्षों से भरा जीवन उन्हें अनुभव कराता है कि किस प्रकार वे बेहतरी की दिशा में अपने प्रयास और अध्ययन को केंद्रित करें। और यह सच भी है – कि माता-पिता का संघर्षमय जीवन, बच्चों में प्रेरणा बनकर उन्हें लक्ष्य निर्धारित करने की दिशा में अग्रसर कर देता है। कई बार थोड़ी बेहतर स्थिति में रहकर, बच्चों को और भी बेहतर संसाधन उपलब्ध कराकर भी अपेक्षित परिणाम नहीं मिल पाते। प्रश्न उठता है – ऐसा क्यों? क्या वहाँ प्रेरणा की तीव्रता नहीं होती? या फिर बच्चे, जो उन्हें मिला है – उसका महत्व नहीं समझते? दूसरे शब्दों में कहें, तो वे यह सही से आकलन नहीं कर पाते कि उनके पास क्या है – और क्या कुछ है जो उनके जीवन को आगे बढ़ा सकता है।

धन रिश्तों को बचाता है

धन, रिश्तों-नातों को **बचाता** भी है और **बिगाड़ता** भी। पर कहीं-कहीं यही धन **रिश्तों को संजोने वाला कारक** भी बनता है। परिवार में – या माता-पिता, भाई-बहन के बीच – धन का बड़ा महत्व होता है। धन ही है जो व्यक्ति को बड़ा या छोटा बना देता है। यदि आप परिवार में वरिष्ठ हैं और छोटी-छोटी ज़रूरतों में भी मदद करने में असमर्थ हैं – तो क्या होगा?

एक प्रसंग देखें –

एक महिला अपने एक वर्षीय बेटे के साथ किसी घर में मदद मांगने आती है। वह अपनी बहन के पास कुछ रुपयों की उम्मीद से आई थी, लेकिन उससे भेंट नहीं हो सकी। अब उसके पास घर लौटने तक का बस किराया भी नहीं था। पहनावे से वह ठीक-ठाक लग रही थी, लेकिन उस समय वह मजबूर और पीड़ित थी। उसकी गोद में एक बीमार और निश्छल बच्चा था।

जिस घर में वह गई थी, उस घर की सभ्य महिला ने उसकी स्थिति को समझा और इतना धन दे दिया कि वह अपने घर आसानी से लौट सके। बाद में, उसी घर में माँ और बेटी के बीच वार्तालाप होता है: बेटी कहती है –

"गोद में बच्चा था, ठीक ही घर की लग रही थी। मजबूरी में बहन के पास आई होगी। वास्तव में, वह तकलीफ़ में थी।" बेटी ने ध्यान दिया कि जैसे ही उस महिला को धन मिला, उसकी आँखों से आँसू बहने लगे। वह अपने आँसुओं को पोंछते हुए आगे बढ़ गई। उस दिन, उस सभ्य महिला के घर में पारिवारिक चर्चा चल रही थी।

बेटी, अन्य सदस्यों से बात करते हुए कहती है – "क्या पता, भगवान इसी रूप में हमारी परीक्षा लेने आते हों!"

वह आगे कहती है :

"कई बार लोग किसी घर में यों ही मदद की आस लिए भटकते हुए आ जाते हैं – और उन्हें कुछ न कुछ मदद मिल भी जाती है। पुण्य आत्माएँ यहीं वास करती होंगी। हमारे घर में भी दान-पुण्य की परंपरा पूर्वजों से चली आ रही है – जैसे यह हमारी संस्कृति का हिस्सा हो।" तब उस परिवार की वरिष्ठ महिला कहती है : "भगवान या ईश्वर, मानव की परीक्षा गरीब, दीनहीन, पीड़ित के रूप में ही लेते हैं।" परिवार के अन्य सदस्य सहमति में कहते हैं:

"आप सच और वास्तविकता की गूढ़ बात बता रही हैं।" और सचमुच – यह कथन एक क्षण के लिए सोचने को विवश करता है।

रुपया, पैसा और बैंक का व्यवहार

बैंकों का व्यवहार कभी अच्छा होता है तो कभी बहुत अव्यवहारिक। और कई बार ग्राहकों को इसके बिलकुल विपरीत अनुभवों का सामना करना पड़ता

है। कोई हमारे साथ जैसा भी व्यवहार करे, हमें स्वयं पर भरोसा बनाए रखना चाहिए। सभी कार्यालयों में सबसे अधिक यदि कोई संस्था "व्यवहारिक" प्रतीत होती है, तो वह है – बैंक। बैंक की परिभाषा हम जानते हैं – बैंक वह संस्था है जो ब्याज (सूद) पर धन का लेन-देन करती है। बैंक एक व्यावसायिक संस्था है, जो लाभ के लिए कार्य करती है। जहाँ तक मानवतावादी भावना का प्रश्न है, वह इससे काफ़ी दूर होती दिखाई देती है। इस बात को कुछ प्रसंगों के माध्यम से और स्पष्ट किया जा सकता है।

एक अस्सी वर्षीय वृद्ध व्यक्ति बैंक में अपनी पेंशन निकालने आता है। बैंक के अंदर प्रकाश की कमी उसे महसूस होती है, जिससे वह निकासी फार्म ठीक से भर नहीं पा रहा था। बैंक कर्मचारी उसे कोई मदद नहीं करते, बल्कि उल्टे यह कहते हैं : "जाइए, गैलरी में जाकर फार्म भरिए – वहाँ कस्टमर्स के लिए टेबल रखा है।" वृद्ध व्यक्ति वहाँ जाकर फार्म भरने की कोशिश करता है, पर दृष्टि की समस्या के कारण फार्म ठीक से नहीं भर पा रहा था। आसपास के लोग अपने-अपने फार्म भर रहे थे, पर वह स्वयं किसी से मदद के लिए कह नहीं पा रहा था। तभी उसी बैंक में उसका रिश्ते का पोता अचानक आ जाता है। वृद्ध व्यक्ति उसे अपलक देखता है और पूछता है, 'क्या कर रहे हो यहाँ?' फिर फार्म दिखाते हुए कहता है, 'इसे भर दो न!' पोता वहीं खड़े-खड़े फार्म भर देता है, और इस तरह उसका वहाँ आना सार्थक हो जाता है। असल में वह अपनी माँ के काम से बैंक आया था, जो आर्थराइटिस के कारण ऊपर की मंज़िल तक नहीं जा सकती थीं – इसलिए वह उन्हें साथ नहीं लाया।

धन तथा ज्ञान के आधार

ज्ञान की भूख व्यक्ति को डिग्री आधारित शिक्षा-पद्धति से परे हटकर भी सफलता प्रदान करने की शक्ति प्रदान करती है, जो अक्सर धन-प्राप्ति से प्रत्यक्ष रूप से जुड़ी होती है। आपने कई ऐसे व्यक्तियों के बारे में पढ़ा, सुना या देखा होगा जिन्होंने स्कूली शिक्षा भी ठीक से पूरी नहीं की, लेकिन ज्ञान प्राप्ति की लगन और तीव्र इच्छाशक्ति ने उन्हें विकट परिस्थितियों से बाहर

निकाला और उन्हें अपने क्षेत्र में सफल बनाया। यह क्षेत्र धन-प्राप्ति अथवा लक्ष्य-प्राप्ति से संबंधित हो सकता है।

नवप्रवर्तन (इनोवेशन) लाने वाले लोग अक्सर जुनूनी होते हैं। वे कार्य के प्रति इतने सजग रहते हैं कि हमेशा स्वयं से कहते हैं, "इस लक्ष्य को हर हाल में पूरा करना है।" वे किसी कार्य विशेष के प्रति निरंतरता से संलग्न रहते हैं और उसमें मनोयोग से प्रयास करते हैं। उनकी इस प्रवृत्ति के पीछे कई कारण होते हैं :

1. नवप्रवर्तन की अवधारणा पर विश्वास।
2. कार्य को पूरा करने की लगन।
3. सही पथ, सही दृष्टिकोण (विजन) और लक्ष्य का चयन।
4. कार्य को प्रारंभ करने का साहस।
5. प्रतिदिन नियत कार्य के बारे में विचार करना और उसमें समय निवेश करना।
6. समय के साथ स्वयं को अपडेट करते रहना।
7. नियत कार्य के प्रति उत्साह बनाए रखना और ऐसे उपाय ढूंढना जो स्वयं की सहायता कर सकें।

एक सब्जी विक्रेता रोज़ थोड़ा-थोड़ा फल-सब्ज़ी लेकर ज़मीन पर अपनी छोटी दुकान सजाता।

उसकी **दैनिक कमाई लगभग 50 से 100 रुपये** होती होगी। वह केवल सुबह के दो घंटे ही दुकान लगाता था। उम्र अधिक होने के बावजूद वह **स्वस्थ** दिखता था, संभवतः बाकी समय **आराम करता** होगा।

उसकी यह आमदनी शायद उसके जीवन निर्वाह के लिए पर्याप्त थी। यह इस बात को इंगित करता है कि कुछ लोग अपने जीवन-स्तर के अनुरूप ही धन अर्जित करते हैं या फिर उनके पास आय के अन्य स्रोत होते हैं। वे इस तरह का कार्य इसलिए करते हैं कि–

- वे किसी न किसी रूप में किसी कार्य से जुड़े रहना चाहते हैं।
- वे जानते हैं कि भले ही आय कम हो, पर समय का सही नियोजन हो रहा है।
- अल्प आय में भी संभावना या दूरदर्शिता हो सकती है।
- कुछ लोग अपने नियत समय में पार्ट-टाइम कार्य करते हैं, जिससे उनके जीवन व आर्थिक विकास पर सकारात्मक प्रभाव पड़ता है।
- कभी-कभी तात्कालिक कार्य, भले ही वह बिना वेतन या बहुत कम आय वाला हो, व्यक्ति के समग्र विकास की नींव रखता है।
- कार्य-कुशलता प्राप्त करने के लिए व्यक्ति को कई बार शून्य या लगभग शून्य से शुरुआत करनी होती है।

4

धन : देवता, दानव, मानव और दास

धन का महत्व दिन-ब-दिन बढ़ता जा रहा है क्योंकि जीने के तरीकों में निरंतर बदलाव आ रहा है। व्यक्ति के आकलन में आज पद-प्रतिष्ठा के साथ-साथ धन को भी विशेष महत्व दिया जाता है। जिस प्रकार जीवन आसान नहीं होता, उसी प्रकार धन का प्रबंधन–जिसमें बचत और निवेश शामिल हैं–भी आसान नहीं होता। इसे आसान बनाने के लिए निरंतर प्रयास करना पड़ता है। किसी का कथन है: **"धन-सम्पत्ति निसंदेह ऊपर नहीं जाती, तथापि नीचे जीवन को और नीचे नहीं गिरने देती।"**

कभी-कभी व्यक्ति ठिठक कर सोचता है–"धन, तू देवता है या दानव?" धन, इस प्राणी को–स्वयं में–कभी मानव, कभी देवता, कभी दानव और कभी दास के रूप में निरंतर आत्म-अवलोकन कराता है। व्यक्ति धन-संपत्ति या आय के निरंतर प्रवाह के आधार पर स्वयं का मूल्यांकन करता है–वह क्या कुछ खरीद सकता है, कैसे जीवन व्यतीत कर सकता है–यह सब उसके आय-स्तर पर निर्भर करता है। नियत समय पर आधारित यह आय प्रवाह–मासिक, दैनिक, वार्षिक या कभी-कभी आकस्मिक भी हो सकता है। इसके आधार पर व्यक्ति स्वयं को इन दो स्थितियों में पाता है :

A. अपग्रेड

B. डाउन्ग्रेड

समय-समय पर व्यक्ति को अपने आय स्तर के आधार पर या तो अपग्रेड महसूस होता है या डाउन्ग्रेड।

15 वर्ष पहले की बात है। दो भाई–बड़ा और छोटा–एक ही रिक्शा पर बैठकर कहीं से लौट रहे थे। रास्ते में बाइक को रिपेयरिंग के लिए देकर आ रहे थे। तभी बड़े भाई को सूचना मिली कि उसकी नौकरी लग गई है। यह सुनकर छोटे भाई को लगा कि वह नकारा है और शायद वह जीवन में कुछ ढंग से नहीं कर पाएगा। घर पहुँचकर बड़े भाई ने माँ से कहा कि उसकी नौकरी लग गई इसलिए अब छोटा घर के काम करेगा। छोटा भाई घर के तमाम कार्यों में व्यस्त रहने लगा–बिजली-पानी से संबंधित काम, बिल भरना, गैस सिलिंडर लाना, सब्जी-भाजी लाना आदि। घरेलू जिम्मेदारियों का बोझ उस पर इतना बढ़ गया कि वह बात करना भी पसंद नहीं करने लगा। उसे लगता कि घर के लोगों से बातें करना मतलब फालतू कार्यों के बोझ में फँसना। धीरे-धीरे यह मानसिक बोझ क्रोध में बदलने लगा। वह कभी रोता, कभी खुद को बहुत पिछड़ा हुआ और डाउन्ग्रेड मानता। न कहते बनता, न रोते, न कोई रास्ता सूझता। आखिरकार, वह घर के दायित्वों से विमुख होकर अवसाद ग्रस्त हो गया और बीमार रहने लगा। फिर इसका समाधान खोजा गया। इसका समाधान यही था कि वह आय के स्तर पर स्वयं को अपग्रेड करे, ताकि वह भी उचित स्तर की आय अर्जित कर सके। साथ ही, निरोगी काया और सुख-शांति के लिए भी सही मार्ग तलाश सके।

एक महिला अपने सहकर्मी से कई दिनों से अपने टाइम मैनेजमेंट तथा लाइफ मैनेजमेंट से जुड़ी बातें साझा कर रही थी। उसका कहना था कि उसका पति घर के कार्यों में कोई सहायता नहीं करता। उसे ऑफिस में ही 8–10 घंटे लग जाते हैं, और ऑफिस आने-जाने में 1 घंटा और। बाकी समय वह केवल व्यक्तिगत कार्यों, खाने, सोने तथा मोबाइल या टीवी देखने में व्यतीत करते हैं। वह कहती है, "मैं उनकी इस दिनचर्या से तंग आ चुकी हूँ। बच्चे को लंच बॉक्स देने से लेकर तैयार करने तक के सारे काम मुझे ही करने पड़ते हैं। मैं एक नया डिश बनाने वाली थी, लेकिन नहीं बना पाई।" महिला आगे कहती है, "अब या तो मैं कोई जवाब ही नहीं देती या फिर उल्टा ही बोल देती हूँ।"

इस पर उसकी सहकर्मी सलाह देती है, "तुम मीठे शब्दों में समझाने की कोशिश करो कि थोड़ा बहुत वह भी घर के काम में मदद करें। जहाँ दोनों वर्किंग हों, वहाँ आपसी समझदारी बहुत ज़रूरी होती है।"

वह आगे कहती है, "आजकल घरेलू सहायकों का मिलना आसान नहीं है, और जो मिलते हैं उनमें आवश्यक दक्षता नहीं होती, या वे कई तरह की उलझनों से भरे होते हैं। इसलिए परिवार के हर सदस्य का सहयोग ज़रूरी हो जाता है। यदि घरेलू जीवन को व्यवस्थित न करने से आपसी रिश्तों पर असर पड़ रहा हो, तो घरेलू सहायक की व्यवस्था यथाशीघ्र कर लेनी चाहिए। साथ ही, उसे अपने पारिवारिक ज़रूरतों के अनुसार कार्य सिखाते रहना चाहिए।"

यदि कोई व्यक्ति (मान लीजिए A) एक लाख से 30,000 की सीमा में आय अर्जित कर रहा हो, तो 3,000 से 10,000 रुपये के विश्वसनीय सहायक की व्यवस्था कर ही लेनी चाहिए। आज के समय में न तो उलझनों में फँसे रहना उचित है और न ही नौकरी से पूरी तरह अलग होना संभव। जहाँ धन जीवन को व्यवस्थित रूप से चलाने का प्रमुख साधन है, वहीं हर व्यक्ति अपनी योग्यता के अनुसार किसी न किसी कार्य या कार्यस्थल से जुड़ा होता है। आज जितनी सुविधाएँ बढ़ रही हैं, उतनी ही व्यस्तताएँ भी। हमारी कुशलता में निश्चित रूप से वृद्धि हो रही है, लेकिन व्यक्ति को हर जगह – चाहे घर हो या कार्यस्थल – जागरूक रहना आवश्यक है। तभी हम संतुलित और व्यवस्थित जीवन जीते हुए धन अर्जन की दिशा में आगे बढ़ सकते हैं।

जीवन एक व्यापक और सबसे महत्वपूर्ण तत्व है; धन तो मात्र एक माध्यम है, जो जीवन को सुचारु रूप से आगे बढ़ाने में सहायता करता है। जीवन में सुख, शांति और समृद्धि ही परम लक्ष्य हैं, और धन इन लक्ष्यों के ताले को खोलने की कुंजी है।

धन के अभाव में यदि किसी व्यक्ति की सही इलाज न मिलने के कारण मृत्यु हो जाए, तो आगे चलकर उस परिवार को भले ही धन की प्राप्ति हो जाए, परंतु उस व्यक्ति को उसी रूप में पुनः पाना असंभव है। व्यक्ति शिक्षित हो या अशिक्षित, उसमें इतनी सामर्थ्य और कुशलता अवश्य होनी चाहिए कि वह अपनी योग्यता के अनुरूप रोज़गार प्राप्त कर सके। उसमें इतनी विवेक-बुद्धि और दक्षता होनी चाहिए कि वह अपने जीवन-निर्वाह के लिए न्यूनतम आय तो अर्जित कर ही सके, और आगे चलकर कार्य के चुनाव में ऐसा तालमेल बना सके कि वह अनवरत प्रगति की दिशा में बढ़ सके। इस

प्रकार व्यक्ति अपने कैरियर-ग्राफ के साथ आय के स्तर में भी निरंतर वृद्धि करता चला जाता है।

विद्यार्थी का अध्ययन का विषय चाहे जो भी हो, उसे जीवन-निर्वाह योग्य कुशलता प्रदान करने वाला होना चाहिए – यह कुशलता शैक्षणिक या गैर-शैक्षणिक, दोनों हो सकती है। जैसे शहरों में जो विद्यार्थी गाँव से पढ़ाई करने आते हैं, वे अक्सर मज़बूत पारिवारिक पृष्ठभूमि से नहीं होते। इसलिए वे पार्ट-टाइम कार्य जैसे मॉल में सेल्स बॉय/गर्ल, डोर-टू-डोर बिक्री, दवा या कपड़े की दुकान, छोटी कंपनियों में अस्थायी कार्य आदि करते हैं। कुछ स्कूल-कॉलेज के विद्यार्थी भी पढ़ाई के साथ-साथ काम करते हैं ताकि तात्कालिक आवश्यकताएँ पूरी कर सकें और भविष्य की दिशा स्पष्ट हो।

शहर के एक मकान में रंगाई का कार्य चल रहा था। एक मजदूर बड़ी तन्मयता से रंगाई कर रहा था। कार्य पूरा होने पर वह उस घर की मालकिन से कहता है, "आंटी, यह रंग वाली बाल्टी बहुत मज़बूत है, हमलोग पढ़ने वाले लड़के हैं, किराए पर रहते हैं, हमें एक बाल्टी दे दीजिए।" वह मालकिन सहृदयता दिखाते हुए उसे वह बाल्टी दे देती है।

1. व्यक्ति चाहे शिक्षित हो या अशिक्षित, उसमें इतनी आत्म-प्रतिबद्धता अवश्य होनी चाहिए कि आवश्यकता पड़ने पर वह स्वयं के जीवन-निर्वाह का न्यूनतम स्तर बना सके।
2. यदि व्यक्ति शिक्षित है – पढ़ाई का स्तर या विषय चाहे जो भी रहा हो – उसमें इतनी सामर्थ्य होनी चाहिए कि वह कुछ न कुछ कमा सके और स्वयं को सक्रिय बनाए रख सके।
3. बहुत से लोग ऐसे होते हैं जो अपनी प्रारंभिक अवस्था में सबसे पहले न्यूनतम जीवन-निर्वाह के लिए कार्य में संलग्न हो जाते हैं। वे अपनी आधारभूत आवश्यकताओं को पूरा करना अपना प्रथम दायित्व मानते हैं, और यही प्रवृत्ति उन्हें धीरे-धीरे उन्नति की ओर ले जाती है।
4. किसी का जीवन सहज नहीं होता – भले ही उसकी आर्थिक स्थिति निम्नतम न हो। जीवन को हर दृष्टिकोण से बेहतर बनाना पड़ता है। यही

प्रक्रिया व्यक्ति के भीतर आर्थिक दृष्टि से संतुलन और गतिशीलता की प्रवृत्ति उत्पन्न करती है।

5. व्यक्ति यदि एकरस और थका देने वाले कार्यों में भी निरंतर लगा रहता है, तो वह वहाँ से भी बेहतर दिशा की तलाश कर सकता है – बशर्ते उसमें दृष्टिकोण और जुड़ाव का भाव हो। लंबे समय में ऐसा श्रम एक दिन बड़ा और प्रभावशाली परिणाम उत्पन्न करता है।

इस दुनिया में बिना धन के जीवन यापन आसान नहीं है। यहाँ किसी भी वस्तु के लिए धन खर्च करना पड़ता है।

व्यक्ति अपने आप को अवनति के दायरे में क्यों रखे, क्यों न कुछ ऐसे कार्य को चुने जो उसे बेहतर ज़िंदगी की ओर अग्रसर करें। कहा जाता है कि सिडनी पोटिएर जीवन-निर्वाह के लिए अपने कैरियर निर्माण के प्रारंभिक काल में डिश वाशिंग का कार्य किया करता था, परंतु उसका लक्ष्य एक एक्टर बनना ही था और वह जूनूनी तथा लक्ष्य-उन्मुख व्यक्ति के रूप में प्रतिबद्ध था।

जब वह पहली बार एक्टर बनने हेतु स्क्रीन टेस्ट के लिए गया, तब वह डायलॉग को ठीक से पढ़ नहीं सका क्योंकि यह उसकी दुर्बलताओं का प्रारंभिक स्तर था। फिल्म डायरेक्टर ने क्रोधित होकर कहा, "तुम एक्टर नहीं बन सकते, जाओ डिश वॉशर बनो।" यह सिडनी पोटिएर के जीवन का टर्निंग पॉइंट था। उसने सोचा, "उसे कैसे पता कि मैं डिश वॉशर का काम ढूंढ़ रहा हूँ?" क्योंकि यह कार्य तो वह जीवन-निर्वाह के लिए कर ही रहा था।

उसने खुद को विश्वास दिलाया कि वह एक्टर तो बनकर ही रहेगा – और आगे चलकर उसके लक्ष्यमुखी प्रयासों का परिणाम सबके सामने आया। शहर का एक बेहतरीन कुक, जो आज एक कुक कंपनी का मालिक है, एक ज़माने में किसी प्रतिष्ठित घर का ऑर्डर लेने गया था। अब वह वरिष्ठ हो चुका है। जब वह युवावस्था में था, तब वह बर्तन मांजने का काम करता था। बर्तन मांजते-मांजते रात के 10–11 बज जाते, कोई देखने वाला या सहानुभूति रखने वाला नहीं होता। सुबह 7 बजे से रात 10–11 बजे तक यही दिनचर्या थी।

सर्दी, गर्मी, बरसात – सभी ऋतुओं में उसके हाथ कभी सूखते नहीं थे, हमेशा गीले रहते। जाड़े में हाथ-पैर फट कर दरारों से भर जाते, जैसे अब भी दर्दनाक प्रतीत होते हैं। परंतु वह कष्ट से ऊपर, अपने लक्ष्य को देखता था – उसका विश्वास था कि धन तो वह एक दिन खूब कमाएगा, अपने आप को बेहतर आर्थिक स्थिति में लाकर रहेगा। वह अपने और अपने परिवार के लिए सम्मानजनक जीवन चाहता था, साथ ही ज़रूरतमंदों को रोज़गार देने की दिशा में उत्कृष्ट कार्य भी करना चाहता था।

और उसने अपने लक्ष्य को साकार किया। अब वह 60 वर्ष से अधिक का हो चुका है। बेहतरीन कुक के सामान की खरीदारी के लिए जो फॉर्मेट वह बनाता है, उसे देखकर लगता है – यह भी एक कला है। उसकी लंबी सूची में सभी ज़रूरत की वस्तुएँ शामिल होती हैं, और जिस फंक्शन के लिए जो मेन्यू चाहिए होता, उसी के अनुरूप पर्ची तैयार की जाती है। उसमें नाम और पता भी दर्ज होता, और नीचे टिक मार्क लगाकर वह पूरी व्यवस्था करता है।यह प्रक्रिया न केवल दक्षता और समय प्रबंधन को दर्शाती है, बल्कि यह भी सिद्ध करती है कि एक पेशेवर कुक अपने काम को कितनी बारीकी और जिम्मेदारी के साथ संचालित करता है।

आज वह अपने परिवार के साथ देश-विदेश घूमता है, अपने कार्य से छोटे ब्रेक लेता है, ऑफ-सीजन में विश्राम करता है। काफी सुख-सुविधाओं के बीच रहता है, लोगों को काम देता है और अपनी कुक कंपनी के माध्यम से अच्छी सेवाएं देता है। लोगों में उसके गुणवत्तापूर्ण कार्यों की चर्चा होती है। उस व्यक्ति की शिक्षा मात्र स्कूली स्तर तक ही हो पाई थी।

इस जीवन-प्रबंधन या जीवन की समझ के साथ पैसा बहुत महत्व रखता है, जो नौकर से मालिक या सेवा प्रदाता से सीधे अमीर बना सकता है। व्यक्ति भी इस जीवन के आश्चर्यजनक परिवर्तन को एक ही व्यक्ति की स्थिति में रुपया-पैसा, धन और आय के साथ देख पाता है। एक ही जीवन में वह स्वयं को अलग-अलग स्तरों पर देखता है और कभी-कभी विचार करता है कि – पैसा वही अच्छा है, जो व्यक्ति को और अच्छा बनाता है।

- यदि धन का उपयोग किसी अन्य को कष्टकारक स्थिति में डालने के लिए किया जाता है, तो वह धन दानव है।
- परिवार को गुणवत्तापूर्ण समय देना महत्वपूर्ण है, अतः हमें कार्यों की व्यस्तताओं में जीवन के अभिन्न अंग की समझ को हमेशा प्राथमिकता देनी चाहिए।
- रोज़ी-रोटी के लिए जो कार्य करते हैं, उसके अतिरिक्त जो समयावधि आपके पास होती है, उसी में कई आवश्यक तथा संबंधित कार्यों को पूरा करने की दिशा में प्रयत्न करना होता है।
- अपना विकास व वृद्धि, व्यक्ति निरंतर कार्य, विविधतापूर्ण कार्य और नवप्रविधि युक्त कार्यों के माध्यम से उत्तरोत्तर कर पाने की संभावना साथ लेकर चलता है।

व्यक्ति का आर्थिक कल्याण और आर्थिक विकास

व्यक्ति के जीवन में आर्थिक गतिविधियों में आर्थिक कल्याण और आर्थिक वृद्धि एक-दूसरे से भिन्न नहीं हैं, बल्कि परस्पर संबंधित हैं। एक व्यक्ति आर्थिक वृद्धि की दिशा में प्रयास करते हुए आर्थिक कल्याण को सहायक या कभी-कभी विपरीत भी पा सकता है। आर्थिक कल्याण का स्तर धीरे-धीरे आर्थिक वृद्धि के स्तर को तय करता जाता है, जैसे :

- चाहे वह घरेलू कार्य हो, खेती-किसानी हो, पढ़ाई-लिखाई हो या कोई भी ऐसा कार्य हो जो व्यक्ति को आगे बढ़ाने में मदद करता हो, या कार्यालय में कार्य करते हुए प्रारंभिक स्तर से सीखते-सीखते व्यक्ति अनुभव प्राप्त करता जाता है। दायित्व भी धीरे-धीरे अलग स्तर का होता जाता है। अर्थात्, उत्कृष्ट बनने की प्रक्रिया कार्य-अनुभव तथा स्वयं को अपडेट करते रहने की प्रवृत्ति से आती है। हर व्यक्ति प्रारंभिक स्तर से ही शुरू करता है।
- आर्थिक रूप से मज़बूती के लिए बैंक में खाता खोलना पहला कदम होता है। व्यक्ति अपनी छोटी-छोटी बचत को पहले **बचत खाता** और फिर:

बचत → बचत खाता → आर.डी या एफ.डी → आर.डी / एफ.डी से शेयर मार्केट में

इस क्रम में निवेश की दिशा में आगे बढ़ता है।

A. बचत

B. आर.डी या एफ.डी

C. आर.डी / एफ.डी से शेयर मार्केट में

उपरोक्त प्रक्रिया के साथ सबसे महत्वपूर्ण तथ्य यह है कि व्यक्ति की आधारभूत आवश्यकताओं को पूर्णता प्रदान की गई हो। शैक्षणिक विकास, बौद्धिक विकास, आध्यात्मिक विकास और मानसिक विकास की दिशा में कारगर कदम भी आवश्यक हैं। विगत कुछ वर्षों में शेयर बाजार के पोर्टफोलियो को मैनेज करना या कम से कम SIP (सिस्टमैटिक इन्वेस्टमेंट प्लान) करना बहुत ही आसान हो गया है। आज देश के अधिकांश बैंक उतनी ही आसानी से म्यूचुअल फंड में संलग्नता के लिए खाता खोल देते हैं, जैसे बचत खाता। आज लोग वित्तीय स्वतंत्रता के लिए बहुत तेजी से SIP में विश्वास कर रहे हैं। जो व्यक्ति इसकी महत्ता समझ गया है, वह भले ही पहले शून्य बचत या निवेश पर था, अब निवेश की ओर प्रवृत्त हो जाता है। पूर्ववर्ती चर्चा में यह उल्लेख है कि कैसे एक व्यक्ति ने SIP की शुरुआत ₹100–500 से की और धीरे-धीरे उसे ₹20–25 हजार प्रतिमाह या इससे अधिक तक पहुँचा दिया। यदि व्यक्ति की इच्छा हो, तो वह शुरुआत कम राशि से भी कर सकता है तथा देख सकता है कि परिणाम कैसा रहा।

सादा जीवन, उच्च विचार

यदि व्यक्ति अपनी आर्थिक स्थिति के अनुसार अपने पहनावे में कोई परिवर्तन नहीं करता, तो यह "सादा जीवन, उच्च विचार" की अवधारणा को दर्शाता है। संभवतः उसका कोई न कोई ऐसा अनुभव रहा होगा जहाँ उसे निम्नतर स्थितियों का सामना करना पड़ा हो या किसी ने उसे सामने से ही कम आंका गया हो।

एक व्यक्ति किराए की गाड़ी से कहीं से घर तक आता है। उसके साथ एक छोटा बच्चा होता है, इसलिए वह ड्राइवर से थोड़ा और अंदर तक चलने के लिए कहता है, पर ड्राइवर मना कर देता है। तब वह व्यक्ति कहता है, "लगता है तुम नए ड्राइवर हो, अनुभवी नहीं हो, तभी यह समतल सड़क तुम्हें ठीक से नहीं लग रही है। मेरा यहाँ से रोज़ का निकलना हा। तब ड्राइवर मुँह तिरछा करके कहता है, "हाँ, जैसे टाटा सफारी से रोज़ निकलता होगा!"

वह व्यक्ति अच्छी पद-प्रतिष्ठा वाला था, फिर भी आगे कुछ नहीं कहता क्योंकि वह केवल अपनी सुविधा देख रहा था। उसका अच्छा-खासा मकान था, और इतनी धन-संपत्ति भी थी कि वह एक से अधिक उस ब्रांड की गाड़ियाँ खरीद सकता था, लेकिन अभी उसे उस गाड़ी की ज़रूरत नहीं थी। जब उसे लगेगा कि ज़रूरत है, तब वह खरीद लेगा।चूंकि वह व्यक्ति किराए की गाड़ी में आया था, इसलिए ड्राइवर ने संभवतः उसे कोई मामूली व्यक्ति समझ लिया। यह बात सोचने योग्य है – क्या जो दिखता है, वही सच होता है? जिस स्थान पर गाड़ी रुकी थी, वहाँ बहुत पुराने समय से रहने वाले लोगों का एक कच्चा पुश्तैनी मकान था, जो वर्षों से लगभग अपरिवर्तित अवस्था में वैसा ही खड़ा था। बाहरी सादगी और परिवेश देखकर अक्सर लोग निष्कर्ष पर पहुँच जाते हैं, जबकि सच्चाई इससे कहीं गहरी होती है। यह घटना हमें यह सोचने पर विवश करती है कि व्यक्ति को उसकी स्थिति, पात्रता या गरिमा का आकलन केवल बाहरी दिखावे से नहीं करना चाहिए।

पैसे का महत्व, उसकी उपयोगिता, और आय की उपयोगिता अलग-अलग होती है। जैसे कि एक विद्यार्थी ₹10,000–₹12,000 का मोबाइल खरीद सकता है, लेकिन ₹500–₹700 की किताब खरीदने से पहले सोचता है। वास्तविकता यह है कि यदि वह किताब उसे ₹500–₹700 की उपयोगिता प्रदान करती है, तो वह अवश्य उसे खरीदेगा।

यदि कोई उपभोक्ता, विद्यार्थी या व्यक्ति मोबाइल फ़ोन के लिए ₹10,000–₹12,000 या उससे अधिक चुकाने को तैयार है, तो इसका अर्थ है कि वह उससे उतनी ही उपयोगिता या लाभ प्राप्त कर रहा है। आज मोबाइल की उपयोगिता मल्टी-टास्किंग हो गई है – लोग घर बैठे कई

कार्य आसानी से कर लेते हैं: बिजली बिल भुगतान, एलआईसी प्रीमियम, ईएमआई, ऋण भुगतान और अन्य वित्तीय लेनदेन – वह भी बिना घर से बाहर निकले। मोबाइल के माध्यम से कई प्रकार के कौशल भी सीखे जा सकते हैं, जिनकी मदद से संवाद के द्वारा कार्य पूरे हो जाते हैं।

आज मोबाइल फ़ोन व्यक्ति की अनिवार्य आवश्यकताओं में आ चुका है – जैसे दाल-चावल, बल्कि उससे भी अधिक। घर पर कुछ भी छूट जाए, चलेगा – पर मोबाइल नहीं छूटना चाहिए। और मोबाइल चलाने से संबंधित बुनियादी जानकारी आज पढ़ा-लिखा, कम पढ़ा-लिखा, या बहुत पढ़ा-लिखा – सभी के लिए उपयोगी है। आज के परिवेश में, वित्तीय जगत में मोबाइल फोन की उपयोगिता निरंतर बढ़ रही है। यह लोगों की आर्थिक मज़बूती का आधार भी बन रहा है।

युवाओं में एक प्रवृत्ति यह भी देखने को मिलती है कि पढ़ाई के साथ-साथ कमाई भी करते हैं। पार्ट-टाइम कार्यों द्वारा कुछ न कुछ अर्जित कर वे अपने माता-पिता को एक सपोर्ट सिस्टम प्रदान करते हैं। बहुत से युवा एक उम्र के बाद अपने घर में कोई आवश्यकता थोपना नहीं चाहते। वे आत्मविश्वासी रहते हैं और कार्य निष्पादन की प्रक्रिया, कार्यप्रणाली और कार्यसंस्कृति को कम उम्र से ही समझने और व्यवहार में लागू करने का प्रयास करते हैं।

तेजी से हो रहे शहरीकरण की प्रक्रिया कार्य के अवसरों का दायरा बढ़ा रही है। बहुत से युवा काम करते हुए पढ़ाई की ओर उन्मुख दिखाई देते हैं, भले ही वे आर्थिक रूप से कमजोर परिवार से न हों। कुछ युवा वास्तव में स्वयं के लिए ही सपोर्ट सिस्टम बन जाते हैं और कहते हैं कि वे आगे पढ़ना चाहते हैं; वे कुछ बेहतर करने की दिशा में इस प्रणाली के माध्यम से आगे बढ़ रहे होते हैं। अधिकतर युवा इस तरह आत्मनिर्भर बन ही जाते हैं, और ऐसे युवाओं के भविष्य में कहीं भी न सेटल हो पाने की संभावना बहुत कम होती है।

दूसरी ओर, एक ऐसे समूह का अध्ययन किया गया जो आर्थिक रूप से बहुत ही सुदृढ़ परिवारों से संबंध रखते थे। वे युवा उच्च शिक्षित और कुशल शिक्षा प्राप्त करने के बावजूद भी सेटलमेंट में समस्याओं का सामना कर रहे

थे। कारण यह था कि उन्होंने अध्ययन के दौरान या उसके ठीक बाद किसी भी कार्य से स्वयं को नहीं जोड़ा। वे ऊंची नौकरियों या सरकारी/ग़ैर-सरकारी संस्थानों की लालसा में अपने 5–7 महत्वपूर्ण वर्ष निकाल चुके थे और अब अत्यधिक दबाव में आ चुके थे। अब वे किसी ऐसे कार्य से भी नहीं जुड़ पा रहे थे, जो उनकी शिक्षा के स्तर से कमतर हो। यह लगातार बढ़ता हुआ दबाव उनके लिए किसी भी बेहतर संभावना को और भी कम कर देता था।

अब प्रश्न उठता है–क्या करें?

आर्थिक और सामाजिक सेटलमेंट में यह स्थिति असुविधा उत्पन्न करती है। इस तुलनात्मक स्थिति में वे अभ्यर्थी बेहतर स्थिति में रहे जिन्होंने अध्ययन के दौरान ही पार्ट-टाइम या फुल-टाइम वर्क कल्चर को जाना, समझा, अपनाया और उसमें निरंतर लगे रहे। स्वयं के खर्चों को बहुत पहले से अर्जित करने की प्रवृत्ति ने उनके आत्मविश्वास, प्रखरता और स्वाभिमान की गरिमा बनाए रखी। इतना ही नहीं, उम्र बढ़ने के साथ, 30–35 वर्ष के बाद भी वे आर्थिक बेहतरी पर पैनी नज़र रखते हुए क्रियाशील बने रहते हैं।

इतने लंबे समय तक आय व धन के निवेश के बाद अभ्यर्थियों की स्वयं से अपेक्षाएँ होती हैं, साथ ही उनके परिवार की अपेक्षाएँ भी उनसे जुड़ी होती हैं। इस तरह, वैसे अभ्यर्थियों का यदि 30 वर्ष की आयु के बाद भी सेटलमेंट नहीं हो पाया हो, तो इसका अर्थ यह नहीं कि उनकी संभावनाएँ समाप्त हो गई हैं। संभावनाएँ आज भी बहुतों में विद्यमान हैं, यदि केवल नाममात्र को छोड़ दिया जाए। ऐसी स्थिति में आत्ममूल्यांकन अत्यंत आवश्यक हो जाता है, और शुरुआत छोटे स्तर पर उन नई चीज़ों से की जा सकती है, जो आय का माध्यम बन सकें। अच्छी शुरुआत सकारात्मक दृष्टिकोण से कभी भी की जा सकती है।

व्यक्ति परिपक्वता के बाद कई तरह की गतिविधियों से दो-चार होता है, अच्छे-बुरे अनुभव प्राप्त करता है। कुछ क्षेत्रों में बिना अनुभव व पूंजी के भी शुरुआत को महत्त्व देकर व्यक्ति बेहतरी की ओर अग्रसर हो सकता है। कुछ नहीं करने से अच्छा है कि कुछ कार्य शुरू किया जाए, भले ही उससे आय का स्तर बहुत अधिक न हो। कुछ व्यक्ति जो कर्मठ होते हैं, उनका कहना होता

है कि वे बिना काम किए नहीं बैठ सकते – अर्थात् बिना किसी आर्थिक जुड़ाव के जीवन उन्हें बोझिल लगता है। अपनी दृष्टि में व्यक्ति गौरव का अनुभव करता है यदि वह आर्थिक रूप से कहीं न कहीं संलग्न हो।

स्वाभिमानी व्यक्ति यह भी सोचते हैं कि यदि वे अपने पैरों पर खड़े नहीं हो पाए या आर्थिक मज़बूती सकारात्मक रूप से प्राप्त नहीं की, तो वे वह सम्मान परिवार और समाज में नहीं पा सकेंगे, जिसे वे पा सकते थे। यदि आर्थिक रूप से कुछ मज़बूती न हो, तो आस-पास के लोग उन्हें सम्मान की दृष्टि से नहीं देखते। कभी-कभी व्यक्ति का आत्मसम्मान भी प्रभावित होने लगता है, और यही उत्कंठा – कुछ अच्छा, बहुत अच्छा करने की – व्यक्ति को प्रेरित करती है। यह प्रेरणा आर्थिक और सामाजिक, दोनों दृष्टियों से श्रेष्ठ और उत्तम सिद्ध होती है। इसलिए व्यक्ति को सकारात्मकता और संतुलन का भाव हमेशा बनाए रखना चाहिए।

एक कोचिंग संस्थान में गाइड बताती है कि व्यक्ति किसी शिक्षा-विशेषीकरण द्वारा करियर निर्माण कर सम्मान तथा अच्छी आय कमाना चाहता है। कुछ प्रतिशत लोगों को मनोवांछित लक्ष्य मिल भी जाता है, परंतु वे व्यक्ति, जो किसी निश्चित शिक्षा द्वारा निश्चित क्षेत्र में करियर निर्माण किसी कारणवश नहीं कर पाते – क्या उनमें अब कोई संभावना और बेहतरी की दिशा वास्तव में समाप्त हो जाती है? या ऐसा नहीं है? यह एक ऐसी ग़लत अवधारणा में उलझने से बचने की आवश्यकता है।

कोचिंग की गाइड अपने दिशा-निर्देश में यह कहती रहती थी कि कोई भी सफलता या असफलता अंतिम नहीं होती। असफलता के बाद भी सफलता प्राप्त की जा सकती है। सफलता के बाद व्यक्ति को जीवन में किसी भी क्षेत्र में फिर से असफलता नहीं मिलेगी – इसकी कोई गारंटी नहीं होती।

असफलता का तात्पर्य किसी निश्चित समय या निश्चित क्षेत्र में मिलने वाली विफलता से होता है – यह पूरे जीवन की असफलता का मापदंड नहीं होता। इसका अर्थ यह कभी नहीं होता कि व्यक्ति कभी सफल नहीं होगा। व्यक्ति न जाने कहाँ से इस प्रकार के दृष्टिकोण को ग्रहण कर लेता है और कभी-कभी भटक जाता है। वह यूँ ही पड़ा-पड़ा अपनी भौतिक, मानसिक,

शैक्षणिक तथा अन्य कई उपलब्धियों का उपयोग अपने और अपने परिवार के लिए नहीं कर पाता। ऐसी स्थिति में व्यक्ति स्वयं को सोचने को विवश पाता है कि – क्या वह इतना भी नहीं कर सकता कि अपने परिवार की कुछ मदद कर सके, और समाज व देश के लिए कुछ अतिरिक्त योगदान देकर आर्थिक गतिविधियों में सक्रिय भागीदारी कर सके?

नित्य सबेरे पेपर वाला पेपर लेकर आता है, दूधवाला नियत समय परदूध बाँटता है, सब्जी वाला घूमता-फिरता आ जाता है। कुछ बेचने वाले जैसे– प्लास्टिक का सामान, खिलौने वाला, बर्तन वाला, कबाड़ी वाला, बिजली का बिल और पानी का बिल देने वाला महीने में एक बार, गैस सिलेंडर पहुँचाने वाला, दान-चंदा माँगने वाला, तो कभी सामाजिक उत्थान समिति वाले। थोड़ी देर बाद चाय की टपरी खुल जाती है – नाश्ते का होटल, ज़ेरॉक्स की दुकान, गाड़ी गैराज, डेंटिंग-पेंटिंग और गाड़ियों की अन्य दुकानें भी। आगे जगह-जगह पर फल-फ्रूट की दुकानें, जूस, गन्ने का रस, नारियल पानी, नाश्ता–खाना की दुकानें, रिक्शावाले, पब्लिक सवारी ऑटो आदि–जैसे न जाने अनगिनत गतिविधियों को समेटे हुए जीवन की गतिविधियाँ दौड़ लगाती हैं। और हाँ, कपड़ों की दुकान, राशन की दुकान, सब्ज़ी की दुकान, किताब–कॉपी–पेन–पेंसिल जैसी चीजों की दुकानें –भि हालाँकि वर्तमान में, विगत कई वर्षों से मॉल कल्चर में एक ही छत के नीचे प्रत्येक ज़रूरत की आधारभूत चीजें मिल ही जाती हैं।

गाड़ी, मोटरगाड़ी, पेट्रोल जैसी चीज़ों की अलग व्यवस्था ज़रूर है, परंतु हमारी आवश्यकताओं की उपलब्धता के माध्यम सुविधाजनक होते जा रहे हैं। होटल कल्चर में खाने का ट्रेंड बढ़ा है, लोगों में घूमना-फिरना भी बढ़ा है। इतने सारे तथ्यों से जीवन में अपरिहार्यता का बोध होता है–इन्हीं चीज़ों में अपने योग्य कार्य जो हमारे निर्वाह का माध्यम हो सकते हैं, खोजे जा सकते हैं। भारतीय कृषकों के बारे में कहा जाता है कि यह केवल व्यवसाय नहीं, बल्कि जीवन जीने का एक तरीका है।

बहुत से लोग केवल आय अर्जित करने के लिए नहीं, बल्कि जीवन को व्यतीत करने के लिए भी कोई कार्य अपने लिए उपलब्ध नहीं करा पाते। वे

स्वयं को मुख्यधारा से अलग-थलग मान लेते हैं और अपने जीवन को जैसे हाशिए पर रख देते हैं। ऐसे व्यक्ति स्वयं के लिए यह अवधारणा भी बना लेते हैं कि अब उनमें आगे आर्थिक उत्थान की दिशा में उतनी सक्रियता से कार्य करने की क्षमता नहीं रही। इसका परिणाम न केवल स्वयं उन्हें भुगतना पड़ता है, बल्कि उनका परिवार भी इसे अनुभव करता है।

कुछ व्यक्तियों का आधार मज़बूत होने के बाद भी वे खुद को मज़बूत नहीं बना पाते, कारण यह कि कार्यप्रणाली की शुरुआत उन्होंने बहुत देर से, अर्थात 28–30 वर्ष की आयु के बाद की, जब आर्थिक गतिविधियों को स्थायित्व देने की आवश्यकता होती है। यदि कार्य पहले प्रारंभ किया जाता, तो वही आगे चलकर आर्थिक जटिलताओं से राहत दे सकता था।

जीवन की कुछ गतिविधियाँ ऐसी होती हैं जिनमें व्यक्ति अपने आर्थिक जीवन-यापन की गाड़ी को चलाने के लिए भागीदार बन सकता है। आर्थिक–सामाजिक क्रियाशीलता में बहुत कुछ समाहित होता है। व्यक्ति का विचार तथा उसकी अवधारणाएँ तय करती हैं कि उसमें से क्या ग्रहण किया जाए। यदि व्यक्ति मज़बूत आधार के बाद भी कुछ बेहतर नहीं कर पाता, तो वह अपने व्यक्तिगत और पारिवारिक जीवन को उस स्तर तक नहीं पहुँचा पाता, जहाँ तक वह पहुँचा सकता था। यदि सीमित हो जाना संभव है तो ठीक, परंतु जब विकल्प और अवसर हों, तब सिमटना जीवन पर नकारात्मक प्रभाव डालता है। प्रत्येक व्यक्ति में परिवर्तनीयता का विकल्प सदैव विद्यमान होता है – उसे देखने, परखने और अपनाने की क्षमता हमें विकसित करनी होती है।

वर्तमान समय में विविध क्षेत्रों से जुड़ा जीवन संबंधित क्रियाओं के माध्यम से आगे बढ़ रहा है। ऐसे में व्यक्ति को वह स्थान स्वयं खोजना होता है, जहाँ – सभी के लिए – कुछ न कुछ अवसर अवश्य भरे पड़े हैं। यदि व्यक्ति सोच-समझकर किसी कार्य का चुनाव करे और उसमें लगनपूर्वक व्यवहार विकसित करे, तो वह अपनी वर्तमान स्थिति से आगे बढ़ सकता है। जो कोई भी प्रयासरत है, वह वहीं का वहीं नहीं रह सकता।

यदि कोई व्यक्ति आज कमतर आर्थिक स्थिति में जीवन व्यतीत कर रहा है, जबकि वह वहाँ से बहुत आगे बढ़ने का चुनाव कर सकता था, फिर भी यदि वह पीछे रह जाता है, तो न केवल स्वयं कष्ट उठाता है, बल्कि उसका

परिवार भी प्रभावित होता है – अर्थात् वह व्यक्ति अपने परिवार और अगली पीढ़ी को कई कदम आगे ले जाने के बजाय पीछे ही छोड़ देता है। और ऐसी स्थिति में व्यक्ति का परिवार निःसंदेह कई प्रकार के दबावों में होता है, जिसमें प्रमुख रूप से आर्थिक और सामाजिक दबाव शामिल होते हैं। अतः व्यक्ति को ऐसी गतिविधियों का चयन करना चाहिए जिसमें आर्थिक, सामाजिक तथा मानसिक गतिशीलता हो – जो स्वयं के साथ-साथ दूसरों के लिए भी समभाव को समेट सके।

आप क्यों नहीं कुछ कार्य करते?

किसी भी विसंगतियों से स्वयं को पार लगाना व्यक्ति का दायित्व है, जिसमें एक प्रमुख दायित्व आर्थिक दायित्व भी है। बचत-निवेश की शुरुआत, आर्थिक गतिविधियों की नींव है। पहली बार बैंक में खाता खोलना, आर्थिक उन्नति की दिशा में पहला कदम है – यह न केवल आश्चर्यजनक होता है, बल्कि उत्साह और प्रसन्नता का स्रोत भी बनता है।

कई बार व्यक्ति न तो घरेलू कार्यों में ढंग से सहयोग करता है, न ही आर्थिक अर्जन में; ऐसी स्थिति में वह औसत से भी नीचे के जीवन स्तर में पड़ा रहता है और ऊपर उठने की संभावनाओं को नजरअंदाज करता है। ऐसी व्यवस्था में भी बहुत-से लोग मिल जाते हैं जो कठिनाइयों के बावजूद अपनी रोज़ी-रोटी के लिए कुछ-न-कुछ अर्जन कर रहे होते हैं – भले ही वे निम्न-आय वर्ग में आते हों और औसत जीवन के आस-पास हों। व्यवस्था में कितने ही ऐसे लोग होंगे, जिन्हें केवल बैठकर समय बिताने का विकल्प उपलब्ध है, फिर भी वे आज भी सक्रिय हैं और कार्य कर रहे हैं। इस उम्र में भी ऐसी सक्रियता व्यक्ति के आमूल-चूल व्यक्तित्व और जीवनदृष्टि का बोध कराए बिना नहीं रहती। कहीं लोग एक ही स्थान पर बैठकर अपनी सक्रियता से आय अर्जित कर रहे हैं और "आराम करने की उम्र" में भी सक्रियता द्वारा आय अर्जन कर दूसरों को प्रेरित कर रहे हैं। लेकिन दूसरी ओर, यदि उपरोक्त दोनों ही प्रकार के लोगों से कुछ भी ग्रहण करने को कोई तैयार नहीं है, तो फिर उसके लिए कोई और विशेष प्रेरणा कितना प्रभाव डाल सकती है?

कुछ ऐसे व्यक्तियों को भी आप उदाहरण के तौर पर ध्यान में रख सकते हैं, जो अपने मुख्य आय अर्जन वाले कार्य – जो कि उनकी आधारभूत आवश्यकताओं को पूरा करने का माध्यम है – को करते हुए, परिवार को समय देना, अन्य सामाजिक व सांस्कृतिक गतिविधियों में भी सक्रिय रहते हैं। अर्थात, सभी क्षेत्रों में उनकी भागीदारी ध्यान आकर्षित करती है। वे कई अन्य क्षेत्रों में भी उद्देश्यपूर्ण कार्य को अतिरिक्त समय में कर ही लेते हैं, साथ ही अपने मुख्य कार्य को प्रमुखता देते हैं। ऐसे व्यक्तियों का अपने उन्नति के प्रयासों को सामान्य कार्य की तरह लेना और उनका प्रभाव अन्य लोगों पर पड़ना लाजिमी लगता है।

व्यक्ति के दैनिक क्रियाकलाप अनगिनत होते हैं, फिर भी कुछ चुनिंदा कार्यों को, जो कि जीवन में स्वयं और दूसरों को नुकसान पहुँचाए बिना किए जा सकते हैं, क्यों न अपनाया जाए? वास्तव में, व्यक्ति के व्यक्तित्व का विकास कई तरह की गतिविधियों से जुड़ा होता है, और आर्थिक गतिविधि उसमें एक विशिष्ट स्थान रखती है।

आर्थिक उन्नति के लिए व्यक्ति उन विकट परिस्थितियों में भी ऐसे चुनाव कर सकता है, जो कहीं न कहीं आर्थिक बेहतरी का रास्ता निकालें। व्यक्ति अपने तथा अपने परिवार का जीवन-स्तर आर्थिक माध्यमों से निस्संदेह और बेहतर बना सकता है। व्यक्ति अपने जीवन में, या अपनी वरिष्ठतम अवस्था के बाद भी, कभी आय की कठिनाई का सामना करना नहीं चाहता। इसलिए वह प्रयासों की भावना न केवल स्वयं में, बल्कि अपने इर्द-गिर्द के लोगों में भी उत्पन्न करता है।

यदि आज कोई व्यक्ति आय अर्जन के लिए किसी भी प्रकार का कार्य नहीं कर रहा है और उसके पास कोई अन्य स्रोत भी नहीं है, तो निस्संदेह वह न केवल स्वयं के लिए, बल्कि अपनी अगली पीढ़ी के लिए भी आर्थिक संकट के साथ-साथ अन्य संकटों को आमंत्रण दे रहा है। व्यक्ति को किसी की सहायता करने के लिए भी सही पद्धति का चुनाव करना होता है। दृष्टिकोण को व्यापक बनाकर चलना चाहिए – तभी भविष्य की स्पष्टता के साथ आपका सफलता का सपना अधिक मज़बूती प्राप्त करेगा, जो केवल भौतिकता तक सीमित नहीं होगा, बल्कि उससे बहुत आगे तक जाएगा।

व्यक्ति एक अवस्था में संकोचपूर्ण या आत्मकेंद्रित होकर अपने कार्यों पर अधिक समय देता है, परंतु एक समय के बाद धीरे-धीरे वह सही समूह से जुड़ाव के गूढ़ अर्थ और महत्व को समझने लगता है। इससे आत्मविश्वास बढ़ता है, अपने कौशल या गुणों को निखारने की दिशा में साहस, धैर्य और प्रतिबद्धता आती है, जो जीवन में संतुलन लाने में सहायक होती है। व्यक्ति जीवन की विसंगतियों पर विजय प्राप्त करता है और अपनी दृष्टि में उत्कृष्टता की ओर बढ़ते हुए आत्मसंतुष्टि की ऊर्जा से भी पूर्ण होता है।

कई बार निकट संबंधियों को भी इस बात से अधिक मतलब नहीं होता कि आपकी आय, धन और संपत्ति की अवधारणा क्या है। यदि आप आर्थिक बेहतरी की दिशा में कुछ प्रयास कर रहे हैं, तो यह आवश्यक नहीं कि वे आप पर विश्वास करें कि आप आर्थिक स्वतंत्रता के मार्ग पर चलकर कुछ महत्वपूर्ण उपलब्धि प्राप्त कर सकते हैं। अर्थात, आप आर्थिक संघर्ष करें या न करें, इससे उन्हें कोई फर्क नहीं पड़ता – उनके लिए आप हमेशा महत्वहीन ही माने जाएंगे। यह अवधारणा कई लोगों की होती है। आपको आर्थिक स्वावलंबन के लिए अपने भीतर ही वह प्रवृत्ति उत्पन्न करनी होगी। गिने-चुने ही लोग ऐसे होंगे जो आपकी बेहतरी के लिए आपका मनोबल बढ़ाएंगे।

जरा सोचिए, विचार कीजिए – रूखी-सूखी जिंदगी बहुतों की कट रही होती है। वहाँ यदि कुछ अतिरिक्त कष्ट न हो, तो अपना प्रयास अवश्य करें। इसका कुछ तात्कालिक लाभ तो मिलेगा ही, साथ ही परिवार के अन्य सदस्यों – जैसे भाई-बहन, संतान या माता-पिता – को भी आय अर्जन की आदत विकसित करने में आप प्रेरक बन सकते हैं, वह भी सही और सटीक तरीके से, भले ही वर्तमान में उसकी गति धीमी हो। जब तक व्यक्ति सक्रिय रहता है, वह कुछ न कुछ सकारात्मक करता रहता है – भले ही वह निःस्वार्थ न भी हो। आय अर्जन की मात्रा बहुत अल्प भी हो सकती है, लेकिन वह अपनी क्षमता के अनुसार किसी सकारात्मक कार्य में संलग्न रहता है और कर्मठ तथा प्रसन्नचित्त बना रहता है।

व्यक्ति और लोगों की नेटवर्किंग

एक व्यक्ति A ने सिर्फ स्कूली शिक्षा पूरी की थी, किसी कारणवश आगे की पढ़ाई पूरी न कर पाया, लेकिन वह समझदार और व्यापक दृष्टिकोण वाला था। वह अपने तथा अपने से जुड़े और अप्रत्यक्ष रूप से जान-पहचान वाले लोगों के किसी न किसी रूप में काम आ ही जाता था। अब यह निर्भर करता है कि वह व्यक्ति किस परिस्थिति या स्थिति में है। एक बार उसने सोचा कि नेटवर्क मार्केटिंग पद्धति द्वारा आर्थिक बेहतरी हो सकती है। कुछ संपन्न लोगों ने उसे बताया कि उन्होंने इस माध्यम से घर बनवाया है। यह सुनकर वह भी प्रेरित हुआ और आर.डी तोड़कर 7500 रुपये का निवेश कर दिया। फिर उसके जानकार B ने उसे और योजनाओं से जोड़ा – अलग-अलग किश्तों में और पैसा लगाया गया। लेकिन नतीजा कुछ नहीं निकला। ना लाभ हुआ, ना भरोसा बचा – सिर्फ मेहनत की कमाई बर्बाद हो गई। ऊपर से यात्राएँ, मीटिंग्स और समय की बर्बादी ने परिवार को भी परेशान कर दिया।

जहाँ एक ओर वह व्यक्ति पशुपालन और खेती में व्यस्त था, वहीं दूसरी ओर वह झूठी चकाचौंध में फँसकर 80,000 रुपये तक बर्बाद कर बैठा। और B जैसे लोग खेती-किसानी तथा पशुपालन को "कच्चा व्यापार" कहकर मज़ाक उड़ाते रहे और उसे भटकाते रहे। व्यक्ति A ने सबक सीख लिया कि अब वह वही कार्य करेगा जिसमें वह निपुण है। बिना अनुभव और सर्पोट सिस्टम के इस तरह का कार्य नहीं करना चाहिए। सही भी है–व्यक्ति को उसी कार्य में विशेषज्ञता प्राप्त करनी चाहिए जिसमें वह दक्ष है।

आय-धन: बेहतर करने का माध्यम

आय और धन की अल्पता समस्याएँ उत्पन्न तो करती ही है, परंतु अधिक आय-धन भी समस्याओं से रहित नहीं होता। व्यक्ति जिन परेशानियों से जूझता है, उनमें से अधिकांश का समाधान वह आय-धन द्वारा अपेक्षाकृत बेहतर ढंग से कर सकता है। इसके विपरीत, आय-धन की अनुपस्थिति में वह स्थिति और भी जटिल हो जाती है।

ऐसे में आय-धन होना अच्छा होता है क्योंकि वह अच्छे कार्यों का माध्यम बनता है। यदि दो व्यक्तियों के बीच समस्या का मूल कारण आय-धन हो, तो अधिकतर मामलों में उसका समाधान भी आय-धन ही होता है, अन्य उपायों की तुलना में। इस तरह आय-धन एक समाधानकर्ता की भूमिका निभाता है–जब इसका प्रयोग उचित और सामयिक हो।

व्यक्ति में सुधार और क्षमता

व्यक्ति को स्वयं में सुधार की गुंजाइश पर ध्यान देना चाहिए। तभी वह अपनी वास्तविक संभावनाओं और क्षमताओं को पहचान कर उनके अनुरूप कार्य करने की आवश्यकता को समझ पाएगा।

अच्छा इंसान बनने के लिए सोचना चाहिए, विचार करना चाहिए और अच्छे कार्यों के लिए सक्रिय रहना चाहिए। सम्मान और पैसा के पीछे अंधा होकर नहीं भागना चाहिए, बल्कि स्वयं को निरंतर परखते रहना चाहिए। एक अच्छा व्यक्तित्व हमेशा अपने सुधार पर ध्यान देता है। वह निरंतर बेहतरी के लिए प्रयास करता है, क्योंकि वह जानता है कि अच्छाई की दिशा में किया गया कार्य ही उसे सही दिशा और दशा प्रदान करेगा।

अच्छा व्यक्तित्व अपने आप में अनेक सकारात्मकताओं को आकर्षित करता है। अतः आपको अपने अच्छे कार्यों पर ध्यान देना चाहिए–आय, धन, सम्मान और सफलता तो स्वाभाविक रूप से पीछे-पीछे आते हैं। यदि आप दूसरों के साथ, विशेषकर आर्थिक जगत से संबंधित व्यवहार में, व्यवहारिक पटल पर संतुलन रखते हैं तो यह कार्यसंस्कृति में सामंजस्य को जन्म देता है। “दबना” या “दबाना” जैसी दोहरी प्रवृत्तियों से हटकर यदि दोनों पक्षों को ध्यान में रखते हुए कार्य किया जाए, तो परिणाम अधिक सकारात्मक होते हैं। अतः प्रमुखता हमेशा अच्छी बातों को दीजिए और अन्य बातों को द्वितीयक रखें। एक अच्छे माहौल की प्राथमिकता में अपनी भागीदारी दीजिए। यदि किसी दूसरे पक्ष में भी अच्छाई की संभावना दिखाई देती है, तो उसे भी कार्य की प्राथमिकता में स्थान देना चाहिए।

अच्छे कार्यों से जुड़ाव रखना, अच्छे कार्य में कुछ या निश्चित का चुनकर कार्य करना, आर्थिक विकास की दिशा में कार्यों में भी अपने लिए सही कार्य का चयन करना तथा विपरीत परिस्थितियों में भी स्वयं की उस पद्धति को सही मानते हुए कार्य जारी रखना चाहिए। यदि व्यक्ति स्वयं के लिए एक या एक से अधिक कार्यों का चयन कर कार्य करता है, तो वह स्वयं को कई तरह की असंगत स्थितियों से ऊपर उठाकर जीवन की गतिविधियों का सक्रिय रूप से निर्वहन ही नहीं करता, बल्कि वह एक परिणाम–वह भी अच्छी प्रवृत्ति द्वारा–आय-धन अर्जित करते हुए प्राप्त करता है। ऐसा नहीं है कि व्यक्ति अपनी उत्कृष्ट गुणवत्ता द्वारा आय-धन अर्जित नहीं कर सकता।

जब व्यक्ति बिना कारण किसी दूसरे की लेग पुलिंग जैसी गतिविधियों में भाग लेता है, तो तात्कालिक रूप से उसे लगता है कि वह अच्छा कर रहा है, जबकि वास्तविकता इसके विपरीत होती है। यह कार्य किसी को जड़ से हिलाने जैसा होता है। वहीं दूसरी ओर, वह अपना ध्यान, ऊर्जा, समय तथा आदत का सही उपयोग–जैसे बचत और निवेश–नहीं कर पाता और दूसरों का पैर खींचने की प्रवृत्ति से वह स्वयं धीरे-धीरे उतना ही पीछे चला जाता है। तुलनात्मक रूप से, जिस व्यक्ति पर कोई अपनी नकारात्मक प्रवृत्तियों का प्रयोग कर रहा होता है, वह व्यक्ति किसी न किसी रूप में आगे ही होता है – क्योंकि वह निरंतर अपने कार्य को बेहतर ढंग से करने की कोशिश करता रहता है और आर्थिक संभावनाओं को सुधारने की दिशा में सक्रिय रहता है।

जीवन की सभी गतिविधियों को हमें जीना भी है, केवल आय-धन के पीछे भागकर जीवन जीने को नहीं भूल जाना चाहिए। पारिवारिक खुशी को आप हल्के में नहीं ले सकते। जीवन में सुविधा चाहिए, लेकिन खुशी को बाँटने के लिए वे लोग भी उतने ही महत्वपूर्ण हैं जो आपके परिवार, निकटतम जन और समाज में हैं। व्यक्ति एक सामाजिक प्राणी है। दार्शनिक अरस्तु ने कहा है, "मनुष्य एक सामाजिक प्राणी है। जो मानव अकेला रहता है वह या तो देवता है या दानव।" अर्थात मनुष्य अकेला नहीं रह सकता। मनुष्य के अस्तित्व और विकास में समाज का महत्वपूर्ण प्रभाव पड़ता है।

व्यक्ति व्यक्तिगत होते हुए भी सामूहिकता का महत्व जानता है–अपने अस्तित्व में सबके क्या मायने हैं, यह समझता है। अर्थ अर्जन की प्रक्रिया में सभी तथ्यों को ध्यान में रखकर अपनी संभावनाओं पर कार्य करने की प्रवृत्ति विकसित होनी चाहिए। व्यक्ति को धन-संपत्ति के लिए पारिवारिक रिश्तों को किसी भी हद तक पीछे नहीं छोड़ देना चाहिए कि पुनः सामंजस्य की स्थिति ही न बन सके। आय-धन यदि सुविधा, सुख, शांति में कुछ भी जोड़ता है, तो अच्छा है, परंतु इसकी कमी या अधिकता के कारण "अच्छा" और "कुछ अच्छा" के बीच काफी पेचीदगियाँ भरी पड़ी होती हैं। यदि आय अर्जन अच्छे व्यक्ति द्वारा अच्छे कार्यों से प्राप्त होता है, तो वह पुनः अच्छे कार्यों पर ही व्यय होता है। अतः सभी अच्छे लोगों को आय अर्जन के लिए कुछ न कुछ अच्छा कार्य अवश्य करना आवश्यक है।

रुपया-पैसा सब दिमाग का खेल

सब माइंड गेम है–दिमाग की गतिविधियों का परिणाम है। हमारा मस्तिष्क उसी अनुरूप कार्य करता है। मानव मस्तिष्क को सीखने, तलाशने एवं निखारने के लिए रचित किया गया है। तनाव, मानव मस्तिष्क को सोचने की पद्धति से, विशेषतः आशावादिता तथा वास्तविकता से दूर ले जाता है। व्यक्ति को अपने मन-मस्तिष्क में निहित धन को भी खोजने का प्रयत्न करना चाहिए। वास्तव में, वास्तविक धन यही है, जो इस भौतिक जगत में हमें उत्साह, साहस, धैर्य और परिश्रमी प्रवृत्ति के द्वारा सही मार्गदर्शन करते हुए, एक निश्चित स्थिति से निरंतर आगे का मार्ग प्रशस्त करता है। यह सिद्धांत धन, संपत्ति और आय प्रवाह के संदर्भ में भी उतना ही प्रभावी होता है, जितना कि अन्य उन क्षेत्रों में, जो हमारी समझ, बुद्धि, ज्ञान तथा परिश्रमी और मेहनती स्वभाव पर निर्भर करते हैं।

कभी-कभी व्यक्ति कुछ कार्य या लक्ष्य को अपने सामर्थ्य से बड़ा रखता है और यदि वह वास्तव में बड़ा भी होता है, तो भी वह अपनी कोशिश से उसे पूरा कर लेता है। वर्षों पहले एक व्यक्ति अपना मकान बनाना चाहता था। तब आज की तरह बैंक लोन आसानी से नहीं मिल पाता था। उस व्यक्ति

ने कई स्रोतों से थोड़ा-थोड़ा धन जुटाकर मकान का ढांचा तैयार कर लिया। अब उसका ध्येय उसे पूरा करने का था, और दो वर्षों में, कहीं-कहीं से पैसे जोड़-जोड़कर उसका घर बनकर तैयार हो गया। वह घर भले ही बड़े बजट का नहीं था, लेकिन उस व्यक्ति की आय का स्तर इतना कम था कि लक्ष्य को पूरा करना आसान नहीं था। उसका कहना है कि जब उसने प्लॉट खरीदा, तब भी बैंक बैलेंस नहीं था – लेकिन उसने ध्येय रखा, और उसे पूरा भी किया। पैसा हमेशा सभी के पास उतना नहीं होता, जितना बड़ा उनका लक्ष्य होता है; फिर भी जब व्यक्ति संकल्प के साथ प्रयास करता है, तो वह लक्ष्य अक्सर पूरा कर ही लेता है।

कई बार किसी व्यक्ति का कोई लक्ष्य उसकी आय-स्तर के अनुसार संभव नहीं लगता, फिर भी वह उस आय-स्तर से बड़ा – बल्कि कहीं अधिक बड़ा – लक्ष्य भी प्राप्त कर सकता है, बशर्ते वह उस लक्ष्य के लिए एक या एक से अधिक आय स्रोतों पर कार्य कर रहा हो। ऐसे में वह न केवल अपने लक्ष्य को सहजता से प्राप्त करता है, बल्कि आगे चलकर अपने आय-स्तर को भी बेहतर बनाने की दिशा में अग्रसर होता है।

आय प्रवाह का चक्र

व्यक्ति चाहे किसी भी उम्र का हो–अमीर हो या गरीब–भौतिकवादिता से परे नहीं है। जितना है, उससे कम या ज़्यादा दिखने का प्रभाव सभी में किसी न किसी रूप में देखने को मिलता है। यदि जो है, उससे कम दिखे तो वह भी लोगों को अच्छा नहीं लगता, और यदि जो है, उससे बहुत अधिक दिखे तो वह भी तर्कसंगत नहीं लगता। व्यक्ति का आय स्तर जैसा होता है, वहाँ से आय में वृद्धि के साथ उसके घर/मकान या बंगले के रूप, आकार, रहन-सहन और उससे जुड़ी प्रत्येक गतिविधियों में बदलाव स्पष्ट दिखने लगता है। यहाँ तक कि उसकी गाड़ी का मॉडल भी उन्नत हो जाता है और उसमें उसकी सम्पन्नता की झलक मिल जाती है–भले ही व्यक्ति की उम्र 70-80 वर्ष ही क्यों न हो।

भौतिक सुख-सुविधाएँ व्यक्ति की आय या धन-संपत्ति की उपलब्धता पर निर्भर होती हैं। आज का व्यक्ति इस दौर में चारों दिशाओं से बढ़ते हुए,

लालसा के युग में जीवन व्यतीत कर रहा है–तो इसमें आश्चर्य कैसा कि उन्नति का यह भी एक रूप है।

यदि आप आर्थिक संघर्ष के दौर से गुजर रहे हों, तो आप प्रत्येक निर्णय बहुत सोच-समझकर और फूँक-फूँक कर रखते हैं। ऐसे समय में, जब उलझनें उत्पन्न होती हैं, तो संभव है कि बहुत से लोगों में से केवल कुछ ही आपके पक्ष में खड़े हों, और कुछ लोग कहें – "देख लो, कैसे होगा?" आदि-इत्यादि। लेकिन जैसे ही आप आर्थिक रूप से स्थिरता प्राप्त कर लेते हैं, वही लोग या तो मौन हो जाते हैं या तटस्थ। वे फिर आपको बिना कारण आड़े हाथ लेने की स्थिति में नहीं रहते और अक्सर किनारा कर लेना ही पसंद करते हैं।

अक्सर मेहनती व्यक्ति का जीवन-मार्ग भी संघर्षमय होता है। तभी तो वह उस कठिन अवस्था से बाहर निकलने की पूरी क्षमता और निरंतरता से प्रयास करता है और अंततः एक बेहतर अवस्था की ओर अग्रसर होता है। परिश्रमी, दूरदर्शी और लक्ष्य-केन्द्रित व्यक्ति आर्थिक दृष्टि से–चाहे देर से ही सही–परिणाम प्राप्त करता ही है। वास्तव में, यदि कोई व्यक्ति किसी निश्चित क्षेत्र में प्रयास करता है और असफल हो जाता है, तो यह असफलता उतनी व्यापक नहीं होती जितना कि वह तात्कालिक रूप से समझ लेता है। व्यक्ति कभी भी पूर्णतः असफल नहीं होता। उसकी कार्यक्षमता, कुशलता, ज्ञान और सकारात्मक सोच विविध क्षेत्रों में उपयोगी हो सकती है। कई व्यक्तियों ने पूर्व में, वर्तमान में और आगे भी ऐसे प्रयोगों के माध्यम से अपने जीवन को बेहतर बनाया है। लेकिन व्यक्ति अक्सर तत्काल परिणामों को देखकर ही निर्णय करता है; वह उस पर विहंगम दृष्टि नहीं डालता। व्यक्ति की मानसिक संरचना इस प्रकार है कि वह विविधता में भी विशिष्टीकरण को समाहित रखता है। वह एक समय में कई कार्यों में संलग्न रहकर, किसी एक या अधिक कार्यों में निरंतर अभ्यास के माध्यम से दक्षता प्राप्त करता है–और धीरे-धीरे सकारात्मक प्रभाव भी उत्पन्न करता है।

प्रत्येक व्यक्ति को जीवन-यापन के लिए आय प्रवाह की कम या अधिक मात्रा से अवगत होना ही पड़ता है। व्यक्ति के जीवन में धन-संपत्ति और आय प्रवाह का प्रभाव स्वाभाविक रूप से पड़ता है। व्यक्ति के आय, धन

और संपत्ति के आधार पर उसकी आर्थिक स्थिति की अवधारणा बनाई जाती है, जिससे प्रत्येक व्यक्ति अपनी आर्थिक स्थिति को बेहतर करने की प्रत्याशा रखता है। यह प्रवृत्ति व्यक्ति की परिश्रमी स्वभाव से भी जुड़ी होती है, भले ही वह सीमित मात्रा में ही क्यों न हो।

धन के माध्यम से जीवन की कई जटिलताओं को सुलझाया जा सकता है। कभी-कभी धन, सगे-संबंधियों के बीच के रिश्तों को सहज और सरल बनाने का मार्ग दिखाता है, तो वहीं धन की अल्पता व्यक्ति को न चाहते हुए भी विपरीत परिस्थितियों में डाल देती है। धन-संपत्ति और आय का उचित अर्जन व्यक्ति को अपनी स्थिति के अनुसार व्यय करने में सक्षम बनाता है, जिससे सुखद अनुभूति प्राप्त होती है। लेकिन यदि इनकी अल्पता हो, या परिवार में इसकी आवश्यकता उत्पन्न हो जाए (या जानबूझकर उत्पन्न की जाए), तो असहजता का वातावरण बन जाता है। इस तरह, धन-संपत्ति और आय केवल उपयोगी ही नहीं, बल्कि एक परम उत्तम मित्र की भूमिका निभाते हैं। इनकी उपलब्धता जीवन में अनेक सुविधाएँ बढ़ाने के साथ-साथ सामाजिक संबंधों को भी सुचारु करती है।

एक व्यक्ति जो रोगग्रस्त होकर असमय चला गया, उसे मृत्यु से पहले इस बात का बेहद अफसोस था कि उसने धन के लिए अपने स्वास्थ्य की अनदेखी की। वस्तुतः उस व्यक्ति के पास पहले से वह सब कुछ था, जो आज के समय में सुविधाओं से युक्त सुख, शांति और खुशी दे सकता था। व्यक्ति जीवन की आपाधापी में कार्य और स्वास्थ्य के बीच संतुलन नहीं बना पाता, और नतीजतन, वह सब कुछ होने के बावजूद एक सामान्य कम आय वाले व्यक्ति से भी कम आयु तक ही अपने जीवन को स्वस्थ रख पाता है। वहीं दूसरी ओर, कोई व्यक्ति 70–90 वर्ष की उम्र में भी सक्रियता से, कम धन-संपत्ति और आय के बावजूद, स्वस्थ जीवन जी रहा होता है।

यह सोचने वाली बात है कि 30 वर्ष की उम्र पार करते ही व्यक्ति अनेक स्वास्थ्य जटिलताओं से घिर जाता है, जबकि कुछ लोग 70–90 की उम्र में भी सभी दैनिक गतिविधियों में सामान्य रूप से भाग लेते हैं। वे बिना किसी विशेष परहेज़ के सामान्य भोजन करते हैं और फिर भी स्वस्थ रहते

हैं। वहीं, 30 से अधिक उम्र के लोग कई खाद्य पदार्थों से परहेज़ करते हैं कि कहीं स्वास्थ्य समस्या न हो जाए – यह सोचने को विवश करता है कि पहले के लोगों का रहन-सहन और खानपान कहीं बेहतर रहा होगा। पौष्टिकता और सक्रियता का आपसी जुड़ाव रहा होगा, तभी तो वृद्धावस्था में भी कोई विशेष समस्या नहीं दिखती। एक 30–35 वर्ष का युवक अपने वार्तालाप में कहता है कि उनके एक समूह में लोग 80 वर्ष के आसपास हैं – क्योंकि वे जीवन भर मेहनती रहे, इसलिए अब भी थोड़ा ध्यान रखें तो 10–20 वर्ष और मजे से निकाल सकते हैं। इसके पीछे एक और कारण यह भी है कि वे लोग अपने से भी अधिक उम्र के व्यक्तियों को परिवार या समाज में जीवन जीते देख चुके होते हैं – अर्थात् उन्होंने 80–90 वर्ष तक जीवित व्यक्तियों का अस्तित्व और सक्रियता देखी होती है।

योग कार्यशाला में प्रशिक्षण देने के दौरान आज भी किसी व्यक्ति से यह सुनने को मिलता है – "योग के लिए समय नहीं है।" यदि योग के लिए समय नहीं है, तो अन्य कार्यों – पार्टी, खरीदारी, मोबाइल, टीवी, सोशल मीडिया – के लिए समय कैसे है? अर्थात् योग छोड़कर बाकी सब कुछ ज़रूरी है? व्यक्ति अपने स्वास्थ्य को दाँव पर लगाकर बैंक में बैलेंस बना लेता है, और फिर वही बैलेंस स्वास्थ्य पर खर्च कर देता है – मेडिकल टेस्ट, डॉक्टर, दवाइयाँ, घंटों इंतज़ार, अस्पताल के चक्कर। अंततः जीवन 'लाइफ विथ मेडिसिन' बनकर रह जाता है। स्वास्थ्य को नज़रअंदाज़ कर कमाया गया धन अंततः उसी स्वास्थ्य पर खर्च होता है। यह कैसी समझदारी है कि आप अपने जीवन का कीमती समय स्वास्थ्य को न देकर, धन कमाने में लगाएँ, और फिर वही धन शरीर को वापस स्वस्थ करने में गँवाएँ?

एक निश्चित उम्र के बाद अक्सर लोग एक-दूसरे से पूछते हैं – "लाइफ कैसे कट रही है?" जवाब आता है – "विथ मेडिसिन।" क्यों न हम शुरुआत से ही स्वास्थ्य को सर्वोपरि मानें? "जान है तो जहान है।" जिस धन को कमाने के लिए व्यक्ति अपना स्वास्थ्य खोता है, यदि बाद में उसका उपयोग करने के लिए शरीर ही सक्षम न हो, तो उस धन का क्या मूल्य? व्यक्ति को आज सरल, शांत और संतुलित रहना चाहिए – तभी वह अपनी क्षमताओं

की पहचान कर, उत्पादक और संरचनात्मक गतिविधियों में बेहतरी के साथ जुड़ाव रख सकता है। इसलिए, यदि वर्तमान समय भारयुक्त है, तो उसे हल्का बनाने की दिशा में पहला प्रयास – स्वास्थ्य की रक्षा – हम सभी का होना चाहिए।

स्वास्थ्य से बड़ा कोई धन, संपत्ति या आय प्रवाह नहीं। व्यक्ति ही है जो धन, संपत्ति और आय का जनक है। व्यक्ति ही धन अर्जन का साधक है – जबकि धन, संपत्ति और आय केवल साध्य हैं।

5

वो पैंतीस रुपया

अर्थ (धन) के अभाव में व्यक्ति की स्थिति सभी दृष्टियों से चरमराने लगती है। बहुत-सी समस्याओं का कारण और बनते-बिगड़ते सामंजस्य का आधार, प्रायः धन-संपत्ति और आय प्रवाह का अस्तित्व ही होता है। धन, संपत्ति और आय प्रवाह का स्तर – चाहे कम हो या बहुत अधिक – मानव जीवन को कहीं न कहीं उलझा ही देता है। विपरीत आर्थिक परिस्थितियों में व्यक्ति एक तरह से जकड़ा हुआ, उलझा हुआ-सा जीवन जीता है। यदि व्यक्ति का परिवार कई कारणों से अशांत और अस्थिरता की स्थायी स्थिति से गुजर रहा होता है, तो उसका एक प्रमुख कारण कहीं न कहीं धन की पर्याप्त अनुपलब्धता होता है। वैसे भी दुनिया में अधिकांश समस्याओं और उनके समाधानों की जड़ में अर्थ यानी धन ही होता है। यदि आपके पास धन का अभाव न हो या वह पर्याप्त मात्रा में उपलब्ध हो, तो बहुत-सी समस्याएँ सरलता से सुलझ सकती हैं। जीवन में सहजता और सुगमता लाने में अर्थ का बहुत महत्व है। यदि जीवन को आसान बनाना है, तो आपको गरीब नहीं बने रहना चाहिए।

गरीबी में रहना अक्सर कष्टों, समस्याओं और विपरीत परिस्थितियों को न्योता देना होता है। ऐसा प्रतीत होता है मानो मन-मस्तिष्क स्वयं कह उठे – “गरीबी से बड़ा कोई कष्ट वास्तव में नहीं होता।” मानव जीवन सबसे उत्कृष्ट योनि है। यह कर्म सिद्धांत पर आधारित है – अच्छे कर्मों से यह जीवन प्राप्त होता है, और निकृष्ट कर्मों से अन्य योनियों में जन्म होता है। यदि मानव होकर भी व्यक्ति अपनी आर्थिक स्थिति नहीं बदल पाए, तो वह मानव जीवन का क्या सार ले पाया? एक विद्वान ने कहा है :

"यदि आप गरीबी में जन्म लेते हैं, तो यह आपकी गलती नहीं है; परंतु यदि आप गरीबी में ही मर जाते हैं, तो यह केवल और केवल आपकी गलती है।"

अतः समय रहते ही हमें अपनी आर्थिक स्थिति सुधारने की दिशा में प्रयास प्रारंभ कर देना चाहिए, ताकि हम अपनी गरीबी या विपन्नता के लिए स्वयं को या किसी और को दोष न दे सकें।

वो पैंतीस रुपये – एक प्रसंग

यहाँ पर पैतीस रुपये से जुड़ा एक प्रसंग का विवरण लिया गया है। एक माँ-बेटी अपने घर से, जो शहर के एक छोर पर स्थित था, उसी शहर के दूसरे छोर पर स्थित एक रिश्तेदार के यहाँ जाती हैं। वे वहाँ एक दिन के लिए रुकती हैं। अगले दिन जब वे अपने घर लौटने के लिए निकलती हैं, तब महिला अपना पर्स ढूँढ़ती है – लेकिन वह पर्स उसी रिश्तेदार के घर में छूट गया था। उसकी बेटी के पास कुछ रुपये अलग से रखे हुए थे, जिससे उन्होंने गाड़ी वाले का किराया चुका दिया। कई दिनों बाद वही गृहिणी, जिसके यहाँ वे ठहरी थीं, एक-दो महीने बाद उनके घर आती है। वह कहती है, "पर्स मिला तो मैं सोच में पड़ गई कि तुम घर कैसे पहुंचे होगे।" उक्त पहली महिला (जिसका पर्स छूटा था) कहती है, "कुछ पैसे अलग से रखे थे, इसलिए परेशानी नहीं हुई।" परंतु उसके मन में यह बात बनी रही कि शायद वह महिला पैतीस रुपये वाला वह पर्स लौटा देगी। लेकिन वह रिश्तेदार आगे कहती है, "आज वह पर्स लाना भूल गई, कभी ला दूँगी।" परंतु वह पर्स और वह पैतीस रुपया कभी लौटाया नहीं गया, जबकि वह महिला अक्सर घर आती रही।

उस समय पैतीस रुपये का भी बहुत महत्व था, खासकर उस महिला के लिए जिसकी आर्थिक स्थिति सीमित थी। दूसरी ओर, जिसने पैसे नहीं लौटाए, उसकी आय प्रवाह उस पहली महिला से बेहतर थी, तथापि वह हमेशा अपने परिवार के साथ उसी घर में खाने-पीने आती रही। पहली महिला रिश्ते में बड़ी थी, वह मन मसोसकर भी उसका आदर-सत्कार करती रही।

लेकिन पैतीस रुपये वाला वह प्रसंग वह कभी नहीं भूल पाई। कभी-कभी व्यक्ति आर्थिक संघर्ष के दौर में भी चुप्पी साधे, अपनी जिम्मेदारियाँ निभाता रहता है।

आगे चलकर, जो व्यक्ति दूसरों के लिए कार्य करता है, सोचता है, वही धीरे-धीरे अमीरी की दिशा में बढ़ता है। जैसे फसल काटने के लिए पहले बीज बोने पड़ते हैं, उसी तरह धन-संपत्ति और आय प्रवाह में भी वृद्धि उसी के लिए होती है, जो सतत प्रयासरत रहता है। दो व्यक्ति समान आय स्तर पर होते हुए भी भिन्न आर्थिक स्तर पर हो सकते हैं और कोई कम आय वाला भी, यदि वह बचत, वित्तीय अनुशासन और व्यवहारिक समझ के साथ कार्य करता है, तो वह निश्चित रूप से बेहतर आर्थिक स्थिति प्राप्त कर सकता है।

धन-संपत्ति, आय प्रवाह और उम्र की परिधि

आय प्रवाह का एक निश्चित मात्रा में जीवन में होना अनिवार्य है, अन्यथा व्यक्ति अपनी अनिवार्य आवश्यकताओं और जरूरतों को पूरा करने में असमर्थ हो सकता है। एक निम्न आय वर्ग का दंपती अपने तीन बच्चों की परवरिश अपनी सामर्थ्य अनुसार करता है और उन्हें बड़ा कर देता है। थोड़ी-बहुत अचल संपत्ति भी अपने वरिष्ठ नागरिक (सीनियर सिटीजन) बनने तक बना पाता है। परंतु वे यह संपत्ति अपने कार्यकाल की अवधि में नहीं बना पाते, और उनकी जीवनशैली भी ग्रामीण स्तर से आगे नहीं बढ़ पाती।

आगे चलकर अगली पीढ़ी की जीवनशैली जरूर बदल जाती है, लेकिन यह दंपती अपने बेटों के बाल्यकाल से लेकर उनके पारिवारिक जीवन में भी पूर्ववत नियंत्रण बनाए रखते हैं और हर चीज़ में टोका-टोकी करते हैं। बेटा समझाता है, "आप लोगों को कैसे समझाऊं कि समय बदल चुका है। पहले जैसी परिस्थितियाँ अब नहीं हैं।" लेकिन माता-पिता समझने को तैयार नहीं होते, और बेटा समझा नहीं पाता। यह सिलसिला लंबे समय तक चलता है। बेटा अपने स्तर से ऊपर उठकर सोचता है, प्रयास करता है, फिर भी कोई न कोई आलोचना की वजह ढूंढ़ ही ली जाती है। नतीजा – परिवार में एक असंगत और तनावपूर्ण जीवन का अनुभव होता है।

माता-पिता अपने समय का माहौल और दृष्टिकोण वर्तमान पर थोपते हैं, जो बेटे के लिए एक जंजाल बन जाता है। इस प्रवृत्ति से कोई ज़्यादा तो कोई कम, सभी असहज हो जाते हैं। दूसरी ओर, आय प्रवाह उन बुज़ुर्गों का होता ही नहीं, लेकिन वे बच्चों के पारिवारिक जीवन में अजीबोगरीब स्थिति उत्पन्न करते रहते हैं। वे पूरी सुविधा में रहते हुए भी असहज रहते हैं, क्योंकि बेटे द्वारा दी गई सुविधाएं उनकी सोच से परे होती हैं।

वास्तव में, ऐसे माता-पिता अपने बच्चों को मानसिक रूप से उलझाकर रख देते हैं, और अंततः वही होता है जिसे कहते हैं – "ढ़ाक के तीन पात।" बेटा जो नहीं चाहता, वही कुछ न कुछ उनके अनुसार मनपसंद बना दिया जाता है। उसी मोहल्ले में एक दादी अम्मा रहती हैं, जो कहती हैं, "जीवन को सहज रखना चाहिए। आय प्रवाह हो या न हो, संतोष ही परम धर्म है।" वे समझाती हैं कि आज की जीवनशैली व्यस्त है, जीवन की समझ भी बढ़ी है, इसलिए अपने बच्चों के विरुद्ध कोई असंगत गतिविधि न की जाए।

वृद्धावस्था में भी यदि सही 'संबद्धता' न हो, तो 'खाली दिमाग शैतान का घर' बन जाता है। इसलिए भले ही जेब खाली हो, पर व्यक्ति को ऐसी संलग्नता रखनी चाहिए जो सकारात्मकता को बढ़ावा दे – न कि उल्टी दिशा में। अन्यथा इस विकृत दृष्टिकोण की स्थिति दो-तीन पीढ़ियों में केवल असंगतता और विचित्र वास्तविकताओं को ही जन्म देती है – जो किसी के लिए भी हितकारी नहीं होती।

व्यक्ति दो कारणों से कार्य करता है :

1. कार्य में संलग्नता व जुड़ाव बनाए रखने के लिए ताकि वह किसी न किसी गतिविधि में लगा रहे।
2. कार्य का उद्देश्य धन अर्जन होता है; कार्य का अंतिम लक्ष्य कहीं न कहीं आय प्राप्ति से जुड़ा होता है।

जब व्यक्ति को आय प्रवाह के अभाव का अनुभव होता है, तो उसका मन विचलित हो जाता है। वह भीतर-ही-भीतर धन की चिंता में अटका और

भटका रहता है। उसका मन आय प्रवाह की ओर एक टकटकी लगाए प्रतीत होता है। लेकिन जब पर्स में पैसा होता है या आय को लेकर कोई उलझन नहीं होती, तो मन चंचल और मुक्त होता है। तब व्यक्ति पूरी तन्मयता से सभी सकारात्मक कार्य करने की सामर्थ्य स्वयं में अनुभव करता है। व्यक्ति का आत्मविश्वास आय प्रवाह की अस्थिरता के समय स्थिर नहीं रह पाता। दूसरी ओर, विपरीत आर्थिक स्थिति व्यक्ति को कुछ नया करने, आर्थिक रूप से बेहतर बनने का उद्देश्य और दिशा प्रदान करती है। आय के छोटे-छोटे स्रोतों पर बहुत लोग कार्यरत रहते हैं – जो कुछ लोगों को सामान्य न लगे, फिर भी यही लोग आर्थिक व्यवस्था को सुचारु रूप से चलाने में महत्त्वपूर्ण भूमिका निभाते हैं।

कुछ व्यक्ति अपने स्तर से बहुत आगे निकल जाते हैं। निस्संदेह, इसमें पारिवारिक वातावरण का प्रभाव होता है – विशेषकर माता-पिता का आर्थिक संघर्ष, परिश्रमी प्रवृत्ति, दूरदर्शिता और जुनून। भले ही प्रारंभिक परिस्थितियाँ प्रतिकूल रही हों, लेकिन प्रेरणादायक माहौल व्यक्ति में लगनशीलता, निरंतरता, जुड़ाव, उत्साह और साहस जैसे गुणों को जन्म देता है। कभी-कभी कठिन आर्थिक परिस्थितियाँ व्यक्ति में उद्यमिता की प्रवृत्ति उत्पन्न कर देती हैं। जो व्यक्ति छोटे-छोटे आर्थिक प्रयासों द्वारा कुछ न कुछ आय अर्जित कर रहा होता है, वह अपनी गृहस्थी की गाड़ी को सुचारू रूप से चलाने का भरसक प्रयास करता है। वह व्यक्ति, भले ही छोटे स्तर पर हो, आर्थिक व्यवस्था में अपना योगदान अवश्य देता है। जो भी अर्जन करता है, वह उपभोग के माध्यम से स्वयं और अपने परिवार की सहायता करता है, और साथ ही अर्थव्यवस्था को भी गति प्रदान करता है।

विकसित देशों में प्रति व्यक्ति आय अधिक होती है। हमारे देश में यह अपेक्षाकृत कम है। इसे सुधारने के लिए आर्थिक गतिविधियों की सक्रियता पहले की तुलना में अधिक सकारात्मक दिशा में होनी चाहिए। आज लोगों में शेयर बाजार और म्यूचुअल फंड के प्रति जागरूकता बढ़ी है, जिसका सीधा लाभ अर्थव्यवस्था को मिल रहा है। निवेश में वृद्धि अर्थव्यवस्था को मज़बूती प्रदान करती है।

कोरोना काल के दौरान कई लोगों में ज्ञान, जागरूकता, संलग्नता और वास्तविक प्रगति की प्रवृत्ति कुछ क्षेत्रों में देखने को मिली। आज म्यूचुअल फंड में निवेश तेज़ी से बढ़ रहा है। लोगों को समझ में आ गया है कि यह न केवल उन्हें आर्थिक रूप से सशक्त बनाता है, बल्कि देश की अर्थव्यवस्था को भी आगे बढ़ाता है। आज उद्योगों में निवेश के लिए आवश्यक धन देश के भीतर ही नागरिकों से प्राप्त हो सकता है। कुछ वर्ष पूर्व लोगों में ज्ञान, जागरूकता, एंड्रॉइड मोबाइल और इंटरनेट की पहुँच सीमित थी – पर अब स्थितियाँ बदल रही हैं।

सेल्फ लव का सिद्धांत

किसी भी अर्थव्यवस्था को, अर्थशास्त्र के एक सिद्धांत के अनुसार, एक अदृश्य शक्ति संचालित करती है – और वह शक्ति है सेल्फ लव या स्वार्थ। प्रत्येक व्यक्ति का अपना स्वार्थ होता है, जो उसे स्वतः नियंत्रण में रखता है और उसकी गतिविधियों को संचालन की एक पद्धति में बाँधता है।

अर्थशास्त्र की एक विचारधारा यह मानती है कि प्रत्येक व्यक्ति अपने स्वार्थ से ही प्रत्यक्ष या अप्रत्यक्ष रूप से, कम या अधिक, प्रभावित होता है – इससे अछूता कोई नहीं रह सकता। यहाँ तक कि निस्वार्थ व्यक्ति भी तब अपने आप पर केंद्रित होकर सोचने लगता है जब असंगत परिस्थितियाँ उसके अस्तित्व को झकझोर देती हैं। निस्संदेह, इस संसार में व्यक्ति दोनों–निस्वार्थ और स्वार्थ–से निर्देशित होता है। निस्वार्थ कार्य का केंद्रबिंदु मानवीय सिद्धांत होते हैं, जो अपने आप में एक व्यापक भावना को समाहित किए होते हैं। और जहाँ तक स्वार्थ की बात है, तो इसका केंद्र केवल छोटा नहीं होता–तथापि, इसका चक्र सामान्यतः धन और संसाधनों के इर्द-गिर्द अवश्य घूमता है। यहाँ तक कि सगे-सम्बंधियों के बीच भी धन का प्रभाव कम महत्व नहीं रखता। यदि आप अपने परिवारजनों को उनकी अपेक्षाओं के अनुरूप पर्याप्त आर्थिक मदद नहीं करते, तो संभव है आपको वहाँ अच्छी प्रतिक्रिया न मिले – बल्कि दोषारोपण का सामना करना पड़ सकता है।

यदि माता-पिता स्वार्थी हों और अपने बुढ़ापे में अपने बच्चों को अपनी असहज आदतों और व्यवहार से परेशान करते हों, तब भी उनका अंतर्निहित स्वार्थ यह होता है कि "क्या मेरी संतान मेरे लिए पर्याप्त समय देगी?", "क्या वह मेरे ऊपर पर्याप्त खर्च कर पाएगी?" – उस अवस्था में भी व्यक्ति का स्वार्थ प्रधान बना रहता है। अर्थात, व्यक्ति स्वयं पर नियंत्रण भी स्वार्थ के आधार पर करता है।

स्वहित, लोकहित व राष्ट्रहित

व्यक्ति को अपने कार्य तथा स्वभाव के मूल भाव में राष्ट्र-उन्नति को सर्वोच्च स्थान देना चाहिए। तभी उसके कार्य का सही प्रतिफल एवं उसका वास्तविक मूल्य सामने आता है। साथ ही, इससे सभी लोगों को शांतिपूर्वक जीवन व्यतीत करने का अवसर भी मिलता है। स्वहित और लोकहित से ऊपर राष्ट्रहित होता है। राष्ट्रहित के लिए अपना सर्वस्व त्याग करने वालों का योगदान अत्यंत महत्वपूर्ण होता है। दूसरे शब्दों में कहें तो राष्ट्रहित से ही हमारे अस्तित्व की रक्षा संभव है।

देश की सुरक्षा के लिए जीवन समर्पित करना और उसकी उन्नति के मार्ग पर कार्य करना कोई छोटी बात नहीं है। प्रत्येक व्यक्ति के जीवन लक्ष्य में एक व्यापक दृष्टिकोण होना चाहिए–कि देश सर्वोपरि है।

शिक्षा का प्रथम और अंतिम उद्देश्य चरित्र निर्माण है। शिक्षा का एक महत्वपूर्ण उद्देश्य यह भी है कि व्यक्ति रोजगार उत्पन्न करने वाला बने। यदि कोई व्यक्ति व्यक्तिगत प्रयास से किसी अन्य को रोजगार से जोड़ता है, तो यह एक अत्यंत सराहनीय कार्य है। देश की उन्नति या विकास से जुड़ी गतिविधियाँ न केवल सामाजिक बल्कि व्यक्तिगत स्तर पर भी आय के प्रवाह को सुदृढ़ बनाती हैं।

प्रत्येक व्यक्ति को अपने स्तर पर कार्य से विमुख नहीं होना चाहिए, क्योंकि कार्य के माध्यम से व्यक्ति न केवल स्वयं को, बल्कि अपने परिवार को भी आर्थिक रूप से सशक्त बनाता है। इसी प्रक्रिया में वह संपूर्ण अर्थव्यवस्था में भी अपना योगदान देता है। व्यक्ति और अर्थव्यवस्था एक-दूसरे से

अंतर्संबंधित हैं–दोनों एक-दूसरे को आर्थिक दृष्टि से सुदृढ़ या दुर्बल बना सकते हैं। हमें सदैव यह ध्यान रखना चाहिए कि हम केवल स्वयं को ही नहीं, बल्कि एक पूरी प्रणाली को प्रभावित कर रहे हैं। आय अर्जन की प्रक्रिया से व्यक्ति जहां स्वयं की निरंतर उन्नति करता है, वहीं वह व्यापक स्तर पर सकारात्मक प्रभाव उत्पन्न करने की क्षमता भी विकसित करता है।

बूँद-बूँद से गागर भरता है, इसी प्रकार एक-एक व्यक्ति का व्यक्तिगत योगदान–धन-संपत्ति एवं आय अर्जन के माध्यम से–केवल उस व्यक्ति को ही समृद्ध और उन्नत नहीं बनाता, बल्कि समाज में सुख, शांति और खुशहाली के द्वार भी खोलता है। चाहे कोई व्यक्ति मजदूरी करता हो, कृषक हो, कार्यालय में कार्य करता हो या किसी भी प्रकार के सकारात्मक कार्य में संलग्न हो–यदि वह मुफ्त की रोटी नहीं खा रहा है, अर्थात अपने ऊपर आने वाले खर्च का वह स्वयं किसी प्रकार आय उत्पन्न करके वहन कर रहा है–तो यह आर्थिक दृष्टि से एक महत्वपूर्ण सशक्तिकरण की प्रक्रिया है, जो एक से आरंभ होकर समाज तक विस्तारित होती है।

मानव की उत्पत्ति उसके कर्मा अकाउंट या खाता में अच्छे योगदान के कारण ही संभव हुई है। यह प्रकृति या ईश्वर की देन है कि उन्होंने मानव को यह अस्तित्व प्रदान किया। अतः पुनः अपने कर्मनिष्ठ प्रयासों से, व्यक्ति अपने साथ-साथ आगे भी बहुत कुछ बेहतर करने की संभावना को संजोए रहता है।

धन, संपत्ति और आय अर्जन की दिशा में कर्मठता, एकाग्रता, अनुशासन और निष्ठा के साथ निरंतरता आवश्यक है। तभी व्यक्ति स्वयं को विपरीत आर्थिक परिस्थितियों से निकाल सकता है। कर्मा अकाउंट के योगदान से ही व्यक्ति का यह अस्तित्व है, और इस अस्तित्व का आगे के लिए क्या योगदान हो सकता है–यह विचार व्यक्ति को सोचने के लिए प्रेरित करता है। हमारे विचार हमें आर्थिक रूप से सशक्त बनाने की दिशा में प्रकाश पुंज हैं, जो हमें आर्थिक मज़बूती के लिए मार्गदर्शन प्रदान करते हैं।

धन की बचत अत्यंत आवश्यक है, क्योंकि विपरीत समय और परिस्थितियों में वही हमारा पहला मित्र होता है। इसमें कोई दो राय नहीं कि धन, संपत्ति और आय का प्रवाह व्यक्ति को एक मज़बूत स्थिति में

बनाए रखता है। व्यक्ति को धन-संपत्ति और आय की दृष्टि से निरंतर बेहतर कार्यों का चुनाव करना चाहिए, क्योंकि यह स्थिति उसकी रक्षा का ढाल और कवच बनती है–एक ऐसा ढाल और कवच जो मानसिक और भौतिक रूप से खुशहाली, शांति और चिंता-मुक्त जीवन प्रदान करने में सहायक होता है।

व्यक्ति को धन-संपत्ति तथा आय प्रवाह उत्पन्न करने के लिए निम्न बातों को सदैव ध्यान में रखना चाहिए :

1. अच्छी आदतें अपनाएँ।
2. सूर्योदय से पहले जागें।
3. सुबह-सुबह टहलना चाहिए।
4. प्रत्येक सुबह आशावादिता के साथ शुरुआत का ध्येय रखें।
5. व्यक्ति आशावाद और खुशी के साथ अपनी वास्तविक क्षमता को और अधिक उत्पादक बना सकता है।
6. प्रत्येक सुबह जीवन का अस्तित्व उत्साह, साहस, धैर्य, प्रतिबद्धता, लगन और जीवटता के साथ निरंतर एकाग्रतापूर्वक प्रयास का ध्येय होना चाहिए।
7. धन-संपत्ति और आय प्रवाह उत्पन्न करने के लिए वित्तीय अनुशासन को भी प्रमुखता और कर्मठता के साथ बनाए रखना चाहिए।
8. जब जो कार्य करें, मन लगाकर करें–चाहे वह अध्ययन हो, ध्यान हो या कोई भी बेहतरीपूर्ण कार्य। यह एक उपयोगी तथ्य है कि "जो भी करो, मन लगाकर करो।" आय अर्जन, बचत, निवेश और बेहतर कार्य प्रणाली का निरंतर अनुसरण करना उतना ही प्रभावी बनाना चाहिए।
9. अनुशासन को जीवन में महत्व दें, विशेष रूप से वित्तीय अनुशासन को।
10. आय में वृद्धि के साथ बचत और निवेश के प्रतिशत में निरंतर बढ़ोतरी होनी चाहिए। दूसरे शब्दों में, शुरुआत में यह प्रतिशत 1% से शुरू होकर क्रमशः 10%, फिर 20-30% तक हो तो बेहतर है।

11. आर्थिक उन्नति के प्रारंभिक स्तर पर व्यक्ति के उपभोग में कुछ कटौती हो सकती है, और जब उसके पास आय स्रोत न हो, तो वह पूर्व बचत या प्रदत्त आय पर निर्भर रहता है। जीवन के आय अर्जन काल व मध्यावस्था में जो व्यक्ति अपने आय स्तर को सुदृढ़ कर लेता है, उसका उपभोग और खर्च बढ़ जाता है। वृद्धावस्था में जब आय स्रोत घटता है, तो खर्च में स्वाभाविक रूप से कटौती करनी होती है।

12. यदि किसी व्यक्ति के पास व्यक्तिगत आय स्रोत नहीं है, तो उसे अपने व्यक्तिगत खर्च अनावश्यक रूप से न बढ़ाकर दूसरों पर आर्थिक बोझ नहीं डालना चाहिए, जिससे प्रदाता व्यक्ति को कठिनाइयों का सामना न करना पड़े।

13. आय अर्जन की क्षमता आज नहीं तो कल स्वयं में विकसित कर ही लेनी चाहिए। यह जीवन के लिए लाभकारी है। साथ ही, बचत और निवेश की समझ विकसित करना भी प्रत्येक व्यक्ति के वर्तमान और भविष्य दोनों के लिए आवश्यक है।

14. जो व्यक्ति भविष्य के प्रति दूरदृष्टि नहीं रखता, विशेषकर आय, बचत और निवेश की दृष्टि से, उसका भविष्य कष्टमय हो सकता है। वह अतीत में जाकर सुधार नहीं कर सकता, अतः समय रहते जागरूकता अपनानी चाहिए। अतः कम से कम आय वाले व्यक्ति को भी कुछ न कुछ बचत या निवेश अवश्य करना चाहिए, ताकि भविष्य में आर्थिक आधार मज़बूत बना सके–बिना पछतावे के और स्वाभिमान के साथ।

15. एक पीढ़ी से दूसरी पीढ़ी में आय, बचत और निवेश की दिशा में बेहतर विकास के लिए जागरूक और सक्रिय बनना चाहिए। इससे जीवन सुखमय, शांतिमय और उत्साहपूर्ण बनेगा।

16. अच्छा स्वामी या अच्छा रिश्तेदार कहलाने की बात अक्सर रुपए-पैसे पर आकर टिक जाती है। आय प्रवाह ही केंद्र बिंदु बन जाता है। किसी को अच्छा रिश्तेदार कहा जाए, लेकिन यदि आर्थिक योगदान या सहयोग न हो, तो वह भावना अधूरी रह जाती है। यदि आप अपने स्टाफ के लिए अच्छे स्वामी हैं, तो आपको उसे समय पर वेतन देना

होगा, या कम से कम तय आय प्रवाह सुनिश्चित करना होगा। सेवक को भी वही मूल्य दिया जाता है, जिसकी वह अपेक्षा करता है। अंततः सारी बातें घूम-फिरकर रुपए-पैसे पर ही टिकती हैं।

17. व्यक्ति के कई कार्य रुपए-पैसे पर निर्भर होते हैं। कई व्यक्तिगत कार्य केवल आर्थिक अभाव के कारण रुके रहते हैं। सभी प्रयास अंततः समस्या के समाधान हेतु होते हैं और केंद्र में आर्थिक संसाधन ही होते हैं–चाहे प्रत्यक्ष हों या अप्रत्यक्ष।

18. दो परिवारों के बीच रिश्तेदारी भी कई बार धन-संपत्ति और आय के आधार पर तय होती है। इससे इनकार नहीं किया जा सकता कि रिश्ते-नाते भी कहीं न कहीं आर्थिक स्थिति से प्रभावित होते हैं। कोई व्यक्ति किसी को छोड़ देता है या जुड़ाव बनाए रखता है–यह भी कई बार हैसियत पर निर्भर होता है।

19. पाई-पाई जोड़ने वाला मेहनती व्यक्ति भी कभी न कभी स्थितियों में परिवर्तन ला सकता है। धन अर्जन एक निरंतर प्रक्रिया है, क्योंकि खर्च और उपभोग भी निरंतर होते रहते हैं।

20. यदि कोई व्यक्ति अपने आय अर्जन काल के बाद भी जीवन की प्रत्याशा रखता है, तो उसे निस्संदेह प्रगतिशील सोच और "संतोषम् परम धर्मः" की भावना के साथ बचत और निवेश की दिशा में पहले से ही सही मार्ग अपनाना चाहिए। साथ ही परिवार में सामंजस्य बनाए रखना चाहिए, अन्यथा वही व्यक्ति अपने ही परिवार में दुविधा और अशांति का कारण बन सकता है। कुल मिलाकर, धन-संपत्ति तथा आय के लिए आत्मसम्मान को प्राथमिकता देते हुए, अपने आचार-विचार में संतुलन रखते हुए, जीवन में सकारात्मक परिवर्तन को स्वीकार करना चाहिए–ना कि अपने परिवार के लिए उलझन और तनाव का कारण बनना चाहिए, जो अंततः आर्थिक केंद्रबिंदु के चारों ओर ही घूमता है।

21. व्यक्ति की पढ़ाई कभी न कभी, विशेषकर कठिन समय में, काम अवश्य आती है। अतः अध्ययन काल में पढ़ाई को मन लगाकर और पूरी गंभीरता से करना चाहिए, क्योंकि एक निश्चित उम्र या अवस्था के

बाद कोई नहीं कहेगा "पढ़ो।" जो व्यक्ति ठीक से पढ़ाई नहीं करता या औसत से भी नीचे रह जाता है, वह बाद में स्वयं ही यह कहता है, "अगर मैं ठीक से पढ़ लेता, या थोड़ा और पढ़ लेता, तो आज मेरी स्थिति बेहतर होती।" अधिकांश सफल लोगों की सफलता का आधार मन-मस्तिष्क की शक्ति, अर्थात बुद्धि और विवेक होता है, और यह अध्ययन का ही प्रभाव है।

22. वृद्धावस्था और संकुचित मानसिकता का दायरा व्यक्ति को स्वार्थी प्रवृत्ति की ओर ले जा सकता है। ऐसी स्थिति में व्यक्ति अपने ही परिवार में अव्यवस्था और स्वार्थ को प्राथमिकता देकर, पारिवारिक जीवन में स्वयं से अधिक अन्य लोगों के जीवन में अशांति उत्पन्न कर सकता है।

    वृद्धावस्था में व्यक्ति अपने स्वार्थ में अधिक डूब सकता है। यह प्रवृत्ति कुछ गिने-चुने व्यक्तियों में होती है, लेकिन यदि इस स्वभाव में समय रहते सुधार न हो, तो वह परिवार को बिखरा सकता है।

23. जिस दिन आपका पर्स खाली हो, बैंक में बैलेंस न हो, और कहीं से कोई आय प्रवाह न हो रहा हो–और यह स्थिति यदि दो-चार दिन तक बनी रहे–तो यह कैसी अनुभूति देगा? भले ही आप पहले कभी गंभीर आर्थिक संकटों से गुज़रे हों, तथापि वर्तमान में आय प्रवाह का रुक जाना एक पीड़ादायक अनुभव होता है। ऐसी स्थिति में मन में चिंता और बेचैनी उठती है–यूँ कहें कि मन शांत नहीं रह पाता। इसलिए व्यक्ति को आत्मसम्मान से जीवन व्यतीत करने के लिए पर्याप्त धन-संपत्ति और स्थायी आय प्रवाह का स्तर होना आवश्यक है। व्यक्ति तभी अपनी ही नज़रों में सम्मान पा सकता है, जब वह आर्थिक रूप से संतोषजनक स्थिति में हो। प्रत्येक व्यक्ति को अपनी दृष्टि में उत्कृष्ट और आत्मसंतुष्ट दिखने के लिए कम से कम आय अर्जन हेतु कोई न कोई सकारात्मक कार्य अवश्य करना चाहिए।

24. शारीरिक और मानसिक रूप से परिश्रमी व्यक्ति का "स्वास्थ्य धन" अच्छा होता है। जो व्यक्ति भौतिक और मानसिक मेहनत के साथ आध्यात्मिक प्रवृत्ति भी रखता है, वह स्वयं को मज़बूत बनाता है और

स्वास्थ्य को बेहतर बनाए रखता है। सभी गुणों में सबसे श्रेष्ठ गुण आचरण होता है, लेकिन उसके साथ स्वास्थ्य धन का भी कम महत्व नहीं है। "धन खोया तो कुछ नहीं खोया, लेकिन स्वास्थ्य खोना बहुत बड़ा नुकसान है" और उससे भी बड़ा नुकसान तब होता है जब व्यक्ति चरित्र खो देता है। जैसा कहा गया है, "जान है तो जहान है" और इससे भी अधिक मूल्यवान है चरित्र।

एक बुजुर्ग महिला कुक की कहानी

एक महिला कुक घरों में खाना बनाने का कार्य करती थी। वह भौतिक रूप से असामान्य थी, फिर भी व्यवहार-कुशल थी। वह अपने परिवार के साथ गाँव से निकलकर दूसरे राज्य में लगभग 15 वर्षों तक रही और फिर वापस अपने राज्य के शहरी इलाके में आकर बस गई। वह व्यवहार में कुशल थी, लेकिन उम्र अधिक होने के कारण उसकी कार्य-गति थोड़ी धीमी थी। जिस परिवार में वह कार्यरत थी, वह परिवार व्यवहार को प्राथमिकता देता था और वह वहीं कार्य कर रही थी।

एक दिन उस परिवार की सबसे बड़ी सदस्य ने कहा, "तुम्हारा काम तो हमें ही करना पड़ता है, ऐसे कैसे चलेगा?"

इस बात को सुनकर उस महिला कुक को अच्छा नहीं लगा। अगले दिन सुबह उसने फोन पर कहा कि तबीयत ठीक नहीं है, और काम छोड़ दिया। कुछ दिन बाद वह आकर अपनी बकाया राशि लेकर चली गई। इस तरह, यह बात समझने योग्य है कि कुछ कार्य केवल रुपया-पैसा के बल पर नहीं कराए जा सकते–लोगों को जोड़कर रखना पड़ता है। मालिक होने के नाते स्टाफ या घरेलू सेवकों के साथ ऐसा स्वभाव बनाए रखना चाहिए, जिससे उन्हें भी सम्मानजनक व्यवहार का अनुभव हो।

प्रतिबद्धता दोतरफा होती है, एकतरफा नहीं। बहुत से सेवक ऐसे होते हैं जो अपने स्वामी के साथ लंबे समय तक बने रहते हैं–कारण यह है कि उन्हें कहीं और वैसा व्यवहार नहीं मिलता जो उन्हें पहले स्थान पर मिल रहा होता है। कई बार कोई व्यक्ति किसी स्थान पर केवल इसलिए काम करना छोड़

देता है क्योंकि वहाँ का व्यवहार उसे असहज करता है, और वह दूसरी जगह चला जाता है। प्रत्येक व्यक्ति अच्छे व्यवहार की अपेक्षा करता है–चाहे वेतन समान हो या थोड़ा कम/ज़्यादा हो, वह वहीं टिकता है जहाँ वह सम्मान और सहजता महसूस करता है, न कि जहाँ वह विचलित हो।

कार्य तो करना ही होता है, लेकिन अच्छे वातावरण में व्यवहार-कुशलता का भी उतना ही महत्व होता है। वहीं दूसरी ओर, यदि आप अपने परिवार, स्टाफ या सेवक को आय प्रवाह या रुपया-पैसा से सहायता नहीं करते हैं, तो यह उचित नहीं है। अंततः, बहुत कुछ रुपए-पैसे पर ही टिका होता है–स्टाफ को वेतन देना पड़ेगा और परिवार को आर्थिक सहायता देना आपका दायित्व होता है।

वर्षा ऋतु और रिक्शावाला

एक व्यक्ति मूसलाधार वर्षा वाले दिन अपने काम से लौटते समय रिक्शा ले लिया। घर पहुँचने तक रिक्शावाला और वह व्यक्ति दोनों पूरी तरह भीग चुके थे। जब वह व्यक्ति अपने घर पहुँच गया, तो उसने रिक्शावाले से कहा, "थोड़ा रुको, मैं कपड़े बदलकर आता हूँ।" वह व्यक्ति भीगे हुए कपड़ों में अपना पुराना कपड़ा ढूँढने लगा। पाँच-दस मिनट बाद वह व्यक्ति हाफ शर्ट और पैंट का एक जोड़ा, और रिक्शा का किराया लेकर बाहर आया। उसने कहा, "लो, यह सूखा कपड़े। तुम्हारे कपड़े भी पूरी तरह भीग चुके हैं।" अब तक देने वाला व्यक्ति भी भीगी अवस्था में ही था। यह देखकर रिक्शावाले ने कहा, "भाई, तुम बहुत अच्छे आदमी हो" और हाथ जोड़ते हुए बोला, "मुझे मेरा भाड़ा ही दे दीजिए।" और वह केवल रिक्शा का किराया लेकर चला गया।

यहाँ यह विचार योग्य है कि रिक्शावाला और सवारी, दोनों में किसका व्यवहार अधिक अच्छा था।

रिक्शा पर आने वाला व्यक्ति अपने अच्छे स्वभाव के कारण पहले दूसरे के बारे में सोचता है। वहीं दूसरी ओर, रिक्शावाले ने सोचा, "मैं सूखे कपड़े क्यों लूँ?" क्योंकि उसे तो अपने काम का परिश्रमिक मिल ही रहा था।

वह सोचता है कि घर जाकर सब ठीक कर लेगा। और वह अपने घर की ओर निकल गया।

यह प्रसंग व्यक्ति को सोचने के लिए विवश करता है कि–व्यक्ति का अच्छा स्वभाव और रुपया-पैसा या धन–इनमें वास्तव में उँचाई पर कौन होता है? वास्तविक धन जीवन में क्या है? क्या वह व्यक्ति का आचार-व्यवहार और आचरण है या भौतिक धन-संपत्ति और आय प्रवाह?

आय प्रवाह एवं भौतिकवादिता

कुछ वर्ष पहले–यानी नेट क्रांति से पूर्व, कोरोना काल के पहले तथा नोटबंदी से पहले की अवस्था में–और अब तक के बीच में बहुत कुछ बदल चुका है। आर्थिक दृष्टि से पैसे का अर्जन और व्यय, दोनों के आधार पर हम बहुत तेजी से नई आर्थिक दिशा की ओर बढ़ रहे हैं। पैसे का महत्व जीवन-निर्वाह के लिए पहले की तुलना में कहीं अधिक बढ़ गया है। आज लोगों को, 10-15 वर्ष पूर्व की तुलना में, अधिक आय प्रवाह चाहिए, और जीवन में उपभोग पर खर्च भी बढ़ गया है।

आज के समय में अधिक आय प्रवाह की आवश्यकता महसूस की जा रही है। हम भौतिकवादिता की ओर तेजी से बढ़ रहे हैं, और सुख-सुविधा व रहन-सहन के स्तर में हर जगह सुधार दृष्टिगोचर हो रहा है। इसका प्रभाव गाँवों की ओर भी धीरे-धीरे फैल रहा है। आज लोगों के लिए जीवन यापन हेतु आय प्रवाह का ठीक-ठाक स्तर में होना अपरिहार्य हो गया है। 10–15 वर्ष पहले बच्चे अपने माता-पिता को आर्थिक निर्णयों में प्रभावित नहीं करते थे, परंतु आज के समय में बाजार का राजा या उपभोक्ता आधिपत्य का केंद्र बच्चे बन गए हैं। बच्चों को भी अब मार्केटिंग रणनीतियों में ध्यान में रखा जाता है।

उपभोक्ता अधिपत्य का अर्थ है–बाजार में उपभोक्ता की पसंद को प्राथमिकता देना। उदाहरण के लिए : जब माता-पिता/दंपत्ति कार खरीदने जाते हैं, तो बच्चा जिस मॉडल को पसंद करता है, उसमें जाकर बैठ जाता है और उतरता नहीं–क्योंकि उसे वही मॉडल पसंद आता है। अंततः माता-पिता उसी मॉडल को खरीद लेते हैं। आज माता-पिता के आर्थिक निर्णयों में,

विशेषकर आर्थिक निवेश से पहले, बचत से पहले, और आय स्थिति निर्धारण में भी संतान की भूमिका पहले की तुलना में कहीं अधिक निर्णायक हो गई है–क्योंकि पारिवारिक उपभोग की प्रवृत्ति और आय, दोनों में वृद्धि हो रही है। हालाँकि बचत और निवेश में बढ़ोतरी आय की वृद्धि की तुलना में थोड़ी कम ही रहती है। अतः यह भी स्पष्ट है कि आय में वृद्धि के साथ-साथ उपभोग व्यय कहीं अधिक तेजी से बढ़ रहा है।

वर्षा ऋतु में भी उस खेत में फसल की बुवाई होती है, जिसकी जुताई-निराई कर पहले से तैयारी कर ली जाती है। आज कृषि में भी आधुनिक कृषि यंत्रों–जैसे ट्रैक्टर–के प्रयोग को बढ़ावा मिला है। किन्तु ग्रामीण क्षेत्रों में आर्थिक मज़बूती के अभाव के कारण कृषक आधुनिक कृषि यंत्रों की ऊँची कीमत तथा रख-रखाव की असुविधा के चलते दुविधा में रहते हैं। ऋण लेकर खरीद भी लिया जाए, तब भी उनका उपयोग कर पाना कठिन प्रतीत होता है।

बिना तैयारी के फसल नहीं बोई जा सकती, ठीक उसी तरह आय प्रवाह की फसल, जो कि धन-संपत्ति के रूप में होती है, उसके लिए भी पूर्व तैयारी करना आवश्यक होता है।

छोटे-छोटे आय प्रवाह स्तर के कार्य अधिक समय नहीं लेते, जबकि बड़े स्तर का आय प्रवाह अधिक समय की माँग करता है। आय प्रवाह की स्थिति उसकी अच्छी होती है–जो इसके लिए रूपरेखा तैयार करता है, सोचता एवं विचार करता है, जागरूकता पूर्वक कर्म करता है, और परिश्रमी प्रवृत्ति को अपने व्यक्तित्व का आवरण बना लेता है। जो साहस और उत्साह को साथी बना लेता है, वह निरंतर उन्नति के लिए प्रयास करता रहता है। यह सत्य प्रतीत होता है कि प्रत्येक वह व्यक्ति, जो धन-संपत्ति और आय प्रवाह की दृष्टि से बेहतर स्थिति की ओर अग्रसर है, या स्वयं को बेहतर मानता है–वह कभी न कभी विपरीत आर्थिक स्थिति में जीवन व्यतीत कर चुका होता है। वह जागरूकता और सतर्कता से अपने पुरज़ोर प्रयासों को निरंतर जारी रखता है, ताकि पूर्ववर्ती अवस्था में परिवर्तन ला सके।

मानव जीवन में प्राचीन काल, मध्य काल से लेकर आधुनिक काल तक की उपलब्ध सुख-सुविधाएँ उसी निरंतर प्रयास का परिणाम हैं। हमारी ज्ञान

परंपरा अत्यंत समृद्ध रही है, और आज उसी ज्ञान परंपरा को आधार बनाने की आवश्यकता मानी जा रही है। ज्ञान परंपराएँ हमें हर दृष्टि से संवृद्ध और मज़बूती प्रदान करने में सक्षम हैं–और आर्थिक दृष्टि तो उनका अभिन्न अंग रहा है।

वित्तीय स्थिति उसकी बेहतर होती है, जो फसल के खेत की तरह उसकी रूपरेखा पर कार्य करता है, और निरंतर लगा रहता है। फसल या खेती में मौसम के अनुसार सभी तैयारियाँ की जाती हैं। खेत अपने आप तैयार नहीं होता, बल्कि खेत में खरपतवारअपने आप उग आते हैं। इसलिए समझ-बूझ के साथ कार्यरत रहना पड़ता है। जो व्यक्ति यूँ ही पड़ा रहे, और स्वयं को वित्तीय फसल प्राप्त करने हेतु तैयार न करे, आय अर्जन की उम्र में मेहनत न करे–तो उसकी स्थितियाँ अपने आप कितनी सुदृढ़ हो सकती हैं?

कहा जाता है कि यदि कोई व्यक्ति अपनी आगामी पीढ़ी को आर्थिक मज़बूती देने की बजाय गुण, कर्मठता और विशेष प्रतिभा दे दे–तो वह संतान उसी आधार को और अधिक मज़बूत करती हुई, बेहतर परिणाम दे सकती है।

व्यक्ति में वित्तीय लक्ष्य निर्धारित करने की स्पष्टता होनी चाहिए। यदि व्यक्ति महत्वाकांक्षी हो, तो मज़बूत आर्थिक स्थिति और बेहतर वित्तीय सुदृढ़ता भी उसी का एक हिस्सा बनती है। वित्तीय सुदृढ़ता के लिए, समय-समय पर और समय की धारा में चलते हुए, नवाचार या नई-नई तकनीक और ज्ञान को भी अपनाना आवश्यक होता है।

कुछ व्यक्तियों की स्थिति को उदाहरणस्वरूप देखा जा सकता है– वे एक ही तरह का कार्य करते हैं, समान वेतन प्राप्त करते हैं, लेकिन व्यय में भिन्नता होती है। कुछ लोग अपनी बचत को केवल पारंपरिक पद्धतियों तक ही सीमित रखते हैं–क्योंकि उन्हें जागरूक होना, वित्तीय समझ विकसित करना, और अपना समय निवेश करना कठिन लगता है। वास्तव में, ऐसे लोग आर.डी , एफ.डी , एल.आई.सी जैसी परंपरागत योजनाओं में ही निवेश करना पर्याप्त समझते हैं। बहुत समय बीत जाने पर भी, कई लोग अपनी वित्तीय अज्ञानता से अवगत नहीं हो पाते हैं। जब कोई परिचित उन्हें कुछ

जानकारी देने की कोशिश करता है, तो आय, व्यय, बचत और निवेश पर बोलना-सुनना उन्हें तार्किकता से परे लगता है।

यदि किसी व्यक्ति को अपनी आर्थिक स्थिति को निरंतर बेहतर बनाना है, तो उसे ज्ञान और जागरूकता के साथ -साथ आय प्रवाह में बढ़ोत्तरी हेतु कार्य करना अत्यंत आवश्यक है। एक परिचर्चा में एक एल.आई.सी. पॉलिसी के साथ सिस्टमेटिक इन्वेस्टमेंट प्लान (SIP) का लाभ, और मार्केट या शेयर बाज़ार की मज़बूती को समावेश करते हुए एक प्रस्तुति दी गई थी–परंतु वह पर्याप्त नहीं थी।

समाज में उस व्यक्ति का अधिक वजन (महत्त्व) होता है जिसके पास अधिक धन होता है। जो व्यक्ति अमीर होते हैं, उनके लिए और अमीर बनना अपेक्षाकृत आसान होता है, क्योंकि वे उपलब्ध धन-संपत्ति तथा आय प्रवाह को फसल के बीज की तरह अधिक फसल प्राप्त करने के लिए प्रयोग करते हैं। और जो अमीर नहीं हैं, अर्थात जो पैसों की कमी से जूझ रहे होते हैं, उन्हें "अमीरपुर" जाने के लिए सही दिशा में प्रयत्न करने की आवश्यकता होती है–और यह दिशा धन-संपत्ति, आय प्रवाह, तथा बचत-निवेश से संबंधित निर्णयों की होती है।

बेहतर धन-संपत्ति व आय प्रवाह के लिए व्यक्ति के धन-संबंधी व्यवहार में अच्छी आदतें, जागरूकता, ज्ञान को निरंतर बढ़ाने की प्रवृत्ति, दूरदर्शिता, तथा बचत-निवेश के उत्पादों में कैसे और कितना बाँटवारा करना है–ये सभी बातें महत्वपूर्ण होती हैं। और यह भी बहुत महत्वपूर्ण है कि व्यक्ति रियल एस्टेट में अपने आय प्रवाह को निवेश करता है या नहीं। एक समान स्तर की आय प्राप्त करने वाले लोग भी निवेश तथा दूरदर्शिता की वजह से आगे निकल जाते हैं। रियल एस्टेट की पेचीदगियों को संभालना सभी के वश की बात नहीं है। वैसे लोग जिनमें ज्ञान, जागरूकता, दूरदर्शिता, तथा अपने मन की गति को नियंत्रित करने की क्षमता होती है–उनके लिए शेयर मार्केट एक अच्छा विकल्प हो सकता है।

एक व्यक्ति, जो किसी प्रतिष्ठित परिचित से कहता है कि "पैसा तो मैंने भी उतना ही कमाया है जितना कि एक अच्छा पद और प्रतिष्ठा में रहकर

कमाया जा सकता है।" वह व्यक्ति Q, रियल एस्टेट में अपनी कमाई के आधार पर यह तर्क दे रहा था तथा वह अपनी शिक्षा के माध्यम से पद और प्रतिष्ठा प्राप्त करने के लिए एक समय में लगनशील था, परंतु पारिवारिक कारणों से उसने अपने करियर की दिशा बदल ली। उस व्यक्ति Q को इस बात का मलाल था कि लोग उसे उस दृष्टि से नहीं आंकते, जैसे किसी पद-प्रतिष्ठा वाले व्यक्ति को आंका जाता है। सिर्फ धन-संपत्ति तथा आय प्रवाह वह सम्मान समाज में नहीं दिलाते जो महत्वाकांक्षा और महत्वाकांक्षी व्यक्ति को प्राप्त होता है।

आगे वह (Q) कहता है कि धन-संपत्ति तथा आय प्रवाह बहुत कुछ होते हैं, परंतु सब कुछ नहीं। इस संदर्भ में, यदि कोई व्यक्ति धन-संपत्ति और आय प्रवाह से तो धनी है, परंतु उसे पद-प्रतिष्ठा या उच्च शिक्षा प्राप्त नहीं हुई, तो भी यदि वह समाज से जुड़ाव रखकर कुछ कार्य समाज हित में करे, तो समाज ऐसे व्यक्ति को स्वतः सम्मान देना शुरू कर देता है। ऐसा कहा और सुना जाता है कि जो व्यक्ति पढ़ाई में टॉपर रहा हो, यह आवश्यक नहीं कि वह जीवन की दौड़ में भी सफल हो; और इसके विपरीत, जो औसत या टॉपर नहीं भी रहे हों, वे जीवन की दौड़ में सफलता का ऐसा स्तर तय कर देते हैं कि टॉपर व्यक्ति भी 5-10 वर्ष बाद आश्चर्यचकित हो जाता है। व्यक्ति के जीवन में पढ़ाई-लिखाई के साथ कुछ बेहतर या विशिष्ट कर गुजरने की प्रतिबद्धता और जुनून, उसे जीवन की बेहतरी की दिशा में दृढ़ता प्रदान करते हैं – जिसे हम मन और मस्तिष्क की शक्ति भी कह सकते हैं। व्यक्ति में यह शक्ति, यह मन-मस्तिष्क कब और कैसे जागृत हो जाए – इसकी परिकल्पना उस व्यक्ति या किसी अन्य द्वारा पूर्व में कर पाना संभव नहीं होता। औपचारिक और अनौपचारिक शिक्षा के साथ किसी भी क्षेत्र में एक या अधिक प्रकार की दक्षता और कुशलता, व्यक्ति को आत्मसम्मान के साथ जीवन जीने में सहायक होती है।

प्रत्येक व्यक्ति के उद्देश्य एवं लक्ष्य स्पष्ट होने चाहिए कि वह धन-संपत्ति को अपनी आवश्यकता क्यों मानता है और उसके लिए कौन-कौन से रास्ते व मार्ग तय कर सकता है। क्या वह यह सब आत्मसम्मान के लिए करना चाहता

है, या मानव होने के कारण कुछ तरह के कार्य करना उसका लक्ष्य है? इसके अतिरिक्त, वह आराम से, अर्थात बिना कार्य किए, जीवन व्यतीत करने का विकल्प भी चुन सकता है। ऐसा क्या है जो वह जीवन में परिश्रमी प्रवृत्ति को अपने लिए चुने? परिवार में ऐसा कोई न कोई विकल्प तो होगा ही कि कम से कम या थोड़ा ठीक स्थिति में जीवन व्यतीत हो सके। फिर ऐसा कौन-सा तथ्य है जो व्यक्ति में यह भाव उत्पन्न करता है कि वह अपनी अच्छी आर्थिक स्थिति की बेहतरी की दिशा में वैसा कार्य करे जैसा मानव पूरी शक्ति लगाकर करता है?

यहाँ एक व्यक्ति की चर्चा करते हैं जो कृषक की संतान था। वह पढ़ाई-लिखाई में, ग्रामीण परिवेश में रहकर भी, टॉपर्स में आता था। जान-पहचान के बहुत से लोग जानते थे कि वह पढ़ाई में बेहतर है, तथापि वह ग्रामीण परिवेश में खेती-किसानी से ही जुड़ा रहता और अपने सब्जी उत्पादन को बेचने के लिए हाट में बैठा मिल जाता। उसके एक परिचित सपरिवार उधर से गुजर रहे थे, उनकी नजर उस पर पड़ी। उन्होंने इसकी चर्चा अन्य परिचितों से की – "देखो न, उक्त X को देखा? उसकी जिंदगी बदहाली में है, कपड़े अनपढ़ किसान जैसे थे, कहीं से उच्च शिक्षित नहीं लग रहा था। जब वह अध्ययनरत था, तब लोग कहते थे कि वह पढ़ाई में टॉपर्स में आता है, उसका तो करियर सेट है। लेकिन आज वस्तुस्थिति विपरीत थी – जीवन में आर्थिक दृष्टि से असफल था, और अन्य मामलों में, विशेषतः पारिवारिक मामलों में भी, स्थिति ठीक-ठाक नहीं थी।"

उक्त व्यक्ति भी आर्थिक विफलता के कारण लोगों से मेलजोल कम रखना चाहता था। जीवन में आर्थिक बदहाली छोटी बात उस व्यक्ति के लिए नहीं होती जिसने वास्तव में आर्थिक बदहाली में जीवन जिया हो। टॉपर्स भी जीवन के अन्य मामलों में बड़े असफल हो सकते हैं। अन्य क्षमताओं को शिक्षा के साथ-साथ महत्व देने से व्यक्ति कम से कम जीवन निर्वाह तो आसानी से कर सकता है। कभी-कभी व्यक्ति की उच्च शिक्षा पद्धति भी मौलिक आवश्यकताओं की पूर्ति नहीं कर पाती – क्योंकि उसमें कौशल या कोई व्यावहारिक योग्यता विकसित नहीं हो पाती जो रोजगारपरक हो, और जिससे व्यक्ति जीवन निर्वाह के लिए स्वयं को सक्षम बना सके। औपचारिक शिक्षा व

अनौपचारिक शिक्षा के साथ, किसी भी क्षेत्र में एक या अधिक तरह की दक्षता व कुशलता व्यक्ति को आत्मसम्मान के साथ जीने में मदद करती है।

एक व्यक्ति अपने घर की बड़ी राशि से होटल बिज़नेस प्रारंभ करने की योजना बनाता है। उसे प्रारंभ में छोटे स्तर से शुरुआत करने की राय एक अनुभवी व्यक्ति द्वारा दी जाती है, किंतु उसे लगता है कि यदि वह इस होटल बिज़नेस में बड़ी राशि लगाएगा, तो कस्टमर को बेहतर सुविधाएँ उपलब्ध करा सकेगा, यह उच्च कोटि का होगा, और अच्छी सर्विस के लिए अच्छी कीमत भी मिल जाएगी। वह कल्पना करता है कि रिटर्न भी अच्छा होगा और लाभ (प्रॉफिट) का स्तर भी बेहतर रहेगा।

परंतु वास्तविकताएँ ठीक वैसी नहीं होतीं। स्टाफ पेमेंट तथा लागत की ठीक-ठाक भरपाई करनी पड़ती है, और वास्तव में स्थिति "ना लाभ, ना हानि" जैसी हो जाती है। ऊपर से अन्य समस्याएँ भी आने लगती हैं, जैसे स्टाफ का पेमेंट, रख-रखाव, दिन-प्रतिदिन का तनाव और वर्किंग आवर के अतिरिक्त अन्य पेचीदगियों को झेलना कठिन हो रहा था। अंततः उसे होटल व्यवसाय बंद करना पड़ता है। उस व्यक्ति के सात लाख रुपये बुनियादी ढांचागत व्यवस्था, मूलभूत सुविधाओं , स्टाफ पेमेंट और अन्य खर्चों में लग जाते हैं और रिटर्न "ना लाभ, ना हानि" – वास्तव में कुछ भी प्राप्त नहीं होता है। बाद में उसे अफसोस होता है कि उसने कहाँ समय और धन लगा दिया। यद्यपि जो आधारभूत व्यवस्था की थी, उसे बेचकर रुपये वापस लिए जा सकते थे – यही कोई 20%। उस व्यक्ति ने कोई निर्णय नहीं लिया और अपने प्रोजेक्ट को कुछ समय के लिए रोक दिया, ताकि आगे रिसर्च आधारित कदम उठा सके और अनुभव से प्राप्त ज्ञान से पुनः प्रयास कर सके। उसके घरवालों की बातें उसके ध्यान में आती हैं – जैसे कि एकदम छोटी रकम से शुरुआत करें या छोटा-सा स्पेस ही उपयोग करें, ताकि रख-रखाव का खर्च अनावश्यक रूप से न बढ़े। ऐसा नहीं है कि कम पूंजी से आगे नहीं बढ़ा जा सकता।

छोटी शुरुआत से बहुत बेहतर परिणाम भी मिल सकते हैं। होटल व्यवसाय में भी विशिष्टीकरण करना, अर्थात बहुत ज़्यादा तरह के उत्पाद

न रखना – अब एकदम सही लग रहा था। पर अब ज़्यादा लोग उसे यह कह रहे थे कि होटल बिज़नेस ज़्यादातर असफल ही होते हैं, क्योंकि उसके कई परिचितों ने यह व्यवसाय बंद कर दिया था, और उस क्षेत्र में कई होटल व्यवसाय भी बंद दिख रहे थे। इसके बावजूद, उसे विश्वास था कि कोई भी कार्य पूरी तरह असफल नहीं होता – अनुभव मिला, जो कम नहीं था, आगे के लिए।

उपहार या भेंट

व्यक्ति के द्वारा दिया जाने वाला उपहार उसके लगाव और आर्थिक स्थिति – दोनों पर निर्भर करता है। व्यक्ति, निकटस्थ संबंधों में, उपहार के बदले कोई रिटर्न भेंट की अपेक्षा नहीं रखता, और यह किसी के प्रति निस्वार्थ भाव भी हो सकता है। बहुत बार व्यक्ति प्राप्तकर्ता की स्थिति को ध्यान में रखकर भी उपहार देता है – कि आज वह जो उपहार दे रहा है, वह उसके योग्य है या नहीं, या भविष्य में वह उसकी वापसी की योग्यता रखता है या नहीं। कोई भी व्यक्ति, यदि दूसरे व्यक्ति की आर्थिक दृष्टि – अर्थात धन-संपत्ति या आय – में उच्चतर या कमतर स्थिति को देखता है, तो वह कई तरह से प्रभावित होकर ही उपहार या शादी-ब्याह जैसे उत्सवों में भेंट देता है।

एक संभ्रांत महिला बता रही थीं कि किसी बहुत अमीर रिश्तेदार ने उन्हें शादी में बुलाया था। वहाँ बहुत अच्छी व्यवस्था की गई थी और रिटर्न गिफ्ट भी बहुत अच्छा था। तथापि, उन्हें अपनी कमतर स्थिति को लेकर असंतोष का भाव था। आगे उन्होंने कहा, “भले ही सबको बहुत महँगी रिटर्न गिफ्ट दी गई हो, परंतु व्यक्ति उतना ही देता है, जितना वह पुनः रिटर्न में दे सके।” उपहार देने वाले की भावना अच्छी होनी चाहिये – यदि बदले में कुछ न मिले तो भी कोई बात नहीं। कभी-कभी बहुत कम धन-संपत्ति या आय वाला व्यक्ति भी अपनी स्थिति से बेहतर उपहार अपने निकटस्थ या परिचितों को देता है – चाहे वे उससे कमतर हों या बेहतर आर्थिक स्थिति में – और यहाँ पर उसका कोई स्वार्थ नहीं होता।

व्यक्ति परंपरागत निवेश के तरीकों – जैसे आर.डी , एफ.डी , पी.पी. एफ., पोस्ट ऑफिस योजनाओं आदि – को अधिक सुरक्षित मानता है। साथ ही, व्यक्ति की निवेश संबंधी जोखिम लेने की क्षमता भी नहीं बढ़ती, क्योंकि वह परंपरागत निवेश के तरीकों से आसानी से हटना पसंद नहीं करता। परंतु जैसे-जैसे निवेश संबंधी समझ बढ़ती है, व्यक्ति निवेश की दिशा और दशा में आमूलचूल परिवर्तन करता जाता है। यह आवश्यक नहीं कि निवेश के तरीकों में परिवर्तन व्यक्ति के लिए लाभकारी न हो। निवेश के तरीकों में परिवर्तन की प्रवृत्ति लाभप्रद है या नहीं – यह परखने के लिए कुछ वर्षों तक धैर्य रखना पड़ता है, और मूल्यांकन कर आवश्यक हो तो समय-समय पर उसमें सुधार करते रहना चाहिए।

एक प्रसंग के संदर्भ में देखते हैं – एक व्यक्ति ने बड़ी मुश्किल से पाई-पाई जोड़कर एक प्लॉट खरीदा। जीवन में कई उतार-चढ़ाव आए, लेकिन उसने उस प्लॉट या जमीन के टुकड़े को होल्ड कर रखा। आज लगभग उस प्लॉट की कीमत में पाँच गुना वृद्धि हो गई – यह उसकी एक संपत्ति है। इस तरह की वृद्धि शेयर मार्केट या SIP के माध्यम से भी हो सकती है – ऐसा उस अनुभवी व्यक्ति का कथन है। यह पाँच गुना वृद्धि लगभग 12 वर्षों में हुई। परंतु तुलनात्मक रूप में, SIP या शेयर मार्केट को क्रियाशीलता के साथ स्वामित्व में रखना आसान है। दूसरी ओर, प्लॉट को होल्ड कर रखने में कुछ प्रत्यक्ष और अप्रत्यक्ष जटिलताएँ भी होती हैं। इस विषय को और अधिक समझने के लिए किसी अनुभवी व्यक्ति के अनुभव को सुना जा सकता है। एक अनुभवी व्यक्ति का कहना है कि "यदि प्लॉट लेना है, तो जितना जल्दी हो सके, खरीदने के लिए आगे बढ़ जाना चाहिए।" साथ ही, रियल एस्टेट से संबंधित सजगता बनाए रखना भी आवश्यक है।

आय, बचत-निवेश के क्षेत्र में

आज की स्थिति में आमूल-चूल परिवर्तन की प्रवृत्ति दृष्टिगोचर हो रही है। वास्तव में, सभी क्षेत्रों में विविधता की आवश्यकता है, तभी व्यक्ति धन-संपत्ति और आय की दृष्टि से बेहतर स्थिति में निरंतर आगे बढ़ने की दिशा में स्वयं को प्रगति करता हुआ देख सकता है। अनुभवी व्यक्ति का कथन

होता है कि यदि आपका स्रोत ऐसा हो कि रियल एस्टेट में संपत्ति बनाने की दिशा में बढ़ने का ध्येय हो, तो जितना जल्दी संभव हो, शुरुआत कर देनी चाहिए – और समय-समय पर उस पर ध्यान भी देना चाहिए। जब आप स्वयं आय अर्जन के रूप में सोचते हैं, तो निवेश की दिशा में एक सशक्त माध्यम संपत्ति निर्माण भी होता है।

जीवन की जिस भी स्थिति-परिस्थिति में हों, व्यक्ति को अपने आप पर भरोसा रखना चाहिए कि वह अपनी आर्थिक स्थिति में सुधार कर सकेगा। वह कर्म को महत्ता देने वाला हो, अपने कार्य का जिम्मेदार व्यक्ति हो, और प्रतिबद्धता-पूर्ण लक्ष्य की दिशा में निरंतर कार्यशीलता को बल देता हो।

धन-संपत्ति और आय स्रोत पर कार्य की प्रवृत्ति इस प्रकार होनी चाहिए:

"करत-करत अभ्यास के जड़मति होत सुजान,
रसरी आवत-जात ते सिल पर परत निशान।"

धन-संपत्ति एवं आय प्रवाह में स्वतंत्रता – अर्थात वित्तीय स्वतंत्रता – तो अवश्य ही होनी चाहिए। जागरूकता और सतर्कता की प्रक्रियाओं को साथ लेकर चलना चाहिए, तब जाकर प्रौढ़ अवस्था के बाद तक वित्तीय मामलों में किसी पर विशेष रूप से आश्रित नहीं रहेंगे। उक्त श्लोक कर्म, ज्ञान और धन – तीनों पर समान रूप से लागू होता है।

धन, संपत्ति व आय

व्यक्ति अपने आय से बचत-निवेश की दिशा में चलते-चलते संपत्ति का निर्माण कर लेता है। रुपये-पैसे की समझ व्यक्ति को आम आदमी से अमीरी की दिशा में बढ़ाते-बढ़ाते अमीर या धनी अवश्य बनाती है। जब व्यक्ति की आय कुछ भी नहीं होती, तब क्या उसका उपभोग भी शून्य होता है? क्या यह सत्य है? अतः बहुत कम ही सही, बचत-निवेश का सफर आय अर्जन से पहले भी शुरू किया जा सकता है।

जरा ध्यान दीजिए – जब आप बाल्यकाल से आगे बढ़ रहे थे, क्या वास्तव में आपका हाथ खाली रहता था? या कहीं न कहीं कुछ रुपये जो आप "मेरा पैसा" कहते रहे होंगे, गुल्लक में, आपके छोटे से बैग में या किताबों के पन्नों के बीच में रखे होते थे? कभी उन्हें ढूंढने में बड़ी मेहनत करनी पड़ी होगी, और कुछ दिनों के बाद जब वह किताबों से निकलते, तो वह एक प्रकार का विंडफॉल प्रॉफिट (अचानक लाभ) जैसा लगता था।

वर्षों पहले की बात है। बच्चों का एक झुंड खेलने के लिए हरी-हरी घास से फैले वातावरण में, शाम की गोधली बेला में, पानी के जमाव में हाथ-पैर मारते हुए उछल-कूद करता रहता है। उनमें से एक बच्चे की रुपयों की पोटली कहीं गिर जाती है। बहुत खोजने पर भी वह नहीं मिलती। कुछ दिनों बाद जब पास के किसी व्यक्ति को पता चलता है कि वह पोटली एक बच्चे की थी, तो वह उसे वापस कर देता है। परंतु वह व्यक्ति उस जमा पूँजी का लगभग एक चौथाई खर्च कर चुका होता है और शेष वापस करता है। उस बच्चे को बेहद अफ़सोस होता है कि वापस करने वाले व्यक्ति ने उसके पंद्रह रुपये खर्च कर दिए। उसी समूह के दूसरे बच्चे की मानसिक स्थिति भी धन के संदर्भ में विचारणीय थी। वह वर्षों से एक-एक रुपया जोड़कर एक महत्वपूर्ण वस्तु के लिए धन इकट्ठा कर रहा था। कुछ महीनों बाद उसे पता चलता है कि उससे उम्र में बड़ा एक अन्य बच्चा उसके पैसे ले गया, परंतु उसने उसे कभी यह बात नहीं बताई और ना ही पैसे लौटाए। उस घटना को वह बच्चा, जिसका धन गया था, वर्षों तक याद करता रहा।

आगे चलकर, वह बच्चा जिसने पैसे खोए थे, जीवन में उच्च पद और प्रतिष्ठा प्राप्त करता है। जबकि वह बच्चा, जिसने पैसे लेकर लौटाए ही नहीं, उसके सामने कुछ भी नहीं बन पाया। पैसे खोने वाला बच्चा अच्छे और उत्कृष्ट गुणों से भी सम्पन्न था, और उसे रुपयों-पैसे की समझ बाल्यकाल से ही थी। वह बच्चा भी, जिसकी पोटली गिरी थी और जिसे किसी व्यक्ति ने आंशिक रूप से खर्च करने के बाद लौटाया था – वह भी आगे चलकर रुपयों का जतन करने की प्रवृत्ति में रहा, और गरीबी में नहीं रहा। वहाँ से उसकी ज़िंदगी आगे बढ़ गई।

जीवन में सहजता, सुख-शांति, समृद्धि और अच्छा स्वास्थ्य सभी की परिकल्पना होती है – और कहीं न कहीं इसका एक आवश्यक आधार पैसा भी होता है। जीवन में सहजता, सुख-शांति, समृद्धि और अच्छा स्वास्थ्य – यही हर व्यक्ति की परिकल्पना होती है। और इसके पीछे एक आवश्यक कारण कहीं न कहीं "पैसे" की भूमिका होती है।

पैसा भगवान तो नहीं होता, किंतु एक अच्छा मददगार अवश्य होता है। धन-संपत्ति या रुपया-पैसा कई बार व्यक्ति के व्यक्तित्व के आकलन का भी आधार बनता है। कभी-कभी जटिल से जटिल समस्याओं का समाधान रुपया-पैसे द्वारा हो सकता है, बशर्ते हम इसका अच्छा प्रयोग करें। धन-संपत्ति और आय प्रवाह की एक निश्चित गुणात्मक व मात्रात्मक उपलब्धता, व्यक्ति के केवल व्यक्तित्व को ही नहीं, बल्कि उसके जीवन के तौर-तरीकों और जीवन स्तर को भी बहुत हद तक प्रभावित करती है। आज हम तीव्र गति से भौतिकवाद की दिशा में अग्रसर हो रहे हैं। देखा-देखी और दिखावे की प्रवृत्ति बढ़ती जा रही है। आय का स्तर जितना है, उससे अधिक व्यय हो रहा है। आय तो बढ़ रही है, पर उससे भी तीव्र गति से खर्च करने की प्रवृत्ति में वृद्धि हो रही है।

6

संपत्ति बनाने के आसान नियम

- कर्मठता अपने कार्य क्षेत्र में
- लगनशीलता एवं निष्ठा
- अपने कार्य में निरंतरता
- यह स्पष्ट लक्ष्य कि आपको कितनी संपत्ति चाहिए – यह दृष्टिकोण हमेशा बनाए रखें
- धन व संपत्ति से संबंधित नए तथ्यों को स्वीकार करने की जागरूकता
- अपनी पूंजी निर्माण की प्रक्रिया में थोड़ा-थोड़ा ही सही, अतिरिक्त जोड़ने की प्रवृत्ति विकसित करना
- वित्तीय अनुशासन का पालन करना
- अपने लक्ष्यों के प्रति दृढ़ रहना
- कठिन परिश्रम को लक्ष्योन्मुखी बनाए रखना
- अपनी बचत को सही जगह निवेश करना
- निवेश की प्रवृत्ति ऐसी होनी चाहिए जो महँगाई/कीमत वृद्धि को मात दे सके और आवश्यकताओं को पूरा करने की दक्षता व क्षमता भविष्य के लिए सुरक्षित रख सके

म्यूचुअल फंड उद्योग ने चालू वित्त वर्ष (2024–2025) में 81 लाख से अधिक नए निवेशकों के जुड़ने के कारण, निवेश जागरूकता में उल्लेखनीय वृद्धि की

है। म्यूचुअल फंड की मार्केटिंग पद्धति लोगों में 'गरीबपुर' से 'अमीरपुर' की ओर बढ़ने की समझदारी और जागरूकता को बढ़ाने में सहायक सिद्ध हो रही है। दूसरी ओर, मुद्रास्फीति या महँगाई को मात देनेवाली पद्धतियों की एक प्रमुख प्रवृत्ति उभरकर सामने आ रही है, जो धन, संपत्ति और आय का सृजन करती हुई निरंतर बढ़ रही है। वास्तव में, यह पद्धति न केवल हमारी अर्थव्यवस्था को मज़बूती की ओर ले जा रही है, बल्कि रुपये-पैसे की समझ को भी सामान्य समझ रखने वाले व्यक्ति से लेकर दक्ष और प्रयोगात्मक स्तर तक के लोगों को प्रभावित करते हुए आगे बढ़ रही है।

व्यक्ति की आय जैसे-जैसे निम्न स्तर से उच्च स्तर की ओर बढ़ती है, वैसे-वैसे धन-संपत्ति और उच्च आय स्तर की ओर बढ़ने की प्रवृत्ति भी सामान्यतः बढ़ती है। इसके लिए जागरूकता, कर्मठता, लगनशील प्रवृत्ति, प्रगतिशील दृष्टिकोण तथा आर्थिक संकट या संघर्ष के दौर और कठिन समय में भी आगे बढ़ने का साहस आवश्यक होता है। साहस, धैर्य और प्रतिबद्धता – ये सभी अमीरी की दशा को आगे निर्धारित करते हैं। किसी विद्वान ने कहा है – सभी अंडों को एक ही टोकरी में रखकर अपने सिर पर न ढोएँ; ठोकर लगने पर सभी अंडे नष्ट हो सकते हैं। अर्थात, अपने समस्त धन को एक ही स्थान पर निवेश नहीं करना चाहिए। जोखिम को कम करने के लिए अपने धन से और पूंजी या धन-संपत्ति निर्माण के लिए अपनी बचत को अलग-अलग स्थानों पर निवेश करना चाहिए।

शेयर मार्केट, म्यूचुअल फंड और अर्थव्यवस्था

विगत दिनों अखबार में पढ़ने को मिला कि पिछले माह म्यूचुअल फंड में 81 लाख नए निवेशक जुड़े हैं। लोगों में जागरूकता बढ़ रही है। आज लोगों का खर्च और व्यय काफी बढ़ गया है, और भविष्य में यह और भी तीव्र गति पकड़ सकता है। व्यक्ति नियत नौकरी या कार्य के निश्चित वेतन की प्रवृत्ति से रिटायरमेंट तक धन-संपत्ति और आय का निर्माण तो कर लेता है, पर क्या उस समय तक वह उसी अवस्था में रहकर उस धन का खुशी-खुशी उपयोग कर पाएगा – यह आवश्यक नहीं कि प्रकृति ऐसा अवसर सबको दे।

जीवन में सुख-शांति और समृद्धि के लिए स्वस्थ निरोगी काया, परिवार के सभी सदस्यों का स्वास्थ्य, तथा परिवार का अच्छा वातावरण – ये सभी धन-संपत्ति और उच्च आय के सही उपयोग की अनिवार्य शर्त हैं। व्यक्ति को जीवन हँसी-खुशी जीने के लिए सब कुछ टालना नहीं चाहिए। अपने आर्थिक-सामाजिक दायरे में रहकर, कई खर्चों को रोकना अच्छा नहीं होता, क्योंकि यह हमारी खुशहाली का प्रतीक भी होता है। यदि व्यक्ति कर्मठ और दृढ़ प्रतिज्ञ हो, और उसका ध्येय धन-संपत्ति तथा आय का निर्माण हो, तो वह कभी भी कमाई कर सकता है, क्योंकि उसका लक्ष्य स्पष्ट रहता है और वह धीरे-धीरे उसमें लगा रहता है।

ज्ञान व्यक्ति को धन-संपत्ति और आय प्रवाह उत्पन्न करने में सहायता करता है – अतः हमेशा धन संबंधी ज्ञान प्राप्त करते रहना चाहिए। आज शेयर बाजार और म्यूचुअल फंड में निवेश की प्रवृत्ति बढ़ी है। पहले, अर्थात 10–20 वर्ष पहले, वे व्यक्ति भी जो निवेश के लिए धन-संपन्न थे, यह कहते थे कि उन्हें शेयर मार्केट और म्यूचुअल फंड में प्रवेश करना नहीं आता था, और न ही किसी ने उन्हें यह ढंग से समझाना आवश्यक समझा।

जब अर्थव्यवस्था बढ़ती है, तब लोगों में पहले से विद्यमान जागरूकता का उपयोग कुछ निश्चित तरीकों में परिवर्तन के रूप में सामने आता है। वास्तव में, पहले से मौजूद जागरूकता अब प्रयोग की दिशा में कारगर होती प्रतीत हो रही है। हमारी आर्थिक-सामाजिक व्यवस्था में जागरूकता की कमी नहीं है – वास्तव में उन्हें केवल सही दिशा और दशा की आवश्यकता होती है, जो सभी स्तरों पर आमूलचूल परिवर्तन लाने में सहायक सिद्ध होती है। यदि व्यक्ति जागरूक हो, दूरदर्शी और प्रगतिशील अवधारणाओं वाला हो, मेहनती और लगनशील हो – तो यह आवश्यक नहीं कि वह किसी एक पद्धति के अभाव में आर्थिक या अन्य दृष्टि से पीछे रह जाए। वह अपनी निरंतरता के साथ अन्य पद्धतियों से जुड़कर प्रगतिशील स्तर की ओर उन्मुख होता ही है।

व्यक्ति अलग-अलग स्थिति-परिस्थिति में उत्पन्न होता है, तथापि उसकी परिश्रमी व मेहनती प्रवृत्ति, जागरूकता, विवेकशीलता तथा ज्ञान का प्रायोगिक प्रयोग उसे विपरीत परिस्थितियों से निकालकर बेहतर स्थिति की ओर अग्रसर करने में सक्षम बनाता है। किसी ने कहा है – "यदि तुम गरीबी

में जन्म लेते हो तो यह तुम्हारी गलती नहीं है, किंतु यदि तुम गरीबी में ही मर जाते हो, तो यह तुम्हारी गलती है।"

व्यवहार तथा अध्ययन में यह पाया गया है कि परिश्रमी प्रवृत्ति वाला व्यक्ति, यदि ज्ञान और व्यावहारिकता का समावेश करे, तो अत्यंत गरीबी से भी बाहर निकल सकता है। कितने ही लोगों के बारे में सुना गया है कि वे अत्यंत गरीब थे, किंतु उन्होंने गरीबी को मात देकर जीवन में प्रगति की। इस गरीबी के घेरे या चक्र को तोड़ने के लिए व्यक्ति में परिश्रमी प्रवृत्ति, ज्ञान, व्यावहारिकता, सजगता, पैसे की समझ, और व्यवहार का तार्किक तथा प्रगतिशील स्वभाव – ये सभी आवश्यक शर्तें होती हैं।

पैसा कैसा है

पैसा कैसा है – पैसा बचाना या बचत करना आवश्यक है। यही पैसा व्यक्ति को सुरक्षित रखने की शक्ति भी रखता है। धन या रुपया-पैसा कमाना ज़रूरी है। धन, संघर्ष की प्रक्रिया में, व्यक्ति को एक राहत की स्थिति तक ले जा सकता है। जैसे कि यदि किसी व्यक्ति को धन की अत्यधिक आवश्यकता हो और धन न हो – अर्थात जीवन-मृत्यु का प्रश्न सामने हो – तब वही धन भगवान जैसा प्रतीत होता है। धन का महत्व उस समय सर्वाधिक होता है जब उससे किसी के जीवन को सुरक्षित किया जा सके।

धन जीवन में अत्यंत महत्वपूर्ण स्थान रखता है। धन का अभाव व्यक्ति को कष्ट, परेशानियाँ, विपरीत परिस्थितियाँ और संघर्ष को पहाड़-पर्वत जैसे भारी अनुभव के रूप में महसूस कराता है। कभी-कभी व्यक्ति के लिए धन का अभाव, जीवन के सभी रास्तों में एक पहाड़-पर्वत सा अभेद्य स्थिति बन जाता है। ऐसे समय में व्यक्ति अपने धन और ज्ञान की दिशा-दशा से उन उपायों की ओर दृष्टि डालता है, जो उसे राह दिखा सकें। और हाँ, कभी-कभी संघर्ष की प्रक्रिया ही एक विपरीत प्रक्रिया के रूप में व्यक्ति पर ऐसा प्रभाव डालती है कि वह स्वयं को सही दिशा और दशा में ले जाने के लिए प्रेरित और सफल हो जाता है। "– – = +" होता है – अर्थात, माइनस माइनस प्लस हो जाता है।

इस तरह, विपरीत आर्थिक स्थिति भी सही दिशा की ओर चल पड़ती है।

अति त्याज्य है धन का मोह

कुछ व्यक्तियों का स्वभाव अति कृपण होता है – वे एक-एक पाई का हिसाब-किताब रखते हैं और केवल बचत, निवेश तथा आर्थिक वृद्धि पर ही बल देते हैं। ऐसे में वे कहीं न कहीं बहुत अधिक कटौती करते हुए अपने जीवन का संचालन करते हैं।

एक दंपती अपने निजी जीवन में पाई-पाई जोड़कर भविष्य को सुरक्षित करने के लिए सभी आधारभूत सुविधाओं में कटौती करता है – जितनी वास्तव में नहीं करनी चाहिए। उस दंपती का पारिवारिक वातावरण धन की कृपणता की वजह से खुशनुमा नहीं रहता, जबकि उसी आय स्तर के अन्य लोग बेहतर ज़िंदगी जी रहे होते हैं। कल की बेहतरी के लिए आज कृत्रिम कष्ट, कटौती और तर्क हर जगह सही नहीं बैठते। थोड़ा सा विचार करने की आवश्यकता है – यदि धन सामान्य जीवन जीने के लिए पर्याप्त हो, तो क्या अनावश्यक अभाव में जीवन व्यतीत करना सार्थक है?

यदि कोई व्यक्ति अपने परिवार को अति कृपणता की वजह से आवश्यक खर्चों पर भी धन न दे और उन्हें रुला दे, तो यह कहाँ तक उचित है? "पैसा नहीं है! पैसा नहीं है!" – इस रट के साथ यदि वही व्यक्ति स्वयं को मनी मैनेजमेंट का बेहतर कर्ता माने, किंतु आवश्यक अवसरों पर स्वयं ही खर्च करने में कंजूसी करे, तो पत्नी और बच्चों का मन खिन्न हो उठता है।

एक व्यक्ति था जिसके पास अपनी नौकरी द्वारा अर्जित एक फ्लैट, एक गाड़ी और एक अतिरिक्त प्लैट था, फिर भी वह अपने परिवार पर कठोर वित्तीय अनुशासन अपनाता था। राशन में कटौती – "यह मत लो, वह मत लो", "कम से कम खर्च में घर चलाओ" – उसका स्थायी रवैया था। शिक्षा में भी वह अन्य सहकर्मियों की तुलना में कम फीस वाले शिक्षण संस्थानों को प्राथमिकता देता, पत्नी और बच्चों के कपड़े और खानपान में नियंत्रण रखता। घूमना-फिरना, आउटिंग – उसे व्यर्थ और फिजूल खर्च लगता था। पर्व-त्योहारों में भी न्यूनतम खर्च की नीति अपनाना – यूँ कहें कि जीवन के

प्रत्येक क्षेत्र में, जहाँ धन खर्च होता है, वहाँ वह हमेशा एक तय बजट में ही चलता था।

जमा धन या पूंजी व्यक्ति के जीवन संचालन में सहायक होती है – लेकिन कुछ लोगों का यह तत्कालिक खर्चों में अत्यधिक बचत भविष्य के दबाव की ओर ले जाता है। ऐसे में बेहतर होगा कि व्यक्ति आय के अन्य स्रोतों की ओर भी ध्यान दे। जैसे – अपनी जीविका चलाने के नियमित 9 से 5 (या जो भी अवधि हो) के कार्य के अतिरिक्त समय में, किसी रुचि या शौक से जुड़े कार्य, या वह कार्य जो घर के कामों के बाद किया जा सके – ऐसे अतिरिक्त कार्य की खोज करना चाहिए। यदि व्यक्ति उसमें प्रतिदिन कुछ घंटे या मिनट दे सके, तो एक निश्चित समय के बाद उसका परिणाम बेहतर होगा, और आर्थिक दृष्टि से परिवार में सहजता तथा खुशनुमा वातावरण बना रहेगा।

रिटायरमेंट के बाद की खुशी

कहाँ तक सही है कि जीवन में थोड़ा लचीलापन होना भी आवश्यक है? एक व्यक्ति अपने जीवन में पूरा प्रयत्न करता है, और उसकी योजना होती है कि रिटायरमेंट तक बड़ी राशि एकत्र हो जाएगी। इसलिए वह बहुत-सी आवश्यकताओं के अतिरिक्त मनोरंजन, भ्रमण आदि के खर्चों को टालना उचित मानता है, यह सोचकर कि आगे चलकर वह आर्थिक रूप से बहुत मज़बूत होगा और किसी बड़ी आर्थिक उलझन का सामना नहीं करना पड़ेगा। परंतु क्या व्यक्ति का जीवन और उसका स्वास्थ्य उस समय तक यह सब करने की अनुमति देने की स्थिति में होते हैं? और क्या वास्तव में जिम्मेदारियाँ व्यक्ति के जीवन में तब समाप्त हो जाती हैं जब वह रिटायर हो जाता है? धन की आवश्यकता या आय प्रवाह की जरूरत प्रत्येक व्यक्ति को – कम या अधिक – हमेशा बनी रहती है।

पैसे की समझ

यदि किसी व्यक्ति को पैसे की समझ आ जाए, तो वह धन अर्जन (कमाना), आय-बचत, पुनः निवेश, पूंजी निर्माण और अंततः उसे धन-संपत्ति में

परिवर्तित करने की प्रक्रिया को समझ सकता है। व्यक्ति चाहे किसी भी उम्र का हो, यदि युवा अवस्था में ही उसे पैसे की समझ आ जाए, तो यह अत्यंत उत्तम होता है। जो व्यक्ति पैसे की समझ स्वयं में विकसित कर लेता है, वह कमाना और बचाना सीख जाता है – या फिर उस स्थिति में जब आय न भी हो, तब भी वह अपने पॉकेट मनी से कुछ न कुछ बचा सकता है। ऐसा व्यक्ति आगे चलकर बैंकों के माध्यम से धन का संग्रह भी करने लगता है। पैसे की समझ व्यक्ति को यह सिखा देती है कि रुपये-पैसे या धन जीवन के सम्पूर्ण विकास के लिए कितने आवश्यक हैं। आपके आस-पास ऐसे कई लोग मिल जाएंगे जो केवल पैसे कमाना ही नहीं, बल्कि बचाना भी जानते हैं – और ऐसे लोगों के पास धन-संपत्ति रहती ही है।

धन-संपत्ति की उपलब्धता इस बात पर निर्भर करती है कि व्यक्ति की धन के प्रति अवधारणा क्या है। एक कामकाजी युवक अपने घर से निकलकर बड़े शहर में नौकरी कर रहा होता है। कुछ दिनों के लिए उसका परिवार उससे मिलने आता है। उसकी पत्नी सोचती है – "पिछली बार रसोई में बहुत बर्तन थे, अब वे गए कहाँ?" वह सोच ही रही होती है कि उसका पति पूछता है, "क्या हुआ?" पत्नी क्रोधित होकर कहती है, "बर्तन कहाँ गए?" पति हँसते हुए कहता है, "वो तो बाथरूम में हैं।"

वह अपने पति को एक ओर हटाते हुए बाथरूम का दरवाजा खोलती है और झाँकती है – तो देखती है कि दरवाजे से शुरू होकर पूरे बाथरूम में गंदे पानी में डूबे बर्तन पड़े हैं। उसकी पत्नी को चाय बनानी होती है। वह एक बर्तन उठाकर गर्म पानी में भिगोती है, कुछ देर बाद उसे विम बार से साफ करती है और दो कप चाय बनाती है। चाय पीते-पीते वह अपने पति से कहती है, "ऐसा कोई करता है?" फिर वह धीरे-धीरे एक-दो दिनों में सारे बर्तन अच्छे से साफ कर देती है। उस युवक को बर्तन साफ करना पहाड़ चढ़ने जैसा लगता था और बर्तन गंदे होने की वजह से काफी समय से होटल में ही खाना खा रहा था। आगे उसकी पत्नी कहती है, "मैंने तो कई मिनटों तक सोचा कि शुरू कहाँ से करूँ, पर बर्तन साफ करना जरूरी था क्योंकि खाना घर पर ही बनाना है।" आपका वेतन और आय का मैनेजमेंट भी कुछ ऐसा ही है।

जब व्यक्ति शुरू-शुरू में बी.पी., शुगर और थायरॉइड जैसी बीमारियों की चपेट में आता है, तो डॉक्टर के निर्देशानुसार खानपान, व्यायाम के साथ दवा लेना शुरू करता है। कहा जाता है कि जब व्यक्ति इस अवस्था में आता है, तो वह आसानी से दवा की आदत में नहीं पड़ना चाहता और घबराता है। उसे यह लगने लगता है कि अब वह उस विशेष दवा का रोगी कहलाएगा, और लोग कहेंगे कि वह उस बीमारी की दवा लेता है। दवा लेने की बजाय न लेना बेहतर समझता है, जबकि परिणाम अक्सर बहुत विपरीत होते हैं – जैसे बी.पी. की वजह से ब्रेन हेमरेज, किडनी फेलियर, या असमय गंभीर स्थिति में जाकर कालग्रस्त हो जाना। जब व्यक्ति जीवित होगा तभी तो किसी चीज़ की दवा का आदी होगा। दवा न लेने का परिणाम जल्दी ही स्पष्ट हो जाता है। दवा लेकर भी व्यक्ति 90 वर्ष से अधिक उम्र तक जीवित रह सकता है।

ठीक इसी तरह, जीवन को व्यवस्थित रखने के लिए बचत, निवेश और आय को व्यवहार में लाने की प्रक्रिया प्रारंभ करनी पड़ती है। बचत कभी भी शुरू की जा सकती है। बचत की मात्रा चाहे छोटी हो, उसकी नियमितता धीरे-धीरे एक बड़ी राशि में बदल सकती है। अब यह बात तेजी से फैल रही है कि यदि बचत की राशि छोटी हो किंतु अवधि लंबी हो, तो इसका प्रभाव बहुत सार्थक हो सकता है। यह बात पहले से ही अपने भीतर एक गहरी सच्चाई समेटे हुए है। जब व्यक्ति किसी नई चीज़ से परिचित होता है, तो शुरुआत में वह कठिन लगती है – ठीक वैसे ही यदि बचत किसी व्यक्ति के लिए एक नई आदत है, तो भी इसे व्यवहार में लाकर जीवन को व्यवस्थित बनाया जा सकता है। वास्तव में, व्यक्ति की बचत प्रवृत्ति एक अच्छा-खासा जमा धन तैयार कर सकती है, जो बिना बचत के संभव नहीं।

बचत नहीं होती

बहुत से व्यक्ति, चाहे उनकी आय का स्तर कुछ भी हो, यदि यह कहते हैं कि “मेरे लिए बचत संभव नहीं है,” तो वे उन सभी विकल्पों को बंद कर देते हैं, जहाँ से बचत की शुरुआत की जा सकती है। एक नवदंपती में पति अपनी पत्नी को कुछ हजार रुपये पॉकेट मनी के रूप में देने की इच्छा जाहिर करता

है, तो पत्नी कहती है कि उसे जो भी जरूरत होती है, वह मिल जाता है – रुपये लेकर क्या करना है?

कुछ वर्ष बाद अचानक मेडिकल खर्चे बढ़ जाते हैं, तब वह सोचती है कि यदि पिछले सात-आठ वर्षों में दिए गए कुछ हजार रुपये को आर.डी या SIP में जमा करती, तो उसके पास आज सात-आठ लाख रुपये जमा होते। अब उसे इन ही खर्चों को जुटाने में बड़ी कठिनाइयों का सामना करना पड़ रहा होता है। वह अपनी गलती पर मन छोटा कर लेती है। जहाँ तक बात मेडिक्लेम की है, वह हर प्रकार के मेडिकल खर्चों का वहन नहीं करता। संबंधित खर्चे कई प्रकार के होते हैं।

समय के साथ की गई छोटी-छोटी बचतें बड़ी राशि बन सकती हैं – यह समझदारी होनी चाहिए। यही बचत सात-आठ लाख रुपये की राशि बनकर आपके आर्थिक विकास में भी योगदान दे सकती है। यह इस बात पर निर्भर करता है कि आप अपनी विवेकपूर्ण सोच और विशिष्टता को किस प्रकार व्यवहार में लाते हैं। व्यक्ति अपनी सहजता और सही विचार से अपनी आर्थिक समस्याओं का समाधान भी बहुत सहजता से कर सकता है।

7

अपना पैसा अपना

व्यक्ति के जीवन में आज कमाई या आय अर्जन के स्रोत बढ़े हैं, अर्थात व्यक्ति के पास पहले की तुलना में ज़्यादा कमाने के तरीके और रास्ते हैं। आय भी लोगों की बढ़ी है, इसलिए व्यक्ति अधिक खर्च करने लगा है। कुछ लोग बिना सोचे-समझे खर्च नहीं करते। सही जगह पर खर्च करना गलत नहीं माना जाता, लेकिन फिजूल में धन और आय का खर्च हो जाना नापसंद किया जाता है। लोगों में आवश्यकता की जगह पर खर्च करने की प्रवृत्ति तो होती है, लेकिन व्यर्थ खर्च को वे कदापि पसंद नहीं करते। ऐसे ही लोग भविष्य में धन-संपत्ति और आय प्रवाह में कुछ महत्त्वपूर्ण योगदान दे पाते हैं।

जो व्यक्ति अपने आय का बिना योजना या अनियमित तरीके से खर्च करता है, उसके लिए बचत का "एक प्रतिशत से दस प्रतिशत" वाला नियम कहीं भी लागू नहीं हो पाता। ऐसे लोगों के जीवन में धन-संपत्ति और आय प्रवाह में उत्तरोत्तर बढ़ोतरी तभी होती है जब आय का कुछ न कुछ प्रतिशत अवश्य ही बचत किया जाता है और उसे निवेश में लगाया जाता है। यह निवेश व्यक्ति के व्यक्तित्व विकास में प्रत्यक्ष रूप से पूंजी निर्माण में योगदान देता है। पूंजी निर्माण के लिए निवेश की मात्रा बहुत छोटी राशि से शुरू होकर धीरे-धीरे निसंदेह बढ़ती जाती है, बशर्ते समय-समय पर दिशा और दशा को ठीक किया जाए।

रुपये-पैसे को व्यर्थ स्थानों पर खर्च करना धन की बर्बादी है। रुपया-पैसा व्यक्ति के लिए है – न कि व्यक्ति रुपये-पैसे के लिए। व्यक्ति का मूल्य

पैसे से ऊपर है। व्यक्ति के व्यक्तित्व का वास्तविक मूल्यांकन तब ही किया जा सकता है जब मानवीय मूल्य भी उसके साथ जुड़े हों। यदि व्यक्ति समय रहते यह समझ जाए, तो वह अपने जीवन में वह सब बचा सकता है जिसका वास्तव में अस्तित्व होना गर्व की बात है – सुख, शांति और समृद्धि स्वतः ही उसके जीवन में आती रहती हैं, जब उसके भीतर मानवीय मूल्यों का वास्तविक स्वरूप मौजूद होता है।

एक बार की बात है, एक युवक की नौकरी दूसरे राज्य में लग गई। उसने सोचा कि वह शीघ्र ही स्थानांतरण लेकर अपने गृह राज्य लौट आएगा, इसलिए वह एक-एक दिन कर समय बिताता गया और पूरे बारह-तेरह वर्ष तक उसी शहर में रह गया। वह वहाँ किराये के फ्लैट में ही रहता रहा और धीरे-धीरे छोटे-छोटे घरेलू सामान जोड़ने लगा, जो दैनिक आवश्यकता और सुविधा से जुड़े थे। फिर एक दिन उसे अपने राज्य में स्थानांतरण मिल जाता है। वह मुवर्स एंड पैकर्स से अपने सामान को घर भेजने की व्यवस्था करता है। सामान कुछ दिनों में पहुँचने वाला था, उससे पहले ही वह फ्लाइट से अपने घर पहुँच जाता है और मुवर्स एंड पैकर्स की कॉल का इंतज़ार करता है।

कुछ दिनों बाद कॉल आता है कि मुवर्स एंड पैकर्स की गाड़ी आज शाम तक पहुँच जाएगी। वह व्यक्ति बेसब्री से इंतज़ार करता है। रात के लगभग आठ बज रहे होते हैं, लेकिन गाड़ी अब भी उसके क्षेत्र से काफी दूर थी और ड्राइवर ठीक से यह नहीं बता पा रहा था कि वह वास्तव में कहाँ है। वह व्यक्ति अपने परिवार के दो-तीन सदस्यों के साथ दो गाड़ियों में निकल पड़ता है उस गाड़ी को खोजने। काफी मशक्कत के बाद एक सामान से लदी तेज़ दौड़ती हुई गाड़ी को बड़ी मेहनत से रोका जाता है। ड्राइवर बड़बड़ा रहा था कि गाड़ी में कुछ भी नहीं है। फिर आगे पता चलता है कि उसके साथ जो दो अन्य व्यक्ति थे, उन्हें कंपनी ने आधे रास्ते में ही अपने घर की ओर जाने को कह दिया था। ड्राइवर अकेला था और डरा हुआ था और उसका मोबाइल छोटा था, जो बैटरी की कमी के कारण बार-बार स्विच ऑफ हो रहा था। खैर, जैसे-तैसे वह ट्रक रात के दो-तीन बजे घर पहुँचता है। दूसरी लोडिंग-अनलोडिंग सर्विस से मजदूर बुलवाकर सामान को घर में रखवाया गया। इसके लिए अतिरिक्त राशि का भुगतान करना पड़ा। इतनी रात में उस युवक के परिवार के सदस्यों

की सक्रियता के कारण सामान घर पहुँच गया और सबको उस रात जागना पड़ा।

तीन वर्ष बाद, वही सामान जो इतनी परेशानी झेल कर लाया गया था, घर के एक कोने में धूल खा रहा था। जो सामान वो सथ लाया था, वैसा ही सामान पहले से घर में मौजूद था। अब उस व्यक्ति को वह रात, सबकी परेशानी और भागदौड़ व्यर्थ लगती है। कभी-कभी व्यक्ति वस्तुस्थिति का सही मूल्यांकन नहीं कर पाता, और यही तथ्य आर्थिक बेहतरी की दिशा में बाधाएँ उत्पन्न कर देता है। व्यक्ति पूँजी जोड़ने की कोशिश में पूँजी को बचाने के बजाय उसमें कमी लाने का रास्ता चुन लेता है। धन-संपत्ति और आय प्रवाह को सशक्त बनाने की दिशा में प्रयास करते हुए हमें प्रत्येक दृष्टिकोण से वस्तुस्थिति का मूल्यांकन करते रहना चाहिए, और क्रियान्वयन की दिशा में निरंतर प्रयासरत रहना चाहिए।

धन अर्जन के लिए आय स्रोत को सक्रिय करना चाहिए, अर्थात व्यक्ति को आय स्रोत की प्राप्ति हेतु प्रयत्न करना चाहिए। बिना आय स्रोत के व्यक्ति धन-संपत्ति या आय प्रवाह में मज़बूत कैसे हो सकता है–जब तक कि पहले से ही उसका आधार आर्थिक रूप से मज़बूत न हो या कुछ अन्य सहायक क्रियाकलाप मौजूद न हों। यदि आधार शून्य या मध्यम हो और व्यक्ति जागरूक हो, तब भी बिना आय स्रोत से जुड़े सहज, सक्रिय एवं सामान्य जीवन जीना स्वयं में कठिनाई का अनुभव देता है।

व्यक्ति स्वयं तथा अपने परिवार के लिए आय स्रोत के अभाव में कठिन परिस्थितियों से पीड़ित होता है और स्वयं को अच्छा साबित या प्रमाणित करने में असहज महसूस करता है। व्यक्ति धनाभाव में, भले ही स्वभाव से अच्छा हो, जीवन में छोटा महसूस कर सकता है। परेशानियों या उलझनों से राहत के लिए अच्छा आय प्रवाह व्यक्ति का अच्छा मददगार हो सकता है।

व्यक्ति अपनी आय का जो भी प्रतिशत बचत करता है, वह पूर्णतः उसका अपना धन होता है। यदि आपने अपनी आय से कुछ भी नहीं बचाया, और आपकी बचत की तुलना में कोई भारी खर्च आ जाए, तो कोई भी व्यक्ति या बैंक आसानी से आपको ऋण नहीं देगा। उल्टा, कोई व्यक्ति आपकी

दयनीय अवस्था पर विपरीत बातें कहकर मानसिक रूप से आहत भी कर सकता है। जैसे यदि कोई व्यक्ति बीमार पड़ जाए और लोन के सिवा कोई विकल्प न हो, तब यह स्थिति और भी जटिल हो जाती है।

उदाहरण के तौर पर, एक व्यक्ति अपने नज़दीकी रिश्तेदार से मात्र दस हजार रुपये माँगता है। वह उद्देश्य स्पष्ट करता है, फिर भी कोई उत्तर नहीं मिलता। जबकि उस रिश्तेदार की मासिक आय एक लाख रुपये से अधिक थी। बाद में, वह व्यक्ति किसी तरह उपाय करके धन का प्रबंध कर लेता है। कुछ ही महीनों में उसकी आर्थिक स्थिति में सुधार आता है और उसका जीवन पूरी तरह बदल जाता है। अब वह व्यक्ति, जो कभी उधार माँगने गया था, उस रिश्तेदार के पास लंबे समय से नहीं गया है – और अब उसे अपने व्यवहार की समीक्षा करते हुए थोड़ा पछतावा भी होने लगा है। स्पष्टीकरण इस प्रकार दिया जाता है: जब रुपये माँगे गए थे, तब हाथ खाली था और किसी अन्य को बीस हजार रुपये उधार दे दिए गए थे। यदि वह पैसा समय पर वापस आ गया होता, तो देने में कोई परेशानी नहीं होती। यह यथार्थ भी सामने आता है कि – चाहे रिश्तेदारी कितनी भी नज़दीक क्यों न हो, जब व्यक्ति की आर्थिक स्थिति ठीक नहीं होती, तो लोग उस पर विश्वास नहीं करते। गौर करने योग्य बात यह है कि उधार माँगने वाला व्यक्ति अचल संपत्ति से गरीब नहीं था, परंतु उस समय आय प्रवाह में अस्थायी कमी थी।

व्यक्ति के पास हमेशा अपनी आवश्यकताओं को पूरा करने के लिए कम से कम आय प्रवाह या बचत अवश्य होनी चाहिए। समय पर वही काम आता है–अपना पैसा अपना ही होता है। अपना ध्यान अच्छे से रखने के लिए बचत और निवेश अत्यंत आवश्यक है। आय प्रवाह चाहे जैसा भी हो, कुछ न कुछ बचत अपनी आवश्यकताओं के लिए होनी ही चाहिए। ऊपर वर्णित चर्चा अपने आप में बहुत व्यापक है।

कोई उस व्यक्ति का लोन गारंटर कोई बनना नहीं चाहता, जिसे आर्थिक दृष्टि से कमतर आंका जाता हो। एक साथ तीन लोग एक ही स्थान पर कार्य करते थे। व्यक्ति 'A' का व्यवहार बहुत अच्छा था। व्यक्ति 'B' उम्र में 'A' से बड़ा था, और व्यक्ति 'C' भी 'B' की उम्र के आसपास था। 'A' बैंक

से रियल एस्टेट में निवेश के लिए लोन ले रहा था। व्यक्ति 'C', व्यक्ति 'B' से कहता है कि 'A' का गारंटर मत बनो। उसे लगता है कि वह बिना मतलब के उसका गारंटर बन रहा है। 'A' को व्यक्ति 'B' को समझाने में बहुत मुश्किल हुई और उसे काफी मशक्कत करनी पड़ी। अंततः, उस लोन का पुनर्भुगतान तय अवधि से पहले ही कर दिया गया।

बाद में, 'A' को इस बात की अनुभूति हुई कि उसे 'B' को धन्यवाद देना चाहिए और यह बताना चाहिए कि उसने कभी उसे परेशानी में नहीं डाला। वह उसके उस समय गारंटर बनने के लिए आभारी था। उक्त व्यक्ति 'B' ने न जाने किस भाववश यह कहा कि "जिस समय मैं तुम्हारा गारंटर बना था, उस समय तुम्हारा कोई भी गारंटर बनने को तैयार नहीं था।" अब तो बैंकों ने भी अपनी कार्यप्रणाली में काफी लचीलापन अपनाया है। सैलरी अकाउंट में बिना गारंटर, बिना पेपर वर्क के लोन मिल जाता है। यह लोन लेने वाले को अधिक मज़बूत और सम्मानपूर्वक व्यवहार का भागी बनाता है।

बाजार उपभोक्ता-हितैषी हो गया है। यह उपभोक्ता आधारित कंज्यूमर मार्केट अपनी व्यवहार-कुशलता से इनकार नहीं कर सकता। किसी भी अर्थव्यवस्था में उपभोक्ता राजा होता है और इसका प्रभाव अर्थव्यवस्था के प्रत्येक क्षेत्र में, छोटे-बड़े स्तर पर निरंतर बढ़ता रहता है।

धन-सम्पत्ति व आय प्रवाह बनाम बचत निवेश और पुनरुत्पादकता

यदि व्यक्ति अपने धन, संपत्ति या पूंजी को किसी एक-दो निश्चित क्षेत्रों में निवेश करता है, तो यह अवश्य देखना चाहिए कि उस निवेश से आय प्रवाह उत्पन्न करने की क्या क्षमता है। या फिर वह निवेश केवल "वन टाइम इनवेस्टमेंट" तो नहीं है। यदि तत्काल पुनरुत्पादकता संभव न हो, तो भविष्य में उसकी क्या संभावनाएँ हैं–इस पर विचार कर लेना व्यक्ति की आर्थिक स्थिति को सुदृढ़ बनाने में सहायक होता है।

एक व्यक्ति ने एक स्थान पर निश्चित राशि का निवेश किया था, लेकिन वह निवेश भविष्य में अधर में लटक गया। यदि वह निवेश वर्तमान में सफल

हो जाता तो ठीक था, बल्कि अति उत्तम होता, परंतु अब वह व्यक्ति एक बड़ी राशि गवाँ चुका है। यदि उसी राशि को वह रियल एस्टेट या किराये के मकान में लगाता, तो वह आय का स्रोत बन सकता था। उस निवेश से प्राप्त आय धीरे-धीरे एक निश्चित समयावधि में उसकी निवेशित राशि के अतिरिक्त आय उत्पन्न कर सकती थी।

कई बार व्यक्ति कुछ समय बाद यह अनुभव करता है कि यदि उसने उस राशि को इस प्रकार उपयोग में लाया होता, तो उसकी आर्थिक स्थिति बेहतर हो सकती थी। जब व्यक्ति बिना पर्याप्त विचार किए अचानक कोई निवेश निर्णय ले लेता है, तो वह निर्णय जोखिमपूर्ण हो सकता है, विशेषकर जब मूलधन या जमा पूंजी से कोई प्रतिफल प्राप्त नहीं हो रहा हो। यदि थोड़े समय का विचार कर जोखिम को कम किया गया होता, तो वह स्थिति निवेश शुरू होने से पहले ही सुधारी जा सकती थी।

काम पाने या कार्य की तलाश से मिलती है खुशी

व्यक्ति अपने आर्थिक निर्माण की प्रारंभिक अवस्था और दौर में कार्य की तलाश करता है, और जब उसे कार्य मिल जाता है, तो यह उसकी एक बड़ी उपलब्धि होती है। इस कार्य की प्राप्ति से जो खुशी मिलती है, वह वेतन या आय प्रवाह से पहले की अनुभूति होती है। स्वयं को किसी सकारात्मक कार्य से जोड़ पाना, और उसकी तलाश की पहली कड़ी मिल जाना, व्यक्ति को भीतर से गौरव की अनुभूति कराता है।

कई लोग शुरुआत में छोटे-छोटे कार्यों के माध्यम से निरंतर अपने लक्ष्य की ओर बढ़ते रहते हैं। वे निष्ठा के साथ कार्य के प्रति उन्मुख होते हैं और समय के साथ एक ठीक-ठाक आर्थिक स्तर तक पहुँच जाते हैं। जैसे एक पक्षी तिनका-तिनका जोड़कर अपना घोंसला बनाता है, वैसे ही बहुत से लोग अर्थव्यवस्था में अत्यंत छोटे-मोटे कार्य और कम वेतन वाले कार्यों से जुड़े होते हैं और अर्थव्यवस्था की गतिविधियों में अपना योगदान देते हैं।

वास्तव में किसी भी अर्थव्यवस्था को क्रियाशील बनाने में छोटे से लेकर बड़े सभी प्रकार की गतिविधियों का योगदान आवश्यक होता है। बहुत से

उच्च शिक्षित और वरिष्ठ व्यक्ति, जो ज्ञान और बुद्धि में उत्कृष्ट माने जाते हैं, यह तर्क देते हैं कि जब व्यक्ति और अर्थव्यवस्था दोनों आर्थिक विकास की प्रारंभिक अवस्था में होते हैं, तो आर्थिक रूप से सक्षम बनने के लिए छोटे-मोटे कार्य भी बहुत सहायक सिद्ध होते हैं।

व्यक्ति को शुरुआत में बहुत अधिक वेतन वाली नौकरी की आवश्यकता नहीं होती। वह कम वेतन पर भी पूरे प्रयास से कार्य करता है, और यही प्रयास जब निरंतरता के साथ बढ़ता है, तो वह 10, 20 या 30 वर्षों में उसे बेहतर स्थिति की ओर ले जाता है और आर्थिक मज़बूती का अच्छा आधार तैयार करता है। कुछ स्थितियों में व्यक्ति और अर्थव्यवस्था की आर्थिक विकास की प्रवृत्तियाँ एक-दूसरे से मिलती-जुलती प्रतीत होती हैं। व्यक्ति और अर्थव्यवस्था–दोनों को आर्थिक रूप से गतिशील बनाए रखने की आवश्यकता होती है, जिससे वे बेहतरी की अवस्था की ओर बढ़ सकें और प्रेरणा प्राप्त कर निरंतर आगे बढ़ते रहें।

जब व्यक्ति का आर्थिक आधार मज़बूत हो या कमज़ोर, यदि उसका दृष्टिकोण और लक्ष्य बड़ा हो, तो भले ही वह शुरुआत छोटे-छोटे कार्यों से करे, वह अपनी आर्थिक स्थिति के साथ-साथ मानसिक स्थिति को भी संबल प्रदान करता है। उसका प्रत्येक अगला कदम उस बड़े आर्थिक लक्ष्य की दिशा में प्रभावी होता है।

कुछ व्यक्ति, जो ठीक-ठाक आर्थिक आधार पर होते हुए भी यदि दृष्टिकोण और लक्ष्य के अभाव में रहते हैं, तो वे किसी आमूल-चूल परिवर्तन के लिए प्रभावी तरीकों को अपनाने में असफल रहते हैं। इससे वे स्वयं को आर्थिक रूप से उस स्तर तक मज़बूत नहीं कर पाते, जहाँ वे पहुँच सकते थे। ऐसे व्यक्ति केवल उपभोग पर केंद्रित रहते हैं और उपलब्ध साधनों का उपयोग करते हुए जीवन व्यतीत करते हैं, पर अर्थव्यवस्था में कोई ठोस योगदान नहीं कर पाते। व्यक्ति का जीवन, उसके मन-मस्तिष्क की शक्ति, जागरूकता, तार्किकता, दूरदर्शिता, मेहनती प्रवृत्ति, कार्य के प्रति लगनशीलता, कार्य में जुड़ाव की निरंतरता, और अपनी क्षमताओं एवं अक्षमताओं पर केंद्रित आकलन जैसे मौलिक तत्वों पर निर्भर करता है। यही तत्व न केवल आर्थिक सुदृढ़ता की अवस्था को निर्धारित करते हैं, बल्कि उसे निरंतर बढ़ाते भी हैं।

कृषि व्यवस्था और हमारी अर्थव्यवस्था का विकास

एक व्यक्ति ने अपने गाँव में खेती करने की योजना बनाई। उसने गाँव जाकर एक युवा व्यक्ति से कहा कि वह सारा कार्य देख ले, और वह (स्वयं) बीच-बीच में आता-जाता रहेगा। बुवाई, निराई, खाद-बीज एवं अन्य कार्यों में जो भी खर्च आए, उसे समय-समय पर बताते रहना। जिस युवक को खेती का कार्य सौंपा गया था, वह उच्च शिक्षित था और कृषि का अच्छा अनुभव भी रखता था। उसने कहा कि वह दो प्रकार के धान की बुवाई करेगा, न कि केवल एक प्रकार की। इन दो में से एक प्रकार के लिए मूसलधार वर्षा की आवश्यकता होती है, जबकि दूसरे प्रकार की फसल कम वर्षा में भी अच्छी होती है।

खेत के मालिक ने बार-बार कहा कि वर्षा होगी ही, इसलिए पहला प्रकार ही बोया जाए। लेकिन युवक दुविधा में था कि यदि वर्षा नहीं हुई तो सारी मेहनत व्यर्थ हो जाएगी। दूसरी ओर, ज़मीन के मालिक का मानसून पर यह विश्वास था कि इस वर्ष मूसलधार वर्षा होगी, क्योंकि इस बार बहुत ठंड भी पड़ी थी और गर्मी भी अधिक रही थी – यह एक व्यावहारिक आधार था। आखिरकार मानसून समय पर आया और झूम-झूम कर खूब वर्षा हुई। उस मालिक ने कई वर्षों बाद लोगों की मदद से फिर से खेती में रुचि ली। गाँव के लोग कह रहे थे, "मालिक किस्मत वाला है – सही समय पर, सही मात्रा में वर्षा हो गई, जिससे अच्छी फसल होगी।"

खेती में इस बार उच्च तकनीक और पूँजी का प्रयोग किया गया था। वस्तुतः खेती के कार्य में अनुभव, समय का समायोजन, पूँजी, दूरदर्शिता और मानसून का साथ – ये सभी आवश्यक होते हैं। वैसे भी कृषि को मानसून पर आधारित एक प्रकार का "जुआ" कहा जाता है। यदि मानसून सफल, तो कृषि सफल, और कृषि की सफलता ही देश के बजट की सफलता को तय करती है।

भारतीय अर्थव्यवस्था कृषि प्रधान है और यह मानसून की सफलता पर आधारित है। भारतीय जनसंख्या का अधिकांश भाग प्रत्यक्ष या अप्रत्यक्ष रूप से कृषि से जुड़ा हुआ है – अर्थात हमारी जड़ें ज़मीन से जुड़ी हुई हैं। भारतीय

जनसंख्या की आर्थिक सफलता के लिए केवल एक वर्ष नहीं, बल्कि प्रत्येक वर्ष कृषि की निरंतर सफलता आवश्यक है। भारत का आर्थिक विकास, कृषि के विकास के बिना अधूरा है, क्योंकि खाद्यान्न की आपूर्ति के लिए अन्य देशों पर बड़े पैमाने पर निर्भरता संभव नहीं। भारतीय कृषि का एक और महत्वपूर्ण तथ्य यह है कि यह केवल एक व्यवसाय नहीं, बल्कि जीवन जीने का तरीका है। इसी कारण वर्षों से कृषकों की आर्थिक स्थिति में कोई आमूल-चूल परिवर्तन नहीं आया है। निस्संदेह, कुछ परिवर्तन दिखाई दे रहे हैं, किंतु परिवर्तन की गति धीमी है। भारतीय कृषि का स्वरूप व्यवसायीकरण की बजाय मुख्यतः जीवन निर्वाह का है, अर्थात खाद्य पदार्थों की आपूर्ति भले ही बाजार में बेचने के लिए हो या न हो।

यहाँ पर दो व्यक्तियों का उदाहरण है–दो व्यक्ति Q और S एक ही स्थान पर कार्यालय में कार्यरत होते हैं। उनके आर्थिक एवं सामाजिक स्तर में समानता होती है, तथा एक ही प्रकार के वातावरण की उपलब्धता होती है। Q लगभग 20 वर्ष की अवस्था से पशुपालन कार्य कर रहा होता है। लगभग 15–20 वर्षों तक वह उक्त कार्य को न लाभ, न हानि की स्थिति में चलाता है। उसका न तो बैंक में कोई बचत खाता क्रियाशील होता है–जब वह विद्यार्थी था, तब उसने खाता खुलवाया था, जो कब से बंद पड़ा था। उसे जो भी आय प्राप्त होती, वह उपभोग में खर्च हो जाती। वास्तव में उसने कभी बचत के बारे में विचार ही नहीं किया। इस प्रकार, उसने व्यक्तिगत तौर पर बचत को किसी आवश्यकता के रूप में नहीं अपनाया। वर्षों तक उसके परिवार के वरिष्ठ सदस्य के पास जो जमा पूंजी तथा आय स्रोत की गतिविधियाँ थीं, उन्हीं से पारिवारिक गाड़ी चलती रही। वास्तव में वह जिन गतिविधियों में स्वयं को लगा हुआ मान रहा था, वे व्यवस्था या आय अर्जन का स्रोत और प्रवाह के रूप में थी ही नहीं, क्योंकि आय, बचत या निवेश में कोई भाग उक्त कार्य से नहीं जा रहा था। Q पूर्णतः अपने परिवार के वरिष्ठ व्यक्ति पर एक तरह से निर्भर था। आगे चलकर जब वह आधार समाप्त हो गया, तो उसे समझ नहीं आ रहा था कि अपने आर्थिक दायित्वों को कैसे पटरी पर लाए। वास्तव में वह एकदम निम्न आर्थिक स्थितियों से जूझ रहा होता है।

दूसरी ओर, S शुरू से ही अपने छोटे-मोटे आय स्रोतों से धन व पूंजी बनाता है। वह एफ.डी और आर.डी में राशि को उस समय तर्कसंगत मानते हुए बढ़ाता है। आगे चलकर वह ग्रॉसरी की दुकान खोलता है, साथ ही अपनी आधार पूंजी या माता-पिता से जो थोड़ा-बहुत मिलता है, उसमें अपना धन जोड़-जोड़ कर रेंटल आय वाला मकान बनाता है और उसी से जीवन निर्वाह करता है। यह आय स्रोत उपभोग, आय, बचत तथा निवेश का आधार बन चुका होता है। उसने बहुत पहले ही संभवतः यह विचार कर लिया था कि 20 वर्षों बाद उसकी आय का स्रोत कैसा होगा, और उसे ठीक करने के लिए क्या-क्या और कैसे जोड़ना है।

इस प्रकार Q और S, लगभग एक जैसी जीवनशैली में पल-बढ़कर भी, आर्थिक दृष्टि से भिन्न हो जाते हैं–एक स्वयं को निरंतर आर्थिक दृष्टि से मज़बूत करने के लिए लगा हुआ है, जबकि Q को अब तक यह उलझन है कि क्या किया जाए जिससे पारिवारिक जीवन ठीक-ठाक चले और आर्थिक कष्ट का अनुभव कम किया जा सके।

व्यक्ति वर्षों के परिश्रम तथा सही योजना की दिशा-दशा से भले करोड़पति न बने, परंतु उतना धनवान अवश्य बन सकता है, जितना कि अपने परिवार की खुशहाली बनाए रखने के लिए आवश्यक होता है। व्यक्ति के जीवन का आर्थिक-सामाजिक संघर्ष या उतार-चढ़ाव भी बहुत कुछ सिखाता है, अनुभव व ज्ञान देता है–जो कि केवल किताबी ज्ञान नहीं होता, बल्कि वह जो आर्थिक उत्थान की दिशा में बढ़ने के लिए प्रेरणा ही नहीं, बल्कि एक ठोस आधार भी तैयार करता है।

किसी गाँव के मुखिया के सात बच्चे थे–चार बेटे और तीन बेटियाँ। उक्त मुखिया तथा उसकी पत्नी ने सभी बच्चों को अच्छी शिक्षा दिलाने की कोशिश की। मुखिया का बड़ा बेटा, बड़ी बेटी, और छोटे बेटों में सबसे छोटा बेटा नौकरी कर रहे थे। बीच के दो बेटों ने नौकरी मिलने के बावजूद नौकरी छोड़ दी और घर पर ही रहने लगे। उन्होंने अपने स्तर पर कुछ कार्य करने की सोची, जिनमें से एक ने खेती-किसानी करने का निर्णय लिया। बीच की दो बेटियों का विवाह अपने-अपने समय पर हो गया था।

उस मुखिया के सभी बेटे-बेटियाँ अपने-अपने जीवन की गतिविधियों में व्यस्त हो गए। मुखिया का सबसे बड़ा बेटा उच्च पद पर कार्यरत था और पूरे परिवार का ध्यान रखता था। वह हमेशा जो बन पड़ता, अपने भाइयों की आर्थिक रूप से जीवन भर मदद करता। आगे चलकर मुखिया का सबसे छोटा बेटा भी ठीक-ठाक आर्थिक स्थिति में आ गया और अपने आय अर्जन की कार्य-पद्धति द्वारा अपने उन दो भाइयों तथा उनके परिवारों की भी आर्थिक मदद करता, जो उससे बन पड़ता।

मुखिया का एक बेटा, जो पूर्णतः कृषक था, वह कृषि कार्य को लाभदायक नहीं बना पाया; उसका जीवन बस किसी तरह व्यतीत हो रहा था। बड़ा भाई जब तक सक्षम रहा, तब तक उसकी अधिकांश आर्थिक आवश्यकताओं को पूरा करता रहा, बाद में छोटा भाई भी यथासंभव मदद करता रहा। फिर सभी की उम्र बढ़ चली थी और अब परिवार की पहली पीढ़ी से तीसरी पीढ़ी तक जीवन आगे बढ़ चला था। उस गाँव में अब पक्की सड़कें बन चुकी थीं, स्टेशन का नवीनीकरण हो गया था, चौड़ी पक्की सड़कें व रिंग रोड से वह गाँव यही कोई तीन-चार किलोमीटर की दूरी पर स्थित था। गाँव का वह पुराना मकान अब भी कच्चा था, हालांकि उसके सामने के भाग को पक्का बना दिया गया था। बिजली-पानी की व्यवस्था गाँव में अब सभी लोगों तक पहुँच चुकी थी।

मुखिया के सात बच्चों में किसी को रहने या खाने की कोई विशेष दिक्कत नहीं थी। वह बहुत ईमानदार तथा मेहनती व्यक्ति था, और उसके अधिकतर बच्चे भी उसी की तरह सीधे-सादे तथा परिश्रमी थे। छल-कपट और झूठ बोलना उन्हें नहीं आता था। मुखिया की एक बेटी नौकरी करती थी, दूसरी गृहिणी थी और सबसे छोटी बेटी भी गृहिणी थी। जब तक सभी भाई-बहन स्वस्थ और सक्रिय रहे, किसी विशेष पर्व-त्योहार पर वे नियत कर वर्ष में एक-दो बार अवश्य मिल लिया करते थे।

उपरोक्त प्रसंग के संदर्भ में यह तथ्य स्पष्ट होता है कि एक माता-पिता की संतान होते हुए भी यह आवश्यक नहीं कि सभी की जीवन स्थितियाँ एक समान हों। इनमें आर्थिक स्थिति एक ऐसा पहलू है, जो आर्थिक विसंगतियों के साथ कई प्रकार के पक्षों को समेटे रहता है।

जो व्यक्ति जितना परिश्रमी होता है, उसे उतनी ही अधिक मेहनत करनी पड़ती है, ताकि वह अपनी वित्तीय स्थिति को ठीक कर सके। जब व्यक्ति विपरीत आर्थिक दौर से गुजरता है और उसे सुधारने का पूरा प्रयत्न करता है, तो वह उस समय अपनी आर्थिक स्थिति पर चर्चा करना या किसी से सहायता माँगना भी नहीं चाहता, ताकि भविष्य में कोई उसकी उस स्थिति का मज़ाक न बनाए। कई बार व्यक्ति की आर्थिक स्थिति अत्यंत विपरीत होती है, तब भी वह उस पर कोई टिप्पणी नहीं चाहता। वह बस लगातार कोशिश करता रहता है, ताकि उसकी आर्थिक स्थिति बदल सके।

जो व्यक्ति स्वयं में विश्वास रखता है और प्रयास करता है कि वह अपनी आर्थिक स्थिति ठीक कर लेगा, वह अंततः इसे सुधार भी लेता है। एक ही वातावरण और परिवार में पालन-पोषण के बावजूद, व्यक्ति एक सी आर्थिक स्थिति में हमेशा नहीं रहता। प्रत्येक व्यक्ति जब अपनी आर्थिक उन्नति की दिशा में प्रयास करता है, तो वह अपने स्तर पर अवश्य सफल होता है।

व्यक्ति को धन-संपत्ति और आय प्रवाह के माध्यम से अपनी स्थिति पर हमेशा ध्यान देना चाहिए, ताकि वह स्वयं को आर्थिक रूप से कमजोर न समझे। साथ ही, जीवन की अन्य गतिविधियों में भी वह स्वस्थ और सक्रिय अनुभव कर सके। व्यक्ति पैसा कमाता है और उसे संचय करता है। कोई भी व्यक्ति प्रारंभ में ऐसा कार्य ढूँढ़ता है जिससे उसे आय प्राप्त हो, फिर उस आय को उपभोग और बचत में विभाजित करता है।

आय के स्रोत या माध्यम में समय के साथ परिवर्तन और बेहतरी संभव है। आय का वह भाग, जो बचत होता है, निवेश के रूप में आय बढ़ाने के माध्यम पर लगाया जाता है। निवेश में लगाया गया धन "पूँजी" कहलाता है, जिसका उद्देश्य होता है कि वह और अधिक धन उत्पन्न करे। व्यक्ति आय के स्रोत से प्राप्त राशि को पारंपरिक, वर्षों से चली आ रही विधियों तथा आधुनिक या नवाचारी पद्धतियों में निवेश करता है। यह प्रक्रिया अक्सर घर में छोटी बचत–जैसे गुल्लक आदि से शुरू होकर, आगे चलकर बैंक खाता खोलने तक पहुँचती है। बैंक में खाता खोलना व्यक्ति की वित्तीय सुदृढ़ता की दिशा में एक बड़ा कदम होता है। इसके बाद वह धीरे-धीरे बैंकिंग की विभिन्न

योजनाओं जैसे बचत खाता, ऋण योजना, पी.पी.एफ., आर.डी., एफ.डी., लिक्विड फंड, एसआईपी, सॉवरेन गोल्ड बॉन्ड आदि की ओर बढ़ता है।

बहुत से व्यक्ति, जो पारंपरिक पद्धतियों से जुड़े होते हैं, वे नई तकनीकों को अपनाने में संकोच करते हैं और उन्हें असहज मानते हैं। पिछली पीढ़ियों की पद्धतियों को ही वे सुरक्षित और सरल मानकर चलते हैं, जिससे वे आधुनिक आर्थिक विकास के अवसरों से वंचित रह जाते हैं। यह प्रवृत्ति जागरूकता के अभाव में व्यक्ति को आर्थिक दृष्टि से पीछे धकेल सकती है।

निस्संदेह, प्रत्येक व्यक्ति की अपनी-अपनी क्षमता होती है और उसी अनुरूप वह आर्थिक प्रगति की दिशा में आगे बढ़ता है। हर वह व्यक्ति, जो सही दिशा में प्रयास करता है, वह कभी न कभी अपनी आर्थिक स्थिति में सुधार लाने में सक्षम हो जाता है। व्यक्ति को अपने जीवन, स्वास्थ्य, सक्रियता और जागरूकता को बनाए रखना चाहिए। धन अर्जन के लिए कभी भी देर नहीं होती – और यही बात बचत और निवेश पर भी लागू होती है। जब तक व्यक्ति में सामर्थ्य है, उसे अपने जीवन में धन, संपत्ति और आय प्रवाह बनाए रखना चाहिए, क्योंकि इसकी आवश्यकता जीवन भर बनी रहती है।

निवेश के लिए इन बातों पर ध्यान दें

1. बुद्धिमान व्यक्ति से सीखें और व्यवहारिक समझ रखने वाले से भी।
2. अनुभवी लोगों से सीखें।
3. अमीर व धनी व्यक्तियों से सीखें और सकारात्मक धन अर्जन की प्रवृत्ति स्वयं में विकसित करें।
4. वहाँ निवेश करें जहाँ निरंतर वृद्धि की संभावना हो – जैसे ज्ञान में निवेश, कौशल में निवेश, या रियल एस्टेट एवं अन्य सर्वोत्तम विकल्पों में।
5. अपने प्रति अच्छा व्यवहार रखें – गुणों से युक्त आचरण अपनाएँ और सोच में स्वयं को अमीर व्यक्ति की तरह विकसित करें।

विकल्पों पर विचार करते रहें

आर्थिक संघर्ष के कठिन दौर में भी व्यक्ति के पास कई विकल्प होते हैं – यह कभी नहीं भूलना चाहिए। उस समय व्यक्ति मान लेता है कि केवल एक ही रास्ता या एक ही विकल्प है, क्योंकि वह अपनी सफलता के लिए एक लक्ष्य निर्धारित कर उसी के भरोसे अपनी आर्थिक उन्नति का कारण बना लेता है। वह उन विकल्पों के बारे में सोचना भी नहीं चाहता जो उसमें पहले से निहित या उपलब्ध होते हैं।

एक सफल व्यक्ति अपने बाग-बगीचे में मजदूरों और नौकरों को सिखाता है कि किस गमले में किस प्रकार पानी देना है, क्यारियों में बीज या पौधारोपण के बाद कितने समय अंतराल में सिंचाई करनी है। सिंचाई का गलत तरीका देखकर वह स्वयं पाइप अपने हाथ में ले लेता है और कहता है, "यह तुम्हारा ही काम है, जितना जल्दी सीख लो उतना अच्छा है। मैं रोज़ तुम्हारे पीछे खड़ा नहीं रहूँगा।"

"अच्छा जीवन जीने के लिए हमें अपने कार्य में सर्वश्रेष्ठ बनना चाहिए – तभी हमारा मूल्य और महत्व समझा जाएगा।"

दूसरी ओर, यह सारी गतिविधियाँ उस सफल व्यक्ति की माँ ध्यान से देख रही होती हैं और कहती हैं, "बेटा, तुम तो इस कार्य में निपुण हो, साथ ही कई छोटे-छोटे कार्यों को भी अच्छी तरह पूरा करना जानते हो। फिर भी, अपने संघर्ष के दौर में तुम हतोत्साहित क्यों हो जाया करते थे – जबकि आज हम तुम्हें एक अलग दृष्टि से देख और समझ पा रहे हैं।" प्रत्युत्तर में वह सफल व्यक्ति अपनी माँ से कहता है, "यदि मैं बागवानी से संबंधित कार्यों को नहीं जानता होता तो उसका सही चुनाव, रख-रखाव और सिंचाई की बातें बता नहीं पाता। वास्तव में यह कार्य मेरा शौक है, मुझे इसमें खुशी मिलती है, अच्छा अनुभव होता है और वातावरण भी अच्छा लगता है – जो स्वयं में मुस्कुराने को प्रेरित करता है। यह तथ्य है कि व्यक्ति द्वारा अर्जित की गई कोई भी गुणवत्ता या कुशलता कभी न कभी अवश्य काम आती है।"

व्यक्ति आर्थिक संघर्ष के दौर में भी एक या अधिक लक्ष्यों के साथ जीवन की कई गतिविधियों में संलग्न रहता है। जैसे कि – यदि आपने बहुत

मनोयोग से कोई कार्य शुरू किया, लेकिन अनुभव के अभाव में वह आर्थिक रूप से लाभदायक नहीं रहा और पूंजी ही लग गई, तब व्यक्ति स्वयं को राहत देने के लिए अन्य विकल्पों पर भी कार्य शुरू करता है। साथ ही, वह उसी कार्य को कुछ नए तरीके या तकनीक के साथ भविष्य में फिर से शुरू करने की योजना बनाता है – या फिर कभी उसे शुरू न करने का भी निर्णय लेता है। यह इस बात पर निर्भर करता है कि व्यक्ति के पास अपने गुणों को परखने की कितनी क्षमता है।

ऐसा कहा जाता है कि ज्ञान किताबों में होता है, और व्यक्ति पढ़कर ज्ञान अर्जित कर सकता है; परंतु व्यवहारिक ज्ञान के लिए व्यवहारिक अनुभव और वास्तविक जीवन का संसार उतना ही आवश्यक होता है।

एक परिवार, जो अब भी निम्न-मध्यमवर्गीय श्रेणी में आता है, उसका मुख्य सदस्य शुरू से ही कार्यरत रहा है। उसे बैठकर रहने की आदत नहीं है क्योंकि कार्य से बेवजह छुट्टी लेना उसके मन को बहुत विचलित करता है। यह समझने की आवश्यकता है कि उस परिवार में सभी सदस्य लगभग कमाने योग्य हो चुके हैं, और वे पाँच सदस्य कम से कम प्रति माह 10–15 हज़ार रुपये कमाने की योग्यता रखते हैं और अर्जन भी कर रहे होते हैं। फिर भी, घर में रुपयों की कमी या किल्लत की स्थिति आसानी से देखी जा सकती है। छोटी-मोटी बीमारी में होम्योपैथी या सरकारी अस्पताल ही अचूक उपाय के रूप में कारगर होता है।

उक्त परिवार में कभी भी बचत या वित्तीय विकास के मार्ग में कुछ जोड़ने की कोई दृष्टि नहीं रही। यदि इस परिवार ने शुरुआत से ही एक प्रतिशत बचत के नियम का अनुसरण किया होता, तो आज कुछ न कुछ अचल या चल संपत्ति का निर्माण अवश्य हुआ होता। 'बूंद-बूंद से घड़ा भरता है' या 'सागर बनता है' – यह कहावत यथार्थ सिद्ध होती। व्यक्ति के विचारों में प्रारंभ से ही धन के प्रति सकारात्मक दृष्टिकोण होना चाहिए। यही दृष्टिकोण व्यक्ति को धन के क्षेत्र में सही दिशा और रास्ता दिखाते हैं।

इस परिवार में सभी सदस्यों की धन प्रबंधन की स्थिति बहुत ही विपरीत थी। जैसे :

a. आय से अधिक व्यय।

b. आय के आने से पहले ही ऋण लेकर अनावश्यक व्यय।

c. आय से बचत की राशि नगण्य या शून्य।

d. गैर-जरूरी चीज़ों पर व्यय की अति, जो परिवार की स्थिति के अनुसार उचित नहीं।

e. किसी ने दान में साइकिल या पुराना दो-पहिया वाहन दे दिया, लेकिन रख-रखाव की स्थिति हास्यास्पद – साइकिल हमेशा खराब, और दो-पहिया वाहन में पेट्रोल तक नहीं डलवा पाते।

f. व्यक्ति को शुरू से ही अमीर बनने या गरीबी से बाहर निकलने की मानसिकता रखनी चाहिए, नहीं तो वह वर्षों तक वहीं ठहरा रह सकता है, आर्थिक रूप से आगे नहीं बढ़ पाता।

g. कोई भी व्यक्ति कैसी भी आर्थिक स्थिति में हो, उसे उन्नति की मानसिकता अवश्य रखनी चाहिए और छोटे-छोटे कदमों से उस दिशा में प्रयास करते रहना चाहिए।

h. व्यक्ति के पास धन-संबंधी स्पष्ट लक्ष्य होने चाहिए, तभी वह छोटी-छोटी शुरुआत कर पाएगा।

i. यदि कोई व्यक्ति जीवन में बचत-निवेश को महत्व नहीं देता, तो वह उन लाभों से वंचित रह जाता है जो बचत-निवेश जीवन में उत्पन्न करता है। व्यक्ति की आय चाहे ₹10,000 हो या ₹1,00,000 – यदि वह 1%–10% भी नहीं बचा पाता, तो वह अपनी आर्थिक नींव को ही हटा देता है। कुछ लोग दीर्घकालीन बचत की बजाय तात्कालिक खर्च पर केंद्रित रहते हैं।

j. जीवन धन-संपत्ति के बिना तो चल सकता है, किंतु आय प्रवाह के बिना नहीं। और आय प्रवाह को बनाए रखने, बचाने, निवेश करने तथा पूंजी निर्माण से जीवन को सहज बनाया जा सकता है। जीवन की प्रत्येक गतिविधि में रुपयों-पैसों की आवश्यकता होती है। व्यक्ति के जीवन में आवश्यकताएं हैं और आवश्यकता आविष्कार की जननी है, तो धन वह चक्र है, जिसकी परिधि में जीवन चलता है।

k. जीवन को सहजता से व्यतीत करने के लिए वित्तीय स्वतंत्रता का महत्व निरंतर बढ़ता जा रहा है। पहले के समय में लोग प्रकृति के करीब रहते हुए कम आवश्यकताओं के साथ समायोजन कर लेते थे, अल्पता में भी संतोष की प्रवृत्ति रखते थे। किंतु आज गतिविधियों का केंद्र धन-संपत्ति और आय प्रवाह की प्रवृत्ति को बढ़ावा देने में है। यह प्रवृत्ति कभी-कभी त्याज्य हो सकती है, लेकिन अब यह आम जीवन का हिस्सा बन चुकी है। इससे व्यक्ति उपभोग की प्रवृत्ति को ही जीवन का केंद्र मान लेता है।

तुलना नहीं, आत्मविश्लेषण करें

व्यक्ति यदि किसी से तुलना कर स्वयं को पीछे पाता है, तो सर्वप्रथम ऐसी मानसिकता का परित्याग करना उचित है और स्वयं में यह देखना चाहिए कि :

1. क्या वह उतना कर्मठ है, जितना वह वास्तव में हो सकता है।
2. क्या वह अपने समक्ष उपलब्ध संसाधनों में सकारात्मकता को ढूंढ़कर उस पर कार्य कर सकता है।
3. क्या वह इस बात का ध्यान रखता है कि समय नष्ट न हो।
4. क्या वह अपनी अंतर्निहित क्षमताओं का सर्वोत्तम उपयोग और प्रयोग करता है।
5. क्या वह व्यर्थ की उलझनों से अधिक कर्मनिष्ठा पर बल देता है और क्रियाशील बना रहता है।
6. क्या वह यह सोचता है कि और क्या बेहतरी हो सकती है।
7. क्या वह कार्य की पूर्णता हेतु, आय में परिवर्तनशीलता लाने की पद्धति विकसित करने के दृष्टिकोण से काम करता है।
8. क्या वह व्यवहारिक पक्ष को निखारते हुए, कार्य की पूर्णता को केंद्र में रखता है।
9. क्या वह मानवीय दृष्टिकोण की उपेक्षा नहीं करता।

पैसे का व्यवहार एवं समझ

जीवन चक्र में एक आर्थिक चक्र भी होता है। जीवन में भौतिक अवस्थाएँ परिवर्तित होती हैं, और आर्थिक चक्र में पैसा पहिए की भाँति घूमता है। व्यापार चक्र – उत्थान, संवृद्धि और मंदी – जैसी स्थितियाँ जीवन की आर्थिक विधियों में संलग्नता के बावजूद उत्पन्न हो सकती हैं। यह ज़रूरी नहीं कि आपकी आर्थिक स्थिति हमेशा बेहतर ही हो।

यदि आप आर्थिक गतिशीलता में हैं, तो यह देखना चाहिए कि पैसे की समझ कैसी है। बचत और निवेश के विविध दृष्टिकोणों को आप किस प्रकार अपनाते हैं – अर्थात, क्या निवेश में विविधीकरण है या नहीं? क्या आप आय के अलग-अलग स्रोतों से प्राप्त धन को अलग-अलग जगह निवेश करते हैं या नहीं? व्यक्ति का कम आय से बेहतर आय की ओर बढ़ना, और पैसे के प्रति उसका व्यवहार – ये सभी बातें अत्यंत महत्वपूर्ण हैं। व्यक्ति को अपनी कर्मठता किसी न किसी एक क्षेत्र में, या एक से अधिक क्षेत्रों में, अंशकालिक या पूर्णकालिक रूप में बनाए रखनी चाहिए। यह जीवन है – यदि आप आज आर्थिक रूप से संघर्ष कर रहे हैं, तो भविष्य में बेहतरी की पूरी संभावना है।

आपका कार्य कोई देख रहा है या नहीं, यह देखना आपका काम नहीं है। आपसे अलग भी कोई है जो जानता है कि आप अपने कार्य में निपुणता की दिशा में संलग्न हैं – वह है प्रकृति। आपका कोई भी कार्य व्यर्थ नहीं जाएगा। प्रकृति का CCTV कैमरा चहुँदिशा में चालू है। आप अपने कार्य के प्रति समर्पित रहें। व्यक्ति का कार्य चाहे आर्थिक हो या गैर-आर्थिक, उसे निरंतर करते रहना चाहिए।

बेवजह समय को इधर-उधर बर्बाद नहीं करना चाहिए। समय का निवेश जहाँ भी किया जा रहा हो, वहाँ उसके परिणाम पर भी ध्यान देना चाहिए – कि इस अमूल्य धन (समय) का उपयोग सुख, शांति और संवृद्धि के लिए किया गया या नहीं। लोग कहते हैं कि जो कार्य आप निरंतर करते हैं, उसमें सफलता मिलती है। तथापि, मूल्यांकन करते रहना चाहिए कि क्या हम सही दिशा में बढ़ रहे हैं या नहीं।

व्यक्ति जब किसी एक आर्थिक लक्ष्य पर अपनी पूरी क्षमता लगा देता है, तो सफलता मिलनी ही चाहिए। परंतु यदि ठीक विपरीत परिणाम मिले, तो उसके लिए क्या योजना है, क्या विकल्प है – यह पहले से तय होना चाहिए। एक ही आर्थिक लक्ष्य को लेकर व्यक्ति कभी-कभी स्वयं को विकट स्थिति में डाल लेता है, जो घातक भी हो सकता है। ऐसे में छोटे-छोटे आर्थिक लक्ष्यों को पूरा करते हुए बड़े लक्ष्य की ओर दृष्टि बनाए रखना उचित है। अन्यथा, एक बड़े आर्थिक लक्ष्य के चक्कर में हम अन्य वैकल्पिक लक्ष्यों की ओर बढ़ ही नहीं पाएँगे। इस पर सोच-विचार करना आवश्यक है।

स्पष्टता, प्रभाव और पैसा

स्पष्टता, प्रभाव और पैसा – आज की ज़रूरत बन गए हैं। व्यक्ति को क्या चाहिए? – व्यापक दृष्टिकोण, ज्ञान में बढ़ोतरी और कर्मठता में नए प्रयोग। व्यक्ति को ये तीनों एक साथ चाहिए, यही वास्तविकता है। एक अकेला तथ्य दूसरे के बिना अपना महत्व खो देता है।

> *"Consumer cannot deal without money. This is a money world."*
> (उपभोक्ता बिना पैसे के कोई लेन-देन नहीं कर सकता – यह धन की दुनिया है।)

आप कितने भी अच्छे व्यक्ति क्यों न हों, कभी अपनी कमाई के रुपयों से पूछिए – अच्छाई की कीमत क्या है? क्या इसे पैसे से मापा जा सकता है या नहीं? यदि आप समाज को कुछ अच्छा योगदान देना चाहते हैं, तो क्या यह बिना पैसे के संभव है? बहुत हद तक इसकी अपनी सीमाएँ हैं। जैसे: आपने बचपन में जिस स्कूल में पढ़ाई की, वह जर्जर हो गया है और इतने वर्षों बाद भी वही ढाँचा खड़ा है। शायद वह किसी मदद, किसी पुनर्जीवन की बाट जोह रहा है। क्या यह बिना पैसे के संभव है? बिल्कुल नहीं – तभी तो वह वर्षों से जर्जर अवस्था में पड़ा है।

एक और उदाहरण लीजिए – आप जिस मोहल्ले में रहते हैं, वहाँ की सड़क निर्माण के लिए यदि आपसी तालमेल न हो, नगर निगम कहे कि यह पी.डब्लू.डी. के अंतर्गत आता है, और पी.डब्लू.डी. कहे कि यह नगर निगम के क्षेत्र में है – तो वह सड़क वर्षों तक खराब स्थिति में ही रहती है। अब यदि आप देखें, तो यह सड़क कोई 50-60 मीटर लंबी और 10 मीटर से अधिक चौड़ी है – इसके निर्माण की दिशा में कई बार सोचा गया होगा, परंतु यह सार्वजनिक खर्च है। एक-दो व्यक्ति अकेले कैसे कर सकते हैं?

यदि कोई व्यक्ति आर्थिक रूप से ठीक-ठाक स्थिति में हो, और कोई ऐसा काम करना चाहे जो व्यक्तिगत न होकर सामूहिक हित का हो – तो ऐसा कुछ कार्य बिना स्वार्थ के तभी कर सकता है जब उसके पास पर्याप्त पैसा हो। यदि कोई व्यक्ति बड़े स्तर पर कुछ बड़ा कार्य पूरा करने का सपना रखता है – वह भी बिना व्यक्तिगत स्वार्थ के – तो यह सपना तभी साकार हो सकता है जब उसके पास धन की उपलब्धता हो। अन्यथा, वह सपना सिर्फ सपना ही रह जाता है।

कई बार परिवारों में यह देखा-पाया जाता है कि पैसों की तंगी अशांति का कारण होती है। पारिवारिक रिश्तों में पैसों की तंगी, रिश्तों को खराब करती है। कई तरह की परेशानियों की जड़ पैसा की कमी ही होती है। बहुत से लोग भ्रम में होते हैं कि वे दूसरों की तुलना में अधिक भौतिक उपलब्धता के साथ जीवन व्यतीत कर रहे हैं। जैसे, एक-दो फ्लैट वाला तथा एक कार वाला व्यक्ति – कभी-कभी वरीयता ग्रंथि के प्रभाव में आकर, संकीर्ण मानसिकता के कारण, दुसरे व्यक्ति को, जिसके पास एक से ज़्यादा गाड़ियाँ हों, खुद से ऊँचा दिखने के चक्कर में कम आंकता है या जानबूझकर स्वयं को संतुष्ट करने का भ्रम पालता है कि दूसरा व्यक्ति उससे आगे कैसे हो सकता है – या दूसरा व्यक्ति कमतर ही होना चाहिए। इसके लिए वह पिन-पॉइंट ढूँढ़ता है।

ऐसे लोगों से दूसरा व्यक्ति केवल दूरी ही नहीं बनाता, बल्कि उसे संकीर्णता का परिचायक तथा जटिल मानसिकता वाला भी मानता है। और कोई भी ऐसे व्यक्ति को लंबे समय तक क्यों झेले? सेब के ऊपर चाकू गिरे या चाकू सेब पर, कटेगा सेब ही। ऐसे संकीर्णता वाले लोग प्रत्येक स्थिति में "सेब" दूसरे को मानते हैं और स्वयं को न जाने क्या। हर स्थिति में अपने

अहम की तुष्टि के लिए मानसिक जटिलता से बाहर निकलना आसान नहीं होता।

ऐसी प्रवृत्ति दूसरों के लिए सहज नहीं होती। ऐसे लोगों से परिवार के लोग भी चिढ़ते हैं क्योंकि उनका दृष्टिकोण विचित्र होता है। इस तरह के लोग चिढ़, घुटन और दब्बू जीवन को सभी पर थोपने की प्रवृत्ति रखते हैं। परिवार या कहीं और, जिस व्यक्ति को वे अपने पात्र के समतुल्य मानते हैं, उस पर हावी होने की कोशिश करते हैं। दूसरी तरफ, जिन पर वे अपना यह भ्रम लागू करते हैं, वे मानसिक, सामाजिक और आर्थिक दृष्टि से कहीं आगे हो सकते हैं – और वे अपने लक्ष्य पर केन्द्रित होने की वजह से वर्षों तक कोई प्रत्युत्तर नहीं देते, बल्कि स्वयं को केन्द्रित रखते हुए, एक दिन निर्णय ले ही लेते हैं। कोई भी व्यक्ति, चाहे वह संकीर्ण मानसिकता वाला हो, यदि अपने को किसी भी दृष्टि से श्रेष्ठ मानता है – चाहे वह आर्थिक ही क्यों न हो – तो दूसरों को निम्नतर महसूस कराने के लिए बस पिन-पॉइंट ही खोजता रहता है।

व्यक्ति को कुछ आर्थिक निर्णय, छोटे-छोटे ही सही, लेने की स्वतंत्रता मिलने से मनी मैनेजमेंट का तरीका सीखने में मदद मिलती है। पैसे के प्रति व्यवहार सीखने के लिए आय-व्यय, बजट, बचत-निवेश व आय के अन्य स्रोत की समझ एकाएक विकसित नहीं होती, बल्कि यह एक लंबी प्रक्रिया होती है।

बहुत से परिवारों में इस विषय को एकदम अलग रखा जाता है, या इसे झंझट भी मान लिया जाता है। जब व्यक्तिगत आय-व्यय शुरू होता है, तभी ज़्यादातर लोग इसे सीखना और समझना शुरू करते हैं। बहुत से माता-पिता अपने बच्चों को, भले ही वे युवा क्यों न हो, घर का कोई सामान या व्यवस्था की जिम्मेदारी नहीं देते। उन्हें दाल-चावल का रेट या मूल्य तब पता चलता है जब उनकी व्यक्तिगत गृहस्थी शुरू होती है। वे बच्चे या युवा जो पहले से पैसे से संबंधित कार्य करते हैं, उनका पैसे को लेकर व्यवहारिक समझ कम नहीं, बल्कि ठीक-ठाक ही होती है।

पिन-पॉइंट करने वाले व्यक्ति को आप तब भी झेल सकते हैं या उनसे बचाव कर सकते हैं जब आप अपने लंबे समय के लक्ष्य पर केंद्रित रहते हैं। वही लक्ष्य आपकी छतरी बनता है, जो आपको बचाता है। वास्तव में,

पिन-पॉइंट करने वाले व्यक्ति अपने जीवन में अपनी क्षमता, जो आर्थिक या कैरियर से जुड़ी हो सकती है, का उपयोग अपनी वास्तविक सामर्थ्य से कम ही कर पाते हैं। वे अपनी अल्प उपलब्धियों के लिए स्वयं को छोड़कर सभी को दोष देते हैं, और मानते हैं कि दूसरों को भी उनके समकक्ष ही होना चाहिए।

बहुत बार आपके आस-पास के लोग आपको आर्थिक रूप से ही सही, आगे बढ़ते देखना पचा नहीं पाते। ऐसे लोग अपनी आर्थिक बेहतरी की दिशा खोजने के बजाय सीमाओं और शर्तों के ईद-गिर्द ही घूमते रहते हैं। परिवर्तनशीलता को वे हर दृष्टि से देख सकते हैं, पर स्वयं को उससे दूर ही रखते हैं।

कभी-कभी व्यक्ति किसी निर्णय की गलती के कारण, चाहे उसमें पैसा या वस्तु का मूल्य न भी हो, स्वयं को हर तरह से उसमें संलग्न कर लेता है। उस समय वह निर्णय उसे सही लग सकता है, लेकिन बाद में यह एहसास होता है कि उसने स्वयं को अन्य उपलब्ध अवसरों से भी विचलित कर लिया – जबकि वह निर्णय वास्तव में तर्कसंगत नहीं था

धन या पैसे की अल्पता में भी व्यक्ति का निर्णय इतना कमजोर न हो जाए कि वह उसे पूरी तरह प्रभावित कर दे। कई बार अच्छे-भले व्यक्ति भी भावनात्मक रूप से इतना जुड़ जाते हैं कि तर्क की जगह भावना हावी हो जाती है – जबकि वस्तुतः जिन बातों या चीज़ों से वे प्रभावित होते हैं, उनका उनके जीवन पर दूरगामी प्रभाव नहीं होता।

अक्सर एक-दो वर्ष में या कुछ ही महीनों बाद यह समझ आ जाती है कि किन-किन गलतियों से बचा जा सकता था। इसलिए व्यक्ति अपने तर्कपूर्ण विश्वास, कर्म और लगन को साथ तो रखता है, पर तर्क से पूरी तरह किनारा नहीं कर सकता। आय, पैसा और धन – ये सभी व्यक्ति को जीवन में संतुलन और असंतुलन दोनों स्थितियों का अनुभव कराते हैं।

आय और पैसा की समझ व बचत

इतना तो कोई भी नासमझ नहीं हो सकता कि पैसा या आय का स्रोत क्या है – यह समझ ही न आए। आज जो व्यक्ति युवा हैं, उन्हें कभी-कभी लगता

है कि उनके माता-पिता का आय-व्यय का तरीका, या यूँ कहें मनी मैनेजमेंट, पहले बेहतर था। जब वे अपने बचपन को याद करते हैं, तो पाते हैं कि तब का मुख्य आय स्रोत एक ही होता था, और व्यय व खर्च अनेक जगहों पर होता था, फिर भी जितनी ज़रूरत होती, वह पूरी हो ही जाती थी। अब आय और रहन-सहन का स्तर बढ़ा है, भौतिकता भी बढ़ी है, और आज जीवन में पैसा या आय का स्थान भी कहीं अधिक महत्वपूर्ण हो गया है।

आर्थिक जगत में आय-व्यय के मायनों और उनके क्षेत्र में विविधता और गहराई दोनों बढ़ी हैं। जब व्यक्ति कार्य करने योग्य हो जाता है, तब उसे आय अर्जित करनी चाहिए – कार्य करना चाहिए – और फिर यह तय करना होता है कि व्यय कहाँ करना है। यह हर व्यक्ति की अपनी-अपनी जिम्मेदारी है। यदि व्यक्ति कार्य कर रहा है, तो बचत भी एक अत्यंत महत्वपूर्ण तथ्य है, क्योंकि जो लोग आय अर्जन नहीं कर रहे होते, वे भी जानते हैं कि कुछ न कुछ बचा कर रखना चाहिए, ताकि सुख-दुख के समय आपके पास खर्च करने की सुविधा और अपनी जिम्मेदारियों को निभाने की क्षमता बनी रहे। प्रत्येक व्यक्ति जो पैसा, आय या आय प्रवाह को समझता है, वह अंततः बचत और निवेश की आवश्यकता को भी समझ ही लेता है।

व्यक्ति ज़्यादातर स्थितियों में अपनी बचत को बैंक में ही रखना पसंद करता है क्योंकि पैसों के लेन-देन में बैंक को सबसे सुरक्षित माना जाता है। बैंक में व्यक्ति अपनी आर्थिक स्वतंत्रता के लिए सर्वप्रथम एक बचत खाता खोलता है, फिर आर.डी., एफ.डी. जैसे तरीकों को सुरक्षित और आसान मानता है। आर.डी., एफ.डी. में बाज़ार के उतार-चढ़ाव का कोई प्रभाव नहीं पड़ता, इसलिए आवश्यकता पड़ने पर वहां से निधि निःसंकोच निकाली जा सकती है।

जैसे किसी युवा व्यक्ति की नई-नई नौकरी लगती है, तो उसकी प्राथमिकता होती है कि वह कार खरीदे और कुछ राशि डाउन पेमेंट के लिए जमा करे। यदि उसे SIP (सिस्टमैटिक इन्वेस्टमेंट प्लान) की जानकारी नहीं हो, तब भी वह अपने छोटे-छोटे वित्तीय लक्ष्यों को पारंपरिक तरीकों से आगे बढ़ाता है। काफी समय बाद भी यदि कोई व्यक्ति म्यूचुअल फंड और इक्विटी

बाज़ार में प्रवेश करता है और बचत-निवेश को पारंपरिक विधियों से ही करता है, तो भी वह आर्थिक बेहतरी की स्थिति को प्राप्त कर सकता है, और यदि वह और भी बेहतर तरीकों से कार्य कर रहा हो, तो यह स्थिति और मज़बूत हो सकती है।

हाल के वर्षों में बचत-निवेश संबंधी अवधारणाएं बदली हैं। रियल एस्टेट की तरह शेयर बाज़ार भी धन-संपत्ति और आय प्रवाह उत्पन्न करता है। जो व्यक्ति शुरुआत से ही रियल एस्टेट को अपनी आर्थिक उन्नति का एक आधार मानते हैं और उसका पालन करते हैं, वे धीरे-धीरे गरीबी से दूर हो जाते हैं। बहुत से मध्यमवर्गीय परिवार अपनी आर्थिक बेहतरी के लिए एक प्लॉट या एक फ्लैट लेने के बाद निवेश का सही माध्यम रियल एस्टेट को ही मानते हैं। अभी भी जिन लोगों को रियल एस्टेट का अनुभव है, वे थोड़ा या अधिक उसमें विश्वास रखते हैं – या फिर प्लॉट की जगह कम से कम फ्लैट में निवेश करते हैं ताकि उसमें स्वयं रहें या किराये पर लगाएं। व्यक्ति को यह भी समझ रखना चाहिए कि बचत से भी खुशियाँ मिलती हैं, और यह न केवल जीवन को सुरक्षित बनाती है, बल्कि आगे बढ़ने में सहायता करती है और कार्य कुशलता में भी वृद्धि लाती है।

8

बचत को व्यवस्थित करने के प्रभावी तरीके

1. वित्तीय अनुशासन बनाए रखें।
2. आय और व्यय में संतुलन रखें।
3. सही वित्तीय प्रबंधन की ओर स्वयं को उन्मुख करें।
4. व्यय से पहले बचत की राशि अलग रखें।
5. वित्तीय मितव्ययिता अपनाएं।
6. यह समझें कि कहाँ खर्च करना है और कहाँ नहीं करना है।
7. यह समझ हमेशा विकसित करें कि सुख और समृद्धि के लिए क्या-क्या महत्वपूर्ण होता है।
8. आय, व्यय और बचत-निवेश का नियमित मूल्यांकन करते रहें।
9. SIP, शेयर बाज़ार और रियल एस्टेट जैसे नए स्किल्स सीखें।
10. धन से संबंधित ज्ञान को हमेशा बढ़ाते रहें।

समय व आय अर्जन

व्यक्ति को यह ध्यान रखना चाहिए कि वह धन का उपयोग कैसे और कहाँ करना है। इसकी अधिकतम उपयोगिता को समझना, और "उपयोग का रहस्य" सदैव दृष्टिपटल पर बनाए रखना अत्यावश्यक है। चाहे वह कार्य की सफलता हो या आय अर्जन का क्षेत्र – ध्येय कभी भी दृष्टिपथ से ओझल नहीं

होना चाहिए। पैसा, आय, धन-संपत्ति और आय प्रवाह के अतिरिक्त भी इस ब्रह्मांड में संपत्ति के अनेक रूप हैं। कभी रुककर स्वयं से यह पूछें – और केवल आँखों से नहीं, अपनी दृष्टि को व्यापकता में ले जाएँ।

व्यक्ति, विशेषकर महिलाएँ, थोड़ी-थोड़ी और अल्प बचत को भी बड़ा महत्व देती हैं। वे आय के सीमित स्रोत में भी कुछ न कुछ बचा लेती हैं। ठीक वैसे ही, प्रत्येक व्यक्ति को, चाहे उसका आय स्रोत कैसा भी हो, प्रारंभ से ही अल्प बचत के महत्व को समझना चाहिए। छोटी बचत, वास्तव में, छोटी नहीं होती। यही बचत उस समय बड़े काम आती है जब आय या धन की व्यवस्था समझ नहीं आ रही होती। यही छोटी बचत या निवेश आश्चर्यजनक प्रभाव डाल सकती है।

बहुत से परिवार, विशेषकर वे जहाँ आय प्रवाह पर नियंत्रण किसी एक सदस्य का होता है, वहाँ यदि बचत-निवेश को महत्त्व नहीं दिया जाता, तो परंपरागत योजनाएँ जैसे आर.डी., एफ.डी. या यहाँ तक कि बचत खाता भी न खोला गया हो या संचालित न हो रहा हो, तो वहाँ की आर्थिक स्थिति न केवल विपरीत होती है बल्कि पूरी व्यवस्था बिखरी हुई, चरमराई हुई और बदतर होती है। वहाँ से आर्थिक उन्नति की दिशा तय करना लगभग असंभव हो जाता है।

किसी भी व्यक्ति के पास यदि बैंक खाता नहीं है, तो यह उसकी आर्थिक प्रगति के मार्ग में एक बड़ा अवरोध बन सकता है। बैंक खाता खुलवाना ठीक वैसे ही है जैसे किसी का आर्थिक विकास की "प्रथम कक्षा" में नामांकन हो। निस्संदेह, वह व्यक्ति कुछ वर्षों में बैंकिंग सुविधाओं का लाभ उठाएगा और अपने लिए वित्तीय मज़बूती हेतु विवेकपूर्ण निर्णय ले सकेगा।

प्लंबर, बिजली मिस्त्री, वुडवर्क जैसे कार्य करने वाले लोग अपने कार्य में निपुण होते हैं, तथापि वे अक्सर औसत जीवन जीते हैं। यदि कोई व्यक्ति उन्हें कार्य पर रखता है और उनकी व्यवहारिकता व व्यवहार-कुशलता को देखते हुए उन्हें बनाए रखना पसंद करता है, तो आगे भी वह कार्य विशेष के लिए जुड़ाव बनाए रख सकता है। यद्यपि उनका आय स्तर कहाँ तक बढ़ेगा, यह उस व्यक्ति तथा उनके कार्य की निरंतरता और उन पर निर्भर व्यक्तियों

पर निर्भर करता है। असंगठित क्षेत्रों में कार्य करने वाले व्यक्ति का प्रतिदिन का संघर्ष अधिक जटिल हो सकता है।

कोई व्यक्ति यदि सक्रिय हो और औसत जीवन स्तर से ऊपर की आय पर हो, तब भी वह कई कार्यों को आउटसोर्स करता है। वह केवल उन्हीं कार्यों को स्वयं करता है, जो उसके द्वारा किया जाना अधिक उपयुक्त और आवश्यक होते हैं। जैसे कोई व्यक्ति किसी कार्य से आय अर्जित करता है, लेकिन वह प्लंबर, इलेक्ट्रिशियन या वुड वर्क जैसे कार्य स्वयं करने नहीं बैठता, अर्थात वह ऐसे कार्यों को करने का उलझन नहीं लेता जो उसके द्वारा किया जाना अनिवार्य न हो। और हाँ, प्रतिस्पर्धा के इस दौर में व्यक्ति जितना स्किल के लिहाज से अपग्रेड रहेगा, उतना ही उसके लिए फायदेमंद होगा।

कहा जाता है कि लक्ष्मी और सरस्वती एक साथ नहीं रह सकतीं, जबकि यह निराधार धारणा है। यह केवल भाँति-भाँति के व्यक्तियों के विचार हैं। जहाँ सरस्वती का सम्मान होता है, वहाँ लक्ष्मी स्वयं विद्यमान होती है। लक्ष्मी की उपस्थिति यह निर्धारित नहीं करती कि वहाँ सरस्वती भी होगी या नहीं। उसी प्रकार, गरीबी, संकट, कष्ट या विपदा जैसी विपरीत स्थितियाँ यह तय नहीं करतीं कि व्यक्ति को धन की दृष्टि से सहायता मिलेगी या नहीं। वास्तव में, व्यक्ति की कर्मठता और उसकी दृढ़ प्रवृत्ति ही उसकी आर्थिक सफलता का आधार निर्धारित करती है।

जीवन, धन, कार्य और पढ़ाई – सभी मैनेजमेंट प्रवृत्ति पर आधारित हैं।

धन कम हो या अधिक, जीवन तो चलता ही रहेगा – यह व्यक्ति मान लेता है और यही सोच उसे सुखी तथा संतोषपूर्ण बनाती है। जीवन में साहस, स्वयं पर विश्वास, धैर्य – ये सभी तब धन लेकर आते हैं जब व्यक्ति अपने कार्य को पूर्णता, निपुणता, नवीनता तथा नई पद्धतियों के साथ करता है।

जीवन क्या है? जीवन प्रबंधन और धन प्रबंधन – वास्तव में ये दोनों एक-दूसरे से अछूते नहीं हैं, बल्कि व्यक्ति का जीवन दोनों का मिश्रण होता है। धन प्रबंधन के अवसर को खोकर या चूककर भी व्यक्ति स्वयं को पुनः

संजो सकता है और अपने प्रबंधन की पद्धतियों पर दोबारा कार्य कर सकता है। दूसरी ओर, जीवन प्रबंधन की असफलता को भी व्यक्ति ठीक कर सकता है – बशर्ते वह यह समझ ले कि उसे कैसे संभालना है, जो कि अधिक आवश्यक है।

जीवन प्रबंधन एक व्यापक अवधारणा है, जबकि धन प्रबंधन एक सीमित अवधारणा।

जीवन प्रबंधन में कई प्रकार के प्रबंधन शामिल होते हैं जैसे –

- परिवार का प्रबंधन,
- कार्य का प्रबंधन,
- वस्तुओं व संसाधनों का रख-रखाव,
- रिश्तों और सामाजिक जिम्मेदारियों का प्रबंधन।

इन्हीं सब के बीच में आता है – धन प्रबंधन। जीवन और धन का कुप्रबंधन व्यक्ति को विकट स्थितियों में डाल सकता है। तथापि, जीवन का कुप्रबंधन कभी-कभी धन प्रबंधन की तुलना में अधिक गंभीर हो जाता है। धन प्रबंधन की विफलता में व्यक्ति पुनः वापसी कर सकता है – यदि उसका जीवन प्रबंधन सही दिशा में हो। किंतु जीवन प्रबंधन की विफलता कभी-कभी धन प्रबंधन को भी तुच्छ बना देती है। कभी-कभी किसी समय-बिंदु की उलझन में, सही धन प्रबंधन जीवन प्रबंधन को बेहतर बना सकता है। इस प्रकार जीवन प्रबंधन और धन प्रबंधन – दोनों एक-दूसरे के पूरक हो सकते हैं या एक-दूसरे के प्रतिकूल भी। जीवन प्रबंधन में हुई कुछ चूक व्यक्ति को वापसी का अवसर नहीं देती, जबकि धन प्रबंधन की चूक तुलनात्मक रूप से उतनी घातक नहीं होती। पर्याप्त आय और धन होने के बावजूद यदि जीवन प्रबंधन असफल हो जाए, तो वापसी का मौका नहीं मिल पाता।

आज जो कार्य आप कर रहे हैं, उसमें निपुणता लाएँ।

कुछ मिनट लगाकर लाखों से अधिक की आय अर्जित की जा सकती है। पैसे या आय का सही आवंटन, या सरल शब्दों में कहें तो, पैसे को इधर-उधर

कर, बैंकों में अपने खातों का प्रबंधन सुधारकर तथा निवेश के तरीके में थोड़ा परिवर्तन कर, धन-संग्रह के आकार पर बड़ा प्रभाव डाला जा सकता है। एक स्तर के बाद व्यक्ति को अपनी बचत और निवेश के तरीकों में धीरे-धीरे सुधार और मूल्यांकन करते रहना चाहिए। अन्यथा, बचत-निवेश का स्तर हर व्यक्ति के लिए अलग-अलग हो जाता है – यह व्यक्ति की आर्थिक स्थिति और ज्ञान पर निर्भर करता है। यहाँ तक कि आय का स्तर समान होने पर भी, अलग-अलग व्यक्तियों पर इसका प्रभाव अलग होता है। जैसे, बहुत से लोग जो परंपरागत निवेश तरीकों में विश्वास रखते हैं और अपनी बचत को सुरक्षित मानते हैं, उन्हें भी स्वयं को अपग्रेड करते रहना चाहिए।

एक ग्रुप में 12 लोग थे, जिनकी नौकरी एक ही साथ एक प्रतिष्ठित संस्था में लगी थी। वे आपस में ऑफिस से संबंधित प्रत्येक नई जानकारी साझा करते थे, परंतु उनका बचत-निवेश आपस में साझा नहीं होता था, क्योंकि हर व्यक्ति की अपनी-अपनी व्यक्तिगत जिम्मेदारियाँ होती थीं। स्थिति और परिस्थिति के अनुसार व्यक्तिगत बचत-निवेश का होता रहता था।

पाँच वर्ष बाद, आपस में हमेशा घनिष्ठता रखने वाले वही लोग कई दिनों से ब्रेक टाइम या लंच टाइम में बचत-निवेश पर बातें कर रहे होते हैं।

चर्चा में मुख्य बिंदु – पी.पी. एफ (पब्लिक प्रोविडेंट फंड)

'A' ने 15 वर्ष पहले, अर्थात नौकरी लगते ही, 'B' से साइन व हस्ताक्षर कराकर फॉर्म जमा किया और प्रतिमाह ₹5000 की किस्त जमा कर रहा था।

प्रतिमाह	वर्ष	कुल रकम
₹5000	15	₹9,00,000

गणना :

- ₹5000 * 12 = ₹60,000 (वार्षिक)
- ₹60,000 * 15 = ₹9,00,000 (15 वर्षों में कुल जमा)

जमाकर्ता द्वारा कुल जमा = ₹9,00,000

कुल राशि ब्याज सहित = ₹18,00,000 (लगभग)

पी.पी. एफ की अवधि = 15 वर्ष, तथापि इसे और **5 वर्ष + 5 वर्ष,** इस प्रकार कुल 25 **वर्षों तक बढ़ाया जा सकता है।**

अगले 10 वर्षों के लिए :

- ₹60,000 * 10 = ₹6,00,000 (और जमा)

कुल अनुमानित राशि = (₹18,00,000 + ₹6,00,000) * 2 = ₹48,00,000 (लगभग)

इस तरह यह बचत-निवेश का सबसे सुरक्षित तरीका है, जिससे लगभग 3 से 4 गुना लाभ मिल रहा है, जो परम्परागत रूप है। बशर्ते कि यह निवेश अन्य तरीकों से कुछ भिन्न है। इसमें इंश्योरेंस (बीमा) नहीं है, तथापि इसमें काफी गुणवत्ता है क्योंकि यह मार्केट रिस्क से मुक्त होता है। फिर सभी व्यक्ति केवल व्यक्तिगत हानि के डर से ही बचत-निवेश क्यों करें? आज यह खाता बड़ी आसानी से खोला जा सकता है, बशर्ते आप भारतीय नागरिक हों। किसी भी बैंक में केवल एक खाता खोला जा सकता है।

आगे 'B' कहता है कि उसने 15 वर्ष पहले पी.पी. एफ अकाउंट इसलिए नहीं खोला था क्योंकि बैंकों में बहुत भीड़ होती थी। तीन-चार दिन तक ब्रेक आवर में लाइन में खड़ा रहना पड़ता था। बड़ी मुश्किल से फार्म पर साइन हुआ, वह भी एक सहकर्मी ने किया था, जबकि उसने खुद आसानी से दूसरे सहकर्मी के पी.पी. एफ अकाउंट खोलने वाले फार्म पर साइन कर दिया था, यह सोचकर कि पैसा तो उसी का जमा होना है, मैं तो बस परिचयदाता हूँ। बड़े हक से साइन करने को कहा गया और 'B' ने अपनी समझ और ज़िम्मेदारी लेते हुए बेझिझक साइन कर दिया था। इस चर्चा में 'C' ने कहा कि ठीक उसी समय 'A' से इसके बारे में पूछ लेना चाहिए था। 'B' ने कहा कि "पता तो था, मैंने ही तो उसके फार्म में परिचय दाता था।"

आज के समय में लोगों के लिए यह तरीका और भी आसान तथा सुरक्षित हो गया है। यह खाता भारत के किसी भी नागरिक द्वारा, जब वह 18 वर्ष से अधिक उम्र का हो, खोला जा सकता है। इस चर्चा को सुनकर, जो उन्हीं के ग्रुप का एक वरिष्ठ सदस्य (60 वर्षीय) था, उसने बात को समेटते हुए कहा:

"मेरे बाल यूँ ही नहीं पके! एल.आई.सी हो या एफ.डी , आर.डी या पी.पी.एफ अकाउंट – इनसे बचत-निवेश की तुलना में, मार्केट में डायरेक्ट न सही, लेकिन SIP या म्यूचुअल फंड ही वे तरीके हैं जो किसी व्यक्ति को वास्तव में अमीर और धनी बनाने की क्षमता रखते हैं। व्यक्ति को अपना फाइनेंशियल ज्ञान बढ़ाना चाहिए। और हाँ, रियल स्टेट का तो महत्व है ही, पर अपनी कुछ शर्तों के साथ। बचत-निवेश में विविधीकरण का मार्ग अपनाना चाहिए। म्यूचुअल फंड या SIP से एकदम दूर रहने के लाभ-हानि का पता बाद में चलता है।"

और सबसे ज़रूरी बात – प्रत्येक व्यक्ति के पास मेडिक्लेम अवश्य होना चाहिए, ताकि जब मेडिकल से संबंधित कोई खर्च सामने हो और धन या आय की कमी हो, तो परेशानी न हो। उस अनुभवी व्यक्ति ने यह भी कहा कि "मैं चाहता हूँ कि मेरे बच्चे पढ़ाई-लिखाई के साथ अच्छे इंसान बनें। अच्छा व्यक्तित्व कुछ न कुछ अच्छा करेगा ही – कम या ज़्यादा कमाकर भी सुख, शांति और समृद्धि में रहेगा।"

आज बच्चों पर पढ़ाई का अधिक दबाव न देने की स्थिति उत्पन्न हो चुकी है। व्यक्ति में आर्थिक संभावनाएँ बहुत होती हैं, जो तत्काल स्पष्ट नहीं होतीं। व्यक्ति को दूरदर्शिता तथा प्रेरित भावना बनाए रखनी चाहिए। कई बार व्यक्ति सोचता है – "यह न किया तो क्या होगा?" – लेकिन कुछ नहीं तो कुछ, बेहतरी का कोई न कोई विकल्प हमेशा होता ही है।

आम व्यक्ति को 60–65 वर्ष के पश्चात कितना पैसा चाहिए?

एक शिक्षित तथा नौकरीपेशा व्यक्ति ने बताया कि उसके दोनों बच्चे आर्थिक रूप से सेटल हो गए हैं। एक की शादी हो चुकी है और दूसरे की भी रिटायरमेंट

के शीघ्र बाद हो जाएगी। रिटायरमेंट पर उसे 70 लाख रुपये मिले थे। रहने के लिए उसका अपना फ्लैट पहले से ही है। वह कहता है, "इतना बहुत है। हमारा खर्चा ही क्या है–दो-तीन लोग, हम दोनों (पति-पत्नी) और मेरी माँ, जो लगभग 85 वर्ष की हैं। और-और का कोई अंत भी नहीं होता। व्यक्ति स्वयं को कहीं पर रोक ले, तो यह भी अच्छा है ताकि वह सहजता पूर्वक जीवन व्यतीत कर सके।"

वहीं दूसरी ओर, एक वरिष्ठ व्यक्ति (B), जिनकी उम्र 72 वर्ष से अधिक रही होगी, अचानक 'A' (लगभग 40 वर्ष के) के पास आए और बोले, "मुझे लगा, तुम ही हो... पर ठीक से पहचान नहीं पाया।" 'A' मुस्कुराते हुए बोला, "सर, मुझे भी कुछ ऐसा ही लगा था।" थोड़ी बहुत हालचाल और इधर-उधर की बातों के बाद B ने बताया, "यहाँ मेरा परिवार रहता है। मैं तो पास के प्लॉट में रहता हूँ – थोड़ा प्रकृति के करीब, शांति में।"" 'A' ने कहा, "सर, यह तो अच्छा है कि आपको अब अधिक आनंददायक जीवन मिल रहा है। पहले तो आप बहुत व्यस्त रहते थे।"

'B' मुस्कराए और बोले, "जो कह लो, यहीं अच्छा है। अगर परिवार में आर्थिक स्थिति ठीक-ठाक हो, तो जो कुछ है, उसका भी आनंद लिया जा सकता है। और अगर कुछ कम हो, तब भी व्यक्ति अपने जीवन को अच्छे ढंग से जी सकता है।

कैसे?

क्योंकि आय के कम या अधिक होने से परे भी जीवन में बहुत कुछ होता है – एक ऐसा अनुभव जिसे शब्दों में बाँध पाना आसान नहीं। यह हमारे आसपास ही होता है, और हमारे सोच-विचार की शक्ति से कहीं आगे। जिसे बाहर खोजने की ज़रूरत भी नहीं होती।"

एक अन्य प्रसंग को लें – एक वरिष्ठ व्यक्ति दूसरे व्यक्ति से कहता है, "हाथ में पैसा आते रहना चाहिए। प्रत्येक व्यक्ति की कुछ न कुछ छोटी-मोटी ज़रूरत तो हमेशा होती ही है। बड़ी-बड़ी आर्थिक ज़रूरतों को परिवार के लोग–जो उसके घनिष्ठ होते हैं–पूरा कर सकते हैं, परंतु अपना हाथ खाली नहीं होना चाहिए। कम से कम इतना तो हो कि स्वयं के लिए या अपने

करीबियों को चॉकलेट, आइसक्रीम या बिस्किट दे सकें। कहीं टहलने के लिए बाहर निकले और कुछ खाने-पीने की इच्छा हो जाए– बुढ़ापे में भी बच्चों जैसी लालसाएँ आ ही जाती हैं। यह न कहना पड़े कि "मेरे पास होता तो यह करता।"

व्यक्ति बिस्तर पर पड़ा हो तो भी उसका कैश फ्लो या नगद प्रवाह बना रहना चाहिए, ताकि वह आर्थिक रूप से अपनी स्वतंत्रता न खोए। यदि लम्बे जीवनकाल की अपेक्षा है, तो दूसरी ओर कैश फ्लो का सही प्रबंधन भी कर लेना चाहिए–चाहे वह राशि छोटी हो या थोड़ी अधिक–पर उस पर व्यक्तिगत अधिकार हो, न कि किसी और के भरोसे। इससे जीवन अधिक सहज रह सकता है।

एक निम्न मध्यवर्ग का व्यक्ति कहता है कि उसने 40 वर्ष पहले सातवीं तक की पढ़ाई के बाद पढ़ाई छोड़ दी और कार्य करना शुरू किया। तब वह जो कार्य कर सकता था, वही किया और उसका पहला वेतन प्रतिदिन 20 रुपये था। इस तरह प्रत्येक माह 600 रुपये की आमदनी होती रही और वह अपने स्तर का कार्य निरंतर करता रहा। वेतन धीरे-धीरे बढ़ता चला गया। काम से मुंह मोड़ने की आदत नहीं रही, केवल छुट्टियों के अतिरिक्त ही आराम करता। आज उसके परिवार की कुल आमदनी पचास गुना बढ़ चुकी है क्योंकि कुछ आमदनी अन्य सदस्यों द्वारा भी होती है, तथापि उसके पास संपत्ति के नाम पर कुछ भी नहीं है। इसके क्या कारण रहे :

1. पढ़ाई कम की।
2. कार्य का तरीका नहीं बदला; अन्य विकल्प व वैकल्पिक स्रोत नहीं खोजे।
3. एक ही कार्य में लगा रहा, वह भी बिना किसी परिवर्तन के।
4. बचत-निवेश जैसे पूंजी निर्माण को कभी नहीं समझा।
5. ज़्यादा नहीं तो एक-दो प्रतिशत ही बचत कर लेता, और पुनः उस बचत को आगे निवेश एवं पूंजी निर्माण का आधार बनाता।
6. भविष्य की वित्तीय सुरक्षा पर कभी विचार नहीं किया।

वह जो भी कमाता, अपनी पत्नी के हाथ में दे देता। उसकी पत्नी के आय अर्जन के भी स्रोत रहे, तथापि वे लोग बिना सही तरीके और बिना रूपरेखा के खर्च करने में अभ्यस्त हो चुके थे। आय प्रतिमाह तीस हजार से अधिक थी और व्यय की प्रवृत्ति ऐसी थी कि दो-चार दिन में बिना विचारे पाँच-सात हजार रुपये खर्च कर देते थे और हमेशा किल्लत में रहते, रुपया-पैसा की तंगी की स्थिति में होते। उसके जीवन शैली में आर्थिक असमंजसता के कारण कोई चल-अचल संपत्ति नहीं बन पाई। यदि कोई अपनी पुरानी दोपहिया वाहन या साइकिल उन्हें यह सोचकर दे भी दे कि वे गरीब हैं, तो रख-रखाव की समझ न होने के कारण वह बहुत जल्दी कबाड़ बन जाती है – और अगली बार कोई देने को तैयार नहीं होता। तब देने वाला यह सोचने में देर नहीं करता कि यह व्यक्ति शायद कभी भी कुछ नहीं जोड़ सकता।

अर्थात, उस परिवार को अपने रहन-सहन को ठीक करने के लिए सबसे पहले छोटी-छोटी बातों को सुधारना होगा, फिर बचत-निवेश की दिशा में अब भी कुछ प्रयास शुरू करने की आवश्यकता है, विशेषकर आर्थिक रूप से। ऐसे लोग जीवन भर कार्य करते रहते हैं, लगातार, फिर भी 'हैंड टू माउथ' रहते हैं – अर्थात जिस दिन काम पर जाते हैं, उसी दिन की व्यवस्था उनके पास होती है, और बाकी दिन अन्न के लाले पड़ सकते हैं या किसी पर आश्रित हो सकते हैं।

ऐसा व्यक्ति, जो 40 वर्ष पहले की तुलना में आज 50 गुणा अर्जन कर रहा है, बड़ी अल्हड़तापूर्वक अपने से कम उम्र के एक मित्र से कहता है, "सौ-दो सौ तो यूँ ही उड़ा देता हूँ।" यह सुनकर सोचने को विवश होना पड़ता है कि उक्त राशि भले ही छोटी हो, यदि वर्षों पहले से जोड़ी जाती, तो बूँद-बूँद से बढ़कर कहाँ तक जा सकती थी। क्या वह राशि, यदि इतने वर्षों से जमा की जाती और सही तरीके से उपयोग में लाई जाती, तो क्या कुछ भी प्रभाव न छोड़ती? कुछ नहीं तो कुछ तो होता ही, क्योंकि बूँद-बूँद से गागर और गागर से सागर भरता है।

उक्त व्यक्ति की सही प्रवृत्ति होती, तो आज एक-दो कमरों का अपना घर होता, या आज की आर्थिक अशांति तो हरगिज़ न होती। यदि कोई

ऐसे परिवार की मदद भी करता है, तो प्रत्येक जरूरत की भरपाई नहीं कर सकता। ऐसी स्थिति में व्यक्ति को न केवल अपनी आर्थिक बेहतरी के लिए विचार करना चाहिए, बल्कि कोई कारगर कदम भी उठाना चाहिए। ज्ञान का स्तर, विशेषतः रुपये-पैसे की समझ-बूझ को बढ़ाने के लिए, ऐसे उपाय खोजने चाहिए जिनका लाभ उसके जीवन की आर्थिक स्थिति को सुधारने में मिले।

एक सेवक को उसका स्वामी पारिश्रमिक के अतिरिक्त छोटे-मोटे उपहार देता रहता था। प्रत्येक वर्ष वर्षा ऋतु में उसे रेनकोट या छाता मिलता, क्योंकि वह कहता था कि उसका पिछला छाता या रेनकोट खराब हो गया है या चोरी हो गया है। स्वामी उससे कहता, "सभी लोगों का छाता और रेनकोट एक-दो वर्ष क्या, कई वर्षों तक चलते हैं, और तुम्हारा हर वर्ष खराब हो जाता है!" तब वह उत्तर देता, "क्या करें, भीग-भीग कर तबीयत खराब हो सकती है, बरसात में छाता जरुरी है?"

वास्तव में, उक्त परिवार को कुछ भी जोड़ना, सजाना तथा संजोना नहीं आता था। भले ही रुपया-पैसे की किल्लत भरा जीवन रहा हो, आय से कुछ भी बचत करना उन्होंने कभी जरूरी नहीं समझा। वहीं थोड़ा-बहुत बचत का कुछ निवेश तथा पूंजी निर्माण कहाँ और कैसे होता है, यह भी उन्होंने नहीं जाना। बस इच्छा-शक्ति के अभाव में उनकी आर्थिक स्थिति ऐसी थी, जो निम्न-मध्यमवर्गीय पीढ़ी दर पीढ़ी कहीं-कहीं परिलक्षित होती है।

ऐसी स्थिति से बाहर निकलने का दृढ़ विचार इस प्रकार हो सकता है–

1. अपडेट रहना
2. अपग्रेड करना
3. विकल्पों पर ध्यान देना
4. लचीलापन रखना
5. कठिन परिश्रम का कोई विकल्प नहीं होता
6. दूरदर्शिता, सतर्कता, अनिवार्यता, आपातकालीन व्यवस्था को भी ध्यान में रखना

7. संकीर्णता की जगह विकास की मानसिकता
8. कर्म प्रधानता के लिए सक्रिय रहना
9. कार्य में सहज संतुलन की स्थिति को महत्व देना
10. समयबद्धता और उत्कृष्टता उन्मुख होना
11. स्वयं को संशय से निकालकर सकारात्मक पहलुओं की ओर अग्रसर रखना
12. शांतिपूर्वक कार्य करते समय भटकाव से बचने के लिए अपने ध्यान को नियंत्रित रखना, क्योंकि बहुत से लोग ऐसे होंगे जो आपका ध्यान भटकाने की कोशिश करेंगे। ऐसी स्थिति में अपना ध्यान केंद्रित रखें। मौनता के साथ और सटीकता से अपने भाव को इस तरह रखें कि वे आपका व्यवधान न बन सकें। और यदि आवश्यकता हो, तो ऐसी परिस्थितियों में अपनी एकाग्रता को बनाए रखें तथा उन बातों को, जो अनावश्यक हैं, नजरअंदाज करें।

उपरोक्त प्रक्रिया आय अर्जन के मार्ग में भी उत्पन्न हो सकती है। संभवतः ऐसी स्थिति में अपनी एकाग्रता बढ़ाएं। मुख्य रूप से आपका कार्य तथा कार्य करने का तरीका ही आय अर्जन का स्रोत है, धन-संपत्ति तो द्वितीयक है, और यह तो मिलेगा ही। आप रुपया-पैसा एक दिन अर्जित कर लेंगे।

खुशहाल और शांत जीवन जीने के लिए प्रत्येक व्यक्ति का अपना तर्क होता है, और जीवन जीने का तरीका वह स्वाभाविक रूप से कहीं न कहीं से सीखता है। हो सके तो जीवन को खुशहाल बनाने का तरीका व्यापक दृष्टिकोण से जुड़ा हो, और हाँ, पैसा-आय-धन के लिए जीवन को ताक पर न रखें। 'जान है तो जहान है' – यदि आप सुरक्षित हैं तो धन, आय, संपत्ति आपकी कार्यकुशलता पर निर्भर करती है। पैसा तो असीमित मात्रा में भी कमाया जा सकता है, परंतु जीवन को द्वितीयक बनाना तर्कसंगत नहीं है।

पैसा–धन–आय–संपत्ति को उपभोग करने वाला व्यक्ति अधिक महत्वपूर्ण है, क्योंकि वही व्यक्ति पुनः पैसा अर्जित कर सकता है। कई मौके

और मिलेंगे, अतः जीवन अपने आप में ऐसा है जो आय, धन व संपत्ति कमाने के लिए अनगिनत अवसर देता रहता है। इसे समझने की आवश्यकता है।

जीवन को दांव पर लगाने योग्य कभी भी नहीं समझना चाहिए। जीवन का कोई भी ऐसा अवसर, जो जीवन को तुच्छ या नष्ट होने के तुल्य बना दे, उसका कोई मोल नहीं है। व्यक्ति हमेशा सर्वोपरि है, अपने महत्व, आत्मसम्मान और गौरव को कम न आँके। पैसा, आय या धन व्यक्ति पुनः अर्जित कर सकता है, यदि वह स्वयं को सुरक्षित अवस्था में रखता है। किसी संकट की स्थिति से बचकर यदि कोई नवजीवन प्राप्त कर लेता है, तो आज नहीं तो कल पैसा, धन या अर्जित कर सकता है। पैसा या आय.तो आनी-जानी है, परंतु व्यक्ति ऐसा नहीं है। भले ही वस्तुओं का मूल्य होता है, परंतु व्यक्ति अनमोल होता है।

आज आप आर्थिक रूप से बहुत मज़बूत हों या न हों, आप यदि सही दिशा में प्रयास कर रहे हैं, तो वह प्रयास व्यर्थ नहीं जाएगा। आज नहीं तो कल, आपका कार्य या उसका परिणाम आर्थिक प्रभाव अवश्य उत्पन्न करेगा। यदि कोई व्यक्ति किसी भी स्थिति या परिस्थिति में प्रयासरत है और स्वयं को वर्तमान में अपडेट रख रहा है, नई चीज़ें सीखने में पीछे नहीं हटता है, और आगे कुछ निश्चित कार्य को कर गुजरने के लिए जुटा है, तो आर्थिक संबलता का मार्ग निस्संदेह स्पष्ट दिखाई देगा। आप जो कार्य कर रहे हैं, उसे मन लगाकर और पूर्ण निपुणता के साथ करें। उस कार्य में उत्साह बनाए रखें, और उसमें आनंद का अनुभव करें। यह आपको और आगे बढ़ाएगा, आपके दृष्टिकोण को और व्यापक बनाएगा। आप अपने आर्थिक विचारों और लक्ष्यों को सुस्पष्टता से प्राप्त कर पाएंगे।

आर्थिक कार्य की आदत कैसे उत्पन्न होगी

यदि व्यक्ति आर्थिक उन्नति पर निरंतर कार्य कर रहा हो और परिणाम बहुत ज़्यादा प्रभावी न हो, तो भी उसे संतुलन बनाए रखना नहीं छोड़ना चाहिए। आपकी आय कम हो या ज्यादा, आपको अपना कार्य खुशी-खुशी करना नहीं छोड़ना चाहिए। यही आदत आपको एक दिन आर्थिक उन्नति का रास्ता

निकालकर देगी। छोटे-मोटे कार्यों से कार्य का अनुभव आगे के लिए मिलता है। आर्थिक जगत का सामना करना, आगे कार्य में बने रहना और सीखने की प्रक्रिया आप इन्हीं से सीखते हैं।

एक पेट्रोल पंप पर पेट्रोल भरने के दौरान एक युवा लड़की गाड़ी का आगे का शीशा साफ कर रही थी। वह बड़ी तन्मयता से अपने कार्य को ठीक उसी समय तक पूरा कर रही थी, जब तक पेट्रोल भर रहा था। शायद वह आत्मनिर्भर बनने की दिशा में बढ़ रही थी। उसके हाव-भाव से लगता था कि वह कोई विद्यार्थी है। उसके चेहरे पर कार्य का आत्मसंतोष भी दिख रहा था, और यह बिल्कुल उचित भी था। संभवतः वह अतिरिक्त समय में यह कार्य कर रही थी। जब व्यक्ति आर्थिक उन्नति की दिशा में छोटे-मोटे कार्य करना शुरू करता है, तो वह धीरे-धीरे पैसे कमाने की कला भी सीख जाता है। साथ ही आय, बचत और निवेश की समझ भी उसमें विकसित होने लगती है। कई ठोकरें खाने के बाद यदि वह सही पद्धति से आय अर्जन तक पहुँच जाए, तो यह उसके लिए अत्यंत लाभकारी होता है।

व्यक्ति की आर्थिक गतिविधियों से संबंधित क्रिया-कलाप इस प्रकार शुरू होते हैं:

शुरुआत में बैंक तक जाना, बचत खाता खुलवाना, फिर आवर्ती जमा (आर.डी), फिर फिक्स्ड डिपॉजिट (एफ.डी), और आगे चलकर स्टॉक मार्केट में प्रत्यक्ष रूप से शेयर की खरीद-बिक्री में SIP और इक्विटी में निवेश का ज्ञान तथा जागरूकता आ जाना – यह बहुत अच्छा है। यदि जानकारी बहुत अधिक न भी हो, तो भी म्यूचुअल फंड या SIP ठीक विकल्प हैं। हाँ, शेयर में मार्केट रिस्की होता है, लेकिन व्यक्ति दोनों में निवेश कर सकता है।

यदि किसी को मार्केट की अधिक जानकारी नहीं है, तो म्यूचुअल फंड में SIP एक अच्छा विकल्प है। शेयर बाजार में भी सफलता के लिए लंबे समय तक धैर्य रखना आवश्यक होता है। जैसे रियल एस्टेट या सोने जैसी भौतिक संपत्तियाँ तुरंत नहीं बेची जातीं, बल्कि वर्षों तक होल्ड की जाती हैं – उसी प्रकार यदि SIP में भी धैर्यपूर्वक निवेश किया जाए, तो अमीर बनना असंभव नहीं लगता।

व्यक्ति कई जरूरी जगहों पर खर्च कर देता है, परंतु SIP में निवेश नहीं करता। SIP को सभी लक्ष्यों के लिए जरूरी समझा जा सकता है, भले ही कम राशि में ही क्यों न हो। शुरू में SIP ₹2000–₹3000 की ही रखें और देखें कि पाँच वर्षों में वह बढ़ती है या नहीं। सही SIP चुनें तथा लंबी अवधि – कम से कम पाँच से दस वर्ष रखें। इससे संबंधित ज्ञान अर्जित करते रहें।

लोग कहते हैं कि पेड़ पर पैसा नहीं फलता, लेकिन SIP वह पेड़ है जिस पर पैसे के फूल और फल फलते हैं। SIP के बारे में एक आम उपभोक्ता को सोशल मीडिया से आसानी से जानकारी उपलब्ध हो सकती है। आज यह उतना जटिल और कठिन नहीं है। इंटरनेट की सुविधा बढ़ने से आय-बचत-निवेश के कई विकल्प मौजूद हैं, उनमें चुनाव व्यक्ति को करना है।

एक साधारण आदमी भी पाँच से पंद्रह हजार रुपये प्रति माह कमा रहा है। ज़्यादा नहीं, तो दो–तीन हजार ही दस वर्ष के लिए लगाकर देखें :

- ₹2000 × 12 = ₹24000 प्रति वर्ष
- ₹24000 × 10 वर्ष = ₹2,40,000
- यदि यह राशि 2 से 5 गुना बढ़े, तो अंतिम राशि ₹4,80,000 से ₹12,00,000 तक हो सकती है।

पहले सभी को यह कहाँ पता था?

- ₹4000 × 12 = ₹48000 प्रति वर्ष
- ₹48000 × 10 वर्ष = ₹4,80,000
- यदि यह राशि 4 गुना हो जाए, तो ₹19,20,000 हो जाती है।

इस तरह, एक साधारण या आम आदमी को जो राशि SIP की अवधि पूरी होने पर या मार्केट अच्छा होने पर प्राप्त होती है, वह उसे बड़ी खुशी देती है और उससे बड़ा काम भी आसानी से हो सकता है। दूसरी ओर, इससे अर्थव्यवस्था भी मज़बूत होती है। SIP में निवेश आज एक बहुत अच्छा विकल्प है। अमीर बनने या बेहतर आर्थिक स्थिति के लिए बहुत से लोग पैसे को रखना, कमाना और बचाना जानते हैं। उनके साथ-साथ SIP सभी के लिए अच्छा है।

अल्प आय वाले परिवारों में अधिक लोग किसी न किसी कार्य में संलग्न होते हैं। उनमें से कुछ लोग बेहतरी के पथ पर अग्रसर होते हैं – क्योंकि वे पहले से ही केंद्रित होते हैं। उनकी प्रगति का माध्यम शिक्षा, कौशल, व्यवहारिकता और लक्ष्य के प्रति लगन होती है। वहीं दूसरी ओर – चाहे कोई गरीब हो या अमीर – यदि उस समय उनके पास स्पष्ट उद्देश्य नहीं होता कि उनका लक्ष्य क्या है (विशेषकर आर्थिक उन्नति का), तो भटकाव या कहीं भी न पहुँच पाने की स्थिति कोई आश्चर्य की बात नहीं होती।यह तो स्पष्ट है कि व्यक्ति को कर्मप्रधानता, आर्थिक लक्ष्य या उद्देश्य की स्पष्टता होनी चाहिए। साथ ही, कार्य के तरीके का चुनाव, समय का उपयोग और उसकी उपयोगिता को भी ध्यान में रखकर ही आगे बढ़ना चाहिए।

यदि कोई व्यक्ति अपनी पूरी क्षमता लगा रहा है और उसका निर्धारित आर्थिक लक्ष्य अभी भी बहुत दूर है, तब भी संशय न करें – धैर्य बनाए रखें। उन तरीकों का मूल्यांकन करते रहें, जिनके माध्यम से आप उस लक्ष्य तक पहुँचने की कोशिश कर रहे हैं – क्या वे सही और उपयुक्त हैं? सटीकता को खोजते रहें। और यदि कोई बेहतर उपाय सामने आए, तो उसे अपनाने के लिए अपना माइंडसेट खुला रखें – न कि सोच को सीमित कर लें। बंद दिमाग वाला व्यक्ति न केवल खुद के लिए, बल्कि दूसरों के लिए भी परेशानियाँ उत्पन्न कर सकता है।

और हाँ, यदि आपको लगे कि आप वह नहीं कर पा रहे हैं जो वास्तव में आपकी क्षमता के अनुरूप है, और परिणाम भी वैसे नहीं आ रहे – तो स्वयं को मत भूलिए। कहीं ऐसा न हो कि आप जीना ही भूल जाएँ। आय और धन के लिए अपना समय इस हद तक न बेच दें कि जीवन, आत्म-ध्यान और ज़रूरी चीज़ों के लिए वक्त ही न बचे। जीवन को जीना सीखें, जीना न छोड़ें। किसी भी लालसा या प्रत्याशा में 'मैं' को भूल न जाएँ। जो कुछ आप पाना चाहते हैं – वह पैसा, आय और धन – वह आपकी उपस्थिति में ही महत्त्व रखता है, न कि आपके बाद। पैसा, आय और धन किसी व्यक्ति की जगह ले सकते हैं, लेकिन एक व्यक्ति का स्थान केवल पैसा नहीं ले सकता।

अपना प्रयास धन और लक्ष्य की प्राप्ति के लिए अवश्य करें, लेकिन साथ ही अपने अस्तित्व की सुरक्षा और मान-सम्मान बनाए रखने की दृष्टि से यह भी याद रखें कि आप स्वयं में उत्कृष्ट हैं। एक दिन न वे लोग रहेंगे, न आप। यदि इन बातों में कुछ छूट गया, तो क्या जीवन जीना, सम्मान पाना और देना – ये सब एक दिन गुम नहीं हो जाएँगे? अतः जीवन की अति व्यस्तताओं में भी जीवन को जीना नहीं छोड़ना चाहिए, तभी हम और उत्पादकता के साथ उत्साहपूर्ण कार्य में जुड़े रह सकते हैं। आप अमीर हों या गरीब, अर्थात कम आय वाले हों या अधिक – प्रयास के बाद भी विपरीत स्थिति से विचलित न हों।

वे कहते हैं न, विधाता किसी को यूँ ही धरती पर नहीं भेजता, उसका भी कोई न कोई प्लान चल रहा होता है। हो सकता है, अभी आप उसी प्लान का हिस्सा हों, जो आपको बेहतरी की ओर इसी रास्ते से ले जा रहा हो – और आप समझ नहीं पा रहे हों। समझेंगे, धैर्य रखें, अपना कर्म करते रहें, खुश रहें। विधाता पर – इस संसार के रचनाकार – के विचार पर भी कभी-कभार विचार करें और शांतचित्त रहें। वो कहते हैं न, विधाता किसी भी जीव को भूखा नहीं रखता – बशर्ते उसे थोड़ा या ज़्यादा प्रयत्न तो करना ही पड़ता है। इस जीवन में कुछ मिले या न मिले, जीवन को आनंदित होकर व्यतीत करें और अपना निरंतर कर्म करते रहें। मनुष्य जीवन का सार धन, संपत्ति और आय में सिमट कर न रह जाए।

व्यक्ति में करियर निर्माण हेतु पढ़ाई-लिखाई के अतिरिक्त भी कई योग्यताओं का विकास शुरू से ही होता है, अर्थात बाल्यावस्था से ही कुछ योग्यताएँ स्वतः या प्रभाववश विकसित होती हैं, जिन पर व्यक्ति धीरे-धीरे अपनी समझ-बूझ विकसित कर कार्य कुशलता की दिशा में बढ़ते हुए आय अर्जन का स्रोत स्वयं के लिए प्राप्त कर सकता है। व्यक्ति अपनी जीविका चलाने के लिए कोई निश्चित कार्य करता है। उस कार्य के साथ-साथ या कुछ समय बाद, मुख्य आय स्रोत पर लगे रहते हुए, वह कोई ऐसा कार्य करता है जिससे वह अपनी उन्नति कर सकने की संभावनाओं को प्राप्त कर सके – वह भी सकारात्मक रूप से, बिना किसी तरह की अहितकर परिस्थिति उत्पन्न किए।

बहुत से व्यक्ति ऐसे होते हैं जो अपने मुख्य आय स्रोत के अतिरिक्त किसी और कार्य में भी लंबे समय से संलग्न रहते हैं। वे थोड़ा-थोड़ा करके, लेकिन निरंतर उस कार्य पर ध्यान देते हैं और केंद्रित भाव से उसमें बेहतरी के लिए प्रयास करते रहते हैं – भले ही यह प्रयास उनके कुल सामर्थ्य का केवल 1 से 10–15 प्रतिशत ही क्यों न हो। एक प्रतिशत ही सही, लेकिन लगन, प्रतिभा, समायोजन व समय का निवेश धीरे-धीरे निरंतरतापूर्वक किए गए कार्य से बेहतर परिणाम के रूप में प्रतिफलित होता है। यह स्पष्ट होता है कि यह सिर्फ एक या कुछ प्रतिशत का योगदान भी अन्य व्यक्तियों के न लगने या उस कार्य से न जुड़ पाने के कारण एक बड़ा अंतर उत्पन्न कर सकता है।

धन का न होना, बहुत कम होना या अधिक होना–इन सभी स्थितियों में धन प्रबंधन का महत्व एक स्वस्थ मन-मस्तिष्क द्वारा समझा जा सकता है। व्यक्ति जीवन में लगातार, या कई बार, पुनः प्रयास कर सकता है, क्योंकि जीवन एक ऐसा पहलू है जो जीवन प्रबंधन पर निर्भर करता है। इसीलिए कहा जाता है : "Life is all about management", जिसमें धन प्रबंधन भी एक महत्वपूर्ण हिस्सा है। व्यक्ति में आर्थिक उन्नति की दिशा के लिए कुछ तत्व एवं बातें शुरू से विद्यमान होनी चाहियें।

सोच में अमीरी रखना यह दर्शाता है कि वह :

- धन के प्रति सकारात्मक मानसिकता रखता है।
- धन संबंधी दृष्टिकोण को विकसित करता रहता है।
- उसके जीवन में कर्मठता, धैर्य, विश्वास और अपने कार्य की रणनीति स्पष्ट होती है, जिसके कारण प्रचुरता उसका अनुसरण करती है।
- अपने कार्य के प्रति प्रतिबद्धता तथा निरंतरता व्यक्ति को बेहतरी का मार्ग प्रदान करती है।

वे आय अर्जन हेतु अपना प्रयास जारी रखते हैं और धीरे-धीरे सही आर्थिक स्थिति-परिस्थिति का मूल्यांकन भी करते हैं।

जीवन में यदि कोई व्यक्ति मन-मस्तिष्क से स्वस्थ है, तो वह भौतिक रूप से भी पूर्णतः स्वस्थ होता है। और ठीक उसी तरह आय अर्जन की दिशा

में जीवनपर्यंत कुछ न कुछ जोड़ सकता है। यदि व्यक्ति समय रहते नहीं जागता है, तो बाद में कई तरह की कठिनाइयों का सामना करता है, जिनमें से एक आर्थिक संकट भी है।

व्यक्ति को अपनी जो भी आय हो, उसी से पूरे महीने का समन्वय करना होता है और इसे व्यवस्थित करना जीवन की आवश्यकता है। एक व्यक्ति के परिवार में दो-तीन महीने तक आय प्रवाह बंद हो गया था। वह अपने परिचितों से कुछ दिनों के लिए रुपये लेकर निर्वाह करता रहा, किंतु लोग उसे पसंद नहीं करते थे क्योंकि वह बार-बार अपनी समस्या की ही बातें करता रहता। तब उसका एक अन्य परिचित कहता है कि व्यक्ति की जो भी आय हो, भले ही वह दो हजार रुपये क्यों न हो, उसी के अनुसार अपना गृहस्थी चलाना चाहिए या अन्य आय स्रोत बढ़ाने की दिशा में प्रयत्न करना चाहिए। इस तरह हमेशा कमी की बातें करना और अपनी बदहाली बताना समझदारी नहीं है।

दूसरी ओर, व्यक्ति A और B दोनों दोस्त थे। व्यक्ति A पच्चीस हजार प्रतिमाह की नौकरी करता था और व्यक्ति B सत्तर हजार प्रतिमाह की। देखने में B अमीर लगता था, लेकिन वास्तविकता कुछ और थी। व्यक्ति A वहीं का निवासी था जहाँ वह कार्य कर रहा था और उसका अपना दो मंजिला मकान था–ग्राउंड फ्लोर और फर्स्ट फ्लोर। वहां उसकी माँ और भाई फर्स्ट फ्लोर पर और वह पत्नी-बच्चों के साथ ग्राउंड फ्लोर पर आराम से रहता था। सभी सुविधा के अनुसार मिल-जुल कर रहते थे। उनका बड़ा संयुक्त परिवार था। माँ और भाई कोई छोटा-मोटा व्यापार करते थे और A भी अतिरिक्त समय में सहयोग करता था। कुल मिलाकर उनका परिवार सुख और शांति से जीवन व्यतीत कर रहा था। A अपनी पूरी तनख्वाह घर पर दे देता था। उसके तीनों बच्चे अच्छे स्कूल में प्राथमिक स्तर पर पढ़ रहे थे। वह अपने कार्य को लेकर उत्साहित और खुश रहता था।

वहीं उसका दोस्त B परेशान था क्योंकि वह सत्तर हजार कमाने के बावजूद कोई बचत नहीं कर पा रहा था। उसका सारा वेतन घर का किराया, राशन, बच्चों की पढ़ाई और अन्य खर्चों में चला जाता था। वह अक्सर कहता

था कि ज़्यादा कमाने के बावजूद उसका जीवन सुखद नहीं है, जबकि A कम आय में भी ठीक-ठाक जीवन जी रहा था। B का अपना मकान तो था, लेकिन वह दूसरी जगह पर था। और जिसने अपने घर में रहने की आदत डाल ली हो, वह किराया देने में ज़्यादा असहजता महसूस करता है।

व्यक्ति जब अधिक आय अर्जित करने लगता है, तो वह अक्सर ऐसे कई खर्चे भी बढ़ा लेता है, जो कम आय के समय दिखाई ही नहीं देते। लेकिन जो व्यक्ति जीवन भर सकारात्मक कार्यों में स्वयं को संलग्न रखना अपने स्वभाव में विकसित कर लेता है, वह कभी भी लंबे समय तक कष्टकारी परिस्थितियों में नहीं फँसा रहता। संघर्ष करने वालों का समय, उनके निरंतर प्रयासों के कारण बदलता है – और धीरे-धीरे उनकी आर्थिक स्थिति में भी आमूल-चूल परिवर्तन आ जाता है। व्यक्ति को अपनी मेहनत पर भरोसा रखना चाहिए। उसे दूसरों से प्रतिस्पर्धा और प्रतियोगिता का स्वभाव न अपनाकर, अपनी क्षमता पर केंद्रित होकर कार्य पर फोकस करना चाहिए। तब वह निर्बाध गति से अपने सर्वांगीण उत्कर्ष की दिशा में परिणाम प्राप्त करने की संभावना को बढ़ा सकता है। और जहाँ तक धन, संपत्ति तथा आय प्रवाह की बात है, वह भी व्यक्ति की निरंतरता के साथ बेहतर होती जाती है।

एक विशेषज्ञ अपनी विशेषज्ञता के साथ अनुभव बाँट रहा था। काफी समय के बाद एक दिन उसने अपने विद्यार्थियों से कहा – "जीवन में हमेशा एक बात याद रखना। तुम जो भी अध्ययन कर रहे हो, जो सीख रहे हो, उससे यदि कोई तर्कसंगत कार्य मिल गया तो यह अतिउत्तम है। परंतु यदि किसी कारणवश जो ज्ञान तुम अर्जित कर रहे हो, उससे आय स्रोत की प्राप्ति न हो, तो भी ज्ञान कभी व्यर्थ नहीं होता। जीवन के पहलुओं में इतनी विविधता है कि कहीं न कहीं इसका उपयोग होना तय है।"

वर्षों पहले की बात है, एक महाजन के यहाँ एक व्यक्ति कार्य करता था। वह बहुत अच्छी प्रकृति का था, और प्रत्येक तरह का कार्य – जिसमें बोरा उठाने का काम भी शामिल हो – कर लिया करता था। इस कार्य को करते-करते उसने व्यापार का एक गूढ़ तथ्य भी सीख लिया। आगे चलकर उसका पारिवारिक बोझ बढ़ता गया। उसके परिवार में कुल बारह–चौदह सदस्य

थे। महाजन के यहाँ से जो आय अर्जित हो रही थी, उससे घर के खर्चे ठीक से नहीं चल पा रहे थे। उसने वह कार्य छोड़कर सब्जी के होलसेल व्यापार का कार्य शुरू किया। धीरे-धीरे उसकी आर्थिक स्थिति सुधरने लगी और वह आर्थिक रूप से मज़बूत होता चला गया। उसके सात बच्चों में चार ने उच्च शिक्षा प्राप्त की तथा बहुत अच्छे जीवन अनुभव प्राप्त किए। शेष तीन की भी जीवन-स्थितियाँ अपने स्तर पर ठीक-ठाक रहीं। अर्थात यह परिवार अब उस महाजन के मजदूर की दयनीय अवस्था से आगे की पीढ़ियों में निरंतर आगे निकल गया। वह मजदूर का परिवार तीसरी–चौथी पीढ़ी में उच्च मध्यवर्ग में आने लगा और रहन-सहन भी बदल गया।

उक्त परिवार की प्रगति का रास्ता निरंतर बढ़ते रहने का कारण उनका मेहनती स्वभाव, शिक्षित–प्रशिक्षित स्थिति और तकनीकी ज्ञान की स्वाभाविक उपलब्धता रही। सभी व्यक्तियों के जीवन में इतना परिवर्तन आसान नहीं होता। जीवन में वही परिवार आर्थिक विकास की गति को बढ़ाते हैं, जो कुछ मौलिक गुणों के साथ निरंतर प्रयासरत रहते हैं।

बेहतर आय प्रवाह के लिए ध्यान देने योग्य बातें

बेहतर आय प्रवाह की स्थिति के लिए कुछ बातों पर ध्यान देना बहुत आवश्यक है :

1. बचत के महत्व को समझें।
2. आय अर्जन शुरू होते ही बचत शुरू करें।
3. आय से खर्च की जाने वाली राशि की मात्रा कम हो या अधिक, इससे ज़्यादा महत्वपूर्ण है कि बचत शुरू की जाए।
4. अपने वित्तीय दृष्टिकोण तथा लक्ष्यों की स्पष्टता बनाए रखें, अर्थात आपको शुरू में ही तय कर लेना चाहिए कि आपके वित्तीय लक्ष्य क्या हैं।
5. प्रत्येक दिन को सकारात्मक कार्यों से जोड़ें; इस स्थिति में व्यक्ति उत्पादक दृष्टि से बेहतर दिशा में कार्य कर पाता है।

6. नकारात्मकता या तनाव की स्थिति से स्वयं को बचाएँ, क्योंकि यह व्यक्ति की क्षमताओं को अनुपयोगी बना देती है। उलझनों से राहत हेतु व्यायाम करें और सुबह-सुबह दो–चार किलोमीटर टहलें या योग-ध्यान करें।
7. प्रत्येक दिन कुछ नया सीखें।
8. थोड़ी-थोड़ी सही, पर नियमित बचत पर ध्यान दें। एक दिन में कोई लखपति या करोड़पति नहीं बनता, तथापि वह एक दिन लखपति या करोड़पति अवश्य बन सकता है। वर्षों का परिश्रम प्रत्येक क्षेत्र में सफलता के लिए कारगर होता है।
9. व्यक्ति की अधिकांश समस्याएँ धन या आय प्रवाह से संबंधित होती हैं, अर्थात जीवन की कई गतिविधियाँ रुपये-पैसे द्वारा संचालित होती हैं; अतः व्यक्ति के पास उसकी आवश्यकतानुसार पर्याप्त धन, संपत्ति और आय प्रवाह होना चाहिए।
10. कम से कम एक अतिरिक्त आय स्रोत अवश्य होना चाहिए।
11. यदि कोई व्यक्ति गरीब है, तो उसके पास अमीर बनने की पूरी संभावना होती है।

कुछ विद्वानों का मानना है कि विपरीत आर्थिक स्थिति, विशेषकर गरीबी तथा आर्थिक संघर्ष, व्यक्ति के प्रयासों को प्रेरित करती है। वर्तमान में यह अवधारणा कि आय अर्जन तथा अध्ययन कम या अधिक मात्रा में साथ-साथ चल सकते हैं, इस दिशा में पुष्टि करती है कि विपरीत आर्थिक परिस्थिति व्यक्ति को विवश अवश्य करती है, लेकिन यही उसे और साथ ही अर्थव्यवस्था को भी बेहतरी की ओर बढ़ने में सहायता करती है।

व्यक्ति को कार्य का अनुभव, दूरदर्शिता, धैर्य, साहस और प्रतिबद्धता के साथ आर्थिक मज़बूती का आधार तैयार होता जाता है। इसी अवधारणा के अंतर्गत छोटे-बड़े शहरों में कम उम्र से ही आय अर्जन की प्रवृत्ति बढ़ी है। जैसा कि पहले यह देखा जाता रहा है कि अधिकतर लोग बारहवीं के बाद ही आय अर्जन से जुड़ना पसंद करते रहे हैं।

वास्तव में, कमज़ोर आर्थिक स्थिति या उच्च शिक्षा को उतना महत्व न देने वाले लोग बिना उच्च शिक्षा के ही कमाई या आय अर्जन पर ध्यान देते हैं। इससे वे विविध प्रकार के आय स्रोतों के माध्यम से अपनी आर्थिक स्थिति को पिछड़ेपन से उबार पाते हैं और धन-संपत्ति के विषय में एक अच्छी समझ विकसित करके आर्थिक रूप से आगे बढ़ने की दिशा में निरंतर प्रयासरत रहते हैं।

कुछ लोग जो सीमित आर्थिक स्तर में रहते हैं, वे उसमें वृद्धि के लिए छोटे-बड़े प्रयत्न करने लगते हैं। जो व्यक्ति शुरुआत से ही संघर्षरत होता है, वह आर्थिक संघर्ष की प्रक्रिया में छोटी-छोटी बातों की समझ प्राप्त करता है। यद्यपि यह प्रक्रिया जटिलताओं से भरी होती है, तथापि व्यक्ति को कई प्रकार के अतिरिक्त लाभ भी प्राप्त होते हैं।

उदाहरण के लिए यदि कोई व्यक्ति कृषि कार्य करने को विवश हो, तो उसे कृषि के प्रत्येक क्रिया-कलाप को जानना पड़ता है। आगे चलकर, भले ही वह स्वयं प्रत्यक्ष रूप से कृषि कार्य न करे, लेकिन यदि वह किसी और को खेती के लिए ज़िम्मेदारी देता है तो वह अपनी जानकारी के कारण मार्गदर्शन करने में सक्षम होता है और सर्वोत्तम परिणाम के लिए प्रयास कर सकता है।

दूसरी तरफ, एक तथ्य यह भी है कि दस-बीस हजार की नौकरी भी व्यक्ति की तात्कालिक या प्रारंभिक अवस्था में उसकी आवश्यकताओं को पूरा करने के लिए पर्याप्त हो सकती है। तब यह प्रश्न उठता है : क्या यही वह आधार बन सकता है जो जीवन के सर्वांगीण विकास की क्षमता को परिपूर्ण करे? आर्थिक विकास की प्रारंभिक अवस्था में कम आय भी अधिक सहायता प्रदान कर सकती है, क्योंकि उस समय व्यक्ति की आवश्यकताएँ बहुत ही सीमित होती हैं। और उसी आधार पर व्यक्ति मज़बूती की दिशा में कारगर प्रयास कर पाता है तथा निःसंदेह निरंतरता के साथ आगे बढ़ता जाता है।

डाउनग्रेड से अपग्रेड की ओर जीवन कदम बढ़ाता है। व्यक्ति में कर्म से जुड़ाव के साथ प्रगतिशील मन-मस्तिष्क के कारण जागरूकता स्वाभाविक रूप से उसमें विकसित होती जाती है। अर्थात व्यक्ति डाउनग्रेड से धीरे-धीरे, एक से दूसरी और फिर तीसरी पीढ़ी तक, पूर्ण रूप से अपग्रेड होने की क्षमता

रखता है–बशर्ते वह अपने संघर्ष के आधार को लगातार बेहतर करता जाए, उसे सुधारने की दिशा में सोचता, समझता और निरंतर प्रयासरत रहे।

गैर निष्पादकीय परिसंपत्ति (एनपीए)

व्यक्ति के कई कार्य ऐसे होते हैं जो एनपीए. बन जाते हैं, जिनमें उसका मूलधन और ब्याज दोनों डूब जाते हैं। व्यक्ति की कुछ व्यक्तिगत गतिविधियाँ भी ऐसे रूप में देखी जा सकती हैं, जो गैर निष्पादित परिसंपत्ति के समान होती हैं। यदि व्यक्ति अपनी गाढ़ी पूँजी या बचत को सही स्थान पर नहीं लगाता, तो उसका धन भी एक प्रकार का गैर निष्पादित परिसंपत्ति बन सकता है।

वास्तव में, गैर निष्पादकीय परिसंपत्ति से तात्पर्य बैंक द्वारा दिए गए ऐसे ऋण से है, जिसमें मूलधन और ब्याज की वापसी नहीं हो पाती–अर्थात यह बैंकों के लिए बैड लोन होता है।

एक पीड़ित व्यक्ति बताता है कि उसके परिवार के कमाऊ सदस्य की असामयिक मृत्यु हो गई। उस व्यक्ति ने जीवन बीमा पॉलिसी ले रखी थी, लेकिन कोरोना काल में लॉकडाउन लग जाने के कारण एक किस्त (क्वॉर्टरली ईएमआई) समय पर नहीं जमा हो सकी। उस समय तत्काल कोई सुविधा उपलब्ध न होने के कारण वह किस्त चूक गई, और दुर्भाग्यवश उस युवा की मृत्यु हो गई। इसके बाद, कोरोना काल में बीमा दावा (क्लेम) करने की प्रक्रिया तीन माह के भीतर करना एक पहाड़ चढ़ने जैसा कार्य बन गया। पहले नगर निगम, फिर पार्षद, और फिर मृत्यु की जानकारी देने वालों के हस्ताक्षर लेने पड़े–अर्थात बहुत पापड़ बेलने पड़े। क्लेम तो किया गया, लेकिन उस अस्पताल से मृत्यु प्रमाण पत्र बनवाने में भी काफी झिकझिक हुई क्योंकि अस्पताल का व्यवहार असहयोगात्मक था। वास्तव में, अस्पताल में तत्काल इलाज न हो पाने के कारण ही मृत्यु हुई थी। बाद में जब जीवन बीमा कंपनी में क्लेम किया गया, तो तीन महीने बाद यह कह दिया गया कि यह पॉलिसी या योजना एन.पी.ए. हो गई है। जीवन बीमा कंपनी का तर्क था कि किस्त (इ एमआई) समय पर जमा नहीं की गई थी, अतः यह गैर निष्पादित बीमा योजना बन गई। परिणामस्वरूप, इस जीवन बीमा पॉलिसी में जो राशि पहले

जमा की गई थी–वह न तो मूलधन के रूप में वापस मिली, न ही कोई ब्याज प्राप्त हुआ।

बैंकों की राशि जब एनपीए होती है–जिसे बैड लोन कहा जाता है–तो यह सर्वविदित है कि उसका मूलधन और ब्याज दोनों डूब जाते हैं। लेकिन क्या किसी नागरिक या व्यक्ति की जमा पूंजी भी एनपीए हो सकती है? यह बात अब जाकर सामने आई, जिसे जानकर आश्चर्य हुआ। उस व्यक्ति ने यह बात कई प्रबुद्ध और जानकार लोगों से साझा की। सलाह में मार्गदर्शन मिला कि इस मामले को उच्च न्यायालय में जनहित याचिका के रूप में दायर किया जा सकता है। दूसरी सलाह के रूप में आईआरडीए (भारतीय बीमा विनियामक एवं विकास प्राधिकरण) में शिकायत दर्ज करने का सुझाव भी मिला। है न, बड़ी ताज्जुब की बात! यह सोच व्यक्ति को झकझोरती है कि जब वह अपनी गाढ़ी कमाई को एक पूंजी के रूप में कहीं सुरक्षित समझकर जमा करता है, यह सोचकर कि भविष्य में यह किसी सही जगह काम आएगी, तब अगर प्रतिष्ठित संस्थान इस तरह का व्यवहार करते हैं तो यह अत्यंत निराशाजनक है।

आर्थिक रूप से मज़बूत व्यक्ति तो शायद इन परिस्थितियों में अपने पक्ष में कुछ समाधान निकाल भी लेता है, लेकिन पहले से ही पीड़ित व्यक्ति को ऐसे उत्पादों से राहत और सुरक्षा की अत्यधिक आवश्यकता होती है–ताकि वह जीवन को थोड़ी सहजता में जी सके। ऐसे तथ्यों से यह प्रतीत होता है कि बीमा कराने वाली संस्थाएं व्यक्ति के लिए सहायता प्रणाली (सपोर्ट सिस्टम) कम, और अपने लिए आय स्रोत अधिक बनती हैं।

धन ज्ञान का महत्व

यह पुस्तक धन ज्ञान व्यक्ति को वित्तीय अनुशासन बनाए रखने में मदद करती है, साथ ही वित्तीय स्वतंत्रता प्राप्त करने का मार्गदर्शन भी देती है। यह स्पष्टता से उल्लेख करती है कि कोई व्यक्ति, यदि विपरीत आर्थिक स्थिति में जन्म लेकर पल्लवित और पोषित हुआ हो, तो भी वह स्वयं को आर्थिक रूप से कैसे सशक्त बना सकता है। यह पुस्तक आय अर्जन के छोटे से बड़े स्तर तक,

आय, बचत और निवेश की तकनीकों की चर्चा करती है। कुछ वर्ष पहले तक, बचत-निवेश के परंपरागत तरीकों कों व्यक्ति के लिए पर्याप्त माना जाता था। लोग उन अन्य बेहतर तरीकों पर विश्वास नहीं करते थे, जो जोखिम से जुड़े होते हैं। आज, बहुत तीव्रता से यह बदलाव देखने को मिल रहा है, जो बचत-निवेश को बेहतर दिशा प्रदान कर रहा है। आय प्रवाह तथा बचत-निवेश की परंपरागत तकनीकें व्यक्ति को काफी पीछे छोड़ सकती हैं–बशर्ते वह आधुनिक प्रणालियों को अपनाए, जो हाल के वर्षों में तीव्रता से विस्तार की ओर बढ़ी हैं। जैसे–म्यूचुअल फंड, शेयर मार्केट जैसे उत्पाद।

इन उत्पादों में वित्तीय अनुशासन का पालन व्यक्ति को कम आय या औसत आय पर भी अमीर बनने में सहायता प्रदान कर सकता है। यदि किसी व्यक्ति को व्यापार का अनुभव न हो, तो वह व्यापार में घाटे में जा सकता है। परंतु वहीं, वह व्यक्ति यदि कुछ चुनिंदा अच्छे फंड्स–जो कि फंड मैनेजरों द्वारा संचालित होते हैं–में एक निश्चित राशि से निवेश की शुरुआत करे, और अपनी सुविधा तथा आवश्यकता के अनुसार आगे बढ़े, तो वह बेहतर वित्तीय परिणाम प्राप्त कर सकता है।

बहुत से लोग अत्यंत निम्न मध्यवर्गीय परिवारों से होते हैं या बहुत कम आय स्तर पर होते हैं। साथ ही, कुछ लोग आय के उचित स्तर पर होते हैं, फिर भी उनके जीवन में बचत और निवेश का अनुशासन होना चाहिए, क्योंकि आज के समय में लोगों के खर्चे जीवन के प्रत्येक क्षेत्र में बढ़ गए हैं और आगे भी बढ़ते ही जाएंगे। बिना पर्याप्त रुपये-पैसे, धन-संपत्ति और आय प्रवाह के व्यक्ति आवश्यक सुविधाओं से वंचित रह सकता है और एक कठिन जीवन-परिदृश्य का सामना कर सकता है।

यदि कोई व्यक्ति अपनी आय, धन-संपत्ति और आय प्रवाह की स्थिति को नहीं सुधारता है, तो वह स्वयं के साथ-साथ उन लोगों को भी प्रभावित करता है जो उस पर निर्भर हैं–ऐसी स्थिति में वह आवश्यक सुविधाएं देने में असमर्थ होता है। वह व्यक्ति, जिसने अपने भीतर निहित क्षमता को जागरूकता और सही तरीकों से उपयोग नहीं किया, स्वयं ही वर्तमान और भविष्य दोनों में कष्टकारी परिस्थितियाँ उत्पन्न करने वाला बन जाता है।

जो व्यक्ति कर्मठता को महत्व देता है, उसे अपने विवेक और बुद्धि का उपयोग धन-संपत्ति और आय प्रवाह के क्षेत्र में भी करना चाहिए। बहुत से लोग, यदि केवल एक ही आय स्रोत के साथ भी सुनियोजित आय-बचत-निवेश की पद्धति अपनाएं, तो वे भले ही अत्यंत अमीर न बनें, पर निर्धनता से निकलकर आय की दृष्टि से एक सम्मानजनक स्तर तक अवश्य पहुँच सकते हैं।

आज के समय में बढ़ते उपभोक्ता खर्चों को देखते हुए, व्यक्ति को अपने जीवन-स्तर को बनाए रखने हेतु धन-संपत्ति और आय प्रवाह के अन्य उपायों पर कार्य करना चाहिए। व्यक्ति को अपनी उम्र और वर्तमान आय स्रोत की सीमा को समझते हुए, अपने लिए आय, बचत और निवेश संबंधी जागरूकता और सक्रियता बनाए रखना आवश्यक है, ताकि वह अपनी आर्थिक स्थिति को लगातार बेहतर बना सके। व्यक्ति यदि आय, बचत और निवेश की प्रक्रिया में केवल तरीका बदल दे–अर्थात् समान आय में ही निवेश का तरीका बदल ले–तो भी अपनी पूंजी बढ़ा सकता है और आय प्रवाह को संतुलित रख सकता है।

अर्थव्यवस्था बढ़ रही है, लोगों की आय और व्यय दोनों बढ़ रहे हैं। लेकिन लोगों में बचत की प्रवृत्ति उस अनुपात में नहीं बढ़ी है, जिस अनुपात में आय और व्यय में वृद्धि हुई है। उपभोग की प्रवृत्ति बढ़ने से खर्चे भी बढ़ गए हैं। व्यक्ति चाहे किसी भी उम्र का हो, उनमें उपभोक्तावाद को बढ़ावा मिला है। साथ ही, दिखावे की प्रवृत्ति भी बढ़ी है। बचत को होल्ड कर रखना या लंबे समय तक बनाए रखना अब एक कठिन कार्य बन गया है।

मूल्य में थोड़ी वृद्धि अर्थव्यवस्था को प्रोत्साहित करती है, जिससे उत्पादन को प्रेरणा मिलती है; परंतु अत्यधिक मूल्य वृद्धि उपभोक्ता पर सकारात्मक प्रभाव नहीं डालती। कम आय स्रोत वाला व्यक्ति, एक ही स्रोत के बजाय कई छोटे-छोटे आय स्रोतों से जुड़ा रहता है ताकि वह अपना जीवन-निर्वाह कर सके। तात्कालिक रूप से सक्रिय बना रहता है, और धीरे-धीरे वह धन-संपत्ति व आय प्रवाह से संबंधित जागरूकता, नई तकनीक का प्रयोग और ज्ञान की बढ़ोतरी से स्वयं को निखारते हुए अपनी आर्थिक स्थिति बदलने की प्रक्रिया में होता है।

व्यक्ति को कोई भी सफलता–किसी भी क्षेत्र में–एकाएक नहीं मिलती; यह परिश्रम, लगन, जुनून, साहस और धैर्य की मांग करती है। साथ ही, जागरूकता और नई प्राविधियों को अपनाने की भी आवश्यकता होती है। ठीक वैसे ही, आर्थिक प्रगति का मार्ग भी अन्य प्रकार की सफलता की तरह ही प्रशस्त होता है। यह प्रचलित है कि सफलता और असफलता पूर्णतः एक-दूसरे से अलग नहीं हैं; वे कुछ जटिलताओं के साथ परस्पर जुड़ी होती हैं और मार्गदर्शन करते हुए व्यक्ति की आर्थिक उन्नति का मार्ग प्रशस्त करती हैं।

धन ज्ञान पुस्तक आर्थिक विपन्नता के दुश्चक्र से व्यक्ति को निकालने का मार्गदर्शन करती है। यह बतलाती है कि आर्थिक रूप से दृढ़ अर्थात धनी क्यों होना चाहिए। जीवन में धन का महत्व, उपयोगिता तथा उसका व्यापक प्रभाव होता है। धन की पर्याप्तता से जीवन की स्थिति-परिस्थिति में स्थिरता आती है। यह पुस्तक व्यक्ति को कार्य करने के अतिरिक्त बचत और निवेश पर बल देती है। बचत को बढ़ाने के साथ-साथ यह कई दृष्टिकोणों पर प्रकाश डालती है, जो व्यक्ति को आर्थिक रूप से मज़बूत बनाते हैं–अर्थात व्यक्ति कैसे बेहतर रहन-सहन की सुविधाओं के बीच रह सकता है।

पैसे को बचाना, बचत करना आवश्यक है–यही पैसा व्यक्ति को सुरक्षित रखने की शक्ति भी देता है। रुपया-पैसा कमाना जरूरी है। धन संघर्ष की प्रक्रिया में व्यक्ति को राहत की स्थिति में ले जा सकता है, जैसे–यदि किसी व्यक्ति को धन की अत्यधिक आवश्यकता हो और धन न हो, अर्थात जीवन-मृत्यु की स्थिति सामने हो, तब धन ही भगवान के समान हो जाता है। धन का महत्व उस समय सर्वाधिक होता है जब उससे किसी के जीवन को सुरक्षित किया जा सके। जीवन में धन का अत्यधिक महत्व है।

धन का अभाव व्यक्ति को कष्ट, परेशानियों और संघर्षों से भर देता है। यह स्थितियाँ व्यक्ति को पहाड़-पर्वत जैसी भारी प्रतीत होती हैं। कभी-कभी व्यक्ति को धन का अभाव जीवन के सभी रास्तों में एक अभेद्य अवरोध जैसा लगता है। ऐसे में व्यक्ति अपने धन ज्ञान की दिशा और दशा से उन उपायों की ओर देखता है जो समाधान दे सकते हैं। और हाँ, कभी-कभी संघर्ष की प्रक्रिया अपने आप में एक विपरीत प्रभाव भी डालती है–लेकिन यही संघर्ष

व्यक्ति को सही दिशा में प्रेरित करता है और वह सफल हो जाता है। - × - = + होता है। विपरीत आर्थिक स्थिति और संघर्ष–दोनों नकारात्मक होते हुए भी सकारात्मकता का आधार बन जाते हैं। और व्यक्ति स्वतः ही आर्थिक रूप से सशक्त स्थिति में पहुँच सकता है।

व्यक्ति और धन की स्थिति व उपलब्धता

व्यक्ति का भौतिक विकास, सामाजिक विकास और आर्थिक विकास आपस में अंतरसंबंधित होते हैं। तभी शिक्षा से सर्वांगीण विकास संभव होता है। शिक्षा का प्रथम और मूल लक्ष्य चरित्र निर्माण है। इस प्रकार यह हमें नैतिक मूल्यों से युक्त व्यक्तित्व के निर्माण का दायित्व सौंपती है। व्यक्ति के विकास में शिक्षा की प्रमुख भूमिका होती है। व्यक्ति किसी भी स्थिति या परिस्थिति में हो, अपने उत्थान के लिए पहला कदम शिक्षा को ही प्रमुख आधार बनाता है। व्यक्ति का उन्नति और विकास की पहली सीढ़ी शिक्षा है, जो ज्ञान के माध्यम से व्यक्तित्व का निरंतर विकास करती जाती है।

आज के दौर में, दस-बीस वर्ष पहले की तुलना में भौतिकवाद में वृद्धि दिखाई देती है। आज वे विलासिता की वस्तुएँ, जो पहले केवल उच्च मध्यवर्गीय परिवारों तक सीमित थीं, अब निम्न वर्गों तक भी आर्थिक रूप से पहुँचने लगी हैं। कुछ वर्ष पहले व्यक्ति स्वयं को आसानी से नियोजित नहीं कर पाता था; लेकिन अब कार्य क्षेत्रों में वृद्धि हुई है। आर्थिक और सामाजिक वैश्विक गतिविधियाँ बढ़ी हैं। रहन-सहन का स्तर ऊँचा हुआ है और उपभोग में विविधता आई है।

व्यक्ति कम शिक्षित होकर भी छोटे-मोटे स्तर का कार्य कर रहा होता है, क्योंकि उसे नियोजित करने वाली संस्था या व्यक्ति उसे कार्य उपलब्ध कराने की क्षमता रखता है। उदाहरण के लिए, यदि कोई कम आय वाला व्यक्ति अपने संघर्षों के माध्यम से बेहतर आर्थिक स्थिति में पहुँच जाता है, तो वह अपने कार्य के अंतर्गत एक सपोर्ट सिस्टम के जरिए कई लोगों को रोजगार भी दे सकता है। यह ज़रूरी नहीं कि उसे केवल उच्च शिक्षित लोगों की ही आवश्यकता हो – उसे कम से लेकर मध्यम शिक्षित लोगों की भी निस्संदेह आवश्यकता पड़ेगी।

जब कोई व्यक्ति अत्यंत निम्न आय स्तर से बेहतरी की ओर बढ़ता है, तो धीरे-धीरे उसका रख-रखाव भी बढ़ता है। व्यक्ति जीवन के किसी चरण में यह अनुभव करता है कि उसकी अनिवार्य आवश्यकताएँ–जो जीवन-निर्वाह के लिए आवश्यक होती हैं–उन्हीं पर वह प्रारंभ में सबसे अधिक खर्च करता है, क्योंकि उस समय उसकी आय का स्तर केवल इन्हीं आवश्यकताओं की पूर्ति की अनुमति देता है। जैसे-जैसे व्यक्ति की आय निर्वाह स्तर से ऊपर बढ़ती है, वैसे-वैसे उसके रख-रखाव पर होने वाले खर्च भी उत्पन्न होते हैं और यह खर्च आय के साथ तेज़ी से बढ़ सकता है।

अक्सर देखा गया है कि कुछ गरीब और निर्धन परिवारों में भी आय अर्जन के एक से अधिक स्रोत होते हैं, जिससे वहाँ बचत की संभावना बनती है। इसका अर्थ यह है कि बचत और निवेश की प्रक्रिया कम आय होने पर भी शुरू की जा सकती है। वास्तव में, कम आय स्तर पर की गई बचत और निवेश भी एक मज़बूत आर्थिक आधार और भविष्य के आर्थिक विकास की शक्ति और सामर्थ्य को संजोए होते हैं।

व्यक्ति जितना अधिक बचत और निवेश करता है, उतना ही वह आर्थिक रूप से सशक्त बनता है।

जिस प्रकार व्यक्ति बाल्यावस्था से युवावस्था और फिर परिपक्वता की ओर स्वतः अग्रसर होता है–चाहे हमारे पूर्वज हों या हम स्वयं–उसी प्रकार क्या आर्थिक स्थिति भी स्वतः परिवर्तित हो सकती है? नहीं, आर्थिक परिवर्तन स्वतः नहीं होता; यह प्रत्यक्ष रूप से व्यक्ति की सक्रियता पर निर्भर करता है, जो समाज के साथ जुड़ाव की माँग करता है। यह जुड़ाव ऑनलाइन या ऑफलाइन दोनों रूपों में हो सकता है। आर्थिक उन्नति व्यापक हो सकती है, परंतु इसके लिए व्यक्ति में शिक्षा, ज्ञान और सक्रिय भागीदारी आवश्यक है। आर्थिक उन्नति माँग और पूर्ति की प्रक्रिया में समाहित होती है।

हमें समय निकालकर सोचना चाहिए–चाहे वह समय केवल कुछ सेकंड या कुछ मिनट का ही क्यों न हो–कि आर्थिक उन्नति के लिए और क्या किया जा सकता है, और वर्तमान स्थिति में क्या बदलाव आवश्यक हैं। यदि

व्यक्ति यह सोचने की आदत विकसित कर ले, तो वह आर्थिक उन्नति के पथ पर निरंतर आगे बढ़ सकता है। जैसे व्यक्ति देखते-देखते 5, 10, 15 वर्षों का जीवन-यात्रा तय कर लेता है और जब पीछे मुड़कर देखता है, तो पाता है कि समय कितनी तेज़ी से बीत गया–यदि उसने आर्थिक स्थिति पर समय-समय पर ध्यान दिया होता, तो निःसंदेह उसकी स्थिति बेहतर होती।

क्या व्यक्ति कभी यह सोचता है कि वह स्वयं को बाल्यावस्था, युवावस्था और उससे आगे की अवस्था में कैसे देखता है? इस शारीरिक और मानसिक परिवर्तन की तरह ही आर्थिक स्थिति में भी परिवर्तन गहराई से सामाजिक गतिविधियों से जुड़ा होता है। ठीक उसी तरह जैसे व्यक्ति युवावस्था में आमूल-चूल परिवर्तन से परिपक्वता की ओर बढ़ता है, वैसे ही आर्थिक गतिविधियाँ भी समय के साथ विकसित होती हैं–परंतु इसके लिए निरंतर बचत और निवेश की आदत आवश्यक है। अतः व्यक्ति को चाहिए कि वह बिना किसी से तुलना किए, अपनी सामर्थ्य के अनुसार बचत और निवेश की प्रक्रिया में लगा रहे। यही प्रयास उसे स्थायी आर्थिक विकास की दिशा में आगे ले जाएगा।

विकसित भारत 2047: कुछ प्रमुख प्रश्न और विचार

विकसित भारत 2047 के संदर्भ में अनेक परिचर्चाओं में निम्नलिखित विचार सामने आते हैं:

A. हमारे देश के नागरिक विदेशी कंपनियों में CEO (मुख्य कार्यकारी अधिकारी) के पदों पर कार्यरत हैं, तो फिर हमारे देश में ही ऐसी बड़ी कंपनियाँ क्यों नहीं बन पातीं?

B. हमारी शिक्षा प्रणाली में व्यवहारिकता के पक्ष को अब तक अपेक्षित महत्व क्यों नहीं दिया गया?

C. अंग्रेज़ी भाषा का महत्व दिनों-दिन बढ़ता जा रहा है, जबकि मातृभाषाएँ हाशिए पर जा रही हैं। क्या अंग्रेज़ी का ज्ञान न होना वास्तव में पिछड़ेपन का प्रतीक है?

D. विकसित देशों के विकास का एक कारण विकासशील देशों से होने वाला ब्रेन ड्रेन, तकनीकी ज्ञान और अंग्रेज़ी भाषा में दक्षता माना जाता है। क्या यही सभी आवश्यकताएँ भारत के लिए भी अपरिहार्य हैं?

जहाँ तक अंग्रेज़ी की महत्ता का प्रश्न है, यह न केवल आज बल्कि वर्षों से बनी हुई है और आगे भी बनी रहेगी। साथ ही, तकनीकी ज्ञान और व्यवहारिक ज्ञान, जो सोचने-समझने की शक्ति से उत्पन्न होता है, उसकी भी अत्यधिक आवश्यकता है। सोच-समझ की शक्ति को विकसित करने वाली अध्ययन प्रणाली से व्यक्ति को मज़बूती मिलती है। इसके लिए साहित्य, सभ्यता और संस्कृति का अध्ययन एवं ज्ञान आवश्यक है, जो इस आवश्यकता की ओर स्पष्ट संकेत करता है।

आज के विकासशील युग में अंग्रेज़ी और तकनीकी ज्ञान की महत्ता से इंकार नहीं किया जा सकता। इसी संदर्भ में अन्य भाषाओं की भी बात उठती है, क्योंकि अपनी भाषा में हमारी अभिव्यक्ति सर्वोत्तम होती है। हम चाहे कितनी भी भाषाएँ क्यों न सीख लें, लेकिन जिस भाषा में व्यक्ति की अभिव्यक्ति सबसे सशक्त होती है, वह निःसंदेह उसकी मातृभाषा ही होती है।

आज वैश्वीकरण के युग में अंग्रेज़ी की महत्ता निरंतर बढ़ रही है। यह विश्व में सर्वाधिक बोली जाने वाली भाषाओं में से एक है और अंतरराष्ट्रीय भाषा के रूप में स्वीकृत है। वहीं, हमारी मातृभाषा और संस्कृति हमें अपनी गौरवशाली सभ्यता और इतिहास से–अर्थात् हमारी जड़ों से–जोड़कर रखती है। हमारी भाषा, संस्कृति और परंपराएँ न केवल आत्म-गौरव का भाव देती हैं, बल्कि एक समृद्ध और सशक्त भारत की परिकल्पना तथा बेहतर आर्थिक स्थिति का भी आधार निर्मित करती हैं। विकास का कोई भी मॉडल हो, वह तभी स्थायी और सशक्त हो सकता है जब वह अपनी संस्कृति और सभ्यता से जुड़ा हुआ हो।

विकसित भारत 2047 के लिए प्रत्येक व्यक्ति के अपने-अपने विशेष विचार हो सकते हैं, जैसे :

1. औपचारिक तथा अनौपचारिक शिक्षा को पहले की तुलना में अधिक बल दिया जाए।

2. व्यावसायिक शिक्षा को बढ़ावा दिया जाए – विशेष रूप से स्कूली स्तर से ही, ताकि वे छात्र जो आगे की पढ़ाई किसी कारणवश नहीं कर पाते, वे किसी न किसी कौशल या हुनर से युक्त हो सकें।
3. कुशलता के आधार पर अपना रोजगार शुरू करने के लिए छोटे-छोटे ही सही, आर्थिक सहायता और ऋण की प्राप्ति को सरल, सुलभ और उत्पादक बनाया जाए।
4. रोज़गार एवं व्यवसाय से संबंधित प्रशिक्षण कार्यक्रमों को प्रभावी बनाने के लिए ठोस कदम उठाए जाएँ, ताकि लाभ वास्तविक लाभार्थी तक पहुँच सके और उनमें जानकारी, जागरूकता, ज्ञान और आत्मविश्वास उत्पन्न हो।
5. यह सुनिश्चित किया जाए कि कार्य करने की इच्छा और योग्यता रखने वाले प्रत्येक व्यक्ति को काम उपलब्ध हो। तभी 'सबका साथ, सबका विकास' की परिकल्पना को पूर्णता मिल सकती है।
6. तकनीकी शिक्षा को बढ़ावा दिया जाए और इसके साथ निम्नलिखित बातों को भी कारगर रूप से लागू किया जाए :
   a. कार्य करना
   b. कार्य-कुशलता बढ़ाना
   c. धन संचय की आदत विकसित करना
   d. कार्य करने की क्षमता और दक्षता को दिशा देना तथा उसमें निरंतर सुधार करना
   e. धन, रुपये-पैसे की समझ और व्यवहार विकसित करना ताकि व्यक्ति गरीबी से अमीरी की ओर अग्रसर हो सके।
   f. आज के दौर में किसी व्यक्ति के लिए गरीबी से अमीरी की ओर बढ़ने की सर्वोत्तम स्थिति यह है कि वह धन और आय अर्जित करने की विधियाँ जानता हो या किसी न किसी कार्य के माध्यम से आय अर्जित कर रहा हो।

आज व्यक्ति केवल तकनीकी जानकारी नहीं रखता, बल्कि उसका उपयोग भी दिन-प्रतिदिन बढ़ता जा रहा है।

7. व्यक्ति पैसों की समझ और व्यवहार से संबंधित अवधारणाओं को निरंतर बेहतर बनाने के लिए ज्ञान अर्जित करने में लगा हुआ है–किसी न किसी दृष्टिकोण से वह इससे जुड़ा हुआ है।

8. व्यक्ति शेयर मार्केट, एसआईपी और म्यूचुअल फंड की समझ रखता है और इससे संबंधित ज्ञान एवं जागरूकता निरंतर बढ़ा रहा है। यदि आप 20–30 वर्ष की आयु के युवा हैं, आपकी आय कम है और अनुभव भी सीमित है, और यदि आपको शेयर मार्केट में डायरेक्ट इक्विटी की खरीद-बिक्री का ज्ञान या जागरूकता कम है–तब भी आज एसआईपी (सिस्टमैटिक इन्वेस्टमेंट प्लान) की आवश्यकता और उपयोगिता को समझना जरूरी है। आज यदि आपने इस सरल और प्रभावशाली तथ्य को समझ लिया, तो कल–अर्थात 10–15 वर्ष बाद–आप यह नहीं कहेंगे कि काश किसी ने उस समय सही तरह से समझाया होता। जो व्यक्ति 30 से 50 वर्ष या उससे अधिक आयु के हैं, उन्हें भी जहाँ हैं वहीं से बचत और निवेश की शुरुआत कर देनी चाहिए–चाहे वह शेयर मार्केट हो, SIP हो या म्यूचुअल फंड। धीरे-धीरे दिन, सप्ताह, महीने और वर्ष बीतते जाएँगे और आप एक अच्छा खासा फंड तैयार कर सकेंगे। इस उम्र में एक और लाभ यह है कि आप आय, अनुभव, ज्ञान और जागरूकता की दिशा में खुद को और अधिक सशक्त बना सकते हैं। ऐसे में भविष्य में आय या धन की कमी की संभावना बहुत कम हो जाती है। आज की स्थिति उस प्रारंभिक अवस्था से कहीं आगे है, और ज्ञान तथा जागरूकता तो आपके नियंत्रण में हैं ही। यह आपका मज़बूत पक्ष है कि आपकी आय और बचत में संतुलन है, और आप विभिन्न प्रकार के निवेश विकल्पों के बारे में जानकारी और जागरूकता रखते हैं। आप तुलनात्मक रूप से देख सकते हैं कि कहाँ निवेश से उपभोक्ता को अधिकतम लाभ प्राप्त होता है।

9. एक सेवानिवृत्त व्यक्ति ने बताया कि किसी को सबसे अधिक लाभ कहाँ से मिल सकता है, इस पर विचार करते हुए उन्होंने इस बात पर

विशेष बल दिया कि धन, ज्ञान और जागरूकता किस माध्यम से सबसे अधिक बनते हैं। उन्होंने कहा कि शेयर बाजार से प्रत्यक्ष या अप्रत्यक्ष रूप से जुड़ाव–विशेषकर डायरेक्ट इन्वेस्टमेंट–सबसे अधिक लाभकारी हो सकता है। यदि सही शेयरों में निवेश किया जाए, तो 20% से 35% तक का लाभ संभव है। उन्होंने यह भी सुझाव दिया कि जब कोई शेयर पर्याप्त लाभ दे चुका हो, या बोनस/फ्री शेयर मिल चुके हों, तब उससे समय पर बाहर निकल जाना चाहिए। अधिक लाभ के लोभ में नहीं आना चाहिए–यही शेयर बाजार की सबसे सुरक्षित रणनीति मानी जाती है। और यह सब उन्होंने अपने नुभव के बल पर कहा। आगे वह व्यक्ति कहते हैं–"सबसे ज़्यादा पैसा कहाँ से बनता है?" उनका मानना है कि आप कहीं भी निवेश करें–एल.आई.सी , पोस्ट ऑफिस डिपॉज़िट, आर.डी , एफ.डी , पी.पी. एफ या अन्य कोई योजना–कोई भी माध्यम उतना धन नहीं दे पाता जितना कि शेयर बाजार में डायरेक्ट निवेश या SIP/म्यूचुअल फंड दे सकते हैं, बशर्ते कि कुछ वित्तीय अनुशासन का पालन किया जाए।

10. यह प्रवृत्ति छोटे और बड़े शहरों में तेजी से बढ़ती हुई दिखाई दे रही है। बहुत-से ऐसे युवा (विशेषतः 20–30 वर्ष की आयु के) मिल जाते हैं जो बड़ी मात्रा में ऑनलाइन माध्यमों का उपयोग अपनी कार्य-पद्धति और दैनिक गतिविधियों में कर रहे हैं। तथापि, वे धन बढ़ाने की दिशा में अपने ज्ञान और जागरूकता को अक्सर नजरअंदाज कर देते हैं। आज फोन पे, गूगल पे, नेट बैंकिंग, इ-मेल आई डी, आधार तथा पैन कार्ड लिंकिंग जैसे शब्दों से शायद ही कोई अनजान हो।

11. कई युवा, जो शुरू से अपना खर्च स्वयं उठाते हैं, वे 10,000–15,000 रुपये मासिक आय से आगे बढ़कर 30,000–40,000 तक की आय अर्जित करने लगते हैं। उनसे बातचीत करने पर पता चलता है कि वे भी बहुत कम बचत कर पाते हैं, क्योंकि वे अभी आय अर्जन की प्रारंभिक अवस्था में हैं। आय कम है, आवश्यक और अनावश्यक खर्च भी हैं–और बचत न के बराबर है।

बचत = 0, निवेश = 0

इस प्रकार, आय शून्य नहीं है, फिर भी बचत और निवेश शून्य हैं।

12. कई बार व्यक्ति की आय को लेकर तो एक "समझ" की अवधारणा बन जाती है, लेकिन बचत और निवेश उससे अलग-थलग प्रतीत होते हैं, क्योंकि ये दोनों व्यक्ति के मनी मैनेजमेंट (धन प्रबंधन), ज्ञान और जागरूकता पर निर्भर करते हैं।

13. धन एवं संपत्ति का संचय और वृद्धि केवल आय अर्जन पर निर्भर नहीं होती, बल्कि यह पैसे की समझ और व्यवहार से भी अत्यधिक प्रभावित होती है। व्यक्ति धन या पैसों के प्रति कैसी समझ और कैसा व्यवहार रखता है, यह उसकी आर्थिक उन्नति में महत्वपूर्ण भूमिका निभाता है। प्रश्न यह उठता है कि यदि आय अर्जन की कोई प्रक्रिया न हो, तो भी क्या बचत और निवेश संभव है? उत्तर है – हाँ, संभव है।

    क्योंकि यदि किसी व्यक्ति की आय शून्य भी हो, तो भी उसका उपभोग (खर्च) शून्य नहीं होता। अतः, सैद्धांतिक रूप से बचत और निवेश भी शून्य नहीं होंगे। उपरोक्त कथन का आशय यह है कि यदि हमारे पास कोई निश्चित आय स्रोत न भी हो, तब भी दैनिक खर्चे किसी-न-किसी माध्यम से (परिवार, सहायता, उधार आदि) पूरे हो जाते हैं। इसलिए बचत और निवेश भी–चाहे बहुत कम मात्रा में ही सही–कभी भी शुरू किए जा सकते हैं और उसमें निरंतरता बनाए रखी जा सकती है।

9

वित्तीय ज्ञान और वित्तीय स्वतंत्रता

– ये दोनों कार्यक्षेत्र में उत्कृष्टता, धन की समझ, और जागरूकता के समन्वय से एक व्यापक वित्तीय अवधारणा को जन्म देते हैं।

वित्तीय शिक्षा

व्यक्ति के जीवन में धन के सही उपयोग, प्रबंधन और निवेश की समझ विकसित करने के लिए वित्तीय शिक्षा आवश्यक है।

वित्तीय ज्ञान एवं जागरूकता

वित्तीय ज्ञान के साथ-साथ जागरूकता व्यक्ति को सही निर्णय लेने में सक्षम बनाती है, विशेषकर पैसे से जुड़ी परिस्थितियों में।

वित्तीय ज्ञान में निरंतर वृद्धि

वित्तीय ज्ञान में लगातार वृद्धि से पैसे की समझ और व्यवहार में परिपक्वता आती है। यह प्रक्रिया केवल बाहरी शिक्षा से नहीं, बल्कि माता-पिता द्वारा दिए गए माहौल और पैसों के प्रति बचपन से बनी अवधारणाओं पर भी निर्भर करती है।

भौतिक अवस्था के साथ वित्तीय विकास

व्यक्ति को अपनी भौतिक प्रगति के साथ-साथ धन और वित्त से संबंधित ज्ञान

एवं जागरूकता को भी निरंतर बढ़ाते रहना चाहिए। यही प्रवृत्ति उसे वर्तमान स्थिति से आगे बढ़ने की प्रेरणा और क्षमता देती है।

वर्तमान सुविधाओं की श्रेष्ठता

आज हम जिन सुविधाओं के बीच रह रहे हैं, वे 10–20 वर्ष पहले की कल्पना से भी परे हैं। जो व्यक्ति सीमित संसाधनों में रहकर भी अपने जीवन को बेहतर बनाने का प्रयास करता है, वह वर्तमान की उपलब्धता और संभावनाओं पर ध्यान केंद्रित करते हुए अपने कार्य को गंभीरता एवं उत्कृष्टता के साथ मूर्त रूप दे रहा है – और वह इससे भी आगे जा सकता है।

10 हजार से 50 हजार तक कमाने वाले 50 लोगों का अध्ययन किया गया, तो यह पाया गया कि उनमें से 10 लोगों के पास डिमेट अकाउंट है, जिनमें से केवल 5 लोग ही उसका आंशिक उपयोग करते हैं। वहीं 40 लोग आधुनिकतम तकनीकों का लेन-देन में प्रयोग करते हैं। ये 40 लोग जो तकनीकी रूप से सक्षम हैं और उन्हें उपयोग में भी लाते हैं, फिर भी वे यह नहीं जानते कि इन तकनीकों का पूर्ण उपयोग और भी कहाँ-कहाँ हो सकता है। उनमें जागरूकता और ज्ञान का अभाव है, दूरदर्शिता नहीं है कि धन संचय को और बेहतर कैसे बनाया जा सकता है।

इस प्रकार, आज की युवा पीढ़ी बहुत कम उम्र में ही आय अर्जित कर रही है, फिर भी धन वृद्धि से संबंधित ज्ञान, अनुभव और जागरूकता की कमी उनमें वह दूरदर्शिता उत्पन्न नहीं होने देती जो उन्हें शीघ्र अमीरी की ओर अग्रसर कर सके। जो युवा 20 वर्ष की आयु के बाद कार्य शुरू करते हैं, वे अगले 5, 10 या 15 वर्षों में अपनी अल्प बचत और निवेश से अच्छा-खासा धन संग्रह कर सकते हैं, जिससे वे अपने बड़े लक्ष्यों को समय पर पूरा कर सकते हैं।

बहुत कम बचत और निवेश भी उन्हें आगे चलकर आर्थिक रूप से मज़बूत बनाए रखने में सहायक सिद्ध होता है, विशेषकर किसी विशेष परिस्थिति में।

एक व्यक्ति, जिसने कोरोना काल में SIP तथा शेयर मार्केट का गंभीर अध्ययन किया, वह यह मंतव्य रखता है कि 10 वर्ष पहले उसके पास आय अर्जन का ठोस आधार नहीं था, फिर भी वह अपने घर-परिवार के आय-व्यय पर नियंत्रण रखता था। यदि उस समय उसने सही ढंग से बचत और निवेश किया होता, तो आपातकालीन स्थिति में उसे लाचार महसूस नहीं करना पड़ता। बस, ज्ञान और जागरूकता के अभाव में व्यक्ति बहुत पीछे छूट जाता है। अतः व्यक्ति को अपने ज्ञान और जागरूकता को सदैव जागृत रखना चाहिए – यह कर्मक्षेत्र में धन संग्रह और वृद्धि की दृष्टि से अत्यंत महत्वपूर्ण है। धन प्रबंधन से संबंधित तकनीकों को निरंतर अद्यतन करते रहना चाहिए।

गरीबी अभिप्रेरणा का स्रोत

व्यक्ति की गरीबी एक अत्यंत दुष्कर स्थिति होती है। कभी-कभी यह चक्रव्यूह की तरह होती है, जिससे निकलना लगभग असंभव प्रतीत होता है। तथापि, इस चक्र को भेदा जा सकता है। व्यक्ति अपने अथक प्रयासों द्वारा लक्ष्यभेदी यात्रा को निरंतरता देते हुए, कर्मपथ पर हार न मानने की जुझारू प्रवृत्ति को केवल अपने बाह्य व्यवहार का नहीं, बल्कि अपने मन-मस्तिष्क का भी मुख्य ध्येय बना ले–और कार्य का परित्याग न करे। गरीबी कभी-कभी व्यक्ति को अत्यंत मजबूरी या कमजोरी के रूप में ग्रसित कर लेती है, लेकिन उसी स्थिति से बाहर निकलने की प्रक्रिया व्यक्ति को भीतर से एक ऐसी मज़बूती और सामर्थ्य की अनुभूति कराती है, जो उसे भविष्य की कठिनाइयों से लड़ने का साहस देती है।

अक्सर, गरीबी व्यक्ति के आर्थिक उत्थान और मानसिक विकास का आधार बनकर, प्रेरणा का स्रोत भी बन जाती है। व्यक्तियों में यह व्यवहारिक प्रवृत्ति पाई जाती है कि वे अपनी अन्य स्थितियों के साथ-साथ आर्थिक वृद्धि और विकास को भी जीवन में परिवर्तन के रूप में देखना चाहते हैं–और ऐसा क्यों न हो? जब व्यक्ति उन्नति की दिशा में कार्य कर रहा हो, तो उसके जीवन में सकारात्मक परिवर्तन आने से कोई कारण नहीं रोक सकता।

जो लोग कोशिशों से भरे कर्मपथ पर निरंतर चलते हैं, वे – चाहे जड़ से शुरू करें, धीरे-धीरे बढ़ें या तेज़ी से – अंततः आगे बढ़ते हैं। ऐसे लोग हमारे चारों ओर और आसपास देखे जा सकते हैं। बहुत बार हमारे मन में यह शंका उत्पन्न होती है कि क्या गरीबी वास्तव में कम हो रही है या नहीं? ऐसे में, आपको उन लोगों के समूह की ओर देखना चाहिए जिन्हें आप 10–15 वर्षों से जानते हैं–जो पहले आर्थिक दृष्टि से अत्यंत निम्न या निम्न-मध्यम वर्ग में थे। अब अवलोकन करें कि क्या उनकी आर्थिक स्थिति में कुछ परिवर्तन हुआ है? इसी तरह, जो लोग पहले से ही आर्थिक दृष्टि से बेहतर स्थिति में थे, उनकी भी स्थिति पर दृष्टि डालें। और फिर तुलनात्मक दृष्टिकोण के आधार पर एक निष्कर्ष पर पहुँचना सरल हो जाता है:

गरीबी का चक्र व्यक्ति के जीवन को कभी-कभी अत्यंत विकट स्थिति में डाल सकता है, और वहाँ से उबरना असंभव-सा प्रतीत होता है। ऐसे समय में व्यक्ति को यह अनुभव होता है कि उसकी सभी परेशानियों की जड़ उसकी आर्थिक स्थिति है। इसीलिए, इस स्थिति के ठीक विपरीत पहुँचने के लिए, गरीबी के चक्र को तोड़ना आवश्यक और अपरिहार्य बन जाता है। यह चक्र किसी भी माध्यम से टूटना चाहिए–तभी व्यक्ति सही परिस्थिति में जीवन की उन्नति के पथ पर आगे बढ़ सकता है।

आय, बचत एवं व्यय का दायरा

व्यक्ति बड़ी मेहनत और मशक्कत से आय अर्जित करता है, और उससे भी अधिक कठिनाई से बचत करता है। अनेक संघर्षों के बाद की गई बचत को वह योजनाबद्ध या गैर-योजनाबद्ध तत्वों पर व्यय करता है। अक्सर, जब कोई व्यय वास्तव में आवश्यक होता है, तब भी व्यक्ति उसमें खर्च करने के लिए तत्पर नहीं होता। परिणामस्वरूप, वह कई जरूरी सुविधाओं से वंचित रह जाता है–या कहें, पैसा होते हुए भी, हाथ पर हाथ धरे और मुँह बंद किए बैठा रहना पड़ता है।

वास्तविकता यह है कि आय के व्यय के बिना आप उन सुविधाओं को नहीं प्राप्त कर सकते जो आपके लिए अत्यंत आवश्यक–यहाँ तक कि जीवन-

प्रदायक–भी हो सकती हैं। जहाँ सुविधा और सुरक्षा का दायरा जीवन-रक्षक बन जाए, वहाँ खर्च को टाला नहीं जा सकता। अर्थात, उस स्थिति में आय या बचत को खर्च करने से आप खुद को रोक नहीं सकते।

"जान है तो जहान है"–इस स्थिति में व्यक्ति अपनी पूरी आय, बचत–यहाँ तक कि सारी पूँजी भी–खर्च कर सकता है, बशर्ते यह उसके जीवन की रक्षा कर सके। क्योंकि यदि व्यक्ति जीवित रह गया, तो वह पहले से कहीं अधिक आय और धन अर्जित कर सकता है।

एक कर्मठ व्यक्ति के लिए आय या धन कभी अंतिम नहीं होता–बल्कि यदि वह बच गया, तो वह अपने पिछले स्तर से कई गुना अधिक कमा सकता है। जीवन प्राथमिक है, और धन या आय कर्मठ व्यक्ति के लिए द्वितीयक। व्यक्ति अपनी कार्यकुशलता, दमखम और लगन के बल पर वह सबकुछ पुनः अर्जित कर सकता है, जो उसने किसी संकट में खोया हो। ऐसे में एक ही बात कही जाती है: "तुम सुरक्षित रहो!" क्योंकि यदि तुम सुरक्षित हो, तो यह आय, यह धन–इनसे कई गुना तुम फिर से कमा सकते हो। तुम्हारा जीवन करोड़ों से अधिक मूल्यवान है–क्योंकि तुम में वह कुशलता, दक्षता, क्षमता और लगनशीलता है, जो सब कुछ नहीं तो बहुत कुछ फिर से अर्जित कर सकती है। इसीलिए बहुत पहले कहा गया है– "जान है तो जहान है।"

आय अर्जन का आधार

एक समूह में यह चर्चा होती है कि व्यक्ति शिक्षा क्यों प्राप्त करता है। यदि आज शिक्षा एक बाध्यता न होती, तो लोग इसे प्राप्त करने के प्रति उतनी प्रबल और प्रभावी भावना नहीं रखते। इसका तात्पर्य यह है कि शिक्षा का परम उद्देश्य है – कैरियर निर्माण, ताकि व्यक्ति आय अर्जन कर सके और अपने जीवन को सुविधाजनक स्थिति व परिस्थितियों में व्यतीत कर सके।

यदि हम शिक्षा प्राप्त करने के प्रारंभिक उद्देश्यों पर ध्यान दें, तो निम्नलिखित प्रमुख बातें स्पष्ट होती हैं :

1. ज्ञान की प्राप्ति
2. चरित्र निर्माण

3. आय अर्जन
4. सामाजिक एवं सांस्कृतिक उत्थान
5. आर्थिक विकास
6. मानसिक एवं आध्यात्मिक विकास

सर्वांगीण विकास

वास्तव में, जब से शिक्षा प्रणाली की शुरुआत हुई, तब से ही शिक्षा का तात्पर्य रहा है – ज्ञान की प्राप्ति, बौद्धिक विकास, चरित्र निर्माण, और आय अर्जन के मार्ग को प्रशस्त करना। धीरे-धीरे मानव जीवन का केंद्रबिंदु मनी वर्ल्ड बन गया। व्यक्ति कितना शिक्षित है – अधिक या कम – यह इस बात को तय करता है कि वह आय के किस स्तर पर है और क्या वह उचित रूप से आय अर्जन कर पा रहा है या नहीं। कुछ व्यक्तियों का यह भी विचार है कि यदि शिक्षा का मुख्य उद्देश्य कैरियर निर्माण और आर्थिक मज़बूती न होता, तो शिक्षा प्राप्त करने की बाध्यता भी नहीं होती।

व्यक्ति जब शिक्षित होता है, तो वह स्वयं से क्या अपेक्षा रखता है – यह प्रश्न भी हमें सोचने को विवश करता है।

क्या वास्तव में शिक्षा हमें मानसिक रूप से अधिक मज़बूत और समझदार नहीं बनाती? शिक्षा न केवल हमें व्यक्तिगत और सामूहिक रूप से जीवन में कुछ अधिक करने और आगे बढ़ने का दृष्टिकोण देती है, बल्कि यह हमें बौद्धिक विकास के उच्च मानदंडों की ओर भी निरंतर अग्रसर करती है। कहा भी जाता है –

"वैसी पुस्तक परम मित्र है, जो जीवन में सीख और समझ की शक्ति को विकसित करती है और व्यक्ति के जीवन को संबल प्रदान करती है – चाहे वह आर्थिक रूप में हो या गैर-आर्थिक रूप में।"

यदि कोई व्यक्ति निर्धनता से पूर्णतः अवगत है और यह मानता है कि अपनी स्थिति-परिस्थिति में पूर्ण परिवर्तन केवल शिक्षा प्राप्त करने के बाद ही संभव है, तो यह समझना उचित है – क्योंकि शिक्षा प्राप्त करने के बाद उसमें कार्य प्राप्त करने की योग्यता आ जाती है। सरकारी या गैर-सरकारी संस्थाएं

तभी कार्य प्रदान करती हैं, जब व्यक्ति शैक्षणिक योग्यता की शर्त को पूरा करता है। कोई भी शिक्षित व्यक्ति यह अपेक्षा नहीं रखता कि वह जीवन भर आर्थिक रूप से संघर्ष करता रहेगा। आर्थिक स्थिरता प्रायः हमें अच्छी शिक्षा के माध्यम से ही प्राप्त होती है। नौकरीपेशा व्यक्ति स्वयं को आर्थिक रूप से अधिक सुरक्षित और शांतिपूर्ण वातावरण में महसूस करता है – भले ही अन्य व्यक्तियों का दृष्टिकोण इससे भिन्न हो सकता है।

आज भी गरीबी के दुश्चक्र को तोड़ने के लिए शिक्षा की भूमिका से इंकार नहीं किया जा सकता। समाज के हाशिये पर पड़े लोग मुख्यधारा में तभी आ सकते हैं, जब वे उच्च शिक्षा प्राप्त करें। शिक्षा ही वह सशक्त माध्यम है जो सर्वांगीण विकास का द्वार सभी के लिए खोलती है और व्यक्ति तथा समाज को निरंतर प्रगति की ओर ले जाती है।और अंततः, व्यक्ति के बढ़ने से ही कोई अर्थव्यवस्था बढ़ती है।

एक ही कक्षा में एक समान शिक्षक से पढ़ने वाले विद्यार्थी अपने जीवन में सफलता या असफलता की अलग-अलग कहानियाँ लिखते हैं। यह विचार करने योग्य बात है कि कोई टॉपर बनता है, कोई सामान्य रहता है और कोई औसत या असफल भी हो जाता है। एक ही कक्षा में साथ बैठकर शिक्षा प्राप्त करने वाले छात्रों की ग्रहण करने की क्षमता, ध्यान की गहराई और व्यवहारिक उपयोग तय करते हैं कि वे अपने जीवन में उस शिक्षा का किस प्रकार उपयोग करते हैं। प्रत्येक व्यक्ति का पालन-पोषण भिन्न-भिन्न वातावरण में होता है, इसलिए उसके लक्ष्य और आकांक्षाएं भी उसी से प्रभावित होती हैं।

शिक्षा की अवधारणा निरंतर व्यापक होती जा रही है। अब औपचारिक शिक्षा के साथ-साथ अनौपचारिक शिक्षा, कार्यशालाएं, सेमिनार, तकनीकी शिक्षा का बढ़ता दायरा, शिक्षण-प्रशिक्षण, अंशकालिक और पूर्णकालिक डिग्रियां–सभी शिक्षा को नवप्रवर्तन और व्यापकता की दिशा में और अधिक समृद्ध बना रहे हैं। इस प्रकार, शिक्षा का प्रथम उद्देश्य है – ज्ञान अर्जन, जो बौद्धिक विकास से होते हुए मानसिक और आध्यात्मिक विकास तक पहुंचता है, और अंततः आय अर्जन का आधार बनता है। व्यक्ति के भीतर ऐसा ज्ञान होता है, जिसमें वह अपने सोच-विचार की शक्ति के माध्यम से, स्वयं में निहित असीमित क्षमताओं का उपयोग कर, संपूर्णता की ओर बढ़ सकता है।

आज भारत जनसंख्या की दृष्टि से दुनिया में सबसे आगे निकल चुका है। तो क्या यहाँ की युवा शक्ति–जो इस जनसंख्या का एक बड़ा हिस्सा है–सकारात्मक दिशा में आगे बढ़ने की प्रेरणा नहीं देती? यानी, क्या यह युवा मानव संसाधन हमारी स्थिति और परिस्थितियों को संपन्नता से भरने की संभावनाएँ नहीं रखता? एक अर्थशास्त्री ने कहा है: "जब व्यक्ति धरती पर आता है, तो वह केवल एक पेट नहीं लाता, बल्कि दो हाथ, दो पैर और एक मस्तिष्क भी लेकर आता है।" मन-मस्तिष्क की वह क्षमता, जो हर व्यक्ति में निहित होती है, अत्यंत महत्वपूर्ण होती है। यदि व्यक्ति अपने भीतर मौजूद संभावनाओं को पहचान ले और उन्हें सक्रिय रूप से प्रयोग में लाना शुरू कर दे, तो वह उपलब्ध संसाधनों के बीच भी बहुत बेहतर और उत्कृष्ट शुरुआत कर सकता है। इसके लिए आवश्यक है कि व्यक्ति अपनी निहित क्षमताओं का आत्ममूल्यांकन करे, अपने भीतर दायित्व और शक्ति को पहचाने, और दूरदर्शितापूर्ण को अपने मानस पटल पर स्थान दे।

व्यक्ति में नई चीज़ों को सीखने की प्रवृत्ति होती है, इसीलिए मानव सभ्यता निरंतर कुछ बेहतर करने की दिशा में अग्रसर होती रही है। मनुष्य वहाँ से आगे बढ़ा है जहाँ उसका अस्तित्व अत्यंत विपरीत परिस्थिति में था, लेकिन उसने अपने प्रयासों को कभी नहीं छोड़ा। जब-जब व्यक्ति का अस्तित्व किसी विषम समय या विसंगति में फंसा, तब-तब उसने निरंतर प्रयास करते हुए खुद को आगे बढ़ाया है। यही है मानव अस्तित्व की पहचान–भूत और भविष्य के बीच वर्तमान को बेहतर बनाते हुए आगे बढ़ना, विशेषतः आर्थिक दृष्टि से।

व्यक्ति इसलिए शिक्षा प्राप्त करता है ताकि वह अच्छी चीज़ें सीख सके। अक्सर देखा गया है कि शिक्षित परिवारों के सदस्य भी स्कूल-कॉलेज के माध्यम से ही औपचारिक शिक्षा प्राप्त करते हैं। घर का वातावरण शिक्षण में मदद कर सकता है, लेकिन कोई भी परिवार स्कूल या कॉलेज की तरह न तो पूर्ण शिक्षा दे सकता है और न ही प्रमाण-पत्र, जो कैरियर निर्माण में आवश्यक होते हैं। व्यक्ति के व्यक्तित्व विकास में उसका परिवेश बहुत प्रभाव डालता है, जहाँ वह पलता-बढ़ता है। व्यक्ति की सोचने-समझने की

शक्ति, मनी मैनेजमेंट की समझ, और आगे के जीवन स्तर का विकास–ये सभी इससे प्रभावित होते हैं। हमने अक्सर यह भी सुना है कि यदि व्यक्ति का उत्थान होता है, तो उसके साथ-साथ सामाजिक, सांस्कृतिक और आर्थिक उत्थान भी होता है।

व्यक्ति चाहे अमीर हो या गरीब, अमीर बने रहने या अमीर बनने के लिए पैसे की समझ, व्यवहार और धन संबंधी ज्ञान को निरंतर बढ़ाने की प्रवृत्ति विकसित करता है और उसी दिशा में आगे बढ़ता है। व्यक्ति शिक्षित हो या अशिक्षित, पैसे के प्रति उसकी समझ और व्यवहार आर्थिक बेहतरी की ओर उठाया गया वह कदम होता है, जो न केवल उसे अच्छी आर्थिक स्थिति तक पहुंचाता है, बल्कि वहां से आगे की दिशा भी दिखाता है।

आए दिन यह सुनने को मिलता है कि स्कूलों और कॉलेजों में मनी मैनेजमेंट नहीं सिखाया जाता। धन प्रबंधन को एक विषय के रूप में पढ़ाया जाना चाहिए। ऐसी स्थिति में यह विचारणीय तथ्य है कि जो पूंजीपति वर्ग या बड़े उद्योगपति हैं, उन्होंने धन प्रबंधन की शिक्षा कैसे प्राप्त की? या फिर जिन व्यक्तियों ने बहुत धन कमाया, उनका धन ज्ञान का स्रोत क्या रहा? यह बात हमें सोचने पर मजबूर करती है कि–जो व्यक्ति किसी क्षेत्र में दक्षता और पूर्णता प्राप्त करने के लिए कठिन परिश्रम, लगन, उत्साह, जागरूकता, दूरदर्शिता और तात्कालिक तकनीकों का जुनून के साथ उपयोग करता है–वह धन ज्ञान के क्षेत्र में भी उतना ही सक्रिय और संलग्न रहता है। ऐसे व्यक्तियों के लक्ष्य स्पष्ट होते हैं, वे अपनी कार्यप्रणाली पर पैनी नजर रखते हैं, और उनके भीतर उत्साह व साहस के साथ-साथ कोई न कोई मूल प्रेरक कारण अवश्य होता है, जो उन्हें कार्य करने हेतु प्रेरित करता है। धन अर्जन के प्रति उनमें प्रतिबद्धता होती है। उन्होंने कॉलेज या विश्वविद्यालय से जो डिग्री प्राप्त की होती है, वह उनके एक स्तर को दर्शाती है। हालाँकि, डिग्री का उद्देश्य निस्संदेह व्यापक होता है। **शिक्षा का प्रथम और व्यापक उद्देश्य है–ज्ञान, व्यवहार और समझ में वृद्धि के साथ-साथ जीवन में आने वाली परिस्थितियों का मज़बूती से सामना करने की शक्ति देना।**

गरीबी से धन की ओर बढ़ने का मार्ग निर्धारित करने वाले कारक :

1. सही दिशा में किया गया कठिन परिश्रम।
2. कार्य के प्रति पूर्ण प्रतिबद्धता।
3. अपने कार्य को सर्वोत्तम बनाने की निरंतर कोशिश।
4. भले ही शुरुआत शून्य से हो, लेकिन वहाँ से आगे बढ़ने का स्पष्ट लक्ष्य होना।
5. अपने कार्यों में उत्तरोत्तर उन्नति प्राप्त करने की दृढ़ इच्छाशक्ति, लगन और जुनून का पक्का होना।

बचत–निवेश

धन के रूप में जमा की गई राशि को बचत कहा जाता है। यह अल्पावधि या दीर्घावधि पर आधारित हो सकती है।

निवेश का अर्थ है–बचत किए गए धन को पूंजी निर्माण की प्रक्रिया में लगाना। निवेश सामान्यतः दीर्घकालिक और लक्ष्य आधारित होता है। निवेश के माध्यम से, बचत की तुलना में बड़े लक्ष्यों को प्राप्त किया जा सकता है।

अर्थात्, बचत की सोच को निवेश में बदलना और सोच-समझकर निर्णय लेना आवश्यक होता है।

धन या रुपया-पैसा व्यक्ति को विपरीत परिस्थितियों पर नियंत्रण की शक्ति प्रदान करता है, जबकि इसका अभाव व्यक्ति को अपनी परिस्थितियों के अधीन कर देता है। धन की कमी में व्यक्ति को कई प्रकार की कठिनाइयों से गुजरना पड़ता है, जबकि धन की उपलब्धता इन कष्टों को दूर करने में सहायक होती है। धन के अभाव में व्यक्ति स्वयं को अत्यधिक गरीबी और संघर्षों के जंजाल में फँसा हुआ पा सकता है, किंतु उसी विपन्नता को प्रेरणा के रूप में लेकर व्यक्ति लगन और दृढ़ इच्छाशक्ति के बल पर नए रास्तों, उपायों या विकल्पों को खोज सकता है, जो आगे चलकर परिवर्तन का एक महत्वपूर्ण कारण बन सकते हैं।

अपनी सुरक्षा व धनार्जन

तात्कालिक आवश्यकता के आधार पर जब व्यक्ति कोई कार्य करता है या कार्य ढूँढ़ता है, तो उसे अपनी पाँचों इंद्रियों – आँख, नाक, कान, जीभ और त्वचा – को सतर्क और जागरूक रखते हुए संवेदनशील होना चाहिए।

पैसा ज़रूर कमाना चाहिए, लेकिन ऐसा न हो कि किसी मुसीबत में पड़ जाएँ – इस वाक्य के प्रति संवेदनशील बने रहना व्यक्ति का परम कर्तव्य है। धनार्जन की दिशा में कार्यरत रहते हुए अनेक तथ्यों को ध्यान में रखना आवश्यक है, जो केवल संपन्नता से नहीं, बल्कि अस्तित्व से भी जुड़े होते हैं। कार्य करना बहुत आवश्यक है, किंतु सुरक्षा भी हमारे ही हाथ में है, यह कभी नहीं भूलना चाहिए।

सही और गलत की पहचान कर जीवन में आगे बढ़ते रहने का सिद्धांत हम अपनी सभ्यता और संस्कृति से प्राप्त करते हैं। हमारी जागरूकता, समझदारी – ये सुरक्षा के प्रथम प्रहरी हैं, जिनसे हम विमुख नहीं रह सकते। जब कोई व्यक्ति कार्य करने योग्य हो जाता है, तो यह उसकी पारिवारिक स्थिति और परिस्थितियों पर निर्भर करता है। औसतन यह आयु 20 से 30 वर्ष के बीच मानी जाती है, हालांकि किसी के लिए यह 20 वर्ष से पहले या 30 वर्ष के बाद भी उतनी ही उपयुक्त हो सकती है।

आर्थिक स्वावलंबन की भावना, आय अर्जन की जागरूकता उत्पन्न करती है। आर्थिक मज़बूती व्यक्ति को आत्मबल प्रदान करती है और वह जानता है कि कहाँ इसका उपयोग कम या अधिक किया जाना चाहिए। धन सब कुछ तो नहीं होता, फिर भी यह जीवन की गाड़ी को सुचारु रूप से चलाने का प्रमुख साधन है, यह बात सभी भली-भाँति जानते हैं। गरीब और अमीर के बीच का अंतर – चाहे वह अभाव हो या सुविधाओं की कमी – धन ही तय करता है।

जीवन में जागरूकता, समझ-बूझ, गरीबी, बेरोजगारी तथा अशिक्षा – इन सभी के चक्र को कैसे तोड़ा जाए और कुंठित जीवन में कैसे परिवर्तन लाया जाए? यह निम्नलिखित उपायों से संभव हो सकता है :

1. अकर्मण्यता का परित्याग और कर्म-प्रधानता का स्वीकार।
2. जागरूकता का विकास।
3. कल्याणकारी कार्यों के साथ रोजगार-उन्मुख प्रयासों पर बल।

यह व्यक्ति और समूह – दोनों के स्तर पर महत्वपूर्ण होता है।

बहुत से लोग आत्मनिर्भर बनना चाहते हैं, प्रयास भी करते हैं, **किन्तु उपयुक्त परिस्थिति और सहायता नहीं मिलने के कारण** वे पूरी तरह सफल नहीं हो पाते। **फिर भी, यदि व्यक्ति आत्मसम्मान के साथ प्रयास करता है, तो वह न केवल स्वयं के लिए, बल्कि अपने परिवार, समाज और देश के लिए भी योगदान बढ़ा सकता है**। जब कोई व्यक्ति सशक्त होता है, तो वह प्रत्यक्ष या अप्रत्यक्ष रूप से कई अन्य व्यक्तियों को भी प्रेरित करता है। कभी-कभी व्यक्ति कम शिक्षित होने के बावजूद अपने कार्य में इतनी कुशलता प्राप्त कर लेता है, जो केवल अभ्यास और निरंतर प्रयास से ही संभव होती है। जैसा कि कहा गया है:

> *"करत-करत अभ्यास के जड़मति होत सुजान,*
> *रसरी आवत-जावत ते सिल पर परत निशान।"*

अर्थशास्त्र का सिद्धांत – पम्प प्राइमिंग सिस्टम

अर्थव्यवस्था को मंदी से निकालने के लिए 1930 के आसपास के मंदीकाल में "पम्प प्राइमिंग सिस्टम" का प्रयोग किया गया। उत्पादन, आय, वितरण और विनिमय को प्रभावित करने के लिए तत्कालीन व्यवस्था में विश्वास का माहौल उत्पन्न कर अर्थव्यवस्था को गतिशील करने की जिम्मेदारी 'पम्प प्राइमिंग सिस्टम' पर डाली गई।

यह वह पद्धति है जिसमें जैसे जल के एक नए कनेक्शन से पानी निकालने के लिए शुरुआत में थोड़ा जल अपने पास से उस कनेक्शन में डाला जाता है, ताकि सही दबाव से खिंचाव हो और जल प्रवाह निरंतरता से शुरू हो सके।

ठीक यही सिद्धांत पिछड़े लोगों और क्षेत्रों में लागू किया जाना आवश्यक है, ताकि अर्थव्यवस्था को संतुलित रूप से आगे बढ़ाया जा सके।

आज, 2047 तक विकसित भारत के दृष्टिकोण को अपने दृष्टिपट पर रखते हुए हम यह देख सकते हैं कि किसी देश के विकसित या विकासशील होने की अवधारणा केवल आर्थिक वृद्धि तक सीमित नहीं होती। यह देशवासियों की सुख-शांति, कल्याण और समग्र विकास की एक व्यापक अवधारणा है। इसमें व्यक्ति की आय का स्तर तो उच्च होता ही है, साथ ही मानव का संपूर्ण विकास – जैसे रहन-सहन का स्तर, शिक्षा, आध्यात्मिक ज्ञान, सुविधाएं और सुख-शांति – निरंतर बढ़ते हैं, जिससे एक खुशहाल वातावरण का निर्माण होता है। और हाँ, यह समृद्धि हमारी सभ्यता और संस्कृति के अनुरूप होनी चाहिए – तभी वह टिकाऊ और वास्तविक होगी।

एक बीमार व्यक्ति और उसका व्यय प्रणाली

एक व्यक्ति अपने परिवार के साथ किसी शहर में किराए पर 10 वर्षों से अधिक समय से रह रहा था। वह किराए में इतना धन खर्च कर चुका था कि यदि उसे पहले से पता होता कि उसे इतने वर्षों तक वहीं रहना पड़ेगा, तो वह फ्लैट खरीद लेता। तब तक फ्लैट की अधिकांश राशि चुका दी गई होती और वह एक स्थिरता के साथ रह पाता। बार-बार शिफ्टिंग करने से उसे काफी परेशानियों का सामना करना पड़ा और कभी-कभी गलत निर्णय का अहसास भी हुआ।

वह व्यक्ति ऑनलाइन और ऑफलाइन दोनों पद्धतियों में कार्यरत था, और उसका परिवार अच्छे से प्रबंधित हो रहा था। परिवार के एक अन्य सदस्य को भी आय अर्जन का स्रोत मिल गया, जो अधिकतर ऑफलाइन काम करता था और पब्लिक ट्रांसपोर्ट से आवागमन करता था। इस प्रणाली में उसे काफी समय खर्च करना पड़ता, जबकि स्वास्थ्य को देखते हुए यदि वह कुछ अतिरिक्त खर्च करके कभी-कभी टैक्सी सेवा लेता, तो समय और सुविधा दोनों में सुधार संभव था।

वास्तव में व्यक्ति धन के माध्यम से समय को बचा सकता है। उदाहरण के लिए, यदि कोई सार्वजनिक परिवहन हर जगह रुकते हुए दो घंटे लेता है, तो ऐसे में थोड़ा अधिक खर्च करके ऐसा साधन चुना जा सकता है जो कम समय में मंज़िल तक पहुँचा दे और व्यक्तिगत सुविधा भी प्रदान करे। कभी-कभी व्यक्ति को समय का सटीक प्रबंधन करना ही होता है, जहाँ धन का थोड़ा अलग तरीके से व्यय करना अपरिहार्य हो जाता है – ताकि समय और स्वास्थ्य की रक्षा की जा सके। यदि परिवार में किसी सदस्य को स्वास्थ्य संबंधी गंभीर समस्या हो और उस समय धन की उपलब्धता न हो, तो व्यक्ति हर संभव उपाय खोजता है। जीवन की महत्ता को समझते हुए, वह हर हाल में समाधान निकालने का प्रयास करता है। धन यदि आज उपलब्ध न हो, परंतु व्यक्ति प्रयासरत हो, तो यह आवश्यक नहीं कि वह कल भी उपलब्ध न होगा। धन, सही दिशा में कार्य प्रवृत्ति और नियोजित प्रयास द्वारा भविष्य में अर्जित किया जा सकता है।

व्यक्ति यदि सक्रियता और दीर्घायु के साथ अपने लाइफ मैनेजमेंट पर थोड़ा या अधिक ध्यान दे, तो वह धन प्रवाह एवं धन संचय के साथ अपनी सुख-शांति को सहजता से बनाए रखने में सफल तथा निरंतर अग्रसर हो सकता है। जब व्यक्ति की आय कम या बहुत कम हो, तब भी स्वयं में निवेश करना अधिक उत्पादकता के लिए आवश्यक होता है। स्वयं में सकारात्मक निवेश तात्कालिक और दीर्घकालीन उन्नति के अवसर उत्पन्न करता है। जहाँ पैसा या धन बचाना आवश्यक और अनिवार्य हो, वहाँ आज और कल के लिए बचत अवश्य करनी चाहिए, परंतु यदि धन की अत्यधिक कृपणता की वजह से व्यक्ति को असुविधा होती हो या मन मसोसकर दरिद्रता का अनुभव होता हो, तो वहाँ से एक कदम आगे सोचने की आवश्यकता होती है, जो व्यवहारिक रूप से अधिक सुविधाजनक हो।

आज भी हमारे सामाजिक व्यवस्था में कई शिक्षित व्यक्ति ऐसे हैं जो सरकारी या गैर-सरकारी कार्यालय में रोजगार प्राप्त करना सर्वोत्तम मानते हैं। वे अपनी शैक्षणिक योग्यता के आधार पर परिश्रम करते हैं। उनमें से बहुतों को उनकी अपेक्षा के अनुरूप परिणाम मिलता है, जबकि कुछ को नहीं। जो अपेक्षित सफलता नहीं पाते, उनकी योग्यता कम नहीं होती। किसी न किसी

क्षेत्र में उनकी गुणवत्ता या कौशल आय के स्रोत का आधार बन सकते हैं। जो व्यक्ति किसी एक क्षेत्र में कम सफल या असफल होते हैं, उनकी योग्यता किसी अन्य क्षेत्र में उपयोगी सिद्ध हो सकती है। व्यक्ति जो ज्ञान अर्जित करता है, उसका सदुपयोग कहीं न कहीं अवश्य होता है। ज्ञान कभी व्यर्थ नहीं जाता – उसका उपयोग कम या अधिक स्तर पर अवश्य होता है।

कैरियर निर्माण के प्रारंभिक दौर में आय प्रबंधन के सुझाव

कैरियर निर्माण के प्रारंभिक दौर में जब आप जो भी आय या धन अर्जित करते हैं, उसमें से :

a. जितना संभव हो सके, निश्चित रूप से बचत करनी चाहिए।

b. समय को बचाने और उसे प्रभावी कार्यों में लगाने पर विशेष ध्यान देना चाहिए।

   उदाहरण के लिए, दो विद्यार्थियों में पहला विद्यार्थी मात्र पाँच हजार रुपये की आय पर दिन में केवल दो घंटे कार्य करता है, शेष समय वह ज्ञानार्जन, पुस्तक अध्ययन, और अन्य रचनात्मक कार्यों में लगाता है। वह 500–700 रुपये की बचत करता है, जिसे वह आर.डी योजना में तीन वर्षों के लिए निवेश करता है। कुछ वर्षों बाद उसके पास अल्प राशि ही होती है, परंतु वह अपने स्किल और कार्य-कुशलता में सुधार करता है।

c. कुछ वर्षों बाद वही व्यक्ति स्वयं पर किए गए समय और धन निवेश के कारण कंपाउंडिंग प्रभाव को अनुभव करता है।

d. वहीं दूसरा विद्यार्थी अपने पर्स में पैसे ठीक-ठाक रखता है और केवल बैंक जमा पर ध्यान देता है, लेकिन न तो समय बचाने पर ध्यान देता है, न ही कौशल विकसित करता है। वह स्वयं पर निवेश नहीं करता। परिणामस्वरूप आगे चलकर कोई ठोस लाभ नहीं मिल पाता और वह सिर्फ परिवार पर आश्रित रह जाता है।

e. इसलिए वित्तीय समझ का विकास प्रारंभ से ही होना चाहिए। व्यक्ति को अपनी अनिवार्य आवश्यकताओं और सुरक्षा के लिए उचित धन व्यय की आवश्यकता होती है। व्यक्ति वह माध्यम है जो धन स्रोत को प्रभावी बना सकता है।

आय अर्जन की योजना बनाएं :

1. आय का एक स्थिर स्रोत होना चाहिए।
2. आय के एक से अधिक स्रोत विकसित किए जाएं।
3. आय स्रोतों के साथ-साथ वैकल्पिक व्यवस्थाएँ भी होनी चाहिए।

आय के स्रोत

बचत, निवेश, सुख-शांति और समृद्धि के मार्ग पर आगे बढ़ने के लिए कम से कम एक या एक से अधिक आय स्रोत अवश्य होने चाहिए। आजकल बहुत से विद्यार्थी पढ़ाई के साथ-साथ कमाई के लिए कोई न कोई अंशकालिक कार्य करते हुए देखे जाते हैं। यह प्रवृत्ति विद्यार्थियों में तेजी से बढ़ रही है। भले ही उनका लक्ष्य भविष्य में एक बेहतर करियर पाना हो, तथापि वे तात्कालिक रूप से स्वयं को क्रियाशील बनाए रखने के लिए किसी न किसी कार्य में संलग्न रहते हैं। यह कार्य आर्थिक भी हो सकते हैं और गैर-आर्थिक भी।

बचत की तकनीक

एक बचत प्रणाली या प्राविधि के स्थान पर इसमें विविधता होनी चाहिए :

1. हर व्यक्ति को बचत की शुरुआत अवश्य करनी चाहिए।
2. बचत शुरू करने के कई विकल्प हो सकते हैं, उनमें से एक बैंक है।
3. बचत और निवेश के भी कई विकल्प होते हैं; तथापि उन्हें समय-समय पर बेहतर बनाते हुए अपग्रेड करते रहना चाहिए। हमेशा बचत को बेहतर बनाने हेतु ज्ञान प्राप्त करना चाहिए।

4. बचत के व्यावहारिक प्रयोग को भी सीखना चाहिए।

धन, आय, रुपया, पैसा बहुत चंचल होता है – वह स्वयं टिकता नहीं, बल्कि उसे टिकाना पड़ता है।

रुपये-पैसे को टिकाऊ स्वरूप में रूपांतरित करना आवश्यक होता है, अन्यथा यह शीघ्र खर्च हो सकता है। लोग अपनी आय और बचत को निवेश की दिशा में ले जाते हुए स्थायी पूंजी निर्माण या चल-अचल संपत्ति में लगाते हैं। साथ ही व्यक्ति अपनी शैक्षणिक, सामाजिक और आर्थिक प्रगति, तथा सर्वांगीण विकास में भी इसका उपयोग करता है। यद्यपि कभी-कभी आय शून्य हो सकती है, परन्तु उपभोग जीवन में कभी शून्य नहीं होता। इसका अर्थ है कि आय न होने पर भी यदि उपभोग चल रहा है, तो किसी न किसी माध्यम से बचत भी संभव है। व्यक्ति को स्वयं में बचत की प्रवृत्ति अवश्य विकसित करनी चाहिए। जब आय बहुत कम या शून्य हो, तब भी बचत की गई छोटी-से-छोटी राशि जीवन में बड़ा प्रभाव डाल सकती है।

10

बचत कैसी होनी चाहिए

1. बचत का लक्ष्य छोटा हो या बड़ा, उसे निर्धारित करना आवश्यक है।
2. जीवन के आर्थिक विकास की प्रारंभिक अवस्था में भी बचत करना चाहिए।
3. प्रारंभिक अवस्था में बचत 1% से शुरू होकर, निरंतर बढ़ोतरी के साथ 10%–20% तक पहुँचना उत्तम माना जाता है।

किए गए बचत का निवेश के रूप में रूपांतरण – जैसे सोना खरीदने में, शिक्षा पर खर्च करने में, या चल-अचल परिसंपत्तियों के निर्माण में किया जा सकता है। आपने कितनी राशि की बचत की है, यह आपकी वित्तीय योजना को भी तय करता है। व्यक्ति को जो भी आय प्राप्त हो, उसका 1% से 10% तक बचाने का प्रारंभिक प्रयास अवश्य करना चाहिए। और जैसे-जैसे समय के साथ आय प्रवाह में वृद्धि होती है, उसी अनुपात में बचत की राशि भी बढ़ाते रहना चाहिए। आय और धन प्रवाह की आवश्यकता व्यक्ति के जीवन में कब, कैसे और किस स्थिति में आ जाए – यह कोई नहीं जानता। इसलिए धन-संपत्ति और आय प्रवाह में वृद्धि के लिए हमें विविध प्रविधियों तथा वित्तीय जागरूकता का प्रभावी उपयोग करना चाहिए, ताकि हम अपने जीवन को आर्थिक संकट से बचा सकें।

एक व्यक्ति ने बताया कि पाँच वर्ष पूर्व, स्वास्थ्य संबंधी समस्या के कारण उसने एक निजी बैंक से लोन के लिए संपर्क किया। उस बैंक के

प्रतिनिधि ने कहा कि, "आप यह लोन चुका नहीं पाएंगे, क्योंकि आपकी पहले से ही स्वास्थ्य और आर्थिक स्थिति ठीक नहीं है।" उस व्यक्ति ने उत्तर दिया, "मात्र इतनी सी रकम है, इसलिए कहीं और प्रयास नहीं कर रहा हूँ। कोई बात नहीं – मैं इसे स्वयं ठीक कर लूंगा।" आगे कुछ महीनों में न केवल वह व्यक्ति पूरी तरह स्वस्थ हो गया, बल्कि अपनी पुरानी बचत से सभी खर्चों को भी पूरा किया। यह राशि उसने बैंक में आर.डी., एफ.डी. के रूप में जमा कर रखी थी। बाद में, जब वह व्यक्ति अपने प्लॉट पर काम करवा रहा था, वह उस दिन को नहीं भूल पाया जब मात्र कुछ लाख रुपए के आवेदन को कैसे डस्टबिन में डाल दिया गया था। आज वही एजेंट, उसे अनुरोध कर रहा था। व्यक्ति ने कहा, "अभी लोन की कोई योजना नहीं है, बाद में बता दूँगा।" लेकिन एजेंट कहाँ मानने वाला था! अब उसे पता चल चुका था कि जिस भी राशि की वह स्वीकृति दिलवाएगा, उस व्यक्ति की संपत्ति और नगद प्रवाह उससे कई गुना अधिक है।

व्यक्ति साधक है, तो धन केवल एक साधन है।

काया है, तो धन-संपत्ति और आय की माया है।

मामला व्यक्ति के पैसे का है, अतः व्यक्ति को अपने पैसे या धन का निवेश करने के लिए स्मार्ट, जागरूक और दूरदर्शितापूर्ण व्यवहार अपनाना चाहिए। धन और आय के प्रति व्यक्ति का व्यवहार भी बहुत मायने रखता है। आय अर्जन के साथ-साथ, गरीबी या कम आय से बेहतर आय और संपत्ति की दिशा में बढ़ने के लिए, पैसे के प्रति व्यवहार और सूझबूझ व्यक्ति को बेहतर आर्थिक स्थिति की ओर अग्रसर करते हैं।

व्यक्ति का आय स्तर चाहे जो भी हो, उसे आय-व्यय में संतुलन अवश्य बनाए रखना चाहिए। आय से अधिक व्यय या खर्चा यदि लंबे समय तक–अर्थात कई वर्षों तक–जारी रहे, तो व्यक्ति को आर्थिक कष्ट का अनुभव होता है। व्यक्ति को अपने आय के अनुसार ही खर्च करना चाहिए और साथ ही साथ बचत एवं निवेश पर भी ध्यान देना चाहिए। व्यक्ति को निरंतर अपने आय-व्यय का मूल्यांकन करते रहना चाहिए, ताकि वह देख सके कि वह आर्थिक दृष्टि से सही मार्ग पर है या नहीं। और हाँ, हमें अपने आर्थिक लक्ष्य

निर्धारित कर लेने चाहिए, तभी तो हम वहाँ तक पहुँच पाएँगे। एक गुरु अपने शिष्य से कहता है : "जब तुम घर से निकलते हो, तो तुम्हें पता होना चाहिये कि आज कहाँ पहुँचना है, और कौन-कौन से कार्य करने हैं।" बिलकुल सही कहा गया है–जिसमें विवेक और समझदारी होगी, वह इस कथन में निहित संदेश का अवश्य अनुसरण करेगा।

धन व्यक्ति की स्थिति-परिस्थिति में बहुत हद तक परिवर्तन लाने की क्षमता रखता है। अनेक जटिल समस्याएँ धन से सुलझाई जा सकती हैं। कुछ अपवादों को छोड़कर, अधिकांश परिस्थितियों में धन का निश्चित महत्व होता है।

अतः व्यक्ति को धन के आधार पर स्वयं को मज़बूत बनाना आवश्यक है। वास्तव में, व्यक्ति को अपने व्यक्तित्व के चहुंमुखी एवं समग्र उन्नति पर ध्यान देना चाहिए। तभी जाकर वह अपने जीवन को संतुलित, व्यवस्थित और सुख-शांति से परिपूर्ण रूप में जी सकता है।

वर्तमान में युवाओं में 18 वर्ष की आयु के बाद ही कार्य करने की प्रवृत्ति तेजी से बढ़ी है। 10–15 वर्ष पहले तक, 25–30 वर्ष की आयु तक व्यक्ति अच्छी तरह से तैयारी कर "ठीक-ठाक" नौकरी करने की प्रवृत्ति रखता था। यदि उपयुक्त नौकरी मिल जाती थी तो उत्तम, अन्यथा वह किसी न किसी संबंधित क्षेत्र में जुड़कर अपनी जीविका चला रहा होता था।

ऐसे दंपत्ति, जो स्वयं नौकरी-पेशा हैं, उनके बच्चे भी पढ़ाई में अच्छा प्रदर्शन करते हैं और इस उद्देश्य से तैयारी करते हैं कि आगे चलकर एक अच्छा कैरियर बना सकें, जो नियमित आय प्रवाह उत्पन्न कर सके। उदाहरण के लिए, एक दंपत्ति नौकरी-पेशा है, उनके दो बच्चे हैं, जो शहर के सबसे अच्छे स्कूल-कॉलेज में पढ़ाई कर रहे होते हैं और आगे चलकर न केवल बड़े शहरों में, बल्कि विदेश तक जाकर उच्च शिक्षा प्राप्त करते हैं। अब वे अपने लिए बेहतर अवसरों का चयन करेंगे, कार्यक्षेत्र से जुड़ेंगे या स्वयं अवसर उत्पन्न करेंगे।

दूसरी ओर, आर्थिक रूप से पिछड़े क्षेत्र या कमजोर आर्थिक पृष्ठभूमि वाले व्यक्ति की स्थिति बिल्कुल विपरीत हो सकती है। ऐसे व्यक्ति, जो कठिन परिस्थितियों में पले-बढ़े होते हैं, वे अक्सर 18–20 वर्ष की आयु से ही कार्य

करना प्रारंभ कर देते हैं। प्रारंभिक चरण में उन्हें बड़ी राशि वाली नौकरी या विशेष कुशलता की आवश्यकता नहीं होती, क्योंकि उनका उद्देश्य अपने व्यक्तिगत खर्चों को वहन करना होता है। ऐसे युवा अपनी स्थिति-परिस्थिति में बदलाव की तीव्र इच्छा रखते हैं और कार्य सीखने व कार्य में संलग्न रहने को महत्व देते हैं। यूं कहें, वे कार्य के माध्यम से ही कैरियर निर्माण की प्रवृत्ति अपनाते हैं और अपनी सहायता स्वयं करते हैं। साथ ही, वे अपने माता-पिता से खर्च लेने के बजाय अप्रत्यक्ष रूप से परिवार को सहयोग भी दे रहे होते हैं।

एक केस स्टडी :

250 युवाओं (उम्र 20–22 वर्ष) पर आधारित एक केस स्टडी की गई। साक्षात्कार के दौरान पाया गया कि इनमें से 40 युवा ऐसे थे जिनके माता-पिता संपन्न थे और वे स्वयं कार्य करने की इच्छा रखते थे। वे 12–15 हजार की नौकरी कर अपने खर्चों के लिए आत्मनिर्भर रहना चाहते थे। उनके पास एक स्पष्ट दृष्टिकोण था और वे स्वावलंबन को महत्त्व देते हुए भविष्य में और बेहतर करने के लिए प्रयासरत थे।

इसके बाद 100 युवाओं का एक समूह ऐसा था जिनके पास आय का कोई ठोस स्रोत नहीं था। इनमें से कई के पिता नहीं थे, कुछ की माताएँ असहाय थीं या माता-पिता दोनों नहीं थे। कुछ मामलों में माता-पिता जीवित तो थे, परंतु आर्थिक रूप से कमजोर या असमर्थ थे। कुल मिलाकर इन युवाओं की आर्थिक स्थिति अत्यंत कमजोर थी। फिर भी, इन युवाओं में कैरियर निर्माण की प्रबल प्रवृत्ति पाई गई, और वे अपने स्तर पर सुधार के लिए प्रयासरत थे।

अब बचे हुए 110 युवाओं की बात करें, तो उनमें से 50 युवा अपने कैरियर निर्माण को लेकर बेहद गंभीर थे। ऐसा नहीं कि उनके सामने समस्याएँ नहीं थीं, परंतु उनका दृष्टिकोण और कार्यक्षेत्र की दिशा भविष्य में गहन और व्यापक बनने की संभावनाएँ रखती थी।

शेष 60 युवाओं के बारे में यह देखा गया कि वे "आज ही ज़िंदगी है, कल हो न हो" की अवधारणा में विश्वास रखते थे। वे अपने समय, धन और अन्य संसाधनों का उपयोग केवल वर्तमान में करते थे। इन युवाओं में भी

मानसिक क्षमता प्रचुर मात्रा में है, परंतु वे फिलहाल जागरूक नहीं हैं। तथापि, जब ये जागरूक होंगे, तो निश्चित ही किसी न किसी रूप में कैरियर निर्माण और आय अर्जन की दिशा से जुड़ेंगे।

युवाओं में अध्ययन की प्रवृत्तियाँ मुख्यतः इस प्रकार होती हैं :

1. वे जो पुस्तकों से अत्यधिक जुड़ाव रखते हैं।
2. वे जो रट्टा मारने में विश्वास रखते हैं।
3. वे जो केवल डिग्री को ही महत्व देते हैं।
4. वे जो नासमझ और नटखट स्वभाव के होते हैं।
5. वे जो फैशन के प्रति अत्यधिक जागरूक रहते हैं।
6. वे जो "कल हो न हो" की सोच में विश्वास रखते हैं।
7. वे जो अत्यंत गैर-जिम्मेदार होते हैं।
8. वे जो समग्र दृष्टिकोण रखते हैं।
9. वे जो मानते हैं कि जीवन में सफलता केवल अंकों से नहीं, बल्कि दृढ़ इच्छा-शक्ति से मिलती है।
10. वे जो उपरोक्त सभी प्रवृत्तियों को किसी न किसी रूप में अपने साथ लेकर चलते हैं।

एक गुरु भी अपने शिष्य के बारे में ठीक-ठीक नहीं बता सकता कि वह जीवन में कल कितना सफल होगा या किस पद और प्रतिष्ठा तक पहुँचने की जीजिविषा उसमें विकसित हो जाएगी। यह तो कभी-कभी जीवन की ठोकरें तय करती हैं कि व्यक्ति आगे चलकर क्या बनकर सामने आएगा। वर्षों पहले यह अवधारणा बदल चुकी है कि केवल अंकों से ही जीवन में सफलता का मानदंड निर्धारित होता है। किसी एक संस्था में, एक जैसी शिक्षण पद्धति और एक ही शिक्षक से पढ़ने वाले विद्यार्थी भी, जो कभी साथ पढ़ते थे, आज अलग-अलग आर्थिक स्तरों पर पाए जाते हैं। यह दर्शाता है कि व्यक्ति के व्यक्तित्व और उस वातावरण, जिसमें वह पला-बढ़ा है, का उस पर गहरा प्रभाव पड़ता है।

आज व्यक्ति के व्यापक सोच और समझ की अवधारणा को पहले की तुलना में कहीं अधिक महत्व दिया जा रहा है।

धन-संपत्ति के प्रकार

प्रकृति ही सर्वोच्च धन है – इसके बिना मानव का अस्तित्व संभव नहीं।

1. जीवन सबसे बड़ा धन है।
2. समय रूपी धन।
3. ज्ञान और अनुभव का धन।
4. जागरूकता के रूप में धन।
5. धन-संपत्ति: चल-अचल संपत्ति, रुपया-पैसा के रूप में।
6. सामाजिक-सांस्कृतिक धरोहर के रूप में।
7. परिवार और रिश्ते-नातेदारी के रूप में।
8. व्यक्ति का अपने जीवन के प्रति सकारात्मक दृष्टिकोण भी कोई छोटी धन-संपत्ति नहीं है।
9. जीवन क्या है? जीवन प्रबंधन – यह भी कम महत्वपूर्ण धन नहीं है।
10. मानव स्वभाव की परिस्थितियों में अनुकूलनशीलता और प्रगतिशीलता भी एक प्रकार का धन है।

आय व धन की अल्पता या अधिकता के बावजूद जीवन का सही प्रबंधन अत्यंत आवश्यक है; अन्यथा व्यक्ति के जीवन और अस्तित्व पर प्रश्नचिह्न खड़ा हो सकता है। जीवन को बचाए रखने के लिए सही जीवन-प्रबंधन अधिक महत्वपूर्ण होता है। आय व धन की मात्रा समय के साथ बदल सकती है, लेकिन जीवन-प्रबंधन की पद्धति स्वयं में एक बड़ा धन होती है। व्यक्ति अपने प्रयासों से धन या आय फिर से अर्जित कर सकता है, परंतु यदि जीवन और अस्तित्व की चूक हो जाए, तो संभवतः वह अवसर इस एक ही जीवन में दोबारा न मिले। इसीलिए कहा गया है – 'जान है तो जहान है।'

वन टेक फाइनल टेक

जीवन पद्धति की सामाजिक गतिविधियों में–जैसे कि सामाजिक संबंध, सांस्कृतिक व्यवस्था, परिवार और नातेदारी–"वन टेक फाइनल टेक" का सिद्धांत लागू होता है। व्यक्ति के करियर, पढ़ाई-लिखाई, कर्मठता, कार्य पद्धति और समय प्रबंधन पर भी यह सटीक बैठता है।

हालाँकि, **धन अर्जन के संदर्भ में "वन टेक फाइनल टेक" नहीं होता।** यह जीवन की निरंतरता में सतत चलता रहता है। इसलिए व्यक्ति को अपनी कुशलता को केंद्र में रखते हुए लगातार कार्य करते रहना चाहिए।

म्यूचुअल फंड या एसआईपी (सिस्टमैटिक इन्वेस्टमेंट प्लान) की तरह, थोड़ा-थोड़ा करके लेकिन निरंतर निवेश की आवश्यकता होती है, जिससे एक बड़ा कोष (कॉर्पस) तैयार हो सके। याद कीजिए, हमारी दादी-नानी भी आय और धन बढ़ाने की दिशा में अपने तरीके से कोई-न-कोई "फंड" संचालित करती थीं। वे अगली पीढ़ी को एक खास सलाह जरूर देती थीं–"थोड़ा-सा ही सही, लेकिन सोना-चाँदी हमेशा खरीदते रहना चाहिए।" सोना-चाँदी में धन खर्च करना भी एक प्रकार का अच्छा निवेश है। दूसरी ओर, महिलाएँ भी इस निवेश की प्रवृत्ति के कारण स्वयं को मज़बूत आर्थिक स्थिति और आत्मनिर्भरता की ओर अग्रसर करती हैं।

आर्थिक-सामाजिक सहायता

अच्छे रिश्ते-नाते का योगदान मानव जीवन में अत्यंत महत्वपूर्ण होता है। पारिवारिक सहयोग व्यक्ति के विकास में एक निर्णायक भूमिका निभाता है। आर्थिक और सामाजिक मदद कई प्रकार की हो सकती है। कभी-कभी परिवार का कोई सदस्य, गुरु, बड़े या मित्र अपनी एक अच्छी सलाह से भी सहायक सिद्ध होते हैं। यह आवश्यक नहीं कि सहायता केवल धन या रुपये-पैसे के रूप में हो – किसी निकटस्थ व्यक्ति का एक सकारात्मक विचार भी जीवनदायी हो सकता है, वहीं गलत सलाह व्यक्ति को पथभ्रष्ट भी कर सकती है।

व्यक्ति के पास प्रकृति-प्रदत्त या समाज-प्रदत्त कुछ "जमा पूँजी" होती है – उसमें वृद्धि या ह्रास हमारे अपने हाथ में होता है। यह हमारे व्यक्तित्व पर भी निर्भर करता है। रिश्तों की इस जमा पूँजी को बनाए रखना भी जीवन में सुख, शांति और संवृद्धि के लिए सहायक होता है।

यदि व्यक्ति आय, धन या संपत्ति की दृष्टि से मज़बूत नहीं हो पाता, तो उसे जीवन भर आर्थिक संघर्ष करते रहना पड़ता है। इसलिए व्यक्ति को धन संबंधी बेहतरी के लिए निरंतर प्रयास करते रहना चाहिए, ताकि उसका आधार सुदृढ़ हो और भविष्य में आय व धन के लिए संघर्ष अपेक्षाकृत सरल हो सके।

प्रत्येक व्यक्ति को धन अर्जन हेतु निरंतर प्रयास करते रहना चाहिए। धन कमाने में अक्सर लंबा समय लगता है और इसके लिए निरंतरता, लगन और अपने कार्य के प्रति समर्पण की आवश्यकता होती है। कठिन समय में व्यक्ति के पास आय, धन या नगद प्रवाह का उचित प्रबंध होना चाहिए, तभी वह अपने जीवन का सुचारु संचालन कर पाने में सक्षम होता है। कई बार जीवन की कठिनाइयाँ केवल इस कारण से सरल हो सकती हैं कि व्यक्ति के पास सही समय पर पर्याप्त धन उपलब्ध हो। निस्संदेह, पैसा सब कुछ नहीं होता, फिर भी यह व्यक्ति को बेबसी और लाचारी से बचाने में सक्षम होता है। जिस धन की बचत व्यक्ति समय-समय पर करता है, वही धन किसी कठिन समय में उसे संभालने की शक्ति प्रदान करता है। कुछ विद्वानों का मत है – "जिसके पास आय या पर्याप्त धन प्रवाह होता है, उसकी आँखों में टके के लिए टकटकी नहीं होती।" वास्तव में, कठिन समय व्यक्ति को आय और धन के वास्तविक महत्व का अनुभव कराता है।

एक दंपति अपने शहरी घर से सुदूर ग्रामीण क्षेत्र में स्थित एक रिश्तेदार के यहाँ कार से जाते हैं। उन्होंने हाल ही में कार चलाना सीखा था। उन्हें उसी शाम घर लौटना भी था, इसलिए वे शाम पाँच बजे ही वापसी के लिए निकल पड़ते हैं। रास्ते में ट्रैफिक जाम की वजह से रुक-रुक कर धीरे-धीरे आगे बढ़ते हैं। रास्ते में उन्हें यह भी महसूस होता है कि कार की लाइट काम नहीं कर रही है। फिर भी वे सावधानीपूर्वक, ईश्वर का नाम लेते हुए धीरे-धीरे चलते रहते हैं। अंततः किसी तरह वे अपने घर के सामने के मैदान तक पहुँच जाते हैं।

वहाँ पहुँचकर उन्हें ख्याल आता है कि लाइट आखिर जल क्यों नहीं रही? वे फिर से बटन दबाते हैं और आश्चर्यचकित होते हैं कि लाइट तो जल उठी! उस क्षण वे जोर से हँस पड़ते हैं–कि जो लाइट पूरी यात्रा में नहीं जल रही थी, वह घर के दरवाज़े पर पहुँचने के बाद जल उठी।

यह अनुभव उन्हें यह सिखाता है कि कभी-कभी जब हम किसी आसान सी बात को नहीं समझ पाते, तो वह हमारे लिए कठिनाई, दुविधा और संकट तक का कारण बन सकती है। यही बात धन ज्ञान और धन अर्जन पर भी लागू होती है। यदि व्यक्ति युवावस्था में ही धन अर्जन की प्रवृत्ति और समझ विकसित नहीं करता, तो बाद में जीवन के "द्वार" तक पहुँचने के बाद यह ज्ञान प्राप्त करना बहुत देर से हुआ अनुभव हो सकता है। अगर कार की लाइट समय पर जल उठती, तो यात्रा सरल, आनंददायक और सुरक्षित होती–न कि डर और असमंजस से भरी हुई। इसी प्रकार, यदि व्यक्ति समय रहते धन संबंधी समझ विकसित कर ले, तो जीवन की यात्रा भी सुखद और संतुलित बन सकती है।

संघर्ष की विरासत, सफलता की राह

हमारे पूर्वज पाषाण युग, नवपाषाण युग और सिंधु घाटी सभ्यता से होते हुए कई अन्य ऐतिहासिक पड़ावों को पार कर आज हम एंड्रॉइड मोबाइल के युग में आ पहुँचे हैं। यह माना जाता है कि जिन सुविधाओं के बीच आज हम जी रहे हैं, उनकी पहले सिर्फ कल्पना ही की जा सकती थी–परंतु वह कल्पना आज हमारी वास्तविकता बन चुकी है। आज मानव जितनी सुख-सुविधाओं से घिरा हुआ है, उतना सरल जीवन पहले कभी नहीं था। जिस दिन हम इस तथ्य के निहितार्थ को समझ लेंगे, हम आगे बढ़ने के अनेक विकल्पों पर ध्यान केंद्रित कर सकेंगे। और तब आय व धन अर्जन को द्वितीयक मानते हुए हम प्राथमिक कार्यों पर अधिक फोकस कर पाएँगे।

हमारे बुजुर्गों ने कहा है–**"मेहनती व्यक्ति को पहाड़ के ऊपर भी खाना मिल जाता है"**, अर्थात कर्मठ व्यक्ति खुद ही समृद्धि और खुशहाली का निर्माण करता है। पूर्वजों ने अपने समय में अपनी पीढ़ी के लिए वह

वृद्धि की जो उनके सामर्थ्य में थी। अब प्रश्न यह है कि आप आज अपने समय में–जहाँ भौतिक और अभौतिक संसाधनों का समर्थन (सपोर्ट सिस्टम) मौजूद है–क्या कर रहे हैं? क्या आपका प्रयास अपने स्तर पर सर्वोत्तम है? या आपने बेहतर संभावनाओं को केवल सहेज कर रखा है?

यह मान लीजिए, यदि आप कर्मठ, लगनशील और बुद्धिमान हैं, तो आपके पूर्वज भी अपने समय में "बेस्ट वर्जन" थे। अब आपकी जिम्मेदारी है कि आप अपने समय में सर्वोत्तम योगदान दें। स्वयं में निहित क्षमताओं को पहचानें और उन्हें प्रयोग में लाएँ। पूर्वजों ने जो संजोया है, उसमें यदि आप अपना अतिरिक्त योगदान जोड़ते हैं, तो यह न केवल आपकी प्रगतिशीलता का परिचायक होगा, बल्कि आपके परिवार और आने वाली पीढ़ी के लिए दिशा-निर्देश का आधार भी बनेगा।

हमारे पूर्वजों ने अपने जीवनकाल में, अपने अस्तित्व की रक्षा और अपनी संतान अर्थात अगली पीढ़ी के लिए, उस समय बिंदु पर संभवतः अपना अधिकतम मानसिक और भौतिक परिश्रम किया है। यूँ कह सकते हैं कि उन्होंने इस आज के सुविधासंपन्न युग की नींव अपने कठिन श्रम से रखी है। उन्होंने मानसिक और शारीरिक श्रम से कोई कसर नहीं छोड़ी ताकि अगली पीढ़ी को एक बेहतर जीवन देने के लिए धन, संपत्ति और ज्ञान के क्षेत्र में परिष्करण और सुदृढ़ आधार प्रदान कर सकें।

हम यह नहीं कह सकते कि हमारे पूर्वज आज की तुलना में दूरदर्शी कम थे। बल्कि उनकी दूरदर्शिता उस समय की परिस्थितियों के अनुरूप, समय से कहीं आगे की हुआ करती थी। तभी तो उन्होंने सीमित संसाधनों में भी मानव अस्तित्व, सभ्यता, संस्कृति और ज्ञान की नींव को विविध दृष्टिकोणों के साथ मज़बूती से बनाए रखा।

मानव सभ्यता और संस्कृति का मूल वाक्य यही है कि हमारे पूर्वजों ने अपनी आगे की पीढ़ियों के लिए हर दृष्टिकोण से हाड़-तोड़ मेहनत की है, जिसे हमें कभी नहीं भूलना चाहिए। साथ ही, यह हमारा कर्तव्य बनता है कि हम भी अपने स्तर पर बेहतरी की दिशा में कुछ न कुछ अतिरिक्त योगदान देने का प्रयास करें। अतः व्यक्ति को अपने प्रयासों के माध्यम से

पारिवारिक, सामाजिक और आर्थिक स्तर पर निरंतर बेहतर की ओर अग्रसर रहना चाहिए।

भारतीय जीवन शैली का आर्थिक दर्शन

कृषि व्यवस्था प्रणाली में फसल काटने से पहले बुवाई और निराई की जाती है। इसके साथ ही लंबा समय देखरेख में लगता है। एक पौधा या एक बाली में मौजूद दाना-दाना इकट्ठा होकर धीरे-धीरे किलो, बोरा, क्विंटल और फिर टन में परिवर्तित हो जाता है।

हमारी सभ्यता और संस्कृति में अन्न के दानों को बहुत आदर और सम्मान दिया जाता है। यदि कोई दाना ज़मीन पर बिखर जाए, तो बुज़ुर्गों द्वारा उसे चुनने की सलाह दी जाती है और यह भी कहा जाता है कि "दाने को कुचलो मत, इकट्ठा करो"। इसी दाना-पानी के लिए संघर्ष मानव की मूलभूत आवश्यकता का प्रतीक है। सच ही कहा गया है – "बूंद-बूंद से गागर तो क्या, सागर भी भर जाता है", वैसे ही दाना-दाना मिलकर अन्न का भंडार भरता है।

हमारी संस्कृति में अन्न को 'अन्न देवता' कहा गया है। अन्न का यूँ ही नष्ट करना या फेंक देना एक बड़ी बुराई मानी जाती है। अन्न को घर की बरकत से जोड़ा गया है – यह माना जाता है कि अन्न घटे नहीं, बढ़ता ही रहे। कृषिपरिवारों में आज भी यह परंपरा जीवित है कि रसोई में घर के सदस्यों के अतिरिक्त किसी मेहमान या भूखे व्यक्ति के लिए भी भोजन की व्यवस्था रखी जाती है। साथ ही पालतू पशु-पक्षियों के भोजन का भी ध्यान रखा जाता है। यदि कुछ अतिरिक्त भोजन बन जाए और वह तुरंत उपयोग में न आए, तो उसे फेंकने की बजाय यह सोचकर अलग रखा जाता है कि "किसी जीव का पेट भर जाए, जिसे प्रकृति ने बनाया है।" वास्तव में, प्रकृति (विधाता) ने अपने बनाए सभी जीव-जंतुओं के लिए कोई न कोई व्यवस्था अवश्य कर रखी है।

अन्न देने वाला ईश्वर है। यह पकाया हुआ अन्न उन जीव-जंतुओं के लिए अर्पित किया जा रहा है जिन्हें आपने (ईश्वर ने) बनाया है, ताकि वे

भी तृप्त रहें। किसी जीव को तृप्त करना एक पुण्य कार्य है। यह बरकत देने और भविष्य में भी देने की क्षमता बनाए रखने का एक माध्यम है। अन्न का सम्मान करने की प्रवृत्ति परिवार में मुख्य रूप से गृहिणी में देखने को मिलती है। हमारी सभ्यता-संस्कृति में रसोई का दृष्टिकोण केवल परिवार के सदस्यों या अतिथियों तक सीमित नहीं है, बल्कि उसमें अन्य जीव-जंतुओं के लिए भी समान संवेदना और समभाव निहित होता है।

जैसे फसल काटने से पहले बोनी की जाती है, वैसे ही हमारे समाज में यह कहा जाता है – "जितना बोओगे, उतना होगा।" अर्थात फसल की कटाई के पहले उसकी बोआई करना होता है। यह कथन गृहिणियों द्वारा रसोई में भी कहा जाता है और इसका गहरा सांस्कृतिक अर्थ है। यही सिद्धांत धन और ज्ञान पर भी लागू होता है। व्यक्ति का दृष्टिकोण समभाव और व्यापकता वाला होना चाहिए। यही सोच आय, धन और संपत्ति की वृद्धि की दिशा में सहायक सिद्ध होती है।

हमारा देश एक कृषि प्रधान अर्थव्यवस्था है, और देश की अधिकांश जनसंख्या प्रत्यक्ष या अप्रत्यक्ष रूप से कृषि एवं कृषि से संबंधित क्रियाकलापों से जुड़ी हुई है। यहाँ आय, धन, संपत्ति के संदर्भ में एक विशेष अवधारणा पाई जाती है – "मैं भी भूखा न रहूं, मेरे घर जो साधु अर्थात मेहमान या अतिथि आए, वह भी भूखा न जाए।" ऐसी स्थिति में लोग मानते हैं कि पेट से जो बचे, वही धन है – ऐसी बचत जो कहती है कि सबको लेकर चलो, व्यवहारिक रूप से यही अधिक मान्य है। इस सोच में "पहले बचत, फिर बची हुई राशि से खर्च" वाला सिद्धांत बेमानी समझा जाता है। कृषि से संबंधित समूहों में आय–धन–बचत से संपत्ति निर्माण की पद्धति का एक अलग ही स्वरूप परिलक्षित होता है। यह सोच ग्रामीण भारत और कृषि प्रधान अर्थव्यवस्था में सटीक बैठती है। ऐसी शैली वहाँ के व्यवहार में स्पष्ट रूप से देखी जा सकती है।

दो युवक एक ही क्षेत्र में रहते थे। दोनों हमउम्र थे। युवक 'R' एक संभ्रांत परिवार से था और धन, संपत्ति एवं शिक्षा के आधार पर उत्कृष्ट स्थिति में था। तथापि युवक 'C' अत्यंत निम्न-मध्यवर्गीय परिवार से था। उनके बीच

वार्तालाप होते रहते थे। युवक 'C' के परिवार में उसकी चार बहनें, एक छोटा भाई, माता-पिता के अतिरिक्त अन्य सदस्य भी रहते थे। आय की स्थिति ऐसी थी कि सभी किसी तरह जीवन-निर्वाह कर रहे थे। युवक 'C' का पिता छोटा-मोटा व्यवसाय करते थे, जहाँ आय की स्थिति ठीक नहीं थी। एक दिन युवक 'C', 'R' से कहता है, "भाई, मुझे पैसा कमाना है, मुझे कुछ रास्ता बताओ।" 'R' उसे छोटे-मोटे कार्य करने की दिशा बताता है और आगे कहता है, "पहले तुम काम को सीखो और धीरे-धीरे आगे बढ़ते चलो।" आगे चलकर 'C' ने अपनी आय का प्रवाह ठीक-ठाक स्तर तक पहुँचा लिया और अपने कार्य को लगातार बढ़ाता गया।

जब विकल्प न हों, तब श्रम ही उपाय है

एक अपार्टमेंट का निर्माण हो रहा था। तापमान 40 डिग्री था। मजदूर चिलचिलाती धूप में अपने कार्य में जुटे थे। उस निर्माणाधीन अपार्टमेंट के ठीक सामने एक मकान की बालकनी में वार्तालाप चल रहा था। एक नवयुवक अपनी बड़ी दीदी से कहता है, "आप कह रही हैं कि जब घर में एसी नहीं होता था, तब गर्मी से बचने के लोगों के पास कई तरह के उपाय होते थे।" वह अभी-अभी एम्स्टर्डम से कुछ वर्षों बाद घर लौटा था।

वह मजदूरों की ओर इशारा करते हुए कहता है, "देखिए, ये रोज एक छोटा सा तौलिया सिर पर रखकर इस कड़कड़ाती धूप में जमे रहते हैं। इन्हें धूप और लू नहीं लगती? न जाने क्या खाते हैं।" तब उसकी दीदी कहती है, "ये पोखल-भात या पानी वाला भात के साथ प्याज़ जैसे लू और अति गर्मी से बचाने वाले खानपान का सेवन करते हैं। और दूसरी बात–**Beggars can't be choosers,** अर्थात भीखारी के पास विकल्प नहीं होता। यह इन पर लागू होता है। मजदूरों के पास विकल्प बहुत कम होते हैं।"

अपने कार्य को पूर्ण करने के साथ आय अर्जन की प्रक्रिया में प्रारंभिक अवस्था में व्यक्ति का संघर्ष कठिनतम होता है। मानव सभ्यता जहाँ से चली थी, वहाँ से अब बहुत आगे बढ़ चुकी है। तथापि समाज में आर्थिक परिस्थितियाँ अलग-अलग होने के कारण आय अर्जन की प्रक्रिया विभिन्न

रास्तों से गुजरती है। व्यक्ति के आर्थिक संघर्ष का तरीका इस बात पर निर्भर करता है कि वह किस अवस्था में पूर्व से विद्यमान है। इस तरह व्यक्ति की आर्थिक स्थिति एवं नियत कार्य यह तय करते हैं कि उसकी संघर्ष की प्रवृत्ति क्या होगी। सभी व्यक्ति अपने-अपने स्तर पर कार्य को पूर्ण कर रहे हैं।

आर्थिक प्रास्थिति और आय अर्जन की अवस्था

A. प्रारम्भिक अवस्था
B. द्वितीय अवस्था
C. तृतीयक अवस्था

प्रारम्भिक अवस्था में व्यक्ति जीवन-निर्वाह के लिए संघर्षरत होता है तथा उन गतिविधियों की तलाश करता है जिससे उसके आय के स्रोत किसी ढंग से प्राप्त हो सकें।

द्वितीय अवस्था में वह आय का स्रोत प्राप्त कर लेता है। इस स्थिति में वह आय से बचत, निवेश–यानी धन व संपत्ति निर्माण की दिशा में–बढ़ सकता है।

तृतीयक अवस्था में वह आय के एक मुख्य स्रोत के साथ अन्य स्रोतों के सृजन पर भी कार्य कर रहा होता है।

धन, संपत्ति व आय प्रवाह में ज़्यादा महत्वपूर्ण क्या है? निसंदेह, कुछ व्यक्तियों के पास अचल संपत्ति होती है, परंतु यदि उस स्रोत से आय प्रवाह उत्पन्न न हो रहा हो, तो व्यक्ति सहज नहीं रह पाता। एक अवस्था के बाद प्रत्येक व्यक्ति को आय प्रवाह की आवश्यकता होती है। मान लिया जाए कि एक व्यक्ति अपने जीवन की समस्त नगद राशि को ज़मीन-जायदाद खरीदने में लगा दे और अपने आवश्यक कार्यों के लिए नगद की आवश्यकता होने पर किसी न किसी पर आश्रित हो जाए, तो उसकी स्वतंत्रता उस स्तर की कभी नहीं हो सकती जैसी तब होती जब वह नगद प्रवाह में होता। चाहे कितनी भी

धन-संपत्ति हो, यदि उससे कुछ या पर्याप्त नगद प्रवाह उत्पन्न नहीं हो रहा हो, तो तात्कालिक रूप से कुछ समय या कुछ वर्ष कष्टदायक हो सकते हैं। प्रत्येक व्यक्ति को अपनी समस्त नगद राशि को केवल धन-संपत्ति में परिवर्तित करने के बजाय यह सुनिश्चित करना चाहिए कि वह निरंतर आय प्रवाह भी बनाए रखे, विशेषकर वह जो नगद रूप में उपलब्ध हो।

जान है तो जहान है - धन और आय द्वितीयक हैं, प्राथमिक है जीवन।

व्यक्ति का जीवन करोड़ों का नहीं, अरबों का है। यदि व्यक्ति सुरक्षित है, तो वह धन-संपत्ति व आय में कभी भी अच्छी-खासी स्थिति और उपलब्धता का स्वामित्व प्राप्त कर सकता है – बशर्ते उसमें मेहनती प्रवृत्ति, ज्ञान, कुशलता, शिक्षा, तार्किक शक्ति और नई प्राविधियों के प्रति रुझान हो, और वह स्वयं में क्रियाशीलता को बल देता हो। एक अच्छी अभिरुचि, मेहनती प्रवृत्ति तथा लगनशीलता वाले व्यक्ति के लिए आज नहीं तो कल धन आना ही है। वे कहते हैं कि व्यक्ति को स्वयं में वह क्षमता उत्पन्न करनी चाहिए कि धन, संपत्ति और आय द्वितीयक बन जाएं, और व्यक्ति स्वयं प्रमुख बन जाए।

व्यक्ति को अपने व्यक्तित्व को निखारने का व्यापक दृष्टिकोण रखना चाहिए। तब धन, संपत्ति और आय स्वयं उसके पीछे चलकर आएंगे– न कि व्यक्ति जीवन भर इनके पीछे भागता रहेगा।

नकद या आय के रूप में प्राप्त धन बहुत चंचल होता है; वह किसी व्यक्ति के पास टिक कर नहीं रहता। अतः जो भी आय प्राप्त हो, उसे टिकाऊ बनाने की दिशा में कारगर उपाय करने होते हैं। नगद या आय प्रवाह के खर्च के असंख्य रास्ते, वस्तुएं या प्रवृत्तियाँ होती हैं। व्यक्ति धन और आय के माध्यम से सुविधाएँ खरीद पाता है। मान लीजिए, गर्मी की प्रचंडता है, तो आप कूलर या एसी तभी खरीद सकते हैं जब उसे खरीदने के लिए धन और आय प्रवाह से बचत की अनुमति हो – नहीं तो आपको पंखे के सहारे ही जीवन व्यतीत करना पड़ेगा।

आय या धन का उपयोग

1. बुनियादी ज़रूरतों को पूरा करने के रूप में।
2. ज्ञान प्राप्ति के रूप में।
3. घर, द्वार या मकान/फ्लैट जैसे स्थायी संपत्ति के रूप में।
4. चल-अचल संपत्ति के रूप में।
5. निवेश के विविध तरीकों में।
6. सुख-सुविधा व खुशहाली में वृद्धि के रूप में।

धन समस्याओं के जंजाल को समाप्त करने की क्षमता रखता है। वस्तुतः, धन की पर्याप्तता व्यक्ति को राहत और सुविधा बढ़ाने में संभवतः प्रथम सहायक होती है। व्यक्ति स्वयं के लिए तथा जिनके लिए वह आय अर्जित करता है, उन्हें कोई सुविधा तभी उपलब्ध करा सकता है जब उसके पास एक प्रमुख सहायक–धन व आय का स्रोत अथवा निरंतर प्रवाह (कैश फ्लो)–हो। गरीबपुर से अमीरपुर की ओर के सफर में हमें अपना लक्ष्य–धन, संपत्ति व आय–स्पष्ट रूप से निर्धारित होना चाहिए। “और-और” के पीछे भागते रहने की प्रवृत्ति में हमारे जीवन के इस सफर में सुख, शांति, हँसी और खुशी के भी पड़ाव हैं।

मार्क्स से आगे की सोच और आर्थिक आत्मनिर्भरता

बहुत से माता-पिता की विचारधारा व्यापक होती है। वे अपने बच्चों की क्षमता, प्रतिभा और प्रवृत्ति के अनुरूप अभिरुचि पर कार्य देने पर बल देते हैं, न कि केवल मार्क्स की दौड़ में उन्हें ढकेलते रहते हैं। वे समझाते हैं कि जीवन की दौड़ में मार्क्स ज़रूर सहायता करते हैं, परंतु वे एकमात्र सहायक नहीं हैं। यह कोई अपरिहार्य सत्य नहीं कि जो मार्क्स में सबसे आगे होते हैं, वही जीवन की दौड़ में हर क्षेत्र में पहले पंक्ति में हों – यह कोई हार्ड एंड फास्ट रूल नहीं है।

जीवन में मार्क्स की पहली पंक्ति के बाद की पंक्तियों में आने वाले भी जीवन के विविध क्षेत्रों में अग्रणी हो सकते हैं। इस प्रकार, प्रारंभिक स्तर से पूर्ण शिक्षा प्राप्त करने वाले वे व्यक्ति, जो औसत या औसत से थोड़े ऊपर होते हैं किंतु टॉपर्स नहीं होते – वे भी मानव समाज के विविध क्षेत्रों में प्रतिनिधित्व करने वाले श्रेष्ठ व्यक्ति बन सकते हैं। यह जीवन, मानव का जीवन है – कौन सी स्थिति-परिस्थिति, स्वभाव, प्रवृत्ति, अभिरुचि पर काम करने, सीखते रहने, मेहनती होने और दृढ़ इच्छाशक्ति को कब जागृत कर दे – यह कोई भी सटीकता से नहीं कह सकता।

एक टॉपर से लेकर एक औसत अंक लाने वाला या उसके बाद के विद्यार्थी – यह कोई ज़रूरी नहीं कि वे -संपत्ति व आय प्रवाह के संदर्भ में हमेशा पीछे ही रहें। ऐसा कोई प्रमाण नहीं जो इस विचार को सिद्ध करता हो। गिने-चुने या मुट्ठीभर उदाहरणों से अलग, यदि हम व्यावहारिक जगत में ध्यान दें, तो यह स्पष्ट होता है कि टॉपर्स से पीछे वाले विद्यार्थी भी धन, स्थिति और जीवन में व्यवहारिक रूप से कहीं अधिक आगे निकल सकते हैं।

एक गृहस्वामिनी के यहाँ कई लोग घरेलू और खेती-किसानी के कार्यों के लिए आते-जाते रहते हैं। वहाँ ईमानदार और अपने कार्य को बेहतर करने की प्रवृत्ति वाले लोग अधिक टिकते हैं। एक दिन एक स्टाफ खेतों से आलू निकाल रहा था। मटर की भी हरी-भरी, हृष्ट-पुष्ट फलियाँ लगी थीं, जो किसी का भी ध्यान आकृष्ट कर सकती थीं। तभी एक पुराना मजदूर, जो पहले उस गृहस्वामिनी के यहाँ काम कर चुका था, वहाँ से गुजरते हुए रुकता है और वहाँ काम कर रहे व्यक्ति से आलू-मटर माँगता है।

वहाँ कार्यरत स्टाफ 'Z' कहता है, "जैसे तुम, वैसे ही मैं भी मजदूर हूँ। मैं खेत से आलू-मटर कैसे दे सकता हूँ? अगर चाहिए तो मालकिन से माँगो, वो तो ऐसे ही बाँटती रहती हैं। तुम बोलोगे तो मिल ही जाएगा।" यह सुनकर मजदूर 'X' नाराज होकर जाने को होता है। तब 'Z' आगे कहता है, "मेरा दोपहिया वाहन स्टार्ट नहीं हो रहा है, मेरी मदद करो, घर तक पहुँचाने में।" लेकिन 'X' चुपचाप वहाँ से निकल जाता है। 'Z' किसी किराए की गाड़ी से आलू-मटर की गठरियाँ लेकर घर आता है और सारा वृतांत गृहस्वामिनी को

विस्तार से बताता है। गृहस्वामिनी कहती हैं, "शाबाश! अगर 'X' घर पर किसी काम से आएगा, तो उसे आलू-मटर इत्यादि दे दिया जाएगा।"

कुछ दिनों बाद 'X' को घर के किसी कार्य हेतु बुलाया जाता है। उसके काम की मजदूरी दी जाती है, साथ ही गृहस्वामिनी उसे पर्याप्त आलू-मटर भी अतिरिक्त रूप में देती हैं। 'X' खुशी-खुशी चला जाता है, और आवश्यकता पड़ने पर बुलाने पर भी खुशी-खुशी आता है। उसे कुछ न कुछ अतिरिक्त मिल ही जाता है। गृहस्वामिनी 'Z' से कहती हैं, "Z, तुम ईमानदार, स्वाभिमानी, मेहनती और कर्मठ हो। ऐसे ही अपनी गुणवत्ता को जीवनभर बनाए रखना। जीवन में बहुत तरक्की करोगे। तुम्हें तो कोई भी स्वामी या मालिक नापसंद नहीं कर सकता। कोई भी तुम्हें अपना स्टाफ रखना चाहेगा, बशर्ते तुम्हारी गुणवत्ता से परिचित हो जाए।"

'Z' जिस प्रकार का स्टाफ या मजदूर है, उसमें यह भावना होती है कि वह अपने मालिक को कुछ अर्जित करके दे – ऐसा नहीं कि केवल मजदूरी या वेतन के बदले काम करे, बल्कि मालिक को लाभ पहुँचाए और उसके पास लम्बे समय तक काम करता रहे। 'Z' अपने आस-पास के लोगों को सुनता अवश्य है, लेकिन निर्णय अपने अच्छे गुणों और प्रवृत्तियों पर केंद्रित रखता है। इस प्रकार संसार में बहुत से लोग ऐसे होते हैं जिन्हें सफलता दान या खैरात में नहीं मिलती, बल्कि वे एक के बाद एक विपदाओं का सामना कर, हर सीढ़ी मेहनत से चढ़ते हैं।

उपरोक्त में जिस प्रसंग की चर्चा है, वह भले ही एक सामान्य व्यक्ति के संदर्भ में हो, किंतु यह उन सभी व्यक्तियों पर भी लागू होता है जो सामान्य स्तर से उच्च स्तर के मंच तक पहुँचने की जीवटता, जुनून और इच्छाशक्ति से परिपूर्ण होते हैं। उनके उत्साह का स्तर किसी भी उम्र – चाहे वह 18 हो या 80 या 90 – में कम नहीं होता।

80 वर्ष के बाद की उम्र भी उपयोगी कार्यों में मानव को जुड़े रहना चाहिए। पारिवारिक जीवन के आनंद को सामूहिकता के साथ जीना चाहिए। पूजा-पाठ, ध्यान आदि की आवश्यकता अधिक हो जाती है, किंतु धन-आय की आवश्यकता कम या ज़्यादा बनी ही रहती है। प्रत्येक व्यक्ति को आगे

के लिए भी कुछ धन प्रबंधन करके चलना चाहिए। जैसे कोई व्यक्ति यदि 60-65 वर्ष की उम्र तक एक ठीक-ठाक रकम अर्जित कर चुका हो, तो यह भी ध्यान देना होगा कि बच्चों की पढ़ाई-लिखाई, पालन-पोषण, और शादी-ब्याह में वह पहले ही काफी खर्च कर चुका होता है।

आगे का जीवन ईश्वर-प्रदत्त है – यह कोई नहीं कह सकता कि वह कितना लंबा होगा, परंतु हर कोई दीर्घायु और स्वस्थ जीवन की कामना करता है। ईश्वर बहुतों को 80-90 वर्ष से आगे का भी अच्छा जीवन प्रदान करता है। इस स्थिति में व्यक्ति के पास उसकी आवश्यकताओं के अनुसार धन-आय का प्रवाह होना चाहिए, अन्यथा वह अपने आपको आश्रित या लाचार महसूस कर सकता है।

एक वरिष्ठ या वृद्ध व्यक्ति जिस पर भरोसा कर आज कोई निर्णय ले रहा है, यदि वह आगे चलकर ठीक से ध्यान रखने में असमर्थ हो जाए या जिम्मेदारी लेने में टालमटोल करने लगे, तब क्या? अतः एक आम व्यक्ति को धन और आय प्रवाह की दृष्टि से अपना आर्थिक आधार पर्याप्त बनाए रखना चाहिए, ताकि वह आर्थिक रूप से कमजोर न पड़े। साथ ही, आय अर्जन के काल में विभिन्न कार्यों की जिम्मेदारियों को पूर्ण करने के पश्चात, अपने जीवन के अगले चरण के लिए बजट के अनुसार योजना बना लेनी चाहिए। व्यक्ति को अपनी आर्थिक नीति, अर्थात आय-व्यय की नीति का समय-समय पर मूल्यांकन करते रहना चाहिए, ताकि उत्तरोत्तर बेहतरी की दिशा में बढ़ने का उद्देश्य सफल हो सके। व्यक्ति को अपनी उम्र की अवस्था के साथ-साथ अपनी आर्थिक स्थिति का भी तुलनात्मक मूल्यांकन अवश्य करना चाहिए।

जीवन-चक्र में धन-प्रवाह की भूमिका

व्यक्ति की आय-व्यय स्थिति निम्नलिखित प्रकार की हो सकती है:

1. आय से अधिक व्यय की संभावना
2. आय और व्यय समान होना
3. आय अधिक, व्यय कम
4. आय और व्यय दोनों में बढ़ोतरी

जीवन चक्र में व्यक्ति के व्यय को इस प्रकार प्रस्तुत किया जा सकता है:

A. आय शून्य, परंतु व्यय शून्य नहीं – इस अवस्था में व्यक्ति बचपन में होता है और पूरी तरह अपने माता-पिता पर आश्रित होता है। आय भले ही शून्य हो, परंतु व्यक्ति का व्यय कभी भी शून्य नहीं हो सकता।

B. युवा अवस्था में व्यक्ति अपने माता-पिता से ऋण प्राप्त कर भविष्य का निर्माण करता है; अर्थात माता-पिता इस अवस्था में ऋणदाता होते हैं। दूसरी ओर, यह ध्यान देने योग्य तथ्य है कि इसी अवस्था में माता-पिता अपने माता-पिता का ऋण चुका रहे होते हैं।

C. जब व्यक्ति कमाने योग्य नहीं रह जाता या वृद्ध हो जाता है, तो वही आय-अर्जन काल का हिस्सा – जो उसने अपनी संतान या अन्य किसी के रूप में एक ऋणदाता की तरह प्रदान किया था – उसकी वृद्धावस्था का आधार बनता है। वह उस प्रदत्त धन की वापसी रूप में लाभ प्राप्त करता है।

यह मात्र संयोग नहीं, बल्कि सोचने योग्य बात है कि उस वापसी की प्रक्रिया में उसे कितना और किस रूप में कुछ प्राप्त होता है। इसी आधार पर व्यक्ति को पहले से योजना बनाकर जीवन की दिशा तय करनी चाहिए। जीवन-चक्र में 'धन-चक्र' निरंतर घूमता रहता है। व्यक्ति के जीवन में धन और आय प्रवाह के महत्व को कम करके नहीं आंका जा सकता। धन और आय प्रवाह की कम या अधिक आवश्यकता सभी को कभी न कभी अवश्य होती है।

एक व्यक्ति बचपन से युवावस्था तक अपने माता-पिता पर निर्भर होता है – अर्थात माता-पिता का आय निवेश संतान पर होता है। आगे चलकर वही बालक, युवा होकर आय अर्जित करता है, और वहीं से वृद्धावस्था की ओर बढ़ते हुए जब वह अपने माता-पिता को उस निवेश का प्रतिफल लौटाने का समय आता है – तो क्या वह उसे सही रूप में चुकाता है या नहीं? यह प्रश्न हम सभी को सोचने पर विवश करता है। कल्पना कीजिए : यदि कोई आय अर्जक अपने आय-अर्जन काल में कुल आय का कोई निश्चित प्रतिशत निवेश करता है, और वह व्यक्ति न होकर एक विश्वसनीय संस्था हो – तो क्या उस

निवेश के बदले जब रिटर्न या प्रतिफल की बारी आती है, और वह अपेक्षित रूप में नहीं मिलता, तो हमें कैसा अनुभव होगा? क्या हमारे मन में कोई भाव नहीं उत्पन्न होगा?

एक प्रसंग को स्पष्टीकरण हेतु लेते हैं : एक 70 वर्षीय वृद्ध व्यक्ति धन और संपत्ति की दृष्टि से ठीक-ठाक स्थिति में होता है। वह एक सक्रिय व्यक्ति के रूप में हाल तक कार्यरत रहा है। अब उसे लगता है कि जीवन में कुछ परिवर्तन होना चाहिए, और वह अपने जीवनभर की अर्जित संपत्ति, नगद प्रवाह आदि से स्वयं को मुक्त करने की दिशा में सोचने लगता है। वह इस विषय में अपने निकट के लोगों से, जो संभवतः उसके कार्य व गतिविधियों से जुड़े और विश्वसनीय होते हैं, वार्तालाप करता है। इस वार्तालाप से एक विचार यह उभरकर आता है कि अचल संपत्ति का बँटवारा वह अपने परिजनों में कर दे, किंतु नगद प्रवाह से जुड़ी कुछ संपत्तियाँ या गतिविधियाँ अपने पास बनाए रखे, ताकि जीवनभर वह आर्थिक रूप से सशक्त बना रहे और लाचार या बेबस न हो।

उस समूह में से एक व्यक्ति, जिसका पालन-पोषण एक संयुक्त परिवार में हुआ होता है और जो जमीन से जुड़ा, आम आर्थिक पृष्ठभूमि से ऊपर उठकर विविधतापूर्ण सामाजिक-आर्थिक अनुभव रखता है, सुझाव देता है:

> "आप अपनी नगद राशि का नामिनी बना दीजिए, किंतु उसकी पूर्ण तरलता की शक्ति अपने ही हाथ में रखिए। गलती से भी नगद पूरी तरह किसी और के हाथ में न दें। खाली हाथ न रहें, नहीं तो आपका जीवन भी खाली-खाली हो जाएगा।"

मूलभाव यह है कि व्यक्ति के पास नगद का प्रवाह बना रहना चाहिए। नगद प्रवाह का जीवन में क्या महत्व होता है, इससे हम सभी भलीभाँति परिचित हैं। आर्थिक रूप से मज़बूत हो जाने के बाद भी व्यक्ति को सदैव यह ध्यान रखना चाहिए कि वह ऐसा विश्वास किसी पर न करे, जो उसके भरोसे को तोड़ दे – ताकि वह आर्थिक रूप से कभी कमजोर न पड़े।

इसी संदर्भ में एक अन्य प्रसंग प्रस्तुत है: एक कार्यालय में व्यक्ति S, जिसकी आयु लगभग 50 वर्ष है, को एक फॉर्मेट भरना होता है। वह अपनी समझ-बूझ से उसे भर देता है। उसका सीनियर उसे बुलाकर पूछता है : "तुमने यह विकल्प A क्यों भरा, जबकि A, B और C तीनों विकल्प उपलब्ध थे?" विकल्प A का अर्थ होता है : रिटायरमेंट में पूरी राशि नगद लेना – जिससे गलत प्रबंधन या धन का दुरुपयोग हो सकता है। वहीं विकल्प B सर्वोत्तम माना जाता है, जिसमें 50 प्रतिशत राशि नगद प्राप्त होती है, और शेष राशि आजीवन पेंशन के रूप में आती है – जिससे व्यक्ति को कभी किसी पर आर्थिक रूप से आश्रित महसूस नहीं करना पड़ता।

जबकि व्यक्ति 'S' प्रगतिशील अवधारणाओं को मानने वाले और निरंतर कार्य में संलग्न रहने वाले थे। 50 वर्ष की अवस्था तक वह अपना प्लॉट खरीद चुके थे और अपने परिवार के लिए घर भी बना चुके थे। उस समय सीमित आय होने के बावजूद वे अपने परिवार की जीवन-गाड़ी को सुचारु रूप से पटरी पर बनाए रखने के लिए उत्साहित और संकल्पित रहते थे। वे कठोर परिश्रमी, निरंतर प्रयासरत और अपने कार्य में विश्वास रखने वाले व्यक्ति थे। उनके रिटायरमेंट प्लान में रेंटल आय और अन्य छोटे-मोटे संबंधित स्रोत सम्मिलित थे। कुल मिलाकर व्यक्ति 'S' एक कर्मठ, प्रगतिशील, स्वाभिमानी और दूरदर्शिता पूर्ण व्यक्तित्व के स्वामी थे। उन्होंने अपनी ही अवधारणाओं पर चलते हुए अपने कार्यालय के वरिष्ठ की सलाह पर विकल्प 'B' को चुना। यह निर्णय आगे चलकर अत्यंत प्रभावशाली सिद्ध हुआ। 10 वर्षों के पश्चात उनके इस निर्णय का सकारात्मक प्रभाव स्पष्ट रूप से दिखाई दिया, जिसने कहीं न कहीं उनकी आर्थिक नींव को मज़बूत किया।

बाद में उनका परिवार भी सुख-सुविधाओं का उतना ही भागीदार बना, जितना कि किसी प्रगतिशील विचारधारा वाले परिवार को होना चाहिए। प्रारंभिक स्तर पर व्यक्ति के पास आय के स्रोतों में विविधता न भी हो, तो धीरे-धीरे मुख्य स्रोत के साथ अन्य वैकल्पिक स्रोतों को विकसित करने की दिशा में प्रयास अवश्य करना चाहिए। व्यक्ति 'S' का उदाहरण देखें–उन्होंने अपने माता-पिता से जो कुछ लिया था, जैसे पालन-पोषण, शिक्षा-दीक्षा में हुआ व्यय–उस ऋण को लौटाया। इसी प्रकार उन्होंने अपनी संतान के

पालन-पोषण व शिक्षा पर भी निवेश किया, यहाँ पर वे ऋणदाता की भूमिका में थे। इसके अतिरिक्त, उन्होंने अपने सामाजिक परिवेश और वातावरण से जुड़े लोगों की, जहाँ तक संभव हो, बिना किसी अहित के सहायता की–यह भी एक अच्छा निवेश माना जा सकता है।

जीवन एक चक्र है–कब किसे, किसकी सहायता की आवश्यकता पड़ जाए, यह कोई नहीं जानता। समय के इस चक्र में कोई भी परिस्थिति स्थायी नहीं होती। इसलिए प्रत्येक व्यक्ति की यही कोशिश होनी चाहिए कि अहंकारपूर्ण व्यवहार से बचें, क्योंकि समय का प्रभाव ऐसा होता है कि वह दुष्ट और अहंकारी व्यक्ति के व्यवहार को भी परिवर्तित कर देता है।

एक बार की बात है, एक वृद्ध व्यक्ति, जिसकी आयु लगभग 80 वर्ष थी, भटककर कहीं और की जगह किसी दूसरी जगह चला जाता है। वहाँ एक युवक अपने पारिवारिक समस्याओं से बहुत पीड़ित था, तथापि उस वृद्ध की अवस्था देखकर पूछता है, "किसका घर ढूंढ़ रहे हैं?"

वह वृद्ध कहता है, "देखो न बाबू, मैं भटक गया हूँ," और थककर हाँफने लगता है। युवक उसे पानी का एक गिलास देकर कहता है, "आप जिस व्यक्ति का घर ढूंढ़ रहे हैं, वह तालाब के ऊपरी हिस्से की तरफ है।"

वृद्ध जवाब देता है, "नहीं बाबू, मैं अब वहाँ नहीं जा पाऊँगा बेटा। मुझे तुम ही पहुँचा दो।"

उस युवक के भीतर दया की भावना उमड़ पड़ती है और वह वृद्ध को सहारा देकर उस तालाब के उस ओर तक पहुँचा देता है।

वह वृद्ध व्यक्ति जाते-जाते कहता है, "जाओ बेटा, ऊपर वाला तुम्हें भी तुम्हारी समस्याओं से राहत दे।"

युवक बस संक्षेप में उत्तर देता है, "ठीक" और वहाँ से अपने घर की ओर चल पड़ता है।

वह मन ही मन सोचता है, "भगवान जाने!"

बहुत वर्षों बाद, उसी युवक की लगनशीलता और मेहनत से उसकी आर्थिक स्थिति सुधर जाती है – और शायद वह वृद्ध का आशीर्वाद भी कहीं न कहीं घटित या फलित हुआ।

मनुष्य एक सामाजिक प्राणी है। सामाजिक जुड़ाव प्रत्येक व्यक्ति को कहीं न कहीं प्रभावित करता ही है। जो व्यक्ति अपने साथ अन्य लोगों को आगे बढ़ने में सहायता करता है, उसकी स्थिति-परिस्थिति में परिवर्तन अवश्य ही उत्कृष्ट दिशा की ओर होता है। व्यक्ति की उन्नति एवं तरक्की में कुछ ऐसे तथ्यों का भी योगदान होता है जो प्रत्यक्ष रूप से गौण प्रतीत होते हैं, परंतु वास्तव में वे उस व्यक्ति के व्यक्तित्व के उत्कृष्ट गुण होते हैं। व्यक्ति द्वारा किया गया निस्वार्थ कार्य भी कभी न कभी फल अवश्य देता है।

व्यक्ति किसी भी आर्थिक स्थिति या परिस्थिति में जन्म ले, उसे मानव समाज द्वारा प्रदत्त एक वातावरण अवश्य प्राप्त होता है, जो उसके अस्तित्व का अभिन्न अंग बन जाता है। मनुष्य को जीवन व्यतीत करने में समाज के सुख-दुख का भागीदार बनना पड़ता है। प्रत्येक प्रगतिशील व्यक्तित्व में यह अवधारणा बहुत हद तक समान रूप से पाई जाती है। प्रत्येक ऐसा व्यक्ति, जो समाज के प्रति मूलभाव से प्रभावित होता है, भले ही समाज ने उसे प्रत्यक्ष या अप्रत्यक्ष रूप में बहुत कुछ न दिया हो, वह फिर भी स्वयं से यह अपेक्षा रखता है कि उसे समाज के लिए कुछ जोड़ना चाहिए। उसे यह भी ज्ञात होता है कि हाशिए पर पड़े लोगों के लिए कुछ न कुछ अवश्य करना चाहिए – क्योंकि वे लोग उससे उम्मीद रखते हैं। समाज का कोई न कोई पहलू आपको भी कुछ उत्कृष्ट कर गुजरने के लिए अवश्य प्रेरित करता होगा। जिस समाज ने कभी आपके लिए कोई योगदान नहीं दिया, तब उसमें जो व्यक्ति थे वे और थे – और आज जिनके लिए आप कुछ कर सकते हैं, वे कुछ और हैं। मानव अस्तित्व में, मानव समाज के साथ परस्पर सहयोग का संबंध रहा है – और यह सहयोग उतना ही पर्याप्त होता है, जितना आपसे बन पड़े, जिससे किसी के जीवन में कुछ सकारात्मक प्रभाव पड़ सके।

20–25 वर्ष की आयु में व्यक्ति की महत्वाकांक्षा सर्वोत्तम स्तर पर होती है। मेहनत, लगन और प्रतिबद्धता अत्यंत बलवती होती है। व्यक्ति यह मानकर चलता है कि वह अपने सभी सपनों को कम समय में पूरा कर लेगा। वस्तुतः वास्तविकता की परिपूर्णता उसके निर्धारित लक्ष्य पर पूर्णतः नहीं होकर, उससे थोड़ा कम या कभी-कभी थोड़ा बेहतर भी हो सकती है।

इस अवस्था में धन और ज्ञान की अवधारणा वहीं से बनती है जो उसने अपने बाल्यकाल से लेकर युवावस्था तक देखा, सुना, पढ़ा और अनुभव किया होता है – और उससे भी अधिक, जो उसने अपने दृष्टिकोण से धन-ज्ञान को अर्जित कर, प्रायोगिकता और दूरदर्शिता से परिपूर्ण किया होता है। आज की जीवनशैली अत्यधिक भौतिकतावादी हो गई है। बिना पैसे की समझ, बुद्धिमत्ता और व्यवहारिक दृष्टिकोण के, धन, संपत्ति और आय में वृद्धि की दिशा में आपकी गति बहुत धीमी हो जाएगी – और इसका परिणाम केवल आप पर नहीं, आपके परिवार और अगली पीढ़ी पर भी पड़ेगा, जिन्हें सीमित संसाधनों में जीवन व्यतीत करना पड़ सकता है।

विद्याधन सर्वधन प्रधानम्

अर्थात विद्या धन सभी धनों में सर्वोत्तम है क्योंकि इसे न कोई छीन सकता है, न चुरा सकता है। अतः यह वह धन है जो सबसे अधिक सुरक्षित है।

एक व्यक्ति अपने भाई-बहनों के साथ स्वयं भी कार्य करते हुए मिट्टी में घुटनों तक डूबा था, फसल की कटाई करते हुए सोच रहा था – "यह कैसी ज़िंदगी है? इतनी शिक्षा प्राप्त करने के बाद भी खेतों में काम करना पड़ रहा है।" उस समय यह आवश्यक था। वह सोचने लगा – "क्या जमीन से जुड़ा व्यक्ति भी कभी कोई बड़ा सपना पूरा कर पाएगा? क्या जीवन में कुछ बड़ा, बहुत बड़ा हो पाएगा?" उसके भौतिक परिश्रम की प्रवृत्ति क्या उसके मानसिक परिश्रम के तरीके को किसी बेहतर दिशा में ले जा पाएगी? ऐसे प्रश्न उसके मन-मस्तिष्क में बादलों की तरह लगातार घूमते रहते थे। दिन बदले, जीवन में बहुत से उतार-चढ़ाव आए। अंततः उस व्यक्ति ने यह अनुभव किया कि जीवन की स्थितियाँ भी किसी वास्तविक कहानी की तरह ही होती हैं। व्यक्ति अपने प्रयासों से एक दिन अवश्य ही अपने अनुसार बेहतर स्थिति में पहुँच जाता है।

जीवन के आर्थिक और सामाजिक उतार-चढ़ाव हमें बेहतरी की दिशा में ले जाने के लिए अच्छे अनुभव भी देते हैं।

जीवन में अमीर बनने के लिए, हमें अमीरी की दिशा में ले जाने वाली सकारात्मक कार्य पद्धतियों पर – भौतिक और अभौतिक दोनों रूपों में –

निरंतर कार्य करते रहना चाहिए, और इस प्रवृत्ति को सतत निखारते रहना चाहिए।

हमारे दादा-दादी, नाना-नानी का अपना एक आर्थिक और सामाजिक दायरा था। उस दायरे में रहते हुए उन्होंने जो कुछ भी किया, जो आधार और दिशा-निर्देश अगली पीढ़ी के लिए दिए, वह भी कम महत्वपूर्ण नहीं थे। उस समय की स्थिति-परिस्थिति में उन्होंने अपने स्तर पर अधिकतम और सर्वोत्तम योगदान दिया, जिसे हमारी ज़िंदगी से जोड़ा गया – और इसे हम कम करके नहीं आंक सकते।

पूर्वजों ने हमारे जीवन जीने की पद्धति को आर्थिक, सामाजिक और अन्य दृष्टियों से कहीं न कहीं गहराई से प्रभावित किया है। अब प्रश्न यह है कि – उनके द्वारा दिए गए आधार पर, आज की परिस्थिति में, क्या हम भी आने वाली पीढ़ियों के लिए अपना सर्वोत्तम योगदान दे रहे हैं?

आज, जब सुविधाएं पहले से कहीं अधिक उपलब्ध हैं, और प्रत्येक व्यक्ति जीवन को बेहतर ढंग से समझ रहा है, तब हमारे पास यह अवसर है कि हम आर्थिक दृष्टि से और भी बेहतर – और बड़ा – सपना साकार कर सकते हैं।

प्रत्येक सजग व्यक्ति को चाहिए कि वह अपने समग्र विकास की दिशा में कार्य करे, ताकि आने वाले कल के लिए हमारे पास भी कुछ मूल्यवान अनुभव हो सकें, जो हम आगे दे सकें।

वास्तव में, जो व्यक्ति जीवन में अमीर बनना चाहता है, वह अमीरी की दिशा में बढ़ने के लिए सकारात्मक कार्य-पद्धतियों की खोज करता है और उनमें निरंतर जुड़ाव रखता है। ऐसे कई लोग आपको मिलेंगे जो कहते हैं–"पहले ज़िंदगी गरीबी में बीती थी, कष्ट में था, बहुत संघर्षपूर्ण स्थितियों से गुज़रा था।" लेकिन जो व्यक्ति सही दिशा में भौतिक और अभौतिक परिश्रम करता है, वह 'गरीबपुर' से 'अमीरपुर' की ओर चल पड़ता है।

आप ऐसे कई लोगों को देख सकते हैं जो पहले की तुलना में अब बेहतरी की दिशा में अग्रसर हो चुके हैं। हमारे पूर्वजों के धन प्रबंधन से जुड़ी कई बातें हमें आज भी प्रभावित करती होंगी–जैसे किसी व्यक्ति के दादाजी की 1% दानशीलता और अपने अनुभवों को दूसरों से साझा करना।

दादी द्वारा संकट के समय गृहिणी खर्च से भी कुछ बचाकर बैंकों में जमा करना और वह पैसा दादाजी को देकर भी स्वयं नियंत्रण में रखना–क्योंकि वह पैसा उनका अपना अर्जित और संचित होता। आगे चलकर उसी धन से रियल एस्टेट में निवेश किया जाता। इसके अतिरिक्त, आर्थिक मज़बूती के लिए उनके समय के अनुसार बचत और निवेश की जो पद्धतियाँ व्यवहार में थीं, वे सर्वोत्तम मानी जाती थीं–जो आप भी अपनी स्मृतियों में खोज सकते हैं, जिन्हें दादी बार-बार बताती थीं।

वहीं नानाजी का समाज को साथ लेकर चलने का तरीका–चाहे वे बहुत धनी न रहे हों, लेकिन व्यक्तित्व से समृद्ध रहे। भौतिक रूप से परिश्रमी, सरल स्वभाव वाले उनके अनुभव भी धन प्रबंधन के कुछ मूल्यवान दिशा-निर्देश देते थे। और नानी का खेतों से प्राप्त उपज के एक-एक दाने को संभालकर रखना, और उस संचय की एक से अधिक पद्धतियों का पालन करना–ये सब उस समय की परिस्थितियों में सर्वोत्तम व्यवहार थे। वास्तव में, प्रत्येक जागरूक व्यक्ति अपने समय में सर्वोत्तम कार्यों को प्राथमिकता देता है। तभी तो वह समय की कसौटी पर खरा उतरता है और जीवन में आगे बढ़ता है।

आय, बचत, उपभोग, दुरुपयोग और उत्पादकता

एक ज्ञानी और धनी व्यक्ति अपनी 70 वर्ष की अवस्था तक अपने सभी दायित्वों को बखूबी पूरा करता है। इसके पश्चात वह एक सुंदर मकान का इंटीरियर कार्य शुरू करवाता है, किंतु उसके उपभोग से पहले ही उसका निधन हो जाता है। उसका परिवार वह मकान बेचकर कहीं और बस जाता है। ऐसे में प्रश्न उठता है – क्या उस व्यक्ति ने अपनी कमाई से कभी अपनी इच्छाओं को पूरी तरह जिया था? या फिर परिवार को पूर्ण करते-करते वह स्वयं के लिए कुछ कर ही नहीं पाया? उसका अंत उसी मकान के इंटीरियर कार्य और भविष्य के आरामदायक जीवन की आशा में हो गया। धन, संपत्ति और आय अर्जित करने वाले अधिकांश लोग ऐसे होते हैं जो स्वयं के लिए केवल कामचलाऊ ढंग से जीवन जीते हैं। वे स्वयं पर खर्च करना व्यर्थ मानते हैं – केवल अत्यंत आवश्यक खर्चों को छोड़कर। ऐसे लोग कमाना तो जानते

हैं, परंतु भूल जाते हैं कि जीवन केवल एक बार मिलता है – और सारी चीजें इसी एक जीवन में पूरी करनी होती हैं।

तीन व्यक्ति बातचीत कर रहे थे। एक कहता है, “मैं तो खुद पर खर्च के लिए कोई बजट या वार्षिक राशि नहीं रखता।” दूसरा कहता है, “क्या परिवार में किसी ने कहा है कि आपको स्वयं को छोड़कर बाकी सबका ही ध्यान रखना है? नहीं न? तो फिर खुद पर भी खर्च करना चाहिए। स्वयं की ज़रूरतों के साथ-साथ निवेश भी करना चाहिए–यह व्यक्ति की कुशलता को बढ़ाता है, कार्य के प्रति उत्साह देता है और ऊर्जा व कर्मठता बनाए रखता है।” तीसरा व्यक्ति कहता है, “जीवन एक ही है, और उसी एक जीवन में सब कुछ करना है–इसलिए स्वयं पर खर्च भी ज़रूरी है।”

11

संपत्ति निर्माण की पद्धति व प्रक्रिया

आज के संदर्भ में यह वाक्य प्रचलित हो गया है कि "कमाई या आय प्राप्त करने पर नहीं, बल्कि सम्पत्ति बनाने पर ध्यान देना चाहिए।" वस्तुतः, मानव स्वभाव में प्रगतिशीलता का यह भाव हमेशा से रहा है। कमाई या आय का सीधा अर्थ नगद प्रवाह (कैश फ्लो) और उपभोग पर खर्च से होता है, जो ज़्यादातर वर्तमान में विनिमय अथवा कुछ खरीदने की शक्ति को दर्शाता है। प्रत्येक व्यक्ति को सर्वप्रथम जीवन-निर्वाह से जुड़ी आवश्यकताओं की पूर्ति करनी चाहिए। उसके पश्चात, वह एक-एक कदम आगे बढ़ते हुए आय-बचत-निवेश की दिशा में अग्रसर होता है। व्यक्ति का जीवन धन, सम्पत्ति तथा आय की उपस्थिति से तुलनात्मक रूप से अधिक सहज हो जाता है।

कुछ दंपति ऐसे भी होते हैं

कुछ दंपति ऐसे भी होते हैं, जिनमें बीमार या रोगग्रस्त व्यक्ति पूर्ण आयु तक जीवित रहता है, जबकि जो स्वस्थ दिखाई देता है – वो पहले व्यक्ति की सेवा करता है या करती है – और वही पहले चल बसता है। इस व्यवहारिक तथ्य को समझने के लिए यदि 20 दंपतियों का अध्ययन किया जाए, तो 8 दंपतियों पर यह सत्य उतरता है। अर्थात लगभग 40% मामलों में यह तथ्य सही पाया गया है। यह बात सोचने को विवश करती है कि ऐसा क्यों होता है? व्यवहार में कुछ तथ्य इसलिए भी सत्य सिद्ध होते हैं क्योंकि रोगग्रस्त व्यक्ति आमतौर

पर अपने स्वास्थ्य को लेकर अधिक जागरूक होता है। वह स्वयं का अधिक ध्यान रखता है, और उसके परिवारजन भी उस पर विशेष ध्यान देते हैं। दूसरी ओर, स्वस्थ व्यक्ति अक्सर स्वयं के प्रति लापरवाह हो जाता है – यही लापरवाही कभी-कभी विपरीत परिणाम का कारण बन जाती है।

उपरोक्त स्थिति धन, संपत्ति और आय के संदर्भ में भी उतनी ही प्रभावी हो सकती है। ठीक उसी तरह, धन-संपत्ति और आय को बनाए रखने या उन्हें बेहतर बनाने के लिए जागरूक रहना आवश्यक होता है–अन्यथा उनका स्थायित्व कम हो जाता है। स्वास्थ्य और आर्थिक स्थिति जीवन के ऐसे पक्ष हैं जो व्यक्ति को निरंतर सतर्क रहने के लिए विवश करते हैं। व्यक्ति अक्सर स्वास्थ्य को दांव पर लगाकर आय अर्जित करता है और फिर स्वास्थ्य समस्याओं में उलझकर पीड़ित हो जाता है।

एक कार्यशाला में, योग विषय पर चर्चा करते हुए रिसोर्स पर्सन (विशेषज्ञ) ने कहा–"लोग स्वास्थ्य को ताक पर रखकर धन, संपत्ति और आय तो कमा लेते हैं, लेकिन जीवन को 'विथ मेडिसिन' बना लेते हैं।" उन्होंने आगे कहा, "बैंक बैलेंस इसलिए बनाया गया था क्या कि बीमारियों पर खर्च किया जाए? जो लोग कहते हैं कि उनके पास स्वास्थ्य के लिए समय नहीं है, वे हर कार्य के साथ पार्टी के लिए समय निकाल ही लेते हैं।" यहाँ ध्यान देने योग्य बात यह है कि जब स्वास्थ्य ठीक है, तभी व्यक्ति धन, संपत्ति और आय का सही उपभोग कर सकता है। व्यक्ति को स्वयं यह भली-भांति समझ लेना चाहिए कि उसके अस्तित्व के लिए स्वस्थ सक्रियता का क्या महत्व है। अच्छा स्वास्थ्य बनाए रखने के लिए समय अवश्य निकालना चाहिए, वरना अस्वस्थता या रुग्णता स्वयं समय निकाल लेगी।

स्वास्थ्य, वह धन है जो हमारी कार्यकुशलता को सबसे अधिक प्रभावित करता है। धन और आय से स्वास्थ्य को कुछ हद तक सुधारा जा सकता है, लेकिन जहाँ योग, टहलने और अध्यात्म की आवश्यकता होती है, वहाँ यह उपाय न केवल अधिक लाभदायक बल्कि अत्यधिक प्रभावी भी सिद्ध होते हैं।

और अधिक आय की आवश्यकता क्यों होती है:

1. जीवन-निर्वाह के लिए
2. शिक्षा एवं स्वास्थ्य के लिए
3. मनोरंजन एवं कौशल विकास के लिए
4. भविष्य में आने वाले खर्चों के लिए
5. रहन-सहन के स्तर में निरंतर सुधार के लिए
6. आपातकालीन खर्चों के लिए
7. सामाजिक सहयोग के लिए
8. जीवन रक्षक उपायों के लिए
9. क्योंकि मानव ऐसा प्राणी है जो अपनी स्थिति-परिस्थितियों में कई दृष्टियों से परिवर्तन की क्षमता रखता है–इसलिए उस परिवर्तन के लिए

एक व्यक्ति अपने जूनियर स्टाफ से वाक्यार्थ की चर्चा करता है कि लगभग 16–18 वर्ष पहले वह किसी प्रतिष्ठित बैंक में शेयर मार्केट और म्यूचुअल फंड से संबंधित एक पोस्टर देखा करता था। उस पोस्टर में एक सिक्कों से भरा डब्बा, उस डब्बे से उगता हुआ कोमल सा पौधा, और अंततः सिक्कों तथा नोटों के ढेर के बीच खड़ा एक वृक्ष दर्शाया गया था। वह व्यक्ति हर बार बैंक जाते समय रुक एक टक कर उस चित्र को देखा करता, परंतु तब बैंक में कोई ऐसा प्रतिनिधि नहीं होता था जो SIP या म्यूचुअल फंड से संबंधित कोई जानकारी दे सके। आज, जब हम नेट की सुविधा के इस अत्याधुनिक युग में आ चुके हैं, तो इसे शेयर मार्केट का SIP काल कहा जा सकता है। आर्थिक जगत में SIP की महत्ता और जागरूकता तेजी से बढ़ रही है। प्रत्यक्ष रूप से शेयर मार्केट में संलग्नता न भी हो, फिर भी SIP से जुड़ी जानकारी और इससे जुड़ाव आज की आवश्यकता बन चुकी है।

15–20 वर्ष पहले लोग SIP जैसे उत्पादों की चर्चा भी नहीं करते थे, जबकि आज यह एक सामान्य चर्चित विषय बन चुका है। और जो व्यक्ति आज भी इस चर्चा में शामिल नहीं हो पाता, निस्संदेह वह धन प्रबंधन के

एक महत्वपूर्ण पहलू से वंचित रह जाता है। ऐसे लोग आज भी परंपरागत बचत और निवेश विधियों पर अधिक विश्वास करते हैं, और उन्हें ही सुरक्षित, प्रभावी तथा उपयोगी मानते हैं।

धन, संपत्ति व आय को प्रभावित करने वाले कारक

1. आत्मनिर्भरता
2. समय का महत्व समझना
3. स्वयं को संतुलित स्वभाव में बनाए रखना
4. धैर्य व सकारात्मकता को बल देना
5. कार्य की जिम्मेदारी लेना
6. सुसंगत अर्थात सही व्यक्ति तथा तत्वों को जीवन में मार्गदर्शक के रूप में स्थान देना
7. संघर्ष व कष्ट का सामना करते हुए आर्थिक प्रगति की दिशा में निरंतर कार्य करना एवं मूल्यांकन करते रहना
8. आर्थिक गति तथा धन की स्थिति का एक विहंगम और समग्र दृष्टिकोण बनाए रखना; आर्थिक बेहतरी के लिए आगे और व्यापक सोच रखना
9. आर्थिक प्रयासों तथा सफलता–असफलता दोनों को मार्गदर्शक के रूप में स्वीकार करना

एक व्यक्ति के अनुसार, वह अपनी आर्थिक स्थिति में सुधार के लिए अपनी उम्र से अधिक प्रकार के छोटे-मोटे कार्य करता रहा है, और जहाँ-जहाँ जिस-जिस दायित्व की आवश्यकता रही, उसे निभाता हुआ आगे बढ़ता रहा। अभी भी वह आर्थिक उन्नति के लिए उतना ही प्रयासरत और आत्मविश्वासी है। तथापि, वह आगे यह कहता है कि वास्तव में वह जितना कुशल, ज्ञानी और लगनशील है – उसके अनुरूप सफलता अभी भी उससे बहुत दूर है। उसके सपने निस्संदेह बड़े हैं, और वर्तमान में वह जिस स्थिति में है, वह उसकी निरंतर उन्नति का संकेतक है। वह आगे चलकर कुछ ऐसा करने को उत्सुक है जो समग्र प्रभाव उत्पन्न करे – और ऐसी इच्छाशक्ति बहुत कम लोगों में पाई जाती है।

यदि व्यक्ति का दृष्टिकोण स्पष्ट हो निरंतर उस लक्ष्य के प्रति कर्मठता प्रतिबद्धता धैर्य लगन रखें तो क्या पता कब उसका वह सपना घटित हो जाए। ऐसा कहा जाता है कोई भी सफलता रातों रात घटित नहीं होती बल्कि उसके लिए कितने दिन-रात का कठिन परिश्रम लगन व सही दिशा से जुड़ाव का परिणाम होता है। प्रत्येक आम या अदना व्यक्ति एक दिन में अमीर नहीं बनता परंतु सही दिशा में प्रयास से एक दिन अपने आर्थिक स्थिति को अच्छी अवस्था में प्राप्त कर लेता है। व्यक्ति को अपना कार्य सही दिशा में निरंतर करते रहना चाहिए क्या पता कब किसका निरंतर कार्य चाहे वहा पर विपरीत स्थिति-परस्थिति हो, आर्थिक सफलता भी संबद्ध हो अच्छा परिणाम दें।

व्यक्ति चाहे कितना भी अच्छा व्यक्तित्व वाला क्यों न हो, फिर भी उसका आकलन अक्सर धन, संपत्ति तथा आय के स्तर से किया जाता है, जबकि दूसरी ओर व्यक्ति उस स्थिति में स्वयं को अच्छा अनुभव नहीं कर पाता। यदि कोई व्यक्ति आज के दृष्टिकोण से बेहतर स्थिति में है, तो उसने उस बेहतरी के लिए पहले ही योजना बनाई होती है और प्रयत्न भी किया होता है। भौतिक परिश्रम और मानसिक परिश्रम के साथ समग्र दृष्टि रखने वाले, जागरूक और अपडेट रहने वाले लोग अपनी आर्थिक स्थिति-परिस्थिति में परिवर्तन कर ही लेते हैं।

समाज में एक वर्ग ऐसा भी होता है जो भौतिक परिश्रम के आधार पर धन अर्जित करता है। उनका संघर्ष आय अर्जन के लिए बहुत लंबा होता है। उन्हीं में से कुछ लोग ऐसे भी होते हैं जो अपनी आर्थिक स्थिति में पूर्ण परिवर्तन लाने में सफल हो पाते हैं। वहीं कुछ मेहनतकश लोग वर्षों तक एक ही स्थिति में बने रहते हैं। यदि कोई व्यक्ति अर्थ अर्जन के लिए उपलब्ध भौतिक-अभौतिक गुणों के अतिरिक्त, नई प्रौद्योगिकियों से भले ही अपरिचित हो, लेकिन यदि वह प्रगतिशील अवधारणा को अपनाता है, तो वह अपनी आर्थिक स्थिति में निश्चित ही प्रगति की ओर अग्रसर होता है।

कुछ मेहनतकश व्यक्ति ऐसे होते हैं जो आय तो अर्जित करते हैं, वह भी निर्वाह योग्य, परंतु वे बचत-निवेश की प्रवृत्ति, विशेषकर एक प्रतिशत या उससे अधिक की बचत के बारे में अनभिज्ञ होते हैं। यदि ध्यान दें तो उनके जीवन में संघर्ष का स्तर धन कमाने के लिए बना रहता है।

धीरे-धीरे ही सही, मेहनतकश परिवारों में यह प्रवृत्ति निस्संदेह पाई जाती है कि आय कैसे अर्जित की जाती है। वैसे परिवार जो आगे बढ़ने की सोच रखते हैं, वे तीव्र गति से आर्थिक विकास की ओर उन्मुख होते हैं। दूसरी ओर, कुछ मेहनतकश परिवार केवल निर्वाह योग्य स्थिति तक सीमित रह जाते हैं, वहाँ से आगे विशेष रूप से नहीं बढ़ पाते – इसका प्रमुख कारण 'धन ज्ञान' (पैसे की समझ) का अभाव होता है। व्यक्ति को किसी भी स्तर पर रुपये-पैसे की सही समझ विकसित करनी चाहिए। समाज में भी व्यक्ति की स्थिति-परिस्थिति और पद-प्रतिष्ठा में धन का प्रभाव स्पष्ट रूप से देखा जा सकता है।

धन से संबंधित ज्ञान ही वह शक्ति है, जो व्यक्ति को आर्थिक संकट जैसी दुष्कर स्थिति में भी समझदारी से मार्ग निकालने में मदद करता है। एक अतिरिक्त रुपया भी मूल्यवान होता है, क्योंकि कहा गया है – बूँद-बूँद से गागर क्या, सागर भी भरता है। धन ज्ञान भी ऐसी ही एक प्रक्रिया है, जो अल्पता से आगे बढ़ती है। जिस वातावरण में व्यक्ति पलता-बढ़ता है, वह भी उसके धन ज्ञान को या तो बढ़ाता है या कम करता है। साथ ही, प्रेरणा स्वरूप अधिक धन कमाने की प्रवृत्ति व्यक्ति को आज से आगे, उत्तरोत्तर और निरंतर प्रगति की दिशा में बढ़ाती है।

आज यह सोचने की आवश्यकता है कि पहले की तुलना में धनी होने की इच्छा बहुत अधिक तेज़ी से बढ़ी है। कभी-कभी धन की अल्पता ही व्यक्ति को धन की पर्याप्तता पाने के लिए प्रेरित करती है। वहीं, कुछ व्यक्तियों की दृढ़ इच्छाशक्ति विपरीत परिस्थितियों में भी संघर्ष कर उन्हें पार कर जाती है। ऐसे व्यक्तियों को हमने देखा और सुना है – जिन्होंने बहुत कठिन दिनों (गरीबपुर के दिन) को पार कर 'अमीरपुर' की ओर यात्रा की है। यदि व्यक्ति में धन की समझ, यानी 'धन ज्ञान' हो, तो वह अमीरपुर की ओर अवश्य बढ़ सकता है। व्यक्ति का आय स्रोत चाहे जो भी हो, उसमें बचत-निवेश की प्रवृत्ति होनी चाहिए। शुरुआत भले ही छोटी हो, पर शुरुआत ज़रूर होनी चाहिए, अन्यथा व्यक्ति केवल निर्वाह स्तर तक ही सीमित रह सकता है।

आज के समय में प्रत्येक व्यक्ति को पहले की तुलना में अधिक धन की आवश्यकता है, क्योंकि उपभोग की प्रवृत्ति और खर्च करने की आदत बढ़ गई है। कोई भी व्यक्ति भले ही अमीर न हो, पर गरीब दिखना नहीं चाहता। समाज में दिखावा और प्रदर्शन की प्रवृत्ति बहुत बढ़ गई है। पहले की तुलना में यह प्रवृत्ति कहीं अधिक प्रभावशाली और व्यापक होती जा रही है।

रीयल एस्टेट और आय स्रोत

आर्थिक स्थिति-परिस्थिति को आगे बढ़ाने वाला एक प्रमुख कारक रीयल एस्टेट होता है। बहुत से लोग प्लॉट और जमीन खरीदकर किराये के मकान या दुकान बनाते हैं – एक प्लॉट से अधिक की ओर बढ़ते हैं, तो कुछ लोग प्लॉट को निवेश का अच्छा साधन मानते हैं, जो मुख्यतः लोकेशन पर निर्भर करता है।

आपको कई ऐसे व्यक्ति मिलेंगे जिन्हें देखकर या सुनकर लगेगा कि वे जीवनभर अपनी आर्थिक स्थिति को मज़बूत करने के लिए रीयल एस्टेट में एक-एक करके अधिक संपत्तियाँ अर्जित करते रहे हैं।

उदाहरणस्वरूप, कोई व्यक्ति 'D' अपने परिवार के साथ एक अच्छे परिसर (कैंपस) में रहता है और वहीं पास में स्थित एक अन्य प्लॉट पर रेंटल आय उत्पन्न कर रहा होता है। वह पिछले 10–20 वर्षों से किराये से एक ठीक-ठाक आय प्राप्त कर रहा है, और साथ ही उस संपत्ति को पुनर्निर्मित करके आगे के हिस्से में दुकानें भी बना लेता है। इसे देखकर रीयल एस्टेट से जुड़ी उसकी सक्रियता स्पष्ट होती है।

दरअसल, व्यक्ति 'D' का एक दोस्त 'S' हुआ करता था, जिसके साथ उसके सामाजिक संबंध बहुत मज़बूत थे। लोगों के बीच उसका व्यवहार बहुत अपनत्वपूर्ण था। यही कारण था कि लगभग 30–40 वर्ष पहले, एक परिचित व्यक्ति ने 'S' से कहा कि वह एक प्लॉट बेचना चाहता है, और यह सुझाव दिया कि वह इसे खरीद ले। 'S' ने खुद वह प्लॉट न लेकर, अपने दोस्त 'D' को खरीदवा दिया।

इस तरह व्यक्ति 'D' को वह जमीन उसके दोस्त के माध्यम से मिली और वह आगे चलकर एक अच्छा आय स्रोत बन गई। व्यक्ति को धन, संपत्ति और आय स्रोत के संदर्भ में जो समझ होती है, वही उसकी आर्थिक कुशलता का परिचायक बनती है।

अब सवाल यह उठता है कि जिसने वह जमीन नहीं खरीदी, यानी 'S', क्या वह वहीं रह गया जहाँ वह पहले था? नहीं। व्यक्ति 'S' पहले से ही 'D' की तुलना में आर्थिक दृष्टि से बेहतर स्थिति में था, और अपनी मेहनती प्रवृत्ति व दूरदर्शिता से और आगे बढ़ता गया। व्यक्ति 'S' के अच्छे व्यवहार से प्रभावित होकर उस समय में कई लोग, जो अपने प्लॉट बेचना चाहते थे, उसी के पास आ जाते थे। 'S' की कोई स्वार्थपूर्ण प्रवृत्ति नहीं थी, बल्कि वह निस्वार्थ भाव से अपने परिचितों की सहायता करता था। इस कारण वह स्वयं अच्छे प्लॉट का मालिक तो बना ही, साथ ही उसने कई औरों को भी संपत्ति अर्जन में सहायता की। इनमें से कुछ लोग आगे चलकर पद-प्रतिष्ठा से युक्त हुए और उन्होंने अपनी कृतज्ञता भी प्रकट की।

ऐसे व्यक्ति भी होते हैं, हुए हैं और आगे भी होते रहेंगे, जो केवल धन के लिए दूसरों की मदद नहीं करते। अर्थात, निस्वार्थ कार्य का मूल्य और उसका महत्व कहाँ तक पहुँचता है – यह बात अधिकांश लोगों की समझ से कहीं आगे की है। व्यक्ति 'S' दूरदृष्टि से युक्त था, और उसने कई अन्य गुणों में कुशलता का प्रयोग किया। वह आय के लिए एक मुख्य स्रोत के साथ-साथ अन्य स्रोतों पर भी कर्मशील रूप से कार्य करता रहा। फिर भी व्यक्ति 'S' ने प्लॉट या जमीन से संबंधित मामलों में एक रुपया भी नहीं कमाया, क्योंकि लाभ कमाना उसकी अवधारणा में कभी शामिल नहीं था। यहाँ पर उसने निस्वार्थता को ही अपना ध्येय माना।

वास्तव में व्यक्ति के जीवन में वह स्वयं ही सबसे महत्वपूर्ण संपदा और धन होता है। उसमें निहित मेहनती प्रवृत्ति, साहस, धैर्य, कार्यकुशलता, योग्यता और संभावनाएँ – ये सभी उसकी समग्र उन्नति के लिए अत्यंत महत्वपूर्ण हैं। व्यक्ति अपने आप में एक निश्चित धन-संपत्ति के मूल्य से कहीं अधिक मूल्यवान होता है। उसमें निहित संभावनाओं का आकलन करना आसान नहीं है, फिर भी उसमें धनार्जन की असीमित संभावनाएँ होती हैं।

अब यह उस व्यक्ति पर निर्भर करता है कि वह कब, कहाँ और कैसे अपनी उन संभावनाओं को पहचानता है और किस प्रकार लगातार उस दिशा में कार्य करता है।

प्रत्येक वह व्यक्ति, जो वर्तमान में बेहतर आर्थिक स्थिति में जीवन बसर कर रहा है, वह भी कभी न कभी गरीबी, बदहाली और आर्थिक संघर्ष को बहुत करीब से जान, समझ या भोग चुका होता है। इसमें कोई आश्चर्य की बात नहीं है कि जो व्यक्ति आज संघर्ष कर रहा है, वह कल बेहतर वित्तीय स्थिति में हो सकता है।

एक बार की बात है – एक नवयुवक को एक धनी एवं उच्च पद-प्रतिष्ठा पर आसीन व्यक्ति की बातें कहीं सुनने का अवसर मिला। उसने सहज जिज्ञासा से पूछ ही लिया, "महाशय, जब आप मेरी उम्र के थे, तब आपकी आर्थिक स्थिति कैसी थी?" उस सज्जन व्यक्ति ने, उसकी मनोदशा और स्थिति को भाँपते हुए उत्तर दिया –

"तुमसे भी खराब! मेरी आर्थिक स्थिति बेहद कठिन थी, लेकिन मेरा संघर्ष, साहस और स्वयं में विश्वास बहुत मज़बूत था।" व्यक्ति को यह स्वीकार करना चाहिए कि दिन बदलते हैं। यह दिन भी नहीं रहेंगे – भले ही विपन्नता का दौर हो, पर अपने समय को व्यर्थ नहीं जाने देना चाहिए। हमें हर पल को उत्पादकता की दिशा में मोड़ना चाहिए, ताकि ज्ञान, बुद्धि और परख की दिशा में कुछ न कुछ जोड़ सकें। अंततः यह जुड़ाव एक दिन आर्थिक उन्नति का आधार बनता है। वक्त का सदुपयोग करने वालों, कर्मठता को बल देने वालों, और दूरदर्शिता को अपनाकर चलने वालों को समय अवश्य अवसर देता है – कैसे? उनके प्रयासों को अच्छा परिणाम देकर।

एक व्यक्ति की नौकरी कुछ वर्ष पहले ही लगी थी, अर्थात आय का एक ठीक-ठाक स्रोत बन चुका था। उससे संबंधित परिवार के लोग उसे सलाह देते हैं कि "इस प्लॉट को खरीद लो, इसमें कोई पेचीदगी नहीं है, यह एकदम साफ-सुथरा है। इससे बेहतर प्लॉट आज के समय में नहीं मिलेगा।"

जिस व्यक्ति से यह कहा जा रहा होता है, वह उत्तर देता है, "बहुत महँगा है। दो-तीन वर्षों बाद शायद मेरी आय इसकी अनुमति दे सके।"

उसके परिवार के लोग इस प्लॉट को हाथ से जाने देना मूर्खतापूर्ण निर्णय मान रहे होते हैं। तब वे प्रत्युत्तर में कहते हैं,

"जब तुम्हारी आय प्रतिमाह बढ़ेगी, जब तुम्हारा सेविंग फंड तैयार होगा, तब तक यह प्लॉट तो मिलेगा ही नहीं और इसका मूल्य दो-चार गुना बढ़ चुका होगा। साथ ही आय का स्तर भी अगले एक से तीन वर्षों में बहुत अधिक नहीं बढ़ेगा।"

यह कहते हुए, परिवार द्वारा टोकन मनी के रूप में साठ हजार रुपये जमा करा दिए जाते हैं। उस समय क्रेता (वह व्यक्ति) के पास केवल दस हजार रुपये ही थे। आगे चलकर, कई आर्थिक कठिनाइयों और तनाव के बावजूद, वह व्यक्ति परिवार की प्रेरणा और सही दिशा के कारण दो-तीन वर्षों में पूरी राशि चुकाने में सफल हो जाता है। लगभग दस वर्षों बाद, उसी प्लॉट का शेष हिस्सा (जो पहले मालिक के पास रह गया था), वह पांच गुना मूल्य में बेच रहा होता है। उधर, क्रेता यह ध्यान देता है कि इन दस वर्षों में उसका वेतन केवल दो गुना ही हुआ है।

इससे यह बात स्पष्ट होती है कि रियल एस्टेट की कीमतें आय की तुलना में कहीं अधिक तेजी से बढ़ती हैं। यदि किसी संपत्ति में कोई कानूनी अड़चन न हो और स्थान भी उपयुक्त हो, तो जितना जल्दी उसे खरीद लिया जाए, उतना ही अच्छा रहता है।

धनी बनाने में मन की मज़बूती का महत्व एवं प्रभाव

यदि कोई व्यक्ति किसी नए प्रकार के कार्य को हाथ में लेता है और उसे असफलता मिलती है, तो इसका तात्पर्य यह कदापि नहीं है कि वह अब निष्क्रिय हो जाएगा और कोई काम ही नहीं कर सकेगा। ऐसा नहीं है कि उसके प्रयासों का कोई उपयोग नहीं हो सकता। बहुत से व्यक्ति ऐसे होते हैं जिनके पास अपना दृष्टिकोण होता है, और वे उससे प्रत्यक्ष या अप्रत्यक्ष रूप से जुड़े रहते हैं। यही दृष्टिकोण आगे चलकर छोटा या बड़ा–परंतु प्रभावशाली–परिणाम उत्पन्न करने की क्षमता रखता है। कुछ व्यक्ति सतत क्रियाशील रहते हैं–नए कार्यों, नए तरीकों, तकनीकों या प्राविधियों का प्रयोग कर वे न

केवल अपनी कुशलता को बढ़ाते हैं, बल्कि उसे आर्थिक मज़बूती के लिए भी उपयोग में लाते हैं। भले ही तात्कालिक रूप से उनकी उत्पादकता का परिणाम स्पष्ट दिखाई न दे, फिर भी वे संतुलित गति से विकास की दिशा में अग्रसर होते हैं–और धीरे-धीरे उस विकास में लय पकड़ लेते हैं।

आर्थिक उन्नति की दिशा में व्यक्ति के लिए पैसों की कमी, संघर्ष और विपरीत परिस्थितियाँ एक तरह की प्रेरणा बन जाती हैं, जो उसे मज़बूत बनाती हैं। ऐसे समय में व्यक्ति 'कैश फ्लो' या नगद प्रवाह को संकट से उबरने का एक सशक्त माध्यम मानता है–और कई बार यह दृष्टिकोण बिल्कुल सही भी सिद्ध होता है। धीरे-धीरे व्यक्ति की आर्थिक स्थिति सुदृढ़ होने लगती है, और उसका जीवनस्तर भी बेहतर हो जाता है। वह अपनी आधारभूत आवश्यकताओं की पूर्ति अधिक कुशलता और योग्यता से करने लगता है। आर्थिक संघर्ष और विपरीत परिस्थितियों से बाहर निकलने का उसका प्रयास प्रभावी सिद्ध होता है, और वह अपने विकास के लिए कई विकल्पों के साथ अपनी कुशलता व दक्षता का प्रयोग करते हुए निरंतर आगे बढ़ता जाता है।

व्यक्ति धीरे-धीरे अन्य स्रोतों पर भी प्रत्यक्ष या अप्रत्यक्ष रूप से कार्य करना इस उद्देश्य से बढ़ाता है कि वह अपनी स्थिति को बेहतर–और बहुत बेहतर–बना सके। एक अच्छे व्यक्तित्व वाला व्यक्ति, विपरीत परिस्थितियों के उत्पन्न होने पर भी, सकारात्मक सोच के साथ अपनी मानसिक स्थिति की मज़बूती और प्रखरता को महत्व देते हुए, लक्षित कार्यों एवं उनसे जुड़े अन्य कार्यों की ओर छोटे-छोटे लेकिन निरंतर कदम बढ़ाता रहता है। जब व्यक्ति सकारात्मकता पर बल देता है, तो सबसे पहले वह संतुलित और व्यवस्थित बनता है। फिर वह अपने द्वारा निर्धारित लक्ष्यों की ओर उत्साहपूर्वक कार्य करता है और खुशी-खुशी अपनी क्षमता और कुशलता के अधिकतम स्तर तक पहुँचने का प्रयास करता रहता है।

सकारात्मक सोच व्यक्ति को निरंतर विकास की दिशा में सही ढंग से आगे बढ़ाती है। यह कहना उचित होगा कि सकारात्मकता व्यक्ति की कुशलता को निखारती है और उसके आधार पर कार्य करते रहने का साहस, धैर्य, विश्वास, इच्छाशक्ति और लगन उत्पन्न करती है। सकारात्मकता को

अपने व्यक्तित्व में धारण करने वाला व्यक्ति जीवन में पूर्णतः असफल नहीं होता। यह तथ्य उन व्यक्तियों पर भी लागू होता है जो आर्थिक मज़बूती के लिए प्रयासरत रहते हैं। उनके निरंतर प्रयत्न और सकारात्मक सोच उन्हें उस दिशा में आगे बढ़ाते हैं। व्यक्ति कई बार अपनी क्षमता का प्रारंभिक अनुमान नहीं लगा पाता, परंतु आगे चलकर उसी सकारात्मक सोच के कारण वह आर्थिक और समग्र उन्नति की दिशा में ठोस प्रगति कर पाता है। व्यक्ति आर्थिक बेहतरी के लिए विभिन्न प्रकार की गतिविधियों पर कार्य करता है, क्योंकि वह मानता है कि यह उसकी कुशलता का एक अभिन्न अंग है।

आर्थिक विपन्नता और गरीबी के दौर में भी व्यक्ति की अपनी आर्थिक स्थिति में परिवर्तन लाने का जुझारूपन और संघर्ष करने की प्रवृत्ति अत्यंत महत्वपूर्ण होती है। प्रत्येक व्यक्ति यदि अपने स्तर पर मेहनत करने की प्रवृत्ति को बनाए रखता है, तो निस्संदेह वह जहां से शुरुआत करता है, वहां से आगे बेहतरी की दिशा में बढ़ता चला जाता है।

प्रत्येक व्यक्ति अपने स्तर पर परिश्रम में संलग्न होता है, और साथ ही अपने निकटस्थ लोगों को भी अपनी लगन, संघर्षशीलता, परिश्रमी स्वभाव, समय की महत्ता और निरंतरता से प्रभावित करता है। यही गुण न केवल व्यक्ति की, बल्कि उसके आस-पास के लोगों की भी स्थिति को सकारात्मक रूप से परिवर्तित करने में सहायक बनते हैं।

व्यक्ति संघर्षमय स्थिति में भी अपने पूर्वजों या माता-पिता के वर्तमान तथा पूर्ववर्ती संघर्ष से प्रेरित होकर, हर प्रकार की सफलता के लिए कार्य कर रहा होता है। वह अपने व्यक्तित्व से समस्याओं के समाधान की दिशा में परिश्रमी प्रवृत्ति के साथ केंद्रित रहता है, और अन्य कार्यों के साथ-साथ आर्थिक उत्थान के लिए भी निरंतर प्रयास करता रहता है। आर्थिक संघर्ष के दौर में, जब विपन्नता या धन की कमी होती है, तब वहीं से आगे बढ़कर बेहतर आर्थिक स्थिति प्राप्त करने की प्रेरणा भी उत्पन्न होती है। व्यक्ति जब आर्थिक प्रयासों में लगा होता है, तो उसे माता-पिता द्वारा प्रदान किया गया वातावरण और यह भाव भी प्रेरित करता है कि “मुझे धन के दृष्टिकोण से सशक्त होना चाहिए।” संघर्ष के कई पहलू होते हैं; तथापि पैसों की समझ और समय का

मूल्य समझना भी व्यक्ति के व्यक्तित्व को बेहतर बनाने और उसे परिश्रमी बनाने की दिशा में महत्वपूर्ण भूमिका निभाते हैं।

I.Q और E.Q

I.Q/इंटेलिजेंस कोशंट (बुद्धिमत्ता गुणांक) और इमोशनल कोशंट/E.Q (भावनात्मक बुद्धिमत्ता) दोनों का सम्मिलित स्वरूप इस प्रकार समझा जा सकता है:

इमोशनल इंटेलिजेंस का संबंध व्यवहार कुशलता, स्मार्टनेस, प्रेजेंस ऑफ माइंड, सतर्कता, वर्तमान में आशावादिता के साथ खुश रहने की प्रवृत्ति तथा नए-नए तरीकों और कार्यों को साकार रूप देने की क्षमता से है। यह एक बंद मानसिकता या रटे-रटाए पैटर्न की बजाय, विकास, उन्नति और समृद्धि के लिए नवीन प्राविधियों और दूरदर्शिता को अपनाने पर बल देता है। परिश्रम को केवल एक ही ढर्रे पर न रखकर, इसे व्यवहारिक कुशलता और नवीनता से जोड़ा जाता है। आज हम 'ग्लोबल विलेज' (वैश्विक गाँव) के युग में जी रहे हैं। जैसे किसी गाँव में किसी से मिलना सहज होता है, वैसे ही आज तकनीक के कारण दुनिया भर के लोग एक-दूसरे से आसानी से जुड़ सकते हैं। यह गतिशीलता केवल आर्थिक और राजनीतिक दायरे से ही नहीं, बल्कि तकनीकी प्रगति के कारण भी संभव हो सकी है।

ज्ञान और कुशलता की प्रायोगिकता तकनीकी साधनों की सहायता से निरंतर आगे बढ़ रही है। व्यक्ति और समाज के बीच आपसी जुड़ाव में वृद्धि हो रही है। इस अवधारणा की नींव भारत में 1991 में नई आर्थिक नीति के लागू होने के साथ पड़ी थी। आज लोग कहीं भी निवास करते हुए, किसी भी स्थान की जानकारी और समझ सहजता से प्राप्त कर सकते हैं।

एक परिवार वर्षों से निम्न मध्यवर्गीय स्तर पर ही था – यहाँ तक कि उसकी तीसरी पीढ़ी भी उसी आर्थिक स्थिति में बनी रही। इसका एक मुख्य कारण यह रहा कि परिवार के पहले स्तर का व्यक्ति आय अर्जन के बावजूद नगण्य बचत, निवेश अथवा कोई ठोस लक्ष्य निर्धारित नहीं कर सका। जब शुरुआत ही बिना उद्देश्य और योजना के हो, तो लंबे समय तक संघर्षरत रहना

स्वाभाविक है। ऐसे परिवार आमतौर पर बुनियादी सुविधाओं से वंचित रहते हैं, क्योंकि जागरूकता के अभाव में वे उपलब्ध अवसरों का लाभ नहीं उठा पाते। कभी-कभी तो निम्न आय स्तर के बावजूद वे राशन कार्ड, आयुष्मान कार्ड जैसी मूलभूत योजनाओं के लिए आवेदन तक नहीं करते। इन सब आवश्यकताओं के लिए समय देना तो दूर, वे तात्कालिक जीवन को जैसे-तैसे खींचते हुए ही जीते हैं। वे न तो बचत के माध्यम से लंबे समय में कोई मज़बूत आधार बनाने की दिशा में सोचते हैं, और न ही अपने जीवन को आत्मनिर्भर बनाने की ओर अग्रसर होते हैं, बल्कि दूसरों पर आश्रित रहकर जीवन बसर करते हैं। जबकि थोड़ी सी भी जागरूकता उनके जीवन में कुछ महत्वपूर्ण बदलाव ला सकती है। वे स्वयं को समझने और विकसित करने की दिशा में कोई सोच उत्पन्न नहीं करते, जो कि जीवन के लिए उचित नहीं होता।

पहले भी और आज भी वही व्यक्ति सहजतापूर्वक जीवन बसर कर सकता है, जो जागरूक और सक्रिय होता है। और सबसे बड़ी बात यह है कि "Health is Wealth"–स्वास्थ्य ही सबसे बड़ा धन है। आज की जीवनशैली में अच्छा स्वास्थ्य ही सबसे महत्वपूर्ण पूंजी है। अच्छा स्वास्थ्य एक अच्छे मन और मस्तिष्क का आधार बनता है। और जैसा कहा गया है–**"मन चंगा तो कठौती में गंगा।"**

"न्यूरो बायोलॉजी ऑफ एक्सीलेंस" के एक व्याख्यान में यह विचार व्यक्त किया गया कि ऐसा कुछ नहीं है जिससे यह मान लिया जाए कि जैविक (बायोलॉजिकल) आधार पर ही मानसिक क्षमता तय होती है। माइंड पावर को बदला जा सकता है। इच्छाशक्ति, सोच, समझ और बुद्धि की अवधारणाओं के माध्यम से यह स्पष्ट किया गया कि फिक्स्ड माइंड या स्टैटिक माइंड (स्थिर मानसिकता)–जिसमें यह मान लिया जाता है कि मस्तिष्क की क्षमता निश्चित और अपरिवर्तनीय है–एक सीमित सोच है। इसके विपरीत, मानसिक शक्ति को विकसित और प्रगतिशील माना जाता है। जो लोग स्थिर मानसिकता को स्वीकार करते हैं, वे अक्सर अतार्किक सोच के शिकार होते हैं। मस्तिष्क की शक्ति अर्थात मन-मस्तिष्क की कार्यक्षमता को निरंतर विकासोन्मुखी बनाया जा सकता है, और यही विचार प्रखरता व नवाचार की दिशा में एक नई

अवधारणा को जन्म देता है। माइंड पावर को सही दिशा और स्वरूप देकर उसे इच्छानुसार आकार दिया जा सकता है।

कभी-कभी व्यक्ति स्वयं को ज्ञान की दृष्टि से उत्कृष्ट मानता है, फिर भी वह सामान्य या दैनिक कार्यों को सहजता से नहीं कर पाता, क्योंकि वह उन कार्यों में न तो अभ्यस्त होता है और न ही व्यवहार कुशल होता है। किसी विशेष कार्य में निपुणता और विकास के लिए निरंतर अभ्यास और प्रयास आवश्यक होता है; तभी व्यक्ति उस क्षेत्र में दक्षता प्राप्त कर सकता है।

मानव में स्वभाविक रूप से स्टैटिक माइंड (स्थिर मानसिकता) और ग्रोथ माइंड (विकासशील मानसिकता)–दोनों प्रकार की सोच विकसित होती हैं। जो व्यक्ति ग्रोथ माइंडसेट को अपनाते हैं, वे बदहाली से खुशहाली की ओर ज़रूर बढ़ते हैं। यह तथ्य आर्थिक दृष्टि से भी उतना ही प्रासंगिक है। फिक्स्ड माइंडसेट वाले लोगों की तुलना में ग्रोथ माइंडसेट अपनाने वाले व्यक्ति अधिक प्रगति करते हैं।

यदि कोई व्यक्ति अपने माता-पिता की तुलना में बेहतर आर्थिक स्थिति प्राप्त करता है, और वह केवल पारिवारिक संसाधनों पर नहीं, बल्कि अपने प्रयासों से आगे बढ़ता है, तो यह ग्रोथ माइंडसेट का उदाहरण है। जबकि यदि कोई व्यक्ति माता-पिता द्वारा प्रदत्त सुविधाओं के बावजूद, उनसे बेहतर स्थिति तक नहीं पहुँचता, तो वहाँ फिक्स्ड माइंडसेट की उपस्थिति मानी जाती है।

कई बार व्यक्ति को आर्थिक दवाब भी कुछ बेहतर–यहाँ तक कि बहुत बेहतर–करने की दिशा में प्रेरित करता है। व्यक्ति की सफलता के कई आयाम हो सकते हैं, परंतु उनमें से अधिकांश प्रत्यक्ष या अप्रत्यक्ष रूप से आय या धन से जुड़े होते हैं। दूसरी ओर, जैसे-जैसे व्यक्ति की आर्थिक स्थिति सुधरती है, वह अपने खर्चों को भी बढ़ा लेता है। कई बार वह आय की तुलना में बचत और निवेश बढ़ाने की बजाय जीवन स्तर को अत्यधिक ऊँचा कर लेता है। यदि कोई व्यक्ति एक बार उच्च जीवनशैली का अभ्यस्त हो जाए और बाद में उसकी आय घट जाए, तो वह अपने खर्चों को उसी अनुपात में घटा नहीं पाता। इस मनोवैज्ञानिक व्यवहार को रैचेट इफेक्ट कहा जाता है।

इस प्रभाव के कारण व्यक्ति का खर्च घटता तो है, लेकिन उतना नहीं जितनी आय में कमी आई होती है।

व्यक्ति के जीवन में आय और खर्च के संदर्भ में दो प्रमुख प्रभाव देखे जाते हैं :

1. **डिमॉन्सट्रेशन इफेक्ट :** इसमें व्यक्ति दूसरों को देखकर अपना उपभोग और खर्च बढ़ा लेता है।
2. **रैचेट इफ़ेक्ट :** इसमें व्यक्ति एक बार जिस जीवनशैली को अपना लेता है, उससे नीचे उतरना कठिन हो जाता है, भले ही आय में गिरावट आ जाए।

सृष्टि द्वारा रचित इस पृथ्वी पर जो अवयव और तत्व हैं, उनके पीछे प्रकृति की अनेक गुत्थियाँ छिपी हुई हैं, जिन्हें मानव मस्तिष्क द्वारा सुलझाने का प्रयास किया जाता है। यह प्रक्रिया केवल भौतिकता की ओर नहीं, बल्कि मन और मस्तिष्क को सुख-शांति प्रदान करने वाली चिंतन प्रणाली, अध्यात्म और योग से जुड़ी होती है। संतोष की प्राप्ति मात्र भौतिक संसाधनों से नहीं होती; इसके लिए गहन आंतरिक शांति आवश्यक होती है।

एक व्यक्ति था, जो निस्वार्थ भाव से गरीब तबके के बच्चों को पढ़ाया करता था। नाममात्र के शुल्क के रूप में सिर्फ कुछ सौ रुपये नामांकन के समय लिए जाते, वह भी कई बार छात्र दे नहीं पाते, फिर भी उन्हें नामांकित कर लिया जाता। यह व्यक्ति उन्हें पढ़ाता था क्योंकि उसके पास जो अतिरिक्त समय होता, उसे वह सकारात्मक कार्य में लगाना चाहता था। उसका मानना था कि इससे न केवल बच्चों को लाभ मिलेगा, बल्कि उसकी अपनी बुद्धि और ज्ञान में भी वृद्धि होगी।

शिक्षा ऐसी संपत्ति है जो बाँटने से घटती नहीं, बल्कि बढ़ती है। वर्षों बाद, जब वे बच्चे युवा हुए, तो यह देखा गया कि वे अधिकांशतः अपने आर्थिक क्षेत्र में बेहतर स्थिति में पहुँच चुके थे, जबकि उन्हीं जैसे अन्य बच्चे जो उस शिक्षण से नहीं जुड़े थे, अपेक्षाकृत पीछे रह गए थे।

उधर, वह व्यक्ति भी पढ़ाते-पढ़ाते और संबंधित क्षेत्रों में कार्य करते हुए पहले की तुलना में आगे बढ़ चुका था। इस प्रकार, निःस्वार्थ शिक्षा का यह कार्य दोतरफा सकारात्मक प्रभाव उत्पन्न कर रहा था–शिक्षार्थियों के जीवन में और स्वयं उस शिक्षक के जीवन में भी। कुछ कार्य ऐसे होते हैं जिनका तत्काल प्रभाव सभी को स्पष्ट नहीं होता, परंतु वे दीर्घकाल में अत्यंत प्रभावशाली सिद्ध होते हैं–न केवल सामाजिक दृष्टि से, बल्कि आर्थिक दृष्टि से भी। कभी-कभी समग्र दृष्टिकोण ही आय अर्जन और उत्पादकता का मापदंड बन जाता है। और ऐसे कार्यों का प्रभाव स्पष्टतः दोनों ओर–देने वाले और पाने वाले–दिखाई देता है।

एण्डो-मोडिग्ल्यानी लाइफ साइकल सिद्धांत

व्यक्ति जीवन में प्रायः **एण्डो-मोडिग्ल्यानी लाइफ साइकल सिद्धांत** के अंतर्गत ही जीवन व्यतीत करता है। एण्डो और मोडिग्ल्यानी ने एक ऐसे उपभोग फलन (कंजम्पशन फंक्शन) का प्रतिपादन किया, जिसे जीवन-चक्र सिद्धांत (लाइफ-साइकिल हाइपोथीसिस) कहा जाता है।

इस सिद्धांत के अनुसार, उपभोक्ता का उपभोग उसके जीवनकाल में प्रत्याशित आय (Expected Lifetime Income) पर आधारित होता है। अर्थात, व्यक्ति अपने पूरे जीवन में जितनी आय की अपेक्षा करता है, उसका उपभोग उसी आधार पर करता है।

व्यक्तिगत रूप से किसी व्यक्ति का उपभोग निम्नलिखित बातों पर निर्भर करता है :

- उसके पास वर्तमान में उपलब्ध संसाधन क्या हैं,
- उसके पास पूँजी से प्राप्त होने वाला प्रतिफल या वापसी की दर (ROI) क्या है,
- उसकी व्यय करने की योजना कैसी है, और वह योजना किस आयु में बनाई गई है,
- उसकी वर्तमान आय,

- उसकी संपत्ति से प्राप्त आय का वर्तमान मूल्य,
- और भविष्य में श्रम से प्राप्त होने वाली संभावित आय।

इस प्रकार, व्यक्ति का उपभोग व्यवहार केवल उसकी वर्तमान स्थिति पर नहीं, बल्कि पूरे जीवन के आर्थिक दृष्टिकोण, संसाधनों और भविष्य की आय पर आधारित होता है। यह सिद्धांत बताता है कि कैसे व्यक्ति युवा अवस्था में कम बचत, मध्यम आयु में अधिक बचत, और बुढ़ापे में बचाई हुई आय का उपभोग करता है।

प्रकृति, संसाधन और मन-मस्तिष्क की शक्ति की प्रचुरता

यह बात हमें सोचने को विवश करती है कि कुछ लोग अत्यंत गरीबी की अवस्था में क्यों रह जाते हैं, और इतना ही नहीं–गरीबी के चक्र में फँसकर वहीं उनका संपूर्ण जीवन घिस जाता है। जबकि इस संसार में प्राकृतिक संसाधनों की प्रचुरता है, और स्वयं प्रकृति ने मानव को एक अद्भुत वरदान–**मन और मस्तिष्क की शक्ति**–प्रदान की है।

ज्ञान जैसा अचूक अस्त्र मानव को निःशुल्क प्रदान किया गया है, जिसकी सहायता से वह अपनी स्थिति-परिस्थिति में मौलिक परिवर्तन कर सकता है। किंतु जो व्यक्ति ऐसा नहीं कर पाता, या बहुत कम परिवर्तन ही कर पाता है, वह इस उपलब्धता का सदुपयोग नहीं कर रहा होता–जिससे उसकी सक्रियता और प्रयोगशीलता का अभाव स्पष्ट होता है। यदि इस प्रचुरता के होते हुए भी कोई व्यक्ति अभावग्रस्त जीवन जीता है, तो यह उसके प्रयोगात्मक दृष्टिकोण की कमी का परिणाम है। इसका अर्थ यह है कि उसने अपने व्यक्तित्व में प्रकृति की इस सच्चाई, उसकी उपलब्धता, तथा अपनी मानसिक क्षमताओं के महत्व को स्वीकार नहीं किया या उस पर कभी विश्वास नहीं किया।

जो व्यक्ति अपनी स्थिति में परिवर्तन लाना चाहता है, वह प्रारंभ से ही सोच-समझकर अपने प्रयासों को कारगर बनाता है। इस संसार की हर वस्तु वास्तव में प्रकृति यानि **मदर नेचर** की देन है–वही इसकी वास्तविक स्वामी और दाता है। व्यक्ति को जो कुछ जन्म और कर्म के आधार पर प्राप्त होता

है, वह विशिष्ट अवधारणाओं पर आधारित है। जन्म, कर्म और जीवन के प्रतिफल के रूप में जो सुविधाएँ प्राप्त होती हैं, उनका सदुपयोग ही स्वामित्व का अनुभव और वास्तविक लाभ सुनिश्चित करता है। यदि किसी व्यक्ति के पास कम धन-संपत्ति या आय है, तो वह कम सुविधाओं में, कष्ट और विपरीत परिस्थितियों में जीवन व्यतीत करता है। फिर भी, मानव का स्वभाव यही है कि वह निरंतर बेहतरी की ओर प्रयास करता रहता है।

किसी विद्वान ने कहा है कि मन-मस्तिष्क की शक्ति प्रकृति प्रदत्त होती है, और प्रकृति इस अद्भुत शक्ति का आवंटन समानता से करती है। किन्तु व्यक्ति स्वयं ही अपनी क्षमताओं को सीमाओं में बाँध लेता है और यह मान लेता है कि उसने ऐसी स्थिति-परिस्थिति या ऐसे समाज में जन्म लिया है, जो मन-मस्तिष्क की दृष्टि से कमजोर, दबा-कुचला या हीनताग्रंथि से ग्रस्त है। फलस्वरूप, वह कभी-कभी बाध्यता वश खुद को दूसरों से कमतर मानने के भ्रमजाल में फँसकर उलझ जाता है, और जीवनभर ऐसी ही कमतर स्थिति-परिस्थितियों से उबरने का प्रयास करता रहता है। वह उस मार्ग पर विचार करता है, प्रयत्न करता है और अपनी क्रियाशीलता को लगातार बनाए रखता है।

किसी ने कहा है, “ऐसी कोई संपत्ति नहीं जो मन की शांति से बड़ी हो।” यह कथन उस स्थिति में भी सत्य प्रतीत होता है जब व्यक्ति साहस, धैर्य और कर्मठता का जुनून लेकर भी आगे नहीं बढ़ पाता। परिणामस्वरूप, वह अपने जीवन को सुखद बनाने की दिशा में कई तरह की सीमाएँ और बाधाएँ खुद ही बाँध लेता है। जिस दिन व्यक्ति स्वयं यह स्वीकार कर लेता है कि प्रकृति ने उसे भी मन-मस्तिष्क की शक्ति समान रूप से प्रदान की है, उसी दिन वह उस शक्ति के माध्यम से वह सब कर सकता है जिसे वह अब तक असंभव मानता था।

मन-मस्तिष्क से कोई भी कमजोर नहीं होता; बल्कि वह वातावरण, जिसमें व्यक्ति पला-बढ़ा होता है, उसकी सोच और क्षमताओं को सीमित कर देता है। जब व्यक्ति यह ज्ञान प्राप्त कर लेता है कि मन-मस्तिष्क की शक्ति अत्यंत प्रभावशाली है, तब वह किसी भी समस्या–यहाँ तक कि आर्थिक

विपन्नता या गरीबी–को भी इस शक्ति के प्रयोग से आधारविहीन कर सकता है, और एक मज़बूत आधार तैयार करने का मार्ग प्रशस्त कर सकता है।

व्यक्ति की आशावादिता ऐसा माध्यम है जो उसे स्वयं के प्रति अधिकतम उत्पादक कार्यों के लिए प्रेरित करती है। यह न केवल उसे संतोष और खुशियों से भरती है, बल्कि उसे अधिक कार्य करने के लिए उत्साहित भी करती है और निरंतर आशावादिता का संचार करती है। व्यक्ति अक्सर अपने पालन-पोषण और वातावरण की दशाओं से प्रभावित होता है, जिसके कारण वह अपनी वास्तविक कुशलताओं का सही आकलन नहीं कर पाता और जीवन में उचित दिशा-दशा नहीं ला पाता। ऐसी दशाओं में जकड़े रहने के कारण वह आर्थिक दुर्बलताओं के जंजाल से निकल नहीं पाता, जबकि इन्हीं परिस्थितियों को तोड़ने का सशक्त माध्यम उसके भीतर विद्यमान होता है।

वास्तव में, यह समझ विकसित करना अत्यंत आवश्यक है कि व्यक्ति मन-मस्तिष्क से किसी भी दशा में कमजोर नहीं होता। यदि कोई कमी है भी, तो उस कारण की पहचान कर उस पर कार्य करके उसे दूर किया जा सकता है। निस्संदेह, जो व्यक्ति समग्र रूप से अपने जीवन की स्थिति-परिस्थितियों–विशेष रूप से धन, संपत्ति और आय से जुड़ी बाधाओं–को पार करता हुआ आगे बढ़ता है, वह इस सत्य को प्रमाणित करता है कि प्रकृति द्वारा निःशुल्क प्रदत्त यह अद्भुत संसाधन (मन और मस्तिष्क) हर प्रकार की सफलता के लिए आवश्यक है। मानसिक सोच और मानसिक मजबूती–इनकी महत्ता धन, आय और संपत्ति के निर्माण में भी उतनी ही सटीक और प्रभावशाली होती है।

इस पुस्तक के प्रमुख बिंदु :

1. रुपये-पैसे की समझ
2. डिमॉन्सट्रेशन इफ़ेक्ट
3. रैचेट इफ़ेक्ट
4. पम्प प्राइमिंग सिस्टम
5. उपभोक्ता सर्वोच्चता या "कंज़्यूमर सोवरेन्टी"
6. सादा जीवन, उच्च विचार

7. "जो दिखता है, वह बिकता है" का सिद्धांत
8. धन ज्ञान के मुख्य तत्व: आय–बचत–निवेश के विभिन्न चरण
9. धन–देवता, दानव या मानव?
10. संक्षिप्त कथाओं का सार
11. बचत: 1% से आगे तक की यात्रा
12. बचत की शुरुआत करें – निवेश के द्वार खुलेंगे
13. आय, धन-संपत्ति और व्यक्ति का संबंध
14. लाइफ साइकल थ्योरी – इंडो- मोडिग्लियानी मॉडल
15. सेल्फ़-लव का सिद्धांत